JN415167

School violence prevention & understanding of students

학교폭력 예방 및 학생의 이해

최호성 | 장사형 | 김광수 | 이진희

박영story

머리말

또래의 삶이 얼마나 소중하고 행복한지를 경험해야 할 배움터에서 '폭력'이란 단어가 갈수록 심각하게 여겨지고 있다. 학교도 일반 사회공동체의 축소판인 만큼 청소년들 간에 심리적·신체적 갈등이 표출되는 것은 인간 발달과정에서 자연스러운 현상일 수 있다. 하지만 최근 학교에서 발생하는 폭력행위의 빈도가 빠르게 증가하고 있고 그 유형이나 폭력성의 강도 또한 예사롭지가 않다. 학교폭력의 원인이야 어떠하든 간에, 무엇보다 또래 간의 화목한 어울림과 안전한 배움 공간으로 여겨졌던 학교에서 폭력문화와 폭력행위가 번식되어 왔다는 것 그 자체는 충격이 아닐 수 없다. 불행하게도 학교폭력 문제는 이제 국민 모두가 우려하고 공동으로 대처해야 할 사회적 이슈가 되어 버렸다.

현재, 각급 학교에는 학교폭력에 대한 예방은 물론 폭력 사안이 발생했을 경우에 학교 구성원들이 유기적인 협조를 통해 효과적으로 사안을 처리할 수 있도록 학교폭력전담기구와 학교폭력대책자치위원회가 설치·운영되고 있다. 이에 따라 학교 현장에서는 교사들의 교과 지도능력만큼이나 학교폭력을 이해하고 효과적으로 대응하는 역량이 중요하게 인식되고 있다. 또한 2013년부터는 예비교원을 대상으로 학교폭력의 예방과 대책에 대한 과목이 정규과목으로 신설되어 운영되고 있다. 지금까지 이와 관련한 대학 교재도 다수 출간되었으며, 학교폭력 문제를 전문적으로 다루는 대학의 연구소도 여럿 생겨났다. 그만큼 학교폭력이라는 사회적 병리현상에 대한 우리 사회의 이해 수준이나 전문적 해결 역량도 신장되었다고 볼 수 있다.

이러한 맥락에서, 저자들은 학교폭력 문제에 대한 그간의 연구 성과와 실천 사례들을 한 권의 책으로 엮어보기로 했다. 특히, 이 책이 예비교사들에게 학교 현장에서 학교폭력을 예방하고 효과적으로 대응하는 데 필요한 실천적 역량을 키워주는 데 도움이 될 수 있기를 기대한다. 교사에게 학교폭력의 문제는 더 이상 학술적 연구 주제나 이론이 아니라, 교직 일상에서 누구나 맞닥뜨릴 수 있는 현실이며 시시각각 효과적으로 대처해야 할 현안이기 때문이다.

이 책은 크게 3부 12개의 장으로 구성되어 있다. 학교폭력의 개념과 주요 원인에 대한 논의에서 출발하여, 학교폭력의 예방 노력에 역점을 두어 학생의 제 발달 특성과 다양한 생활지도 및 인성 교육 방안에 대해 상세히 다루었다. 그리고 학교폭력 예방을 위한 각계의 노력과 국내・외 다양한 교육 프로그램들도 소개하고 있다. 나아가 학교폭력이 발생했을 때 교원들이 이를 효과적으로 대처할 수 있는 구체적 실무내용도 상세하게 소개하였다. 여기서 한 가지 언급할 것은, 이 책의 내용 가운데 일부는 저자들 중 몇 명이 집필했던 「학교폭력의 예방 및 대책」(2015)에 수록되었던 내용을 재구성하여 편집하였다는 것이다. 거기에 더하여 학교폭력 예방의 노력을 강화한다는 차원에서 학생의 제 발달특성과 또래문화 이해 등 학생 이해에 관한 내용을 폭넓게 다루었다. 아무쪼록 이 책을 통해서 예비교사들이나 현직 교원들이 학교폭력 문제에 대해 보다 현장감 있게 공부할 수 있었으면 한다.

무엇보다 짧은 시간 동안 집필하느라 부족한 점이 적지 않다. 그럼에도 불구하고 이 책의 출간을 흔쾌히 받아 들여 준 박영스토리에 감사드린다. 비록 집필진은 바쁜 일정을 핑계로 좋은 원고를 마련하는 데 전념하지 못했지만, 그동안 이 작업을 후원해 주셨던 모든 분들의 은혜를 되새기면서 이제 초판의 미흡한 부분을 보완하는 협의를 다시 시작하려 한다. 감사합니다.

2018. 8

共著者 識

차 례

Part 1 학교폭력의 이해

Part 2 학생의 이해 및 학교폭력의 예방

Part 3 학교폭력의 대처

Part 01

학교폭력의 이해

Chapter 1

학교폭력에 대한 일반적 이해

Chapter 01

학교폭력에 대한 일반적 이해

예로부터 그 어떤 집단에서든지 폭력은 존재해 왔다. 때로는 집단에 존재하는 이질적 요소를 동질화하기 위하여, 또 때로는 집단생활에서 발생하는 분노와 증오를 발산하기 위하여 폭력을 사용해 왔다. 그러나 집단에서의 폭력은 언제나 더 큰 폭력을 불러오거나 피해자의 삶을 불행하게 만들고, 극단적인 경우에는 비극적인 결말을 초래하여 왔다.

학교는 가장 기초단위의 사회화 기관으로서 다양한 배경과 환경을 가진 학생들이 함께 어울려 생활하면서 건전한 사회인으로 성장해 나가는 곳이다. 이러한 학교에서 학생 개개인들이 가지고 있는 생물학적 배경과 가정적, 사회적, 그리고 심리적 문제들로 말미암아 각종 비행과 일탈행위가 발생하고 있으며, 경우에 따라서는 어느 학생이 다른 학생을 신체폭행 또는 금품갈취를 하거나 성폭행, 집단으로 따돌림하는 등의 비윤리적 범죄행위가 발생하고 있다. 학교가 가지고 있는 기능과 역할에 비추어 볼 때, 이러한 학교폭력은 개인적 측면에서나 집단적 측면에서 결코 바람직하지 않다.

특히 일선학교에서의 학교폭력의 문제는 학교비행과 일탈의 종착점이라고 할 정도로 심각한 양상을 띠고 있어, 학교폭력의 피해자가 자살이라는 극단적인 수단을 선택하여 심각한 사회적 문제를 야기하기도 한다. 국내외의 많은 연구들에서 청소년들의 학교폭력의 피해경험은 그들의 정신건강에 심각한 영향을 미치는 요인으로 보고되고 있다. 따라서 이러한 학교폭력을 사전에 예방할 수 있도록 다양한 노력을 기울이고, 학교폭력이 발생했을 때는 초기에 신속하고 적절하게 대응함으로써 피해를 최소화시킬 수 있어야 한다.

본 장에서는 최근 빈발하고 있는 학교폭력이 무엇인가에 대한 정확한 이해를 위해, 먼저 학교폭력의 개념과 유형을 설명한다. 그리고 학교폭력의 최근 실태를 분석하면서 학교폭력의 변화양상과 최근 학교폭력의 특징에 대해 알아보도록 한다.

1 학교폭력의 개념과 유형

1) 학교폭력의 정의

오늘날 우리 사회는 급격한 산업화에 따른 물질만능주의와 편의적이고 이기적인 성향이 팽배하면서, 전통적 가치관이 변질되고 도덕성이 상실되며 공동체 의식이 약화되는 등 인간성 몰락으로 인한 정신세계의 빈곤이 초래되고 있다. 이렇게 됨으로써 우리 사회는 사회적 규범과 도덕성이 점점 더 무시되어 가는 가운데, 오로지 삶의 기능적 측면이 중시되면서 사회의 전반적인 분위기가 더욱 강팍해져가고 있다. 이는 최근 사회적 문제로 비화되고 있는 학교폭력의 증가에도 크게 영향을 미치고 있다.

이에 따라 사회 전반적으로 도덕성을 회복하고 공동체 의식을 제고해야 한다는 목소리가 높아지고 있는 가운데, 특히 학교교육에서 사람다운 사람, 도덕적인 사람, 더불어 사는 사람 등과 같이 바람직한 인성을 갖춘 사람을 길러내야 한다는 사회적 요청이 강력하게 제기되고 있다. 사실상 교육현장에서 인성교육은 늘 강조되어 왔지만, 최근 증가되고 있는 학교폭력 현상으로 인해 새삼 주목받고 있는 실정이다.

학교폭력이 점차 심각한 사회문제로 대두되어감에 따라 정부는 1995년 범정부차원의 '학교폭력 근절 종합대책'을 발표하였다. 하지만 학교폭력 문제는 쉽게 해결되지 않았고, 지난 2011년에 발생한 대구 학교폭력 피해자의 자살사망사건은 우리 사회 전반에 큰 충격을 주어 학교교육에서의 인성교육 실태를 돌아보고, 보다 현실성 있는 인성교육의 실천을 강력하게 요구하게 되었다. 이후 학교폭력의 위험성에 대한 사회적 인식이 더욱 확대되었고 이제 학교현장에서의 학교폭력 예방정책이 최우선적인 교육정책으로 자리매김하게 되었으며, 교사들의 생활지도에 있어서도 가장 우선시 하는 지도방안이 되었다.

그렇다면 학교폭력이란 무엇일까? 단순히 친구에게 욕을 하고, 밀치고 장난하는 것도 학교폭력일까? 혹은 선생님이 때리는 사랑의 매도 학교폭력일까? 학교폭력에 대한 정의는 학자마다 보는 관점에 따라 다양하다. 우리나라의 『학교폭력예방 및 대책에 관한 법률(제2조 1항)』에서는 학교폭력을 "학교 내외에서 학생을 대상으로 발생한 상해, 폭행, 감금, 협박, 약취, 유인, 명예훼손, 모욕, 공갈, 강요, 강제적인 심부름 및 성폭력, 따돌림, 사이버 따돌림, 정보통신망을 이용한 음란, 폭력정보 등에 신체·정신 또는 재산상의 피해를 수반하는 행위"로 규정하고 있다. 즉, '학교 내외에서 학생을 대상으로' 일어나는 폭력행위를 학교폭력으로 정의하고 있다. 이 말은

다툼과 폭력의 차이?

다툼

- 힘의 균형
- 가끔
- 고의적으로 해칠 의도가 없음
- 양쪽의 기분이 비슷함
- 후회가 따름
- 문제를 해결하고자 함

폭력

- 힘의 불균형
- 주기적, 반복적, 지속적
- 의도적으로 해침
- 위협을 가함
- 승자와 패자로 양분
- 피해자를 탓함
- 문제해결을 안함

알림과 고자질의 차이?

알림

- 친구가 도움을 받기 위해서 하는 행동

고자질

- 친구가 처벌을 받기 원해서 하는 행동

출처: 최성애 · 조벽(2012). 교사를 위한 감정코칭.

학교폭력을 행사한 사람이 누구인지에 관계없이 학생을 대상으로 발생한 사건은 모두 학교폭력이라는 것이다. 학생들 간의 폭력, 자퇴생, 일반인 등 현재 학생이 아닌 사람에게 폭력을 받은 피해자가 학생이라면 학교폭력에 해당된다. 여기서 학생이라 함은 초등학교, 중학교, 고등학교, 특수학교 및 각종 학교에 재학하는 학생을 뜻하는 것으로, 유치원생, 대학생, 자퇴생, 유학생, 휴학생, 취학의무 유예자, 취학의무 면제자, 정원 외 학적관리 대상자, 평생교육 시설 소속의 학생은 학생에서 제외된다(학교생활기록 작성 및 관리지침 별지 제7호, 교육과학기술부훈령 제615호, 2008. 7. 28).

만일 학생이 아닌 일반인에 의해 학생이 폭력 피해를 입었다면 학교폭력이 되므로 학교에서는 학교폭력예방법에 기초한 '피해학생에 대한 보호조치'를 실시하고 경찰에 신고하여 수사를 의뢰하여야 하며, 학교에서는 학교폭력대책자치위원회를 열어 이 사안에 대한 처리를 결정한다. 여기에 청소년 비행에 따른 가출이나 음주, 흡연, 절도, 학생이 일반인을 폭행하는 등의 사안은 일반 선도대상으로 학교선도위원회에서 처리하는 등 학교폭력에는 포함되지 않는다.

또한, 학교폭력은 힘의 불균형으로 가해학생이 피해학생을 대상으로 학교 내·외에서 신체적·정신적 폭력을 행사하고 반복적이며 지속적으로 가해지는 모든 행동이라고 할 수 있다. 폭력에 대한 판단은 가해자나 주변인들의 견해로 판단되는 것이 아니라 피해자가 폭력이라고 판단하면 학교폭력이 성립되는 개념이다. 즉, 친구 간의 사소한 장난 또는 괴롭힘과 따돌림도 피해자가 폭력이라고 판단하면 학교폭력이 되는 것이다.

『학교폭력예방 및 대책에 관한 법률(제2조 1항)』에서는 학교폭력을 "상해·폭행, 감금, 협박, 약취·유인, 추행, 명예훼손, 공갈, 재물손괴 및 집단따돌림 그 밖에 피해자의 의사에 반하는 행위를 가하거나 하게 한 행위"로 규정하고 있다. 예를 들어 어떤 학생이 친구들 앞에서 내게 '재수 없어', '깝죽거리지 마' 같은 욕을 계속 했다면 여러 사람 앞에서 말한 것이기 때문에 '모욕'에 해당된다. 어떤 친구가 주동해 '재랑 놀지 마'라며 나를 따돌리거나 인사를 해도 안 받아준다면 역시 '따돌림'에 해당하는 학교폭력이 된다. 또한 덩치가 크고 힘 센 친구가 청소당번인데, 당번도 아닌 나에게 대신 청소를 시켰다. 이 친구에게 맞을까 봐 어쩔 수 없이 청소를 했다면 '강요'에 해당한다. 같은 반 친구가 자꾸 음란 메시지나 야한 동영상을 보낸다면 정보통신망을 이용한 음란행위로 학교폭력에 해당된다. 이처럼 학교폭력은 범위가 생각보다 매우 넓다.

또한 학교폭력은 단순히 피해학생과 가해학생 간의 일만을 의미하지는 않는다. 학교폭력 행위와 관련된 행위자를 그 역할별로 살펴보면 <표 1-1>과 같다. 엄명용과 송민경의 연구에 따르면 학교폭력이 일어나는 장소에 다양한 역할을 수행하는 학생이 있는데, 가해학생은 5%, 피해학생은 5.5%이지만 학교폭력에 대해 반응하지

표 1-1 학교폭력 행위자 유형별 빈도

역할	역할 설명	빈도
가해자	적극적, 주도적으로 괴롭힘 행동을 이끌어 가는 사람	5.00%
조력자	가해자의 추종자로서 가해자를 도와주는 사람	12.70%
강화자	가해자 행동을 격려해 주는 사람	9.50%
방어자	피해자의 편을 들어주는 사람	28.20%
방관자	학교폭력에 대해 반응하지 않고 피하는 사람	60.80%
피해자	학교폭력에서 희생당하는 사람	5.50%

출처: 엄명용, 송민경(2011). 학교 내 청소년들의 권력관계 유형과 학교폭력 참여역할 유형. 한국사회복지학, 63(1), 241-266.

않고 피하는 학생이 전체 학생의 60.8%, 가해자를 추종하며 돕는 조력자가 12.7%, 가해자의 행동을 부추기는 강화자가 9.5%에 달하고 있다. 가해자의 폭력을 돕거나 추종하는 조력자, 강화자, 폭력을 방관하는 방관자가 학교폭력의 심각성 및 피해를 더 가속화한다는 점에서 학교폭력의 범위와 피해자와 가해자, 처벌대상 및 교육대상 등은 학교폭력의 개념을 규정하는데 중요한 고려사항이라 할 것이다.

2) 학교폭력의 유형

학교폭력 예방 및 대책에 대한 법률에 기초하여 교육부의 「학교폭력 사안처리 가이드북」에서는 학교폭력을 신체폭력(상해, 폭행, 감금, 약취·유인), 언어폭력(명예훼손, 모욕, 협박), 금품갈취(공갈), 강요(강제적 심부름, 강요), 따돌림(따돌림), 성폭력(성폭력), 사이버폭력(사이버 따돌림, 정보통신망을 이용한 음란·정신 또는 재산상 피해를 수반하는 행위)의 7가지의 유형으로 구분한다(교육부, 2014). 이들 유형은 학생 간 폭력이 나타날 수 있는 행위를 개념화함으로써, 학교에서 나타날 수 있는 폭력을 구체화하였으며, 학교폭력 사안이 발생하였을 때 구체적인 기준이 되고 있다.

그림 1-1 **학교폭력의 유형**

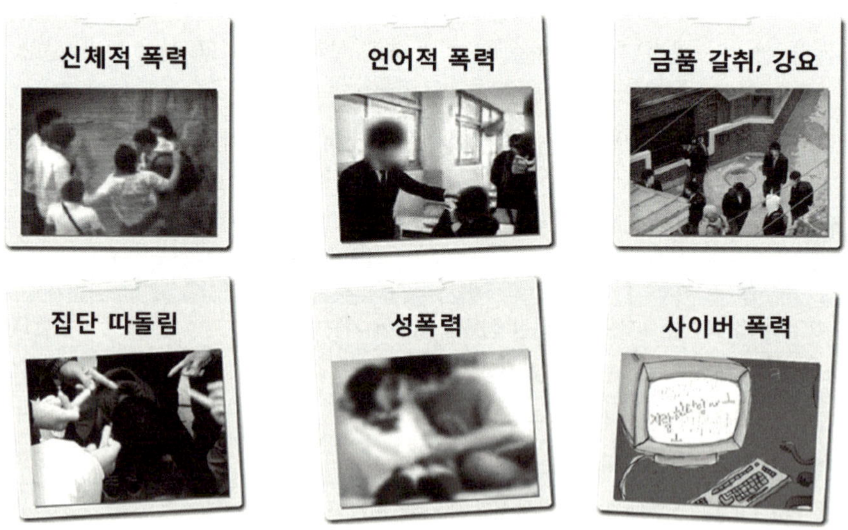

(1) 신체적 폭력

신체적 폭력에는 여러 가지가 있다. 대표적인 경우는 ① 일정한 장소에서 쉽게 나오지 못하게 하는 행위(감금), ② 신체를 손, 발로 때리는 등 고통을 주는 행위(상해, 폭행), ③ 강제(폭행, 협박)로 일정한 장소로 데리고 가는 행위(약취), ④ 상대방을 속이거나 유혹해서 일정한 장소로 데리고 가는 행위(유인) 등을 들 수 있다.

그림 1-2 신체폭력

감금	일정한 장소에서 쉽게 나오지 못하도록 하는 행위
상해, 폭행	신체를 손, 발로 때리는 등 고통을 가하는 행위
약취	강제(폭행, 협박을 통해)로 일정한 장소로 데리고 가는 행위
유인	상대방을 속이거나 유혹해서 일정한 장소로 데리고 가는 행위

⚠ 장난을 빙자해서 꼬집기, 때리기, 힘껏 밀치는 행동 등도 상대학생이 폭력행위로 인식한다면 이는 학교폭력에 해당합니다.

출처: 교육부, 「학교폭력 사안처리 가이드북」(2014).

(2) 언어적 폭력

언어적 폭력에는 여러 가지가 있다. 대표적인 경우는 ① 여러 사람 앞에서 상대방의 명예를 훼손하는 구체적인 말(성격, 능력 등)을 하거나 그런 내용의 글을 인터넷, SNS 등으로 퍼뜨리는 행위(명예훼손) → 내용이 진실이어도 범죄, ② 여러 사람 앞에서 모욕적인 용어(외모 놀림, 병신, 바보 등 비하하는 내용)를 지속적으로 말하거나 그런 내용의 글을 인터넷, SNS 등으로 퍼뜨리는 행위(모욕) 등이 있다.

그림 1-3 언어폭력

명예 훼손	여러 사람 앞에서 상대방의 명예를 훼손하는 구체적인 말(성격, 능력, 배경 등)을 하거나 그런 내용의 글을 인터넷, SNS 등으로 퍼뜨리는 행위
모욕	여러 사람 앞에서 모욕적인 용어(생김새에 대한 놀림, 병신, 바보 등 상대방을 비하하는 내용)를 지속적으로 말하거나 그런 내용의 글을 인터넷, SNS 등으로 퍼뜨리는 행위
협박	신체 등에 해를 끼칠 듯한 언행(죽을래 등)과 문자메시지 등으로 겁을 주는 행위

⚠ 내용이 진실이라고 하더라도 언어폭력은 범죄이고, 허위인 경우에는 형법상 과중처벌을 받습니다.

출처: 교육부, 「학교폭력 사안처리 가이드북」(2014).

(3) 금품갈취, 강요

금품갈취 및 강요에는 여러 가지가 있다. 대표적인 경우로는 ① 속칭 삥(금전) 뜯기, ② 옷, 문구류 등 빼앗기, ③ 폭행 또는 협박으로 상대방의 권리행사를 방해하거나 의무 없는 일을 하게 하는 행위(강요), ④ 속칭 빵 셔틀, 와이파이 셔틀 등이 있다.

그림 1-4 금품갈취, 강요

[금품갈취]

- 돌려 줄 생각이 없으면서 돈을 요구하는 행위
- 옷, 문구류 등을 빌린다며 되돌려주지 않는 행위
- 일부러 물품을 망가뜨리는 행위
- 돈을 걷어오라고 하는 행위 등

[강요]

강제적 심부름	속칭 빵 셔틀, 와이파이 셔틀, 과제 대행, 게임 대행, 심부름 강요 등 의사에 반하는 행동을 강요하는 행위
강요	폭행 또는 협박으로 상대방의 권리행사를 방해하거나 해야 할 의무가 없는 일을 하게 하는 행위

⚠ 속칭 바바리맨을 하도록 강요하는 경우, 스스로 자해하도록 하거나 신체에 고통을 주는 경우 등이 강요죄에 해당됩니다.

출처: 교육부, 「학교폭력 사안처리 가이드북」(2014).

(4) 따돌림

따돌림에는 여러 가지가 있다. 대표적인 경우로는 ① 집단적으로 상대방을 의도적·반복적으로 피하는 행위, ② 다른 학생들과 어울리지 못하도록 막기, ③ 싫어하는 말로 바보취급 등 놀리기, ④ 빈정거림, 면박주기, 골탕 먹이기 등이 있다.

그림 1-5 따돌림

- 집단적으로 상대방을 의도적이고, 반복적으로 피하는 행위
- 싫어하는 말로 바보취급 등 놀리기, 빈정거림, 면박주기, 겁주는 행동, 골탕먹이기, 비웃기
- 다른 학생들과 어울리지 못하도록 막기 등

출처: 교육부, 「학교폭력 사안처리 가이드북」(2014).

(5) 성폭력

성폭력에는 여러 가지가 있다. 대표적인 경우로는 ① 폭행·협박을 하여 강제적 성행위, 유사성교행위, 성기에 이물질 삽입행위, ② 폭행·협박과 함께 성적 모멸감을 주는 신체적 접촉행위, ③ 성적인 말과 행동으로 상대방에게 성적 굴욕감, 수치심을 주는 행위 등이 있다.

그림 1-6 성폭력

- 폭행·협박을 하여 성행위를 강제하거나 유사 성행위, 성기에 이물질을 삽입하는 등의 행위
- 상대방에게 폭행과 협박을 하면서 성적 모멸감을 느끼도록 신체적 접촉을 하는 행위
- 성적인 말과 행동을 함으로써 상대방이 성적 굴욕감, 수치감을 느끼도록 하는 행위

출처: 교육부, 「학교폭력 사안처리 가이드북」(2014).

(6) 사이버폭력

사이버폭력에는 여러 가지가 있다. 대표적인 경우로는 ① 특정인에 대한 모욕적인 말이나 욕설 등을 인터넷 게시판, 채팅, 문자, 카페 등에 올리는 행위, ② 특정인에 대한 허위 글이나 사생활에 관한 사실을 인터넷, SNS, 카카오톡 등으로 불특정 다수에 공개하는 행위, ③ 위협·조롱·성적 수치심을 주는 글, 그림, 동영상 등을 정보통신망을 통하여 유포하는 행위, ④ 공포심이나 불안감을 유발하는 문자, 음향, 영상 등을 휴대폰 등 정보통신망으로 반복적으로 전송하는 행위 등이다.

그림 1-7 사이버폭력

- 특정인에 대해 모욕적 언사나 욕설 등을 인터넷 게시판, 채팅, 카페 등에 올리는 행위로 특정인에 대한 '저격글'이 그 한 형태임
- 특정인에 대한 허위 글이나 개인의 사생활에 관한 사실을 인터넷, SNS, 카카오톡 등을 통해 불특정 다수에게 공개하는 행위
- 성적 수치심을 주거나 위협하는 내용, 조롱하는 글, 그림, 동영상 등을 정보통신망을 통해 유포하는 행위
- 공포심이나 불안감을 유발하는 문자, 음향, 영상 등을 휴대폰 등 정보통신망을 통해 반복적으로 보내는 행위

출처: 교육부, 「학교폭력 사안처리 가이드북」(2014).

표 1-2 과거와 달라진 학교폭력 유형

구분	주요 유형
과거의 학교폭력	① 폭력서클이 조직적·집단적으로 저지르는 폭력이 주류 ② 폭행, 금품갈취 등 물리적 폭력이 많음 ③ 1회성 단기적 성격을 띤 경우가 많음 ④ 연령이 상대적으로 많은 학생들에 의해 저질러짐 ⑤ 주로 다른 학교 학생들에 대해 폭력을 행사함(자기학교 학생은 오히려 보호)
최근의 학교폭력	① 일부 학생에게만 국한된 것이 아니라 상당 수 혹은 소그룹이 따돌림 등 집단으로 행하는 형태로 변화 ② 강제적인 심부름(빵 셔틀, 와이파이 셔틀 등) 협박, 집단 따돌림, 놀림 등 정신적 폭력의 형태로 다양하게 변화 - 인터넷과 스마트폰, SNS 등을 활용하여 교묘한 방식으로 괴롭히고, 집단적으로 즐기는 사례가 증가 ③ 특정 상대방을 대상으로 계속적·집중적으로 행사하는 경우가 많음 ④ 주로 중학생들 사이에서 가장 많이 발생하나 초등학생에 의한 학교폭력이 증가하는 등 저연령화 현상 ⑤ 학교 현장 내에서 많이 발생

함께 해 봅시다

학교폭력 이해를 위한 교사의 자가 진단

진단사항 1	나는 학교폭력을 어느 정도 이해하는가?
진단사항 2	나는 학교폭력 유형을 어느 정도 알고 있는가?

나는 학교폭력을 어느 정도 이해하는가?

1. 본 자가 진단표는 법에 근거한 학교폭력 개념을 교사가 어느 정도 이해하고 있는지 살펴보기 위한 것입니다.
2. 내용을 읽어보시고 학교폭력이라고 생각하면 Y(yes)에 아니면 N(no)에 체크해주세요.

	내 용	Y	N
1	A와 B가 싸움을 한 후 B가 겉으로 보기에는 멀쩡했으나 정신을 잃음		
2	복도를 걸어가고 있는 학생의 얼굴에 일부러 침을 뱉음		
3	싫다고 하는데도 강제로 손이나 옷을 잡아당김		
4	학생들이 보는 앞에서 단순한 욕 '지랄', '재수 없어', '깝치지 마' 등)을 함		
5	동아리 선배가 후배들에게 기합을 준 다음 동아리방의 문을 잠그고 밤 10시까지 나오지 못하게 함		
6	학생들이 보는 앞에서 아무 이유 없이 장난으로 '바보', '생긴 게 역겨워'라고 계속 놀림		
7	A가 B를 툭툭 치다가 팔에 멍이 살짝 듦		
8	동성에게 포르노 비디오를 보여주면서, 움직이지 못하게 한 후 일부러 손을 만지작거려서, 상대방이 창피하다는 생각과 짜증난다는 기분을 경험하게 함		
9	학생들이 보는 앞에서 '미친년', '개새끼', '병신새끼', '또라이 같은 년'이라고 욕을 함		
10	A가 B에게 돈을 빼앗는 것을 보고, C가 A에게 그 돈을 요구함		
11	30분 동안 기합을 줌		
12	하의를 벗기고 성기를 노출하게 한 후, 핸드폰으로 사진을 찍어서 다른 친구들에게 전송함		
13	남학생이 좋아하는 여학생에게 '뽀뽀해줘'라고 문자를 보내 여학생이 불쾌감을 느낌		
14	화장실로 끌고 가서 때림		
15	친구들끼리 한 학생을 때리기로 한 후, 친구들이 때릴 때 옆에서 망을 봄		
16	집단으로 타학교 학생들과 싸움을 함		
17	방과 후 같은 반 학생이 노래방 같이 가자고 해서 갔는데, 다른 학교 학생들이 같이 있었고 노래방에서 폭행을 당함		
18	돈을 요구하고, 심부름 시켜서 하지 않으면 때림		
19	A는 B를 때릴 생각이 없었는데, C가 A에게 'B를 때리지 않으면 너를 죽여버릴 거야'라는 말을 하여 A가 B에 대하여 폭력을 행사함		
20	4명 중 A학생이 자신들의 험담을 했다며 3명이 A학생에게 동시에 말을 안 함		

문항	1	2	3	4	5	6	7	8	9	10	11	12	13	14	15	16	17	18	19	20
정답	Y	Y	Y	Y	Y	Y	Y	Y	Y	Y	Y	Y	Y	Y	Y	Y	Y	Y	Y	Y

	학교폭력 이해하기
1	상해: 신체에 상처를 내거나 정신적 기능을 훼손하는 행위 ① 외상이 있는 경우, 경미한 외상을 제외하고 상해로 인정 ② 외관상의 상처가 없다고 할지라도 실신하거나 수면장애, 식욕감퇴 등 정신적·기능적 장애를 일으킨 경우
2	폭행: 사람의 신체에 대하여 유형력(有形力) 행사 예) ① 뺨을 때리는 행위, ② 사람을 미는 행위 ③ 모발을 자르는 행위
3	폭행에 해당
4	모욕죄에 해당, 다른 학생들 앞에서 했기 때문
5	감금: 신체적 활동의 자유를 장소적으로 제한
6	모욕죄에 해당, 다른 학생들 앞에서 했기 때문
7	폭행에 해당
8	성폭력: 이성·동성 간에 성욕의 흥분, 자극 또는 만족을 목적으로 하여, 상대방이 성적 수치·혐오의 감정을 느끼게 하는 것
9	모욕죄에 해당, 다른 학생들 앞에서 했기 때문
10	공갈: 사람을 폭행·협박하여 공포심을 일으키게 하고 재물을 빼앗거나 불법으로 재산상의 이익을 얻는 것
11	강요: 폭행 또는 협박으로 사람의 권리행사를 방해하거나, 의무 없는 일을 하게 하는 것
12	성폭력(추행), 정보통신망을 이용한 음란·폭력 정보 등에 해당 명예훼손: 특정인에 대한 허위의 글이나 명예에 관한 사실을 인터넷 게시판에 등에 올려 불특정 다수인에게 공개하는 행위
13	성폭력(희롱)에 해당, 성희롱은 형사 처벌을 받지 않음 정보통신망을 이용한 음란·폭력 정보 등에 해당
14	폭행과 감금에 해당
15	방조: 범죄의 실행을 결의하고 있는 자에 대하여 그 결의를 강화하거나 쉽게 하는 모든 행동. 이때 범죄가 실행되어야 처벌을 받음
16	폭행: 타학교 학생과의 폭력도 학교폭력 ① 같은 시도교육청 관할 소속: 교육감이 해당 학교의 자치위원회 위원장과 협의를 거쳐 직접 분쟁조정을 함 ② 다른 시도교육청 관할 소속: 피해학생을 감독하는 교육감이 가해학생을 감독하는 교육감 및 해당 학교의 자치위원회 위원장과 협의를 거쳐 직접 분쟁조정을 함
17	유인과 폭행에 해당 유인: 기망·유혹을 수단으로 하여, 상대방을 자기나 제3자의 지배 아래에 두는 것 (기망이란 허위의 사실로 상대방을 착오에 빠뜨리게 하는 것)
18	강요나 공갈에 해당
19	폭행 교사 ⇒ 폭행: 본래 범죄의사가 없었던 사람에게 범죄를 부추겨 실행하게 하는 것. 이때 범죄가 실행되어야 처벌을 받음
20	따돌림: 두 사람 이상이 집단을 이루어 특정인을 소외시켜 반복적으로 인격적인 무시 또는 음해하는 언어적·신체적 일체의 행위

출처: 교육과학기술부(2012). 「학교폭력 사안처리 가이드북」. pp. 33~34.

나는 학교폭력 유형을 어느 정도 알고 있는가?

1. 본 자가 점검표는 학교폭력 유형을 교사가 어느 정도 이해하고 있는지 살펴보기 위한 것입니다.
2. 내용을 읽어보시고, 선택한 학교폭력 유형의 번호를 적어주세요.

① 신체폭력 ② 언어폭력 ③ 금품갈취 ④ 강요 ⑤ 따돌림 ⑥ 성폭력 ⑦ 사이버폭력 **[예) 신체폭력이면 1]**		
1	목을 졸라 기절시키고 깨어나면 때리고 다시 기절시키는 행동 반복	
2	아무 이유 없이 지나가면서 머리를 하루에도 몇 번씩 때림	
3	'5만원 가지고 놀이터로 오지 않으면 죽어'라고 문자를 보냄	
4	싸움 잘 하는 학생이 약한 학생에게 자신의 청소를 대신 시킴	
5	말을 듣지 않으면 끌고 가서 때리겠다고 함	
6	돈을 갚을 확실한 약속 없이 자꾸 빌려달라고 하고 갚지 않는 경우	
7	'나는 니가 너무 재수없어'라는 말을 상대방 학생을 볼 때마다 함	
8	종이에 '죽여버리겠다', '몸 조심해'라는 말을 적어 보냄	
9	뒷담화를 했다며, 가서 다짜고짜 때림	
10	'넌 얼굴이 너무 환자같이 생겨서 기분 나빠'라고 말함	
11	학교 짱이 학생들에게 2천원씩 일괄적으로 걷어오라고 시킴	
12	마주칠 때마다 '뻐큐(fuck you)'를 하며, 주먹을 쥐고 무서운 표정을 지음	
13	사이버 상에서 자신의 게임 아이템을 상대방에게 대신 키우도록 협박	
14	야한 동영상을 캡처하여 자신이 싫어하는 학생에게 이메일로 보냄	
15	싫은 학생의 운동화에 락스를 부음	
16	지나갈 때, 부딪히는 척하면서 가슴을 만지는 행동을 2~3번 반복함	
17	조별 숙제를 하면서 반학생들이 한 학생을 의도적으로 배제시킴	
18	선배가 자신의 생일이라고 비싼 선물을 달라고 해서 운동화를 사줌	
19	싫어하는 학생의 가방에 여러 번 뱀 모양의 모형을 넣어두어서 놀라게 함	
20	여러 명이 한 명의 학생이랑 놀지 말자면서, 인사도 받지 않음	
21	'걔네 집은 가난해서, 놀이공원도 가지 못할 거야'라고 소문을 냄	
22	수업 시간에 바로 뒷자리에서 샤프나 볼펜으로 계속 찌름	
23	학교 화장실에서 일진 신고식을 한다며, 학생들 뺨을 때림	
24	일부러 소문을 내서 다른 학생들이 피해학생을 싫어하도록 조장함	
25	게임 아이템을 주지 않으면 '가만 두지 않겠다'고 협박하여 빼앗음	

문항	1	2	3	4	5	6	7	8	9	10	11	12	13
정답	1	1	7	4	2	3	2	2	1	2	3	2	4
문항	14	15	16	17	18	19	20	21	22	23	24	25	
정답	7	3	6	5	3	5	5	2	1	1	5	3	

출처: 교육과학기술부(2012). 「학교폭력 사안처리 가이드북」. p. 38.

2 학교폭력의 특징과 실태

1) 최근 학교폭력의 특징

학교폭력 근절 종합대책(교육과학기술부, 2012)에 의하면 최근 학교폭력은 다음과 같은 양상을 띠고 있는 것으로 조사되었다.

(1) 학교폭력의 저연령화

학교폭력의 최초 발생 연령이 낮아지고 있는 추세로 이는 가해자와 피해자의 연령이 점차 낮아지고 있다는 것을 의미한다. 다시 말해, <그림 1-8>에서와 같이 학교폭력의 중심축이 고등학교에서 중학교로, 중학교에서 다시 초등학교 고학년으로 저연령화되고 있다. 그 이유로는 청소년 발달의 가속화와 함께 대중매체와 인터넷을 접하는 시기 또한 점차 저연령화 되어 가고 있으며, 따라서 매체를 통한 폭력문화를 접하는 연령도 계속 낮아지고 있기 때문이다. 특히 인터넷과 게임 중독현상에 의한 폭력문화의 접근이 최근 들어 초등학교 저학년에서도 나타나면서 학교폭력의 저연령화를 가속시키고 있다.

그림 1-8 학교급별 피해·가해 응답률 추이

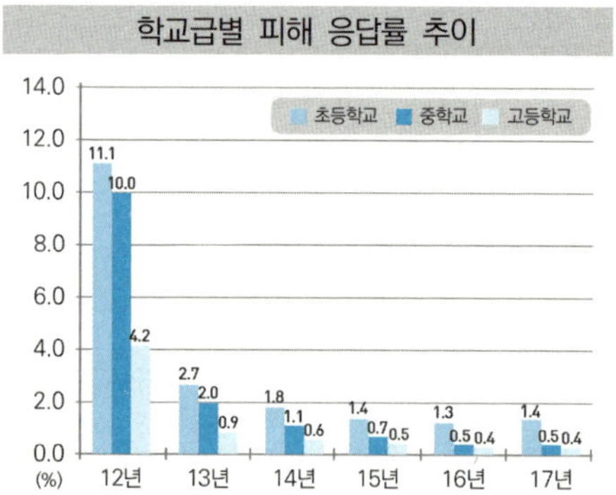

〈학교폭력 실태조사 2012-2017, KEDI〉

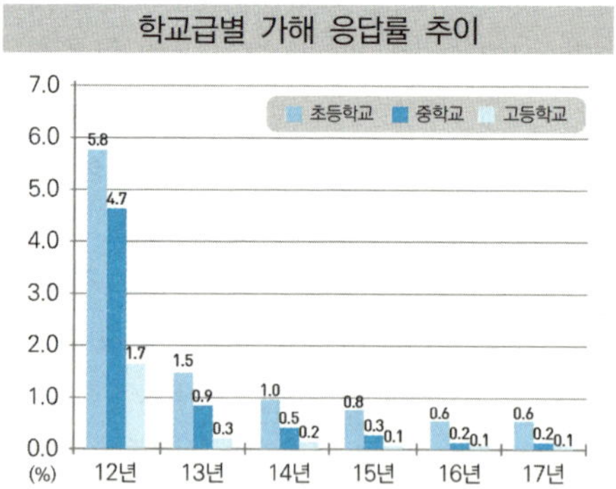

〈학교폭력 실태조사 2012-2017, KEDI〉

(2) 학교폭력의 집단화

집단화란 청소년비행을 단독으로 하는 것이 아니라 친구들과 함께 한다는 것이다. 성인범죄의 공범률은 2% 정도이지만 청소년 범죄의 공범률은 50% 정도 되는 것으로 보고되고 있다. 즉, 최근 학교폭력의 경향은 단독에 의한 범행이기보다 2명 이상의 집단적인 그룹에 의해 이루어지며 그 폭력의 정도가 점차 심해지는 경향이다. 또한, 패싸움을 벌이면서 절도, 강간, 약물사용 등 더 큰 문제를 일으키고 있는 실정이다. '일진' 등 폭력서클의 학교 내 영향력 또한 증가하고 있다. 학교폭력 근절 종합대책(2012)에 따르면 학교폭력 피해학생 중 66.2%가 2명 이상의 가해자에게 폭력을 당하였고, 가해학생의 수가 '6명 이상'인 경우도 16.3%에 이르는 것으로 조사되었다. 학생들이 학교폭력 피해를 입지 않기 위해 '일진' 등 폭력조직에 가입하고, 학교별 '일진'이 정보를 공유하여 피해자를 지속적으로 괴롭히는 문제가 발생되고 있다. <그림 1-9>는 최근의 학교폭력 경향을 설명한 것이다.

그림 1-9 최근의 학교폭력

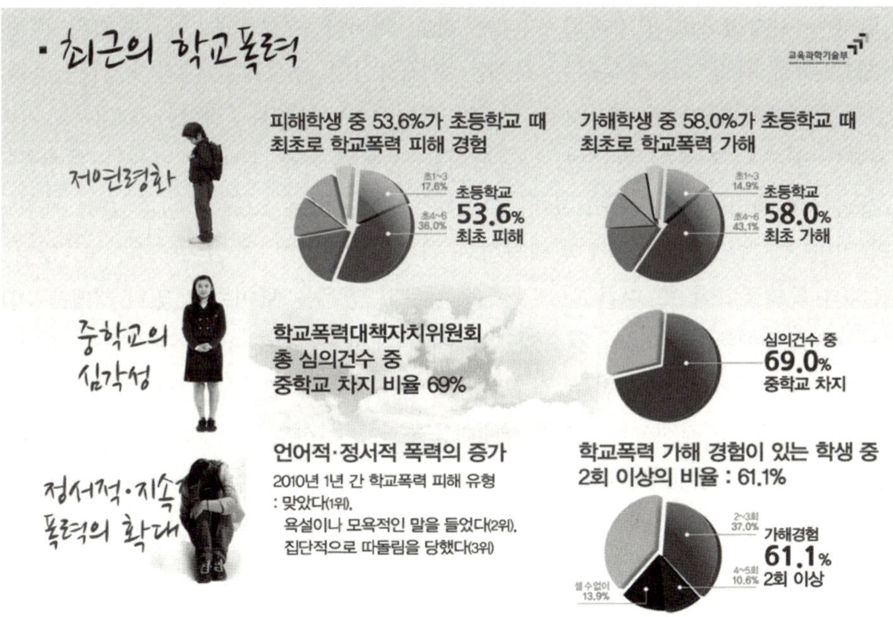

(3) 중학생의 학교폭력 심각성

2012년 발표된 학교폭력 근절 종합대책에 따르면 중학생의 학교폭력 발생 비율이 가장 높은 상황이다. 학교폭력대책자치위원회 총 심의건수 중 중학교가 차지하는 비율이 전체의 69% 수준에 이르며 이는 최근 3년간 동일하게 조사되었다. 국민신문고에 신고된 학교폭력 관련 민원도 지속적으로 증가하고 있으며, 중학교의 증가율이 초등학교의 7배, 고등학교의 2배 수준에 이른다. 학교폭력 근절 종합대책(2012)에 따르면 피해와 가해를 모두 경험한 학생의 비율은 10.3%에 달한다.

(4) 가해자와 피해자의 구별이 불분명

최근 학교폭력은 가해자와 피해자 구별이 불분명하여 피해와 가해의 악순환이 되풀이되고 있으며, 그 원인 또한 복합적인 경우가 많다는 것이 특징이다. 학교폭력 근절 종합대책(2012)에 따르면 피해와 가해를 모두 경험한 학생의 비율이 10.3%에 달하고 있으며, 그 비율은 점점 증가하는 추세이다. 이것은 학교폭력의 피해 경험이 있는 학생이 다시 폭력을 당하지 않기 위하여 다른 학생에게 폭력을 행사하는 악순환 발생이 지속적으로 증가하고 있다는 것을 의미하는 것으로, 학교폭력의 피해자가 제3자에게 폭력으로 보복하는 사례는 피해자이며 동시에 가해자가 되는 폭력의 이중적 피해자가 되어 폭력의 보복 심리와 폭력성이 심화되는 경향을 보여주고 있다.

청예단의 조사 결과에 따르면, 학교폭력을 경험한 학생 중에서 피해와 가해를 모두 경험한 학생의 비율은 2010년에는 10.3%, 2011년에는 8.6%로 나타났다. 특히 이들의 절반 정도는 학교폭력의 피해경험과 가해경험이 '셀 수 없이(6회 이상) 많다'고 응답하여 학교폭력이 또 다른 학교폭력을 부르고 있음을 보여주고 있다(청예단, 2011; 2012). 이들 중에는 선배들의 강요와 협박에 의해서 어쩔 수 없이 자신보다 힘이 약한 아이들에게 폭력을 행사하는 경우도 있지만, '자신이 피해를 당했기 때문에 피해를 줘도 된다'고 생각하여 자신의 가해행동을 정당화하면서 지속적으로 폭력을 행사하는 경우도 적지 않다(박효정, 2012).

(5) 정서적 폭력의 증가

과거의 학교폭력은 주로 신체적 폭력이 중심이었으나 최근에는 금품갈취를 포함한 강제적 심부름이 46%, 사이버 폭력이 34.9%, 성적 모독이 20.7% 등으로 언어적·정신적 폭력이 증가하고 있다. 특히 언어적·정신적 폭력의 경우 휴대전화 문자 등 SNS 등을 통해 손쉽게 반복적으로 이루어지고 있어 심각성이 문제화되고 있다.

(6) 폭력의 지속성 확대

처음 피해를 준 학생이 보복 폭행을 하거나(44.0%), 처음 피해를 준 학생이 친한 주위 학생과 함께 2회 이상 지속적으로 폭력을 행사(33.4%)하는 경우가 많다. 또한, 학교폭력 가해 경험이 있는 학생 중 2회 이상의 비율이 61.1%에 달하고 있다.

(7) 성폭력의 증가

최근 학교폭력의 일반적인 경향은 성과 관련된 폭력의 증가추세이다. 성폭력의 수준도 점차 심각하게 그 정도가 폭력화되고 있다. 집단 성폭행, 수치심을 강요하는 성추행, 강간 및 집단강간 동영상 촬영 및 유포 등 내용과 질에 있어서 그 폭력성이 점차 극단적으로 가속화되고 있다. 이는 음란물 동영상 등 성과 관련된 유해환경에 노출되면서 더욱 증가될 것으로 예상된다.

(8) 여학생 폭력의 증가

일반적으로 폭력은 남성들의 전유물로 여겨지고 학교폭력의 대부분은 남학생에 의한 문제로 인식되어 왔으나 최근 여학생들의 학교폭력이 날로 증가하는 양상을 보이고 있다. 여학생들 사이에서 벌어지는 폭력도 남학생과 마찬가지로 집단화, 폭력화, 지능화의 경향을 보이고 있고 심지어 성적 폭력까지 행해지는 심각한 수준으로 발전하고 있으며, 여학생 폭력의 사례가 매년 증가하고 있는 추세이다.

(9) 사이버 학교폭력의 증가

인터넷과 스마트폰의 사용이 일반화되면서 사이버 폭력 양상이 새로운 폭력으로 떠오르고 있다. 학생들의 인터넷과 스마트폰의 사용이 일상화되면서 문자 메시지나 사이버 채팅을 이용하여 이른바 사이버 불링(cyber bullying, 인터넷상에서 특정인을 괴롭히는 일)으로 불리는 시종 학교폭력이 급증하고 있다.

친구들과 스마트폰에서 채팅을 즐기면서 어울리다 사이버상에서의 왕따, 폭력을 당하고 이것이 비화되어 실제적으로 왕따와 폭력을 당하는 경우가 적지 않다. 흔히 떼카(다수가 카카오톡을 이용하여 하는 채팅) 도중에 특정 학생을 지목해 집단으로 괴롭히거나, 이를 빌미로 실제 상황에서 폭력을 일삼는 경우가 점차 증가하는 추세이다.

표 1-3 학교급별 학교폭력의 특징

학교급	특징
초등학교	• 장난과 폭력을 구별하지 못하는 경우가 많음. • 성과 관련된 폭력이 많아 체계적인 성교육 필요: 바지를 벗기거나, 치마를 들추는 등의 사례 많음 • 담임교사 없을 때, 학교폭력 발생: 특활시간, 급식, 방과후 등 담임교사 부재시 학교폭력 발생 • 기절놀이, 수술놀이, 노예놀이, 왕따대물림 등 새로운 폭력의 유형 등장 • 선후배관계를 이용한 폭력 및 금품갈취 심각
중학교	• 성폭력 사건(성희롱, 성추행)이 자주 발생 • 욕설 등 언어폭력으로 시작해 신체폭력으로 진행되는 사례가 많음 • 빵 셔틀, 금품 상납 요구 등 금품갈취 사례 많음 • 장애인에 대한 괴롭힘 및 외모로 인한 집단 따돌림이 심각 • 폭력 서클을 통한 금품상납 등 금품갈취 및 신체폭행이 이루어짐 • 사이버 폭력이 심각
고등학교	• 선후배 간 군기 잡기·금품 갈취 등 학교폭력행사 • 집단따돌림 및 성폭력(성희롱) 사례 많음 • 조직적으로 운영되는 폭력서클 존재 • 남학생은 금품갈취와 폭행 등 겉으로 드러나는 사례가 많고, 여학생은 따돌림, 욕설과 같은 은근한 폭력 사례가 많음 • 기숙사 생활을 하는 학생들의 경우 기숙사 내 금품갈취, 괴롭힘, 심부름과 같은 사례가 드러남

출처: 교육과학기술부(2012). 「학교폭력 사안처리 가이드북」. p. 34.

2) 학교폭력 발생 실태

현재 학교폭력 실태조사는 다양하게 이루어지고 있다. 그 중에서 대표적인 것은 전국 시·도 교육감이 주최하고 한국교육개발원에 의뢰하여 진행하고 있는 학교폭력 실태조사(2012년~), 한국청소년정책연구원의 한국 아동청소년 패널조사(2010년~2016년)(한국청소년패널조사(2003년~2008년)의 후속 연구)와 아동·청소년인권실태조사(2006년~), 청예단의 전국 학교폭력 실태조사(2001년~), 여성가족부 산하의 한국청소년상담복지개발원에서 진행하는 전국 청소년 위기 실태조사(2010년, 2016년), 여성가족부의 청소년 매체이용 및 유해환경 실태조사(청소년 유해환경 접촉 종합실태조사(1999~2014년)와 청소년 매체이용 실태조사(2007~2013년)의 통합조사)가 있다. 현재 매년 시·도교육청

주최로 한국교육개발원에서 진행하고 있는 학교폭력 실태조사가 시작된 계기는 2011년에 대구에서 있었던 한 중학생의 학교폭력 피해에 따른 안타까운 자살사건으로 인하여 글자 그대로 학교폭력의 '실태'를 파악하여 대응 방안을 마련하기 위한 것이었다.

2017년 2차 학교폭력 실태조사 조사결과 내용은 다음과 같다.

(1) 학교폭력의 피해유형

학교폭력의 피해유형별 비중은 언어폭력, 집단따돌림, 스토킹 등의 순으로 나타났다. 피해유형별 학생 천명당 피해응답 건수는 언어폭력(5.6건), 집단따돌림(2.6건), 스토킹(1.7건), 신체폭행(1.7건) 등의 순으로 나타났으며, 피해유형별 비율도 언어폭력(35.6%), 집단따돌림(16.4%), 스토킹(11.1%), 신체폭행(11.0%) 등으로 나타났다.

그림 1-10 학생 천명당 피해응답 건수 및 피해유형별 비율

	구분	언어폭력	집단따돌림	스토킹	신체폭행	사이버괴롭힘	금품갈취	성추행성폭행	강제심부름
피해유형별 학생 천명당 응답건수	전체	5.6	2.6	1.7	1.7	1.7	1.0	0.8	0.6
	초	9.9	4.5	3.5	3.2	2.5	1.6	1.4	1.0
	중	3.9	1.9	1.0	1.1	1.5	0.8	0.6	0.4
	고	2.6	1.1	0.6	0.7	0.9	0.4	0.4	0.3

	구분	언어폭력	집단따돌림	스토킹	신체폭행	사이버괴롭힘	금품갈취	성추행성폭행	강제심부름
피해유형별 비율(%)	전체	35.6	16.4	11.1	11.0	10.8	6.4	5.1	3.7
	초	35.7	16.2	12.7	11.6	9.2	5.9	5.1	3.7
	중	34.7	17.4	8.5	10.0	13.4	7.5	5.1	3.5
	고	37.1	15.5	8.2	10.4	13.4	6.4	5.2	3.9

(2) 학교폭력의 가해이유

표 1-4 학교폭력의 가해이유

	구분	동 학교 같은 반	동 학교 동 학년	동 학교 타 학년	타 학교 학생	모름	기타
가해자 유형 비율 (%)	전체	56.8	24.1	8.0	3.2	1.8	6.2
	초	57.3	22.6	8.2	3.0	2.1	6.8
	중	54.9	27.6	7.9	3.5	1.2	5.0
	고	58.3	24.8	6.5	3.4	1.5	5.5

조사 내용	주요 결과표				
가해 응답률 (%)	구분	전체	초	중	고
	비율	0.3	0.6	0.2	0.1
	명수	11천	80백	27백	6백

	구분	전체	초	중	고
가해 이유 비율 (%)	먼저 괴롭혀서	23.9	26.4	17.4	15.6
	장난으로	22.9	22.6	23.9	24.2
	마음에 안 들어서	14.8	12.7	19.9	22.9
	특별한 이유가 없다	10.2	10.4	9.7	9.5
	다른 친구가 하니까	9.3	8.9	10.9	8.2
	화풀이 또는 스트레스 때문에	7.3	7.8	5.7	6.8
	친구나 선배가 시켜서	1.6	1.6	1.5	1.9
	내 힘을 보여주려고	1.7	1.6	1.7	1.6
	부모님과 선생님께 관심을 받고 싶어서	0.5	0.5	0.5	0.3
	기타	7.8	7.4	8.8	9.1

	구분	혼자	집단
가해 방법 비율 (%)	전체	49.9	50.1
	초	51.3	48.7
	중	44.5	55.5
	고	53.3	46.7

학교폭력의 가해이유는 '먼저 괴롭혀서'라는 항목이 23.9%로 가장 높게 나타났다. 다음은 '장난으로' 22.9%, '마음에 안 들어서' 14.8%, '특별한 이유 없음' 10.2%, '다른 친구가 하니까' 9.3%. '화풀이 또는 스트레스 때문에' 7.3%로 나타났다. 가해자의 유형은 '동학년 같은 반' 학생이 56.8%, 동학교 동학년 학생이 24.1%로 나타났다. 가해 방법은 전체적으로는 '혼자'가 49.9%, '집단' 50.1%로 거의 차이가 없는 것으로 나타났으나, 초등학교와 고등학교에 비해 중학교의 경우 혼자(44.5%)보다는 집단(55.5%)으로 행해지는 학교폭력이 많은 것으로 조사되었다.

(3) 학교폭력 발생 장소 및 시간

학교폭력의 발생 장소는 교실 안(32.6%), 복도(14.0%) 등 학생생활공간에서 주로 발생하고 있었으며, 발생 시간은 쉬는 시간(35.1%), 점심시간(18.0%), 하교 후(13.6%) 순으로 나타났다.

표 1-5 학교폭력 발생 장소 및 시간

	구분	학교 안 (69.6)							학교 밖 (24.2)						기타
		교실안	복도	급식실 매점	운동장	화장실	특별실	기숙사	사이버 공간	놀이터	학교밖 체험	학원 주변	집	PC 노래방	
피해 장소 비율 (%)	전체	32.6	14.0	9.5	7.3	3.2	2.4	0.6	6.2	5.2	4.7	3.8	3.1	1.2	6.2
	초	30.1	13.5	8.0	9.0	2.9	2.3	0.3	4.3	7.0	5.7	5.2	4.2	0.9	6.7
	중	35.4	15.7	11.7	4.9	4.2	2.3	0.5	9.3	2.3	3.3	1.6	1.5	2.3	5.1
	고	39.3	13.3	12.6	3.5	3.1	3.0	2.9	9.4	1.7	2.8	0.7	0.8	1.4	5.5

	구분	쉬는 시간	점심 시간	하교 이후	수업 시간	하교 시간	학교밖 체험	등교 시간	방과후 수업	기타
피해 시간 비율 (%)	전체	35.1	18.0	13.6	10.5	5.5	4.1	3.1	2.6	7.4
	초	33.4	16.7	16.2	8.0	6.9	4.8	3.4	3.1	7.6
	중	38.4	20.8	9.8	13.3	3.8	3.1	2.7	1.5	6.6
	고	36.7	19.2	9.1	17.2	2.8	2.7	2.4	2.3	7.7

(4) 피해사실을 알린 사람과 피해 미신고 이유

피해자의 경우 피해사실을 '주위에 알리거나 신고한 경우'가 79.3%, '신고하지 않은 경우'가 20.7%로 나타났다. '주위에 알리거나 신고한 경우' 가운데 '가족 보호자'에게 38.1%, 선생님께 신고하는 경우가 22.2%, 친구나 선배가 13.2%로 나타났다.

'신고하지 않은 경우' 미신고의 이유로 '별일이 아니라고 생각해서'가 29.1%, '스스로 해결하려고'가 16.6%, '해결이 안 될 것 같아서'가 15.8%, '더 괴롭힘을 당할 것 같아서'가 15.1%로 나타났으며, '어디에 알려야 할지 몰라서'라고 답한 학생도 4.8%로 나타났다.

표 1-6 피해사실을 알린 사람과 피해 미신고 이유

	구분	가족 보호자	선생님 신고함	친구 선배	다른 사람 (기관)	117신고센터 경찰관	미신고
피해 사실을 알린 사람 비율 (%)	전체	주위에 알리거나 신고 (79.3)					20.7
		38.1	22.2	13.2	3.7	2.1	
	초	44.2	17.2	10.1	4.1	2.0	22.4
	중	30.9	31.1	15.3	3.1	1.9	17.7
	고	22.7	28.5	24.5	2.4	2.8	19.0

피해 미신고 이유 비율 (%)	구분	별일이 아니라고 생각해서	더 괴롭힘을 당할 것 같아서	스스로 해결 하려고	해결이 안 될 것 같아서	창피해서	어디에 알려야 할지 몰라서	기타
	전체	29.1	15.1	16.6	15.8	6.3	4.8	12.3
	초	31.0	16.5	16.1	13.3	6.4	5.1	11.6
	중	25.0	12.9	18.2	18.8	6.1	4.3	14.7
	고	26.1	10.6	16.6	24.8	5.9	4.1	12.0

(5) 피해·가해 목격학생들의 인식 및 행동 수준

학교폭력을 목격하였는지에 대한 응답은 초등학생이 3.7%로 가장 높게 나타났다. 학교폭력을 목격한 후 어떤 행동을 하였는지에 대해서는 '피해를 받은 친구를 위로하고 도와주었다' 35.1%, '때리거나 괴롭히는 친구를 말렸다'가 23.4%, '가족, 선생님, 학교전담 경찰관 등 주위에 신고한다'는 대답이 17.8%, '나도 같이 피해학생을 괴롭혔다'는 대답이 0.9%로 나타났다.

표 1-7 피해·가해 목격학생들의 인식 및 행동 수준

목격 응답률 (%)	구분	전체	초	중	고
	비율	2.3	3.7	1.8	1.3
	명수	84천	470백	231백	135백

목격 후 행동 비율 (%)	구분	전체	초	중	고
	피해를 받은 친구를 위로하고, 도와주었다	35.1	33.7	34.2	41.6
	때리거나 괴롭히는 친구를 말렸다	23.4	27.6	19.6	15.8
	가족, 선생님, 학교전담 경찰관 등 주위에 신고	17.8	17.7	18.7	16.5
	나도 같이 피해학생을 괴롭혔다	0.9	1.0	0.8	0.5
	모른 척 했다	22.8	20.0	26.6	25.7

(6) 학교폭력 발생 시 대처 행동

학교폭력이 발생하였을 때 어떻게 대처하겠는가 하는 대답에 '학교선생님이나 신고함에 알리겠다'가 29.3%, '117신고센터나 경찰관에게 알리겠다'가 25.1%, '가족이나 보호자에게 도움을 요청하겠다'가 20.0%로 나타났다.

표 1-8 학교폭력 발생 시 대처 행동

	구분	전체	초	중	고
학교 폭력 발생 시 대처 행동 비율(%)	학교선생님이나 신고함에 알리겠다	29.3	30.0	29.2	28.2
	117신고센터·경찰관에게 알리겠다	25.1	24.3	25.5	25.5
	가족이나 보호자에게 도움을 요청하겠다	20.0	19.0	20.2	21.2
	피해를 받은 친구를 위로하고 도와주겠다	10.9	13.0	10.2	9.1
	때리거나 괴롭히는 친구를 말리겠다	8.1	8.3	7.9	8.1
	친구나 선배(후배)에게 도움을 요청하겠다	5.9	4.7	6.2	7.1
	기타	0.7	0.6	0.7	0.8

Chapter 2

학교폭력의 주요 원인

Chapter

02 학교폭력의 주요 원인

학교폭력의 발생요인은 매우 다양하며 다차원적으로 여러 요인이 복합적으로 작용하여 발생하는 경우가 많다. 따라서 어떠한 한 가지의 이론이나 요인만으로 접근한다면 학교폭력 현상을 제대로 설명하기 어렵다. 학교폭력을 이해하기 위해서는 다양한 시각과 요인별로 접근하여야 한다. 일반적으로 학교폭력의 원인은 개인적 요인, 가정적 요인, 학교적 요인, 사회적 요인으로 나누어진다.

학교폭력에 관한 많은 연구들이 학교폭력의 가장 중요한 원인의 하나로 가정적 요인을 들고 있다. 그 이유는 학생들이 자라서 사회생활을 하기 전 성격 형성에 가장 큰 영향을 미치는 곳이 가정이기 때문이다. 따라서 어떠한 부모 밑에서 자랐으며, 어떠한 가정에서 사회화 과정을 거쳤느냐에 따라 청소년들의 폭력 요인이 크게 좌우된다고 한다. 그러나 현대사회는 사회구조와 경제적 여건 등이 과거와 현저하게 달라짐으로써, 오랫동안 수행해 왔던 가정의 교육적 기능이 점점 축소되거나 약화되어가고 있으며, 가정불화와 이혼율의 증가 등으로 인하여 가정이 해체되면서 청소년들은 가치관의 상실, 불안, 고독, 좌절, 고통 등을 이겨내지 못하고 결국 학교폭력과 같은 일탈된 행동을 하게 된다.

가정 못지않게 또 하나의 요인으로 지적되고 있는 것이 사회적 환경이다. 이는 학교폭력을 유발하는 원인 중에서도 가장 심각하고 폭넓게 영향을 미치는 요소이다. 우리 사회에 만연되어 있는 폭력문화는 학교폭력을 양산하는 사회적 요인이며, 이는 단기간에 통제할 수 있는 성질의 것이 아니다. 특히 수용자의 태도와 관계없이 무차별적으로 현대인들의 삶 속에 깊숙이 파고들어서 그 양과 질에서 큰 영향을 미치고 있는 오늘날의 각종 대중매체에서 나타나고 있는 폭력적 문화는 판단력이 부족한 청소년들로 하여금 쉽게 모방범죄에 빠지게 하고 있다. 최근 많은 연구들이 TV와 인터넷 등의 대중매체를 통한 폭력에의 접촉빈도가 청소년들의 학교폭력 가해 행동에 크게 영향을 미치고 있다는 것을 보여주고 있다.

이 장에서는 학교폭력의 주요한 원인이 되는 개인적, 가정적, 학교 및 사회적 요인에 대해서 살펴보도록 한다.

1 개인·심리적 요인

1) 생물학적 특성

학교폭력과 관련된 생물학적 요인은 주로 가해자 측면에 집중되어 연구되었다. 대부분의 연구결과를 통해 학교폭력 행동을 하는 청소년에게서 나타나는 개인적 특성 중 가장 많은 부분을 차지하는 것은 충동성과 공격성인 것으로 나타났다. 충동적이고 공격성이 높은 사람은 사회질서나 규범을 고려하지 않고 자기중심적으로 행동하는 경향이 강하다. 이들은 스스로 분노를 조절하거나 화를 참는 능력이 부족하고 자신의 처한 상황에 대한 해석과 인식에 있어서 일반 청소년보다 더 많은 스트레스를 경험하게 되고(노성호, 2004), 부정적인 자아개념이 형성되어 자기 자신을 필요 없는 존재, 무능한 존재, 약한 존재로 규정하며 그러한 방향으로 삶을 이끌어 간다. 이러한 행동은 결국에는 공격행동과 폭력행동으로 이어지게 된다는 것이다.

학교폭력에 영향을 미칠 수 있는 생물학적 이론에서는 품행장애, 반항성 장애 및 주의력 결핍 과잉행동장애 등도 폭력이나 비행과 관련될 수 있다고 설명한다. 이러한 장애를 가지고 있거나 특수교육을 받고 있는 경우, 그들은 학교폭력의 가해자 및 피해자가 될 위험성이 높다고 한다. 그 이유로는 사회적으로 잘 기능하지 못하고 폭력으로부터 자신을 보호할 수 있는 능력이 부족하기 때문에 이들은 학교폭력의 표적이 될 수 있기 때문이다. 반면에 과거의 생활경험이나 생활양식, 특성, 그들 자신이 가지고 있는 행동장애를 공격적인 방법으로 표출하여 학교폭력의 가해 청소년이 되기도 한다.

최근 학교폭력에 영향을 미치는 생물학적 요인으로는 호르몬, 신경전달물질, 뇌 발달과 관련이 있다고 주장하고 있으며, 각각에 대해 살펴보면 다음과 같다.

첫째, 호르몬과 학교폭력과의 관계이다. 사춘기에 일어나는 몸의 변화는 뇌에서부터 시작하는데, 뇌에서 내리는 지시에 따라 아이는 성장호르몬의 도움으로 키가 부쩍 자랄 뿐 아니라 성호르몬이 분비되면서 2차 성징을 보이게 된다. 그 중 여성호르몬인 에스트로겐(estrogen)은 여자 아이의 몸을 성숙하게 만든다. 그리고 남성호르몬인 테스토스테론(testosterone)은 남자 아이를 남성답게 만든다.

동물의 세계에서 테스토스테론 수치가 높은 수컷은 암컷에 비해 더 공격적인 행동을 하는 것으로 알려져 있다. 사람에게서 나타나는 테스토스테론의 영향력도 마찬가지이다. 즉, 충동적으로 폭행과 같은 범죄를 저지르거나 다른 사람에게 공격적인 태도를 취하는 남자들은 대부분 이 호르몬의 수치가 평균보다 높은 것으로 나타났다. 미국에서 1990년대에 수감자들을 대상으로 이와 관련된 실험을 실시한 결과, 테스토스테론 수치가 평균에 비해 월등히 높은 사람일수록 폭력범죄를 저지를 가능성이 더 높다는 결론을 얻었다.

둘째, 신경전달물질과 학교폭력의 관계이다. 신경전달물질은 뇌신경세포인 뉴런(neuron) 사이에서 메시지를 전달하는 화학물질로, 그 중에서 사람의 기분과 행동에 영향을 미치는 것으로 알려진 대표적인 신경전달물질은 <표 2-1>에 제시된 세 가지이다.

표 2-1 기분과 행동에 영향을 미치는 신경전달물질

종류	특징
세로토닌 (serotonin)	불안하고 우울한 기분과 상관이 있으며, 공격성과도 관련이 있다.
도파민 (dopamine)	현실인식에 영향을 미치는 신경전달물질로 도파민이 부족하거나 지나치게 많이 분비되면 판단력이 떨어지고 충동적인 행동을 할 수 있다.
노어에피네프린 (norepinephrine)	주의력과 집중력에 영향을 미치고 각성상태에 영향을 끼쳐 사람을 불안하게 만들고 공포심을 느끼게 한다.

이 중 폭력성과 가장 관계가 깊은 신경전달물질은 세로토닌과 도파민이다. 뇌 속의 세로토닌과 도파민의 수치가 낮으면 폭력적인 행동을 할 가능성이 높고, 수치가 높아지면 폭력적인 행동이 낮아질 가능성이 높아진다. 즉, 세로토닌과 도파민은 폭력 또는 충동적인 행동 등의 극단적인 행동을 제어하는 뇌호르몬이다. 셋째, 뇌발달과 학교폭력의 관계이다. 청소년기에는 감정 뇌, 본능 뇌에 비해 이성적인 뇌(대뇌피질)가 덜 발달되어 있다. 따라서 충동을 조절하는 능력이 떨어지며, 이로 인해 감정을 자제하지 못하거나 폭력적인 행동을 보이게 된다. 전두엽은 뇌의 가장 앞쪽에 위치하며, 문제에 대해 합리적인 해결방안을 모색하는 일들을 담당한다. 청소년기가 되면 전두엽이 발달하면서 모호한 상징을 이해하고 추상적인 생각을 하며, 미묘한 의미 차이를 구분하는 등 생각의 질이 크게 향상된다. 그러나 청소년들은 전두엽이 덜 발달되었기 때문에 정리정돈이나 의사결정을 제대로 하지 못하고 참을성 없이 충동적인 일을 벌이고, 폭력적인 행동을 하게 된다. 전두엽은 사춘기의 뇌 가운데 가장 활발하게 발달하는 부분으로 자동차의 브레이크 역할을 한다. 청소년의 뇌는 브레이크가 고장난 차와 같다. 만약 전두엽에 문제가 생기면 거짓말을 하거나 물건을 훔치고, 자주 욕을 할 뿐만 아니라 폭력적인 행동을 하게 된다.

한편, 청소년들은 다른 사람의 표정을 제대로 읽지 못한다. 특히, 화난 표정과 놀란 표정을 구분하지 못한다. 이는 다른 사람의 표정을 읽을 때 성인은 논리적인 판단을 수행하는 전두엽을 작동시키는 반면, 청소년은 감정중추인 편도체를 사용하기 때문이다. 따라서 상대방이 해를 끼치려 했다고 쉽게 오해하게 된다.

2) 신체적 특성

연구에 따르면 학교폭력 피해와 신체적 특성은 어느 정도 관련이 있다. 특히 여학생보다 남학생에게 있어 학교폭력 피해와 관련된 가장 중요한 외적 요인은 신체 크기로, 덩치가 큰 가해자가 덩치가 작은 피해자를 집단적으로 괴롭히는 경우가 가장 많았다(Olweus, 1993). Ono와 Hasegawa(2001)는 대학생에게 아동들의 사진을 보여주며 누가 학교폭력 피해자일지를 추측하도록 하는 실험을 통해 대부분의 대학생이 신체적으로 약해 보이는 아동을 피해자로 지목했고, 실제 지속적으로 피해를 당하는 대상자들과 일치한다는 연구보고를 하였다(Macklem, 2003).

신체적 특성 뿐 아니라 장애도 학교폭력과 관련되어 있다. 신체적으로 장애를 가진 학생이 학교폭력의 피해자가 되는 경우가 많다. 또한 Moshna(2003)는 학습장애와 학교폭력의 관계를 연구하였는데, 연구에 따르면 학습장애아가 일반 아동에 비해 더 많은 괴롭힘을 당한다고 한다. 학습장애아는 기질적으로 갖고 있는 신경학적 원인으로 인해 낮은 자아존중감이나 좌절을 경험하고, 친구들로부터 소외로 인한 대인관계학습과 사회적 기술 발달 부족을 더 많이 경험하기 때문이다. 또한 학습장애를 가진 학생이 ADHD가 있을 경우 또래들로부터 폭력을 당하는 경우도 많다(Macklem, 2003).

3) 성격적 특성

학교폭력의 가해자나 피해자는 대체적으로 낮은 자존감, 강한 인정과 애정의 욕구를 가진다. Reston(1995)은 청소년 범죄가 청소년의 자아존중감과 밀접한 관련이 있다고 하였고, 폭력행동을 하는 학생들에게 가장 빈번히 보고되는 심리적 특성은 분노와 공격성이라는 보고가 있다(청예단, 2008). 이처럼 성격적 요인과 학교폭력은 밀접히 관련되어 있다. 그 가운데 학교폭력의 가해자와 피해자와 관련된 성격적 특성 중 가장 많이 언급되는 요인이 자아존중감과 자아개념이다(청예단, 2008).

많은 연구들이 학교폭력 현상이 청소년들의 자아존중감과 밀접한 관계가 있음을 보고한다. 낮은 자아존중감은 청소년의 학교적응 및 학업수행, 알코올 및 약물남용,

성행동 문제, 우울과 자살사고, 사회적 관계의 어려움과 같은 전반적인 측면과 상당히 많은 관련이 있다(김혜원, 2013). 최윤자와 김아영(2003)은 남녀 중학생 415명을 대상으로 한 조사에서 학교폭력 가해경험과 피해경험 모두 자아개념과 부적인 상관을 보여 가해경험과 피해경험이 많을수록 자아개념이 낮은 것으로 나타났다고 보고한 바 있다. 특히 가해경험은 가정적 자아개념 및 도덕적 자아개념에 의한 영향을 많이 받는 것으로 나타나 가정에서의 불화나 불만족이 자아개념을 낮아지게 만들며 이것은 또래와의 관계로 이어져 폭력가해 행동이 더 많이 일어나도록 한다. 최근에는 학교폭력 가해자들이 오히려 높은 자아존중감을 유지하고 있다는 새로운 연구들도 보고되고 있다. 피해자들의 경우 일관되게 자아존중감이 하락된다는 것과 달리, 가해자의 경우, 자아존중감 하락이나 부정적 자아개념이 아니라 오히려 이와 반대 양상을 보인다는 것이다. 연구에 따르면, 특히 남학생 학교폭력 가해자들은 다른 친구들에게 잘 수용되고 인기가 있고 타인들을 이용하는 기술이 뛰어나 또래들 간의 사회적 지위가 높은 경우가 많다는 것이다(청예단, 2008).

이은희와 강은희(2003)는 학교폭력 가해행동과 자기애적 성격과의 관계에 관한 연구를 통해 자기애적 성격특성이 강한 학생이 일반 학생에 비해 자신을 과장되게 표현하고 자신의 수행을 과장되게 평가하며, 따라서 이들은 자신에 대해 매우 긍정적으로 생각하고 자기중심적이며 자신을 특별하게 생각한다고 하였다. 이들의 연구에서 가해학생은 자기고양이나 자기존중감을 유지하는 것에 많은 관심을 가지며 다른 사람들에 대한 우월감의 추구를 통해 이를 성취하고자 하는 경우가 많고 이러한 우월감 추구 욕구가 좌절될 때 분노가 공격성으로 표출될 수 있다고 한다(청예단, 2008).

공격성 또한 학교폭력과 관련된 주요 요인이다. 학교폭력 가해학생은 피해학생들과 일반 학생들에 비해 높은 공격적 특성을 가진다. 가해학생은 일반 학생들에 비해 분노를 더 쉽게 경험하고 공격행동과 폭력에 성격적으로 더 취약하다. 이들은 스트레스 상황에 대처하는 과정에서도 차이를 보인다. 일반 청소년에 비해 더 공격적이고 반사회적 경향을 보이며 상황을 적대적으로 해석하고 문제해결을 위해 주장적 반응 등의 공격적 문제해결 방식을 선택한다. 학교폭력을 주도하는 청소년들의 공격성은 이들 내면의 자기과시적이며 타인에게 위력이나 영향력을 보이려는 욕구를 갖고 있기 때문이다. 이러한 특성으로 인해 이들은 표적을 외부에서 찾아 공격함으로써 자신의 허약함을 보완하려는 욕구를 갖는다. 이들이 보이는 공격적 행동은 자신의 허약함을 감추려는 일종의 방어기제인 것이다. 일반적인 공격성과 달리 학교폭력 가해자의 공격성은 고유한 특성이 있다. 일반적으로 공격성이 높은 청소년들은 모든 환경이나 사람에 대해 공격적인데 학교폭력 가해자들은 그들이 지배하고자 하는 또래에 대해서만 선택적으로 공격적이라는 것이다(Macklem, 2003).

또한 학교폭력에서 동조성과 의존성은 학교폭력의 집단화를 가속화하는 요인이기도 하다. 집단에 속한 청소년들은 집단규범을 위반하면 지위를 상실하게 되고 거절당하며 심지어 소외당할 수도 있다는 두려움 때문에 집단압력에 굴복하고 동조하게 된다. 청소년들이 속한 집단의 응집력이 강하거나 지속적인 상호작용을 필요로 하는 집단일 경우 구성원 간의 맹목적 동조현상은 더욱더 가속화된다.

학교폭력은 교실이나 학교 내에서 또래들이 목격하는 상황 중 발생하는 것이 일반적이다. 또한 가해자들은 소수의 관찰자가 있을 때보다 다수의 학생이 있을 때 피해자를 더 심하게 괴롭히는 경우가 많다. Bowers, Smith와 Binney(1994)의 연구에서 학교폭력 가해자들은 자신의 공격이 동료에 의해 목격될 수 있는 상황을 물색하여 공격을 하며 이를 즐기는 것으로 나타났다. 이런 점에서 볼 때 가해학생은 대인관계에 의존성이 높으며 이런 특성을 바탕으로 하여 또래 사이에서 인기와 인정을 얻기 위해 학교폭력 행동을 한다고 볼 수가 있다. 흥미로운 점은 이러한 대인관계 의존성은 피해학생과도 관련이 있다는 점이다. Troy와 Sroufe(1987)의 연구에서 피해학생이 다른 학생들과 둘이 놀게 될 때 지나치게 다른 사람을 필요로 하는 것으로 관찰되었다. 이렇듯 피해학생들은 지나치게 타인의 인정을 필요로 하기 때문에 자신이 상대로부터 거절당했을 때조차 가해자와의 관계를 지속하기 위해 비효과적인 시도를 계속할 수 있다(청예단, 2008).

또한 학교폭력은 주변 친구들의 유사행동에 많이 노출되는 경우 발생빈도가 높아진다. 즉, 모방의 결과로 학교폭력이 나타나기도 한다. Olweus(1995)는 학교폭력의 가해와 피해현상이 뚜렷하게 구분되지 않는 현상 또한 이러한 모방의 결과로 해석한다. 심각한 학교폭력을 당한 학생과 가끔씩 학교폭력을 당한 학생들 중 일부는 자신도 다른 학생을 괴롭힌 경험이 있다고 보고하였다. 이처럼 과거에 피해학생이었던 학생이 가해학생으로 바뀌었다거나 가해학생과 피해학생의 구별이 모호한 것은 한 상황에서는 피해자이지만 다른 상황에서는 자신이 받은 행위를 모방하여 타인에게 행하는 가해자가 되기 때문이다. 한국청소년개발원(1999)의 연구에 의하면 폭력비행 경험이 있는 청소년들은 폭력비행 경험이 없는 집단에 비해 주변에 사귀는 비행친구의 숫자가 훨씬 많았고 폭력서클에 가입하고 활동해 온 경험도 훨씬 많았다.

이런 연구결과는 청소년들이 친구들이 하는 행동을 모델로 삼고 이에 영향을 받게 됨을 보여준다. 즉, 다른 또래들이 행하는 공격적 행동을 목격하면서 관찰학습과 모델링을 경험하게 되고, 이에 따라 유사한 행동을 학습하는 기회를 갖게 된다는 것이다. 이 경우 공개적이고 반복적으로 또래 폭력을 경험하거나 목격하게 되면, 경험자 뿐 아니라 목격자 또한 피해학생이 폭력을 당해도 무방하며 그럴만한 이유가 있다고 인식하게 된다. 이로 인해 또래폭력에 대한 죄책감을 거의 느끼지 못하고 폭력에 대해 긍정적인 태도를 갖게 되는 것이다.

2 가정환경 요인

현대사회는 맞벌이 부모가 증가하면서 전통적 가정이 붕괴되고, 그 기능 또한 변화됨으로써 가정의 역할이 축소되고 있다. 이로 인해 가정은 사회가 기대하는 만큼의 본래적 기능을 충분히 수행하지 못하고 있다. 사실상 현재 한국의 가정 해체 실상은 매우 심각하다. 3세대가 함께 동고동락하던 시대는 거의 옛말이 되고 말았으며, 핵가족 시대를 지나 현재는 싱글 가족들이 넘쳐나고 있다. 통계청이 지난 2012년 12월 11일 발표한 '2010 인구주택총조사에 나타난 1인 가구 현황과 특성'에 따르면, 2010년 11월 우리나라의 1인 가구는 414만 2천명으로 10년 전보다 191만 9천 가구가 늘어 1.9배 늘어났다. 4가구 중 한 곳이 '1인 가구'이며 이중 미혼이 46.2%를 차지하고 있다(통계청, 2012년 12월 11일).

뿐만 아니라, 가족의 범위도 매우 협소해지고 있다. 한국인은 4명 중 1명만이 친할아버지와 친할머니 및 친손자를 가족으로 생각한다. 2명 중 1명꼴로는 배우자의 부모, 3명 중 2명꼴로는 배우자의 형제자매를 가족으로 여기지 않는다. 이는 대가족이 해체되어 가족들이 흩어져 살고 있다는 것을 반영한 것이다. 가정 해체로 인한 가정과 인성교육의 문제와 관련된 사회적인 병폐는 예상외로 심각하다. 각종 바람직하지 못한 주제들, 예컨대 이혼율, 출산율, 청소년과 노인을 포함한 자살율 및 낙태율 등에 관한 통계들이 OECD 국가 중 1위로 나타나고 있다.

최근 사회적 문제로까지 크게 확대된 학교폭력 또한 이러한 가정의 기능과 역할의 붕괴로 인한 영향이 크다. 학교폭력에 영향을 미치는 가정요인으로는 가정의 빈곤, 부모의 이혼 등으로 인하여 생겨나는 구조적인 가정환경, 부모와의 불화, 부모와 자식 간의 갈등과 유대 약화, 부모의 자식에 대한 감독 부족, 잘못된 훈육 방식 등과 같은 가정의 기능적 요인이 주요 요인으로 언급되어 왔다. 그 중에서도 가정의 기능적 요인은 청소년 범죄를 설명함에 있어 보다 중요한 요인이 된다는 것이 그동안의 연구에서 밝혀지고 있다.

학교폭력에 영향을 미치는 가정 위기의 요인을 몇 가지로 정리해 보면 다음과 같다.

1) 가족의 해체 문제

가정은 사회화의 주관자로서의 역할을 수행하는 중요한 준거 집단이기 때문에, 가족 보호와 양육 기능을 통하여 청소년의 성장과 발달에 절대적인 영향을 미칠 뿐만 아니라, 사회 문화의 전달과 교육의 기능을 수행한다. 이러한 중요한 기능과 역할을 가진 가정이 핵가족화, 결손 가정 및 이혼율의 증가, 여성의 사회적 진출, 가족생활 공간의 협소화 등으로 인하여 사실상, 집은 있지만 가정은 없는 경우가 되어 가고 있다. 이처럼 증가하는 가족 해체적 요인은 청소년들로 하여금 개인주의적이고 충동적인 성향을 갖게 하고, 또한 비슷한 처지의 친구들과 또래집단을 형성하여 결국에는 폭력 사태에 가담하게 되는 패턴화된 비행의 길잡이 노릇을 하게 된다.

2) 빈약한 가정환경

가정의 경제적 어려움으로 인하여 부모들이 생업에 매달려 자녀들에 대한 관심을 보여주기 어려운 가정환경은 청소년들에게 상대적 박탈감을 유발케 하고 있다. 가정의 빈곤은 수입과 같은 금전 부족에 의한 절대 빈곤과 희망하는 문화생활을 하지 못함으로써 생겨나는 심리적 요인에 의한 상대적 빈곤으로 나눌 수 있는데, 절대적 빈곤 가정보다 상대적 빈곤 가정이 자녀들에게 무력감과 열등감, 사회에 대한 반발, 공격성, 그리고 폭력성 등을 초래하게 할 가능성이 크다.

특히 소원한 부모들과의 관계는 청소년들로 하여금 가정의 이미지를 부정적 이미지로 형상화하는 데 크게 영향을 미친다. 집에서도 반겨주거나 편한 마음으로 기댈 언덕을 형성하여 주지 못하는 부모들에 대해 청소년들은 자신들을 양육하고 보호해 주는 존재로서 받아들이기보다는 자신들의 삶에 몰입되어 자녀들의 삶을 방관하는 것으로 인식하고 있어 부모와의 관계에 있어 상당한 이질감을 형성하고 있다(이명자, 2009). 이는 부모와의 대화시간이 짧을수록 비행과 폭력이 많이 나타난다는 사실에서도 단적으로 나타난다.

이와 같이 부모의 애정 부족 속에 자라거나 부모와 갈등관계에 있는 청소년들은 가정에 불만을 가지고 가출 등으로 인하여 범죄에 쉽게 노출될 수 있다. 부모의 자식에 대한 감독 소홀은 부모의 애정 결핍과 함께 같은 이유로 청소년 범죄의 주요 설명 요인으로 다루어져 왔다.

3) 일관성 없는 양육태도

인격이 형성되어야 할 시기에 제대로 된 가정교육을 받지 못한 청소년은 효과적인 감정 조절력과 표현방법을 익히지 못하게 됨으로써 학교폭력의 가해자 또는 피해자가 될 가능성이 높다. 가정환경이 학교폭력과 직접적인 연관성이 있다고 보기는 어려우나, 장기적인 관점에서 볼 때 자녀들이 비뚤어진 성향으로 자라날 확률이 높다고 판단되기 때문에 부모에 의한 적절한 가정교육이 요청된다.

예컨대, 부모가 자녀를 지나치게 과잉보호하게 되면 자녀들은 자기중심적인 성향으로 자라나게 되어 타인을 배려하는 능력이 부족할 수밖에 없다. 이와 반대로 부모가 자녀의 훈육과정에서 지나치게 강압적이거나 가혹한 체벌 혹은 폭력을 행사하는 것도 청소년들로 하여금 범죄에 노출될 수 있도록 하는 원인이 되고 있다(이은희 외, 2004).

이와 같이 부모의 양육태도는 청소년들에게 정체성과 감정, 분노의 통제능력에 심각한 영향을 미친다. 따라서 가정환경의 조건이 같다고 하더라도 부모의 양육방식에 따라 청소년들에게 미치는 영향은 다르다. 일관성 없는 부모의 양육태도는 청소년들의 부정적 자기 및 타인 지각, 충동성, 공격성 혹은 폭력적 태도를 형성하는데 영향을 미친다.

4) 폭력을 용인하는 가정 문화

학생폭력의 원인을 연구한 기존의 연구들은 학생의 폭력이나 학교 부적응, 자살, 그리고 가출 등의 문제가 피학대 경험에서 이루어졌다고 보고함으로써 학생의 피학대 경험이 폭력행동을 유발하는 직접적인 원인임을 주장하였다. 즉, 폭력 비행이나 폭력 범죄 학생들의 대부분은 성장과정에서 학대를 받은 학생들로 밝혀져 아동학대와 학생폭력과는 높은 인과관계가 있다고 설명한다.

겔레스와 스트라우스(Gelles & Straus)의 보고에 의하면, 가정을 중심으로 체벌이 폭력의 사회화에 지니는 의미와 효과를 보았을 때, 가정 폭력이 자행되거나 용인되는 가정의 부모는 자녀에게 적절한 양육태도나 부모로서의 역할을 보여주지 못함으로써, 그러한 모습이 자녀에게 그대로 투영되어 또 다른 폭력을 강화시키거나 촉진시킬 수 있다. 따라서 학교폭력을 예방하기 위한 장기적인 방법으로는 청소년이 어릴 때부터 올바른 인성을 정립할 수 있도록 가정에서 부모가 올바른 방법으로 자녀를 훈육하는 것이 필요하다(최자은, 1998: 18).

요컨대, 가정의 부정적인 환경요인은 청소년들의 불만과 긴장을 야기하고, 청소년들의 인지적, 정서적 발달을 저해할 뿐만 아니라 또한 학교에서 청소년들의 학업 실패를 야기하고 비행 또래와 사귀게끔 만드는 근본 요인으로 작용한다.

학교폭력을 행사하는 학생들은 유소년기에 가정의 보살핌을 제대로 받지 못했거나 부모로부터 폭행을 당한 경험이 많기 때문에 대인관계 기술이 부족하고, 가정에서의 폭력을 통해 폭력을 학습하게 된다. 저학년에서 폭력을 당하는 학생이 고학년이 되면서 가해자로 변하는 경우가 많은 것도 이러한 경향이 크게 작용하기 때문이다(김준호, 1997). 결국 폭력은 학습되는 것으로 인식되며, 가정의 사회화 과정에서 폭행이나 학대를 경험한 학생들은 그렇지 않은 학생들에 비해 공감 능력이 부족하고 충동적으로 행동하거나 비합리적인 신념과 반사회적인 행위로 표출하는 경향이 많다고 할 수 있다.

이상에서 살펴본 바와 같이, 처벌적이고 권위주의적인 부모의 양육 방식, 부모와 자녀 간의 부정적 관계와 태도, 부모의 불화, 가족 구성원 간의 불화, 위협적인 가정 분위기, 긍정적 변화를 유도하기 위한 방법에 대한 부모의 무지, 부모의 지시와 감독의 부재 등이 학교폭력을 유발할 수 있는 가정 위험 요인으로 확인되고 있다.

3 학교환경 요인

1) 입시 위주의 학교운영

과밀학급, 입시나 성적 위주의 교육으로 인해 학교 내의 소외현상이 두드러진다고 할 수 있는데, 이러한 상황에서는 자아실현과 사회화를 원만히 수행하기 어렵다. 많은 학생들이 입시부담을 적절히 해소시키지 못하여 학습장애나 부적응 증세를 보이며, 등교를 거부하거나 비행행동을 하게 되는 것이다. 많은 연구들은 학생들이 바람직한 인간관계를 맺지 못하는 것이 바로 유대감의 약화라고 주장하고 있다. 그러나 이러한 학교환경에서 학생들이 원만한 인간관계를 형성하고 유대감을 가지기는 어렵다. 학교에서의 유대감 약화나 적응 실패는 결국 무규범 상태로 이어지기 쉽다. 학생들에게 중요한 것은 소속감과 유대의식인데, 이러한 규범이 약화되면서 학생들의 자기 통제력이 약화되고 이러한 현상은 학교폭력과 밀접하게 관련된다. 따라서 학생들이 친구들은 물론이거니와 교사들과도 원활히 소통할 수 있는 학교문화의 형성은 학교폭력을 억제하는 데 긍정적인 기여를 할 것이다.

2) 인간관계에서의 갈등

현재의 과다 경쟁체제는 학생의 인권과 인간성이 말살되는 상황까지도 초래하고 있다. 예를 들어, 학생생활기록부의 내신 성적을 잘 얻기 위하여 옆에 있는 친구와도 적이 되고, 경쟁에서 뒤지면 인생 낙오자로 전락하는 상황에서 학생들은 모든 욕망을 억누르고 살아가거나 저항아가 될 수밖에 없다. 특히 성적을 두고 친구와 경쟁을 해야 하는 현실 때문에 인간관계의 단절로 괴로워하고 있는 것이다. 입시 위주의 경쟁체제에서 아무리 친한 친구라도 잠재적인 경쟁자가 되기 때문에, 진정한 의미의 친구관계를 수립하는 것이 어렵다. 또한 학생을 판단하는 일차적인 기준이 성적이기 때문에 성적이 낮은 학생들은 학교생활이나 친구관계에서 따돌림을 받게 되고, 이렇게 소외된 학생들은 홀로 방황하거나 비슷한 처지의 소외그룹과 집단을 형성하게 되므로 자연스럽게 집단적 비행에 빠질 확률이 높아진다. 학생들이 가지는 불만의 핵심은 교사들이 성적이 좋은 학생들과 나쁜 학생들을 차별한다는 것인데, 사춘기 청소년들은 교사들이 특정 학생을 편애하는 경우 불만과 반발심이 높다. 최근 학교에서 소외당하고 따돌림 당한 집단이 보여주는 병리적 대응방식에서도 이러한 현상을 쉽게 발견할 수 있다.

3) 문화활동이나 특별활동의 부족

학생들이 학교폭력에 가담하는 이유 가운데 하나가 문화활동이나 특별활동이 너무 적다는 점이 종종 지적되고 있다. 청소년기는 자율적인 활동에 대한 욕구가 강하고, 스스로 무엇인가를 조직해서 자아를 실현하려는 욕구가 강하다. 그런 점에서 학교에서 지식교육 이외의 여러 가지 활동들은 청소년기 발달의 측면에서 매우 중요한 의미를 가지는데, 현재의 학교는 이러한 욕구를 충족시켜 주지 못하고 있다.

학교 현장에서 나타나고 있는 다양한 부작용들은 학교폭력을 양산하는 중요한 원인으로 작용하면서 인성교육의 중요성을 다시 한 번 절감하게 한다. 앞에서 보았듯이, 지금까지의 인성교육 관련 정책은 한 개인의 장기적이고 전반적인 발달을 고려하지 않고, 단기적이고 가시적인 효과에 치중하는 경향을 보여 왔다. 또한 입시 위주의 경쟁적인 학교 분위기로 인하여 인성교육 관련 프로그램의 개발 및 보급에도 불구하고, 학교현장에서의 적용과 그 효과가 구체적이고 객관적으로 분석되지 못하였다. 사실 인성교육은 기본적으로 올바른 가치관과 인성을 갖춘 교사가 본보기가 되어 학생들을 지도할 때, 실천성을 담보할 수 있을 뿐만 아니라 그 효과성을 배가시킬 수 있다.

4 사회환경 요인

아동과 청소년이 성장하고 발달하는 이웃과 지역사회는 그들과 폭력과의 관계에서 매우 중요한 영향을 미치는 요인이다. 경험적 연구들에 의하면, 지역사회에서 이루어지는 싸움, 절도, 총기 사건 등의 폭력 사건에 대한 직·간접적인 경험 빈도는 같은 지역사회 내 학교의 교실에서 이루어지는 공격행동 빈도와 상관이 있다(Bradshaw, Rodgers, Ghandour, & Garbarino, 2009; Lambert, Ialongo, Boyd, & Cooley, 2005).

학교폭력을 유발시키는 원인 중에서도 가장 심각하고 폭넓게 영향을 미치는 것이 불건전한 사회적 환경이다. 우리 사회에 만연되어 있는 폭력 문화는 학교폭력을 촉발시키고 양산하는 중요한 사회적 요인이다. 학교폭력이 증가하는 현상에는 폭력에 관대한 사회문화적 배경에도 그 원인이 있다.

오늘날 학교폭력을 유발하는 사회적 요인으로는 다음과 같은 것들을 들 수 있다.

1) 대중매체에 나타난 폭력 문화

사회의 전체적인 폭력 문화에 대해서 생각해 보면, 최근 우리 사회가 폭력에 대해 얼마나 허용적인 분위기인지를 금방 알아차릴 수 있다. 여기에는 폭력을 미화하는 대중매체의 영향이 크다. 폭력에 대한 허용 수준은 개인들의 공격적인 상호작용뿐만 아니라 다양한 매체에서 폭력적인 요소로 나타나고, 이는 구성원들이 폭력에 노출되는 빈도에 영향을 미친다. 최근에는 폭력을 미화하는 영화가 급증하고 있으며, 심지어 공중파 TV에서도 폭력을 정당화하는 장면이 심심치 않게 방영된다. 이 중에서도 인터넷 게임의 폭력성이 가장 심각하며, 이는 현실 상황과 가상적 상황에 대한 구분을 모호하게 한다. 실제로 The U.S Surgeon General Report(1972)와 The Institute of Mental Health(1982)는 모두 텔레비전의 폭력 장면이 진짜 폭력 장면을 증가시킨다고 보고하고 있으며, 폭력적인 내용의 비디오, 컴퓨터 게임 등은 공격적 행동과 반사회적 행동을 부추긴다고 지적하고 있다(Comstock, 1986. 임영식, 1998에서 재인용).

지역사회 내에 즐길만한 놀이나 활동이 부족한 청소년들은 점점 인터넷과 각종 유해 매체에 심각하게 빠져들고 있다. 청소년들의 주된 여가활동은 TV 시청이나 컴퓨터 게임인 것으로 나타나고 있다(통계청, 2011). 그리고 우리나라 청소년들의 컴퓨터 게임 이용 시간은 다른 외국 청소년들에 비해 월등히 많으며, 거의 세계 최장시간이다. 이렇듯 인터넷 및 게임 시간이 길다 보니 인터넷 중독 위험도 높다.[1] 청소년을 둘러싼 방송매체도 건강하지 않다. 케이블 TV나 위성 TV, IPTV 등의 유료매체는 선정성과 폭력성이 심각하며, 지상파 방송은 다수의 프로그램이 부정적 가치관을 심어주는 것으로 나타나 문제가 되고 있다.

폭력이 허용되는 사회에서는 폭력이 개인 간의 갈등을 해결하는 수단으로 자리잡아 가정폭력, 싸움을 통한 문제해결, 체벌 등의 빈도를 높이고, 아동 및 청소년들이 이러한 행동을 학습할 기회를 높이게 된다. 학교폭력에 미치는 대중매체의 폭력성과 선정성에 대해서 그 영향의 심각성을 인식하지 못하는 동안 청소년들은 사회에 만연된 저속한 문화와 폭력불감증에 빠지면서 쉽게 폭력을 행사하게 된다. 대중매체에서 보여주는 폭력성은 학교폭력뿐만 아니라 폭력문제를 다루는 거의 모든 연구에서 언급되는 주요 요인으로, 이에 관한 많은 연구들은 폭력적인 내용의 TV나 비디오, 컴퓨터 게임, 사이버상의 폭력 등이 청소년들의 공격적 행동과 반사회적 행동을 부추기고 있다고 설명한다.

2) 학교 주변의 유해 환경

청소년들에 대한 유해 환경은 청소년들이 인간적으로 성숙 발전해 가는 데 장해가 될 수 있는 모든 물리적 요소들로, 유해 업소, 유해 약물, 유해 행위, 유해 매체 등을 포함한다. 학생들 주변에 존재하는 유해 환경이 학교폭력의 지역사회 위험 요인으로 작용할 수 있다. 학생들은 유해 환경에 접촉함으로써 규범의식이 약화되고 반규범적인 가치나 태도를 학습할 기회가 증가하기 때문에 비행과 반사회적 공격행동을 일으킬 가능성이 높아진다. 예컨대, 학생들이 자주 다니는 장소에 있는 술집이나 나이트클럽, 기타 풍기문란한 숙박업소 등 퇴폐적인 성인문화를 드러내는 유해 업소들에서 학생들은 부도덕한 모습을 자주 목격하게 되고, 이는 학생들의 호기심을 자극하여 정서적으로 순화되지 못하고 안정적이지 못한 생활로 이끌 가능성이 있으며, 때로는 이러한 곳에서 전개되는 각종 폭력 사건에 직접 연루되기도 한다.

이외에도 불량 만화방, 비디오방, 오락실, 락카페 등 학교폭력을 불러올 개연성이 높은 학교 주변의 향락산업은 청소년들에게 허영심을 충족시키기 위해 폭력이란 방법을 사용하도록 유도하며, 유흥비 마련을 위해 동료 학생들에게서 금품을 갈취하

1 한국정보화진흥원이 2011년에 실시한 인터넷 중독 실태조사에 따르면, 5~49세 인터넷 이용자 중 인터넷 중독률은 7.7%이고, 인터넷 중독자 수는 233만 9천명이었다. 이 중 만 10~19세 청소년의 인터넷 중독률은 10.4%로 전체 연령대 중 가장 높게 나타났다.

거나 때로는 이를 위해 폭력을 쓰는 것으로 나타났다.

이와 같은 유해 환경이 청소년들에게 미치는 영향은 일시적인 것이 아니라 생활과 지속적인 관계성을 지니면서 계속하여 청소년들의 정상적이고 바람직한 성장을 저해한다는 데 그 위험성이 크다. 실제로 많은 청소년들이 이러한 유해 환경에 접촉하여 건전하지 못하고 퇴폐적인 성인문화를 누리는 일탈행위를 하고 있으나, 상업주의의 만연과 성인들의 무관심 속에 우리 지역사회 내에서 청소년들의 비행과 범죄가 빈번하게 일어나고 있다.[2]

3) 지역사회 빈곤과 범죄율

지역사회의 빈곤성은 청소년들이 살고 있는 가정의 사회경제적 지위(SES)를 말해준다. 즉, 빈곤한 지역사회에 살고 있는 대부분의 청소년들은 마찬가지로 빈곤한 가정에서 성장하고 있으며, 낮은 학업성취도와 자존감의 상실, 그에 따른 사회에의 불만 고조 등으로 연결될 가능성이 높다. 빈곤한 지역사회의 구성원들은 국가 혹은 지역사회가 제공할 수 있는 다양한 경제적, 문화적 혜택을 누리지 못하고 살아가며, 이는 청소년들에게 국가나 지역사회에 대한 반발과 증오심을 유발하게 됨으로써 각종 범죄 사건에 휘말리게 된다.

학교폭력은 지역사회의 범죄와 무관하지 않다. 몇몇 연구들(Wilson, 1980; Dodge, Pettit & Bates, 1994)은 학교폭력과 지역사회의 범죄율은 정적 관계가 있음을 밝히고 있다. 더불어 범죄율이 높은 지역의 학생들이 학교 안팎에서 발생하는 폭력행동의 피해자가 될 가능성이 매우 높다는 것을 밝히고 있다(Everett & Price, 1995).

이외에도 학교폭력에 대한 지역 성인들의 방관과 묵인, 여가활동의 기회나 시설의 부족 등과 같은 지역사회의 문화적, 환경적 여건은 학교폭력을 유발하는 위험요인이 될 수 있다.

2 여성가족부가 2011년 실시한 '청소년 유해 환경접촉 종합실태조사'에 따르면, 청소년의 24% 정도가 편의점이나 슈퍼마켓 등에서 술을 구매할 때 '나이를 물어보지 않는다.'고 응답하였으며, 42%는 호프집, 소주방 등에서 '신분증을 확인하지 않는다.'고 응답하였다.

그림 2-1 학교폭력 발생의 환경적 요인

학생의 인성 및 사회성 함양을 위한 교육적 실천 미흡

- 높은 학업성취 수준에 비해 학생들이 타인과 관계를 원만히 맺고 협력하는 사회적 상호작용 능력 부족
  ※ 한국 학생의 언어적·수학적 소양은 1~2위인 반면, 원만한 타인관계와 협력하여 일하는 능력은 22위 수준[3]
- 학업 스트레스를 해소할 수 있는 감성교육, 신체활동 참여 기회 부족
  ※ 과도한 스트레스 → 감정을 관장하는 뇌의 민감성 둔화 → 소통·감성 능력 약화

교사가 적절한 생활지도를 하기 어려운 교육 여건

- 학교폭력의 양상이 지속적으로 변화하고 있으나, 이에 대응하여 학생을 효과적으로 지도할 수 있는 수단과 관련 제도 미흡
- 교사 양성-임용-연수 단계에서 생활지도에 대한 실천적 전문성을 키울 수 있는 프로그램 부족
  ※ 개인생활지도(3.74) < 사회생활지도(3.81) < 수업실행(3.88) < 평가 및 활용(3.89) < 수업준비(3.94)[4]

보호자의 자녀교육에 대한 관여 부족

- 자녀와의 대화·학교교육 참여 기회가 부족하여 학교폭력으로 인한 이상 징후를 즉각 발견하지 못하는 경우 빈번
- 형제가 없는 한 자녀 가구, 맞벌이 부부가 증가하고 한국사회에 만연한 야근문화 등으로 인해 가정에서의 돌봄 기능 약화

인터넷·게임·영상매체의 부정적 영향력 증가

- 인터넷을 통하여 폭력영화, 만화 등 유해 영상매체에 접근이 용이하여 청소년들의 폭력에 대한 인식이 무뎌지는 경향
  ※ 영상매체(폭력영화, 인터넷, 게임 등)의 학교폭력 영향력을 조사한 결과 영향력이 있다고 대답한 비율 53.7%[5]
- 인터넷, 게임 산업을 경제적·산업적 관점으로만 접근하여 교육적 시각에서 심의·규제하고, 유해성을 자율 자정하려는 노력 미흡

출처: 교육과학기술부(2012). 「학교폭력 사안처리 가이드북」. p. 33.

3 2010 청소년의 핵심역량 국제비교(여성가족부, 2010).
4 2011년 교원능력개발평가 학생만족도 결과(교육과학기술부, 2011).
5 학교폭력근절 종합대책(정부관계부처합동, 2012년 2월).

Chapter 3

학교폭력의 법률적 이해와 종합대책

Chapter 03

학교폭력의 법률적 이해와 종합대책

학교는 학생들을 학문적·인성적으로 가르쳐서 미래의 건전한 사회인을 배출하는 기관이다. 이러한 학교에서 일탈행위가 발생하고, 어느 학생이 다른 학생을 신체폭행 또는 금품갈취하거나 성폭행, 집단으로 따돌림 하는 등 비윤리적 범죄 행위가 종종 발생하고 있다.

국가에서는 학교폭력의 심각성을 인식하고 학생들을 학교폭력으로부터 보호하기 위해 정부 주도하에 학교폭력을 예방하고 그 대책을 강구하려는 노력을 시작하였다. 1995년부터 학교폭력 근절 종합대책을 마련하고, 경찰에서는 「학교담당 경찰관제」를, 검찰에서는 「자녀 안심하고 학교보내기 운동」을 실시하였다. 그럼에도 학교폭력 문제가 연이어 불거지자 2004년 1월 「학교폭력예방 및 대책에 관한 법률(이하 학교폭력예방법이라 함)」을 제정·공포하고 시행하고 있다.

이후 학교폭력예방법은 여러 차례의 개정을 거쳤다. 이 중에서 수차례의 개정은 정부조직법 등 다른 법률의 개정에 의한 것이었고, 2008년법(법률 제8887호), 2009년법(법률 제9642호), 2011년법(법률 제10642호), 2012년법(법률 제11223호, 법률 제11388호), 2017년법(법률 제15044호)은 일부 또는 전면 개정이었다.

학교폭력예방법은 개정 과정에서 학교폭력의 개념을 「학생간」에 발생하는 것에서 「학생을 대상」으로 발생한 것으로 확대하였고, 사이버 따돌림을 학교폭력에 포함하여 가상공간의 변화에 대응하였으며, 피해학생을 보호하기 위한 구체적인 조치 및 학교폭력을 축소·은폐한 학교의 장 및 교원에 대한 징계 규정을 마련하는 등 지속적인 개선 작업을 하고 있다. 이것은 학교폭력예방법의 목적인 피해학생의 보호, 가해학생의 선도·교육 및 피해학생과 가해학생 간의 분쟁조정을 통하여 학생의 인권을 보호하고 학생을 건전한 사회구성원으로 육성하기 위함이다.

1 학교폭력 예방 법률

1) 학교폭력 예방 및 대책에 관한 법률

2004년에 제정·공포된 학교폭력예방법은 학교폭력문제를 해결하기 위한 제도적 틀을 마련하였다는 것에 의의가 있다. 동법 제정 이전에는 학교폭력의 법적 해결에 있어서 가해학생에 대한 선도·처벌은 초중등교육법상의 교칙이나 소년법에 의하였고, 피해학생은 민법을 통해 민사상의 손해배상금을 받을 수 있었다. 동법의 제정으로 학교폭력에 대한 효과적인 대처가 가능해지고 피해학생의 보호제도가 마련되어졌다. 제정된 동법의 주요내용은, ① 학교폭력 개념 정의, ② 학교폭력에 대한 기본정책 수립 및 총괄,[1] ③ 중앙과 시·도, 단위학교에 기구 설치, ④ 상담실 설치, 전문상담교사 배치, 책임교사 선임, ⑤ 정기적인 학교폭력 예방교육의 실시, ⑥ 학교폭력 피해자의 보호와 가해자에 대한 선도·교육, ⑦ 자치위원회의 피해학생 보호 및 가해학생 선도 심사, 분쟁 조정, ⑧ 학교폭력예방을 위한 정기적 교육 실시, ⑨ 업무관계자들의 비밀 준수, ⑩ 위반 시 벌금형 등이다.

2008년 전면 개정된 학교폭력예방법은 학교폭력의 개념에 성폭력을 포함시키고 교권침해방지 등을 도모하였다. 그 구체적인 내용은 다음과 같다.

첫째, 학생폭력의 개념 속에 성폭력을 포함시키되 다른 법률에 특별한 규정이 있는 경우에는 학교폭력예방법을 적용하지 않도록 하여 성폭력 피해자의 프라이버시를 존중하였다.

둘째, 교권에 대한 침해가 발생하지 않도록 하기 위하여 학교폭력의 대상을 현행과 같이 학생 간에 발생한 폭행 등으로 하였다.

셋째, 학생폭력 분쟁조정과 가해·피해학생에 대한 조치 심의를 제외한 학교폭력예방 및 대책을 위한 자치위원회 회의에 필요시 학생대표가 참석할 수 있도록 하였다.

넷째, 피해학생에 대한 보호와 치료 및 가해학생에 대한 선도를 강화하기 위해 피해학생 치료비용은 가해학생의 보호자가 부담하도록 하되, 가해학생의 보호자가 이를 부담하지 않을 경우에는 학교안전공제회 또는 시·도 교육청이 부담하고 구상권을 행사할 수 있도록 하였다.

다섯째, 학교폭력자치위원회는 가해학생이 특별교육을 이수할 경우 해당 학생 보호자도 함께 교육을 받게 할 수 있도록 하였다.

---

1 정부는 동법에 의거하여 2005년 3월 학교폭력예방 및 대책 5개년 기본계획을 발표하였다.

학교폭력예방 및 대책에 관한 법률은 2009년 다시 한 번 개정되었다. 종전의 법은 가해학생에 대한 인권보호에 치중하여 가해학생의 재발방지에 대한 대책에 소홀하였다. 특히 가해학생에 대한 기본적인 조치사항이 담임교사에게조차 제공되지 않아 가해학생에 대한 선도·교육이 이루어지기 어려웠다. 이러한 문제점 하에 2009년 개정법은 긴급상담전화 설치, 피해학생에 대한 보복행위 금지, 다른 학생에 비해 폭력에 노출될 가능성이 높은 장애학생에 대한 보호규정 등을 마련하였다. 장애학생 보호를 위해서 장애인 전문 상담가의 상담 또는 장애인 전문 치료기관의 요양을 가능하게 하였다.

2011년 개정법은 학교폭력대책자치위원회의 구성에 학생의 입장을 가장 잘 대변할 수 있는 학부모대표가 반드시 참가할 수 있도록 하는 법적 근거를 마련함과 동시에 전체 위원의 과반수를 학부모대표로 위촉하도록 하였다. 아울러 학교폭력대책자치위원회의 회의결과를 피해학생, 가해학생 또는 그 보호자의 신청이 있는 경우에 이를 공개하도록 의무화하였다. 또한 교육장으로 하여금 학교폭력 예방교육을 위한 홍보물을 연 1회 이상 학부모에게 배포하도록 하였다.

학교폭력예방법은 2012년에 또다시 개정이 있었다. 전체적으로 설명하면 다음과 같다. 2012년 개정법은 학교폭력의 개념을 「학생을 대상으로 한」 행위로 확대하여, 종래 가해자나 피해자 중 일방이 근로청소년 등 학생이 아닌 경우에는 학교폭력에 해당하지 않아 소년법 등을 적용하던 문제점을 해결하였다. 또한 인터넷이나 소셜네트워크서비스(SNS) 등 가상공간에서 학생들이 특정 학생을 대상으로 지속적·반복적으로 심리적 공격을 가하거나, 특정 학생과 관련된 개인정보 또는 허위사실을 유포하여 상대방이 고통을 느끼도록 하는 사이버따돌림을 학교폭력의 개념에 포함하였다. 그리고 오히려 피해학생이 전학가도록 하는 사례가 빈번히 발생하자 개정법은 피해학생에 대한 조치 유형 중 「전학권고」 규정을 삭제하였고, 가해학생에 대한 출석정지에는 기간제한을 두지 않도록 하는 등 제재를 보다 강화하되 가해학생이 심리치료를 받을 수 있도록 하는 규정을 신설하였다. 뿐만 아니라 학교현장에서 학교폭력을 문제시하지 않는 것을 개선하고자 학교폭력을 축소·은폐한 학교의 장 및 교원에 대해서는 징계할 수 있는 명확한 법적 근거를 마련하되, 반대로 학교폭력 예방에 기여한 자에 대해서는 상훈을 수여하거나 근무성적 평정에 가산점을 부여하는 등 인센티브를 지급할 수 있도록 하였다.

그러다 2014년 개정법에서는 학생보호인력의 자격요건을 정하고 학생보호인력을 희망하는 사람에 대한 범죄경력조회가 가능하도록 함으로써 학생을 안전하게 보호할 수 있도록 개정하였다.

2) 학교폭력 예방 및 대책에 관한 법률의 특징

(1) 학교폭력예방법의 성격

학교폭력예방법의 성격이 형법적 규범인가 아니면 행정법적 징계법인가? 형법은 과거 범죄행위에 대한 형벌부과인데, 징계법은 형벌이 아닌 징계유형과 절차 등을 규정하고, 형법은 죄형법정주의 적용을 받으나 징계법은 그러하지 아니하다는 점에 차이가 있다.

학교폭력예방법은 학교폭력의 예방과 대책에 관한 사항을 규정하고 있고, 학교라는 특정 조직을 중심으로 규율하고 있으며, 가해학생에 대한 징계 및 선도·교육, 피해학생의 보호, 가해학생과 피해학생 간의 분쟁조정 등을 통하여 건전한 사회인으로 자라게 한다는 측면에서 징계법적 성격이라 보는 것이 통설이다(이승현, 2012: 162, 권오걸, 2013: 85, 윤계형·정상우·이덕난, 2012: 55).

(2) 학교폭력예방법의 특징

학교폭력예방법은 일반 법률과 비교해서 다음과 같은 특징을 가진다.

첫째, 학교폭력예방법은 피해학생의 보호, 가해학생의 선도·교육의 목적을 갖는다. 피해학생의 보호, 가해학생의 선도 및 교육, 피해학생과 가해학생 간 분쟁조정을 통해 학생 인권을 보호하고 건전한 사회구성원으로 육성함을 목적으로 한다.

둘째, 학교폭력예방법은 일반법과 보충법의 성격을 갖는다. 학교폭력이 발생한 경우 규정이 있는 다른 법률이 먼저 적용되고 '학교폭력예방법'은 보충적으로 적용한다. 예컨대 형법, 폭력행위 등 처벌에 관한 법률, 소년법 등의 폭력과 관련된 규정이 있는 경우 해당 법률을 먼저 적용받는다.

셋째, 학교폭력예방법은 폭력문제에 대한 교육적 해결에 그 입법취지가 있다. 폭력이 발생했을 때 사법기관의 처벌을 받기 전 교육공동체가 자체적으로 먼저 교육적으로 해결해 보자는 취지로 제정되었다. 그러므로 학교폭력이 발생하여 학교폭력대책자치위원회의 조치결정으로 사건이 마무리되는 것이 아니라 사건의 경중에 따라 민·형사적 책임을 지게 된다. 학교폭력대책자치위원회는 분쟁을 조정할 수는 있지만 이 조정의 결과는 피해학생과 가해학생 측의 합의 정도로 법적인 효력은 없다.

그림 3-1 보호처분과 형사처분

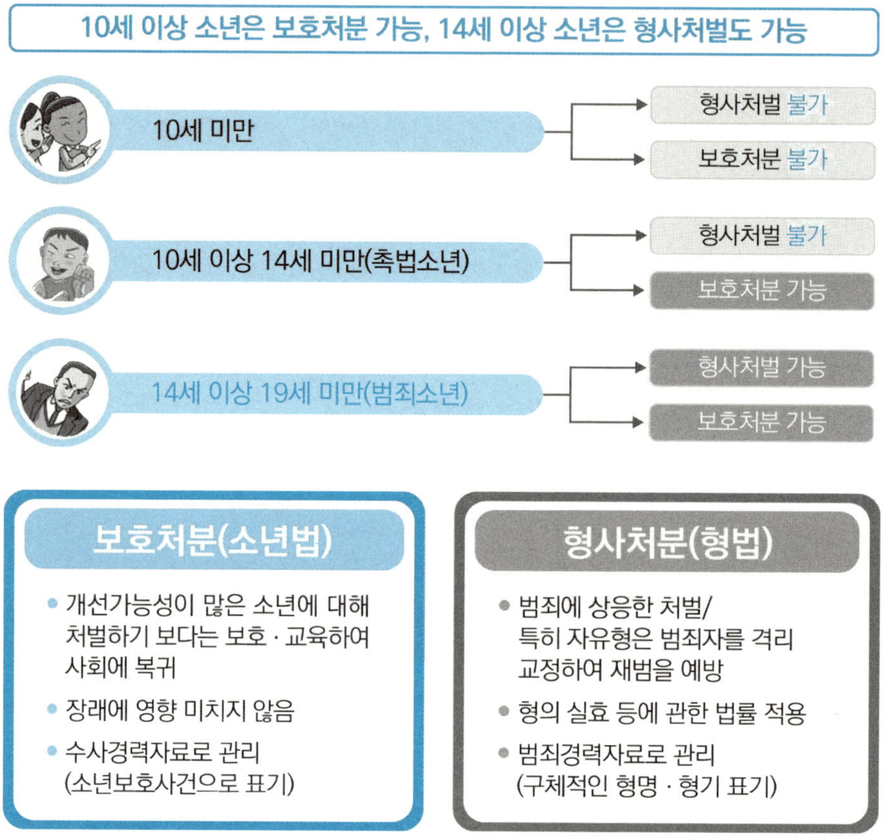

(3) 학교폭력과 다른 법률과의 관계

학교폭력예방법의 성격은 징계법에 해당한다. 따라서 학교폭력에 해당하여 동법의 적용을 받았다고 하더라도 일사부재리의 원칙이 적용되지 않으므로, 형법[2] 또는 소년법,[3] 형사특별법상 개별범죄의 구성요건에 해당하는 경우 형사절차가 진행된다.

2 만14세 미만의 자는 형법상 책임무능력자로 범죄행위를 하더라도 형법상 벌하지 아니한다(형법 9조).

3 소년법에 해당하는 소년은 다음 각호에 해당하는 자로 소년부의 보호사건으로 심리한다. 즉, 1. 죄를 범한 소년, 2. 형벌 법령에 저촉되는 행위를 한 10세 이상 14세 미만인 소년, 3. 다음 각 목에 해당하는 사유가 있고 그의 성격이나 환경에 비추어 앞으로 형벌 법령에 저촉되는 행위를 할 우려가 있는 10세 이상인 소년, 가. 집단적으로 몰려다니며 주위 사람들에게 불안감을 조성하는 성벽(性癖)이 있는 것, 나. 정당한 이유 없이 가출하는 것, 다. 술을 마시고 소란을 피우거나 유해 환경에 접하는 성벽이 있는 것이다(소년법 4조).

또한 피해학생이 가해학생에 대해 민사상의 손해배상청구를 하고자 하는 경우 민법의 불법행위책임규정(동법 750조[4], 이 경우 결국 부모가 손해배상책임을 부담하는 것이 일반적일 것임)이 적용된다. 즉, 학교폭력예방법은 학교 내부에서 사법기관에 가기 전에 또는 사법기관으로 가더라도 별개로 학교 내부에서 피해학생의 적극적인 보호조치와 가해학생의 선도 및 징계 조치를 취함을 목적으로 한다. 예컨대, 학생이 무리를 지어 행동하는 등 범죄단체를 구성하여 위력을 행사하는 경우 형법 제261조상의 특수폭행이나 그 특별법인 「폭력행위 등 처벌에 관한 법률」 제3조의 집단적 폭행 등의 죄에 해당한다. 단순히 어느 학생이 다른 학생을 폭행한 경우라도 형법 제260조의 폭행죄에 해당하여 형사처벌을 받을 수 있다. 특히 성폭행의 경우 「아동·청소년의 성보호에 관한 법률」 제22조 제2항에 의하여 학교는 수사기관에 신고할 의무를 부담한다. 이것을 반영하여 학교폭력예방법은 학교폭력의 규제, 피해학생의 보호 및 가해학생에 대한 조치에 있어서 다른 법률에 특별한 규정이 있는 경우를 제외하고는 이 법을 적용한다(동법 5조 1항)고 하여 가해학생의 조치에 있어서 행정적 징계

그림 3-2 학교폭력의 관련 법률

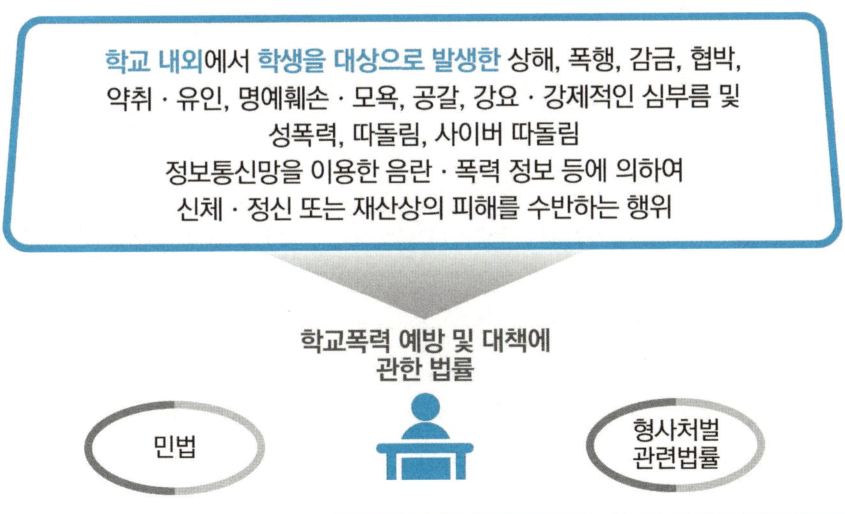

4 민법 제750조는 「고의 또는 과실로 인한 위법행위로 타인에게 손해를 가한 자는 그 손해를 배상할 책임이 있다」고 규정하고 있는데 가해학생은 학교폭력으로 피해학생에 대해 불법행위를 한 경우에 해당함이 상당하다. 그렇지만 학생은 민법 제4조상의 미성년자(만 19세에 달하지 않은 자)에 해당하는 경우가 일반적이므로, 이 경우 민법 제755조상의 책임무능력자의 감독자의 책임에 의해 부모나 감독의무자가 손해배상책임을 지게 된다.

표 3-1 학교폭력과 학교 내·외 적용 법률

<table>
<tr><td rowspan="2">학교 내
적용 법률</td><td colspan="3">학교폭력 가해·피해학생에 대한 학교 내 교육적 조치</td></tr>
<tr><td>가해학생</td><td>학교폭력 예방 및 대책에 관한 법률</td><td>피해학생</td></tr>
<tr><td rowspan="4">학교 외
적용 법률</td><td colspan="3">학교폭력에 대한 형사상 처벌</td></tr>
<tr><td>가해학생</td><td colspan="2">형법, 소년법, 폭력행위 등 처벌에 관한 법률, 성폭력 특별법 등</td></tr>
<tr><td colspan="3">학교폭력에 대한 민사상 손해 배상</td></tr>
<tr><td>가해학생</td><td>민법, 민사소송법 등</td><td>피해학생</td></tr>
</table>

에 관한 것은 학교폭력예방법을 적용하되, 사법적인 처벌은 형법 등의 적용을 받을 수 있도록 하였다. 그러면서 성폭력의 경우에는 그 사안이 중대하여 학교 내에서 해결하기 어려운 면이 많으므로 다른 법률에 규정이 있으면 그 법률을 먼저 적용하도록 하고 있다(동법 5조 2항). 이 경우 피해학생의 보호, 가해학생에 대한 조치에 학교폭력예방법 이외의 법률에 규정이 있으면 그 규정이 우선적으로 적용된다. 물론 이 경우에도 학교폭력예방법과 중복되지 않는 경우에는 학교폭력예방법상의 보호조치가 병행 적용되는 것은 당연하다.

3) 학교폭력예방법의 해설

(1) 학교폭력의 개념

학교폭력이란 학교[5] 내외에서 학생을 대상으로[6] 발생한 상해, 폭행, 감금, 협박, 약취·유인, 명예훼손·모욕, 공갈, 강요[7], 강제적인 심부름 및 성폭력, 따돌림, 사이버 따돌림, 정보통신망을 이용한 음란·폭력 정보 등에 의하여 신체·정신 또는 재산상의 피해를 수반하는 행위를 말한다(2조 1호). 여기서 따돌림이란 학교 내외에서 2명 이상의 학생들이 특정인이나 특정 집단의 학생들을 대상으로 지속적이거나 반복적으로 신체적 또는 심리적 공격을 가하여 상대방이 고통을 느끼도록 하는 일체

5 학교란 초·중등 교육법 제2조에 따른 초등학교·중학교·고등학교·특수학교 및 각종학교와 같은 법 제61조에 따라 운영하는 학교를 말한다.

6 2012년 개정법에서는 가해자나 피해자 중 일방이 근로청소년 등 학생이 아닌 경우, 즉 학교밖 청소년 등에 의한 학교폭력도 학교폭력예방법에 의해 지원을 받을 수 있게 하였다.

7 폭행, 협박, 명예훼손, 감금, 상해 등은 형법상의 범죄행위에도 해당한다. 단, 만 14세 미만의 경우에는 형사미성년자로 형법상의 처벌을 받지 않는다. 그러나 소년법상의 보호처분을 하게 된다(소년법 32조).

의 행위를 말한다(2조 1호). 또한 사이버 따돌림이란 인터넷, 휴대전화 등 정보통신 기기를 이용하여 학생들이 특정 학생들을 대상으로 지속적, 반복적으로 심리적 공격을 가하거나, 특정 학생과 관련된 개인정보 또는 허위사실을 유포하여 상대방이 고통을 느끼도록 하는 일체의 행위를 말한다(2조 2호). 가해학생은 학교폭력을 행사한 자뿐만 아니라 그 행위에 가담한 학생도 포함하며(2조 3호), 피해학생은 학교폭력으로 피해를 입은 학생을 말한다(2조 4호).

(2) 학교폭력예방 계획 및 국가 등의 책무

국가 및 지방자치단체(이하 국가 등이라 함)는 학교폭력을 예방하고 근절하기 위하여 조사·연구·교육·계도 등 필요한 법적·제도적 장치를 마련하여야 한다(4조 1항). 또한 국가 등은 청소년 단체 등 민간의 자율적인 학교폭력 예방활동과 피해학생의 보호 및 가해학생의 선도·교육활동을 장려하여야 하고(4조 2항), 그 건의사항은 관련 시책에 반영하도록 노력하며(4조 3항), 그러한 것에 행정적·재정적 지원을 하여야 한다(4조 4항).

교육부장관은 학교폭력의 예방 및 대책에 관한 기본계획을 학교폭력대책위원회의 심의를 거쳐 5년마다 수립하여야 한다(6조 1항, 2항). 학교폭력대책지역위원회는 기본계획에 따라 지역의 학교폭력 예방대책을 매년 수립하여야 하고(10조 1항), 교육감은 시·도교육청에 학교폭력의 예방과 대책을 담당하는 전담부서를 설치·운영하여야 한다(11조 1항). 국가·지방자치단체 또는 교육감은 학교폭력 예방 업무 등을 효과적으로 수행하기 위하여 필요한 경우 정보통신망을 이용할 수 있다(20조의4 1항).

교육감은 관할 구역에서 학교폭력의 예방 및 대책 마련에 기여한 바가 큰 학교 또는 소속 교원에게 상훈을 수여하거나 소속 교원의 근무성적 평정에 가산점을 부여할 수 있다(11조 11항).

학교의 장은 학생의 육체적·정신적 보호와 학교폭력의 예방을 위한 학생들에 대한 교육을 학기별로 1회 이상 실시하여야 하며(15조 1항), 교직원 및 학부모에 대한 교육은 학기별로 1회 이상 실시하여야 한다(15조 2항). 학교의 장은 학교폭력 예방 교육 프로그램의 구성 및 그 운용 등을 전담기구와 협의하여 전문단체 또는 전문가에게 위탁할 수 있다(15조 3항).

(3) 학교폭력의 발생과 처리절차

학교폭력이 발생한 경우 학교폭력예방법에서 규정하고 있는 행정적인 조치들이 선행된다. 학교 내에서 학교폭력이 발생한 경우 상담기구 또는 소속교원은 가해 및 피해사실 여부를 확인하고 학교폭력과 관련된 조사결과 및 활동결과를 학교장 및 자치위원회에 보고한다(14조). 학교폭력대책자치위원회에서는 피해학생의 보호를 위한 조치(16조), 장애학생을 위한 보호조치를 할 수 있고(16조의2), 가해학생에 대한 조치를 학교장에게 요청하여야 한다(17조). 학교폭력의 조사나 조치결과 폭력이 형법 또는 형사특별법상 개별범죄의 구성요건에 해당하는 경우에는 수사기관에 신고하되 그 외의 경우에는 학교폭력예방법의 조치로 종결된다(권오걸, 87). 본래 학교폭력예방법 제정을 위한 논의과정에서 경미한 학교폭력은 학교차원에서 대응하여 해결하되, 중대한 폭력에 대해서만 형법 또는 형사특별법, 소년법 등이 개입하는 것으로 입법을 의도했던 것이라는 견해가 있다(이진국, 2007: 2). 그러나 피해자의 부모가 수사기관에 고소하는 경우에는 일반 형사절차가 진행될 것이고, 학교에서의 조치가 종료되어도 피해학생이 보호되지 않거나 피해학생의 부모가 수사기관에 신고하는 경우에는 형사사건으로 당연히 전환된다고 본다(권오걸, 88). 이 경우 학교폭력예방법과 일반 형사절차를 모두 거치게 되고, 이것이 이중처벌에 해당하는 것은 아니다. 그런데 단순폭행이나 협박·명예훼손 등과 같이 형법상 반의사불벌죄의 경우 가해학생과 피해학생 간의 원만한 합의로 형사절차는 종결되고, 또한 친고죄의 경우 피해자의 고소가 없거나 고소취하로 형사절차는 종결된다. 물론 학교폭력예방법에서 규정하고 있지 않은 살인, 방화, 강도, 절도 등은 학교폭력에 해당되지 않기 때문에 동법률에 의한 절차를 먼저 진행하는 것은 아니고 형법 및 소년법의 적용을 받아 그 절차가 진행된다.

학교폭력의 규제, 피해학생의 보호 및 가해학생에 대한 조치에 있어서 다른 법률에 특별한 규정이 있는 경우를 제외하고는 동법이 적용되나(5조 1항), 성폭력행위에 대해서는 반대로 성폭력관련법률이 먼저 적용된다(5조 2항). 즉, 성폭력 피해학생에 대해서는 「아동·청소년의 성보호에 관한 법률」이 먼저 적용되고(동법 41조), 이로써 검사가 성범죄의 피해를 받은 아동·청소년을 위하여 지속적으로 위해의 배제와 보호가 필요하다고 인정하는 경우 법원에 보호관찰과 여러 조치를 청구할 수 있도록 하였다. 그러나 성폭력관련법률과 중복되지 않는 범위에서는 학교폭력예방법상의 보호조치도 병행하여 진행할 수 있을 것이다.

학교폭력예방법상 정보통신망을 이용한 음란·폭력 정보 등에 의한 신체상·정신상 피해에 관하여 필요한 사항은 따로 법률로 정하도록 하고 있다(20조의3).

(4) 학교폭력예방법상의 기관 및 업무

(가) 담당 기관 체계

학교폭력의 예방 및 대책에 관한 법률상의 사항을 심의하기 위하여 국무총리 소속으로 학교폭력대책위원회(이하 대책위원회라 한다)를 둔다(7조). 이 경우 대책위원회에 상정할 안건을 미리 검토하는 등 안건 심의를 지원하고 위원회가 위임한 안건을 심의하기 위하여 대책위원회에 학교폭력대책실무위원회(이하 실무위원회라 한다)를 둔다(8조 6항).

지역에는 지역의 학교폭력 문제를 해결하기 위하여 시·도에 학교폭력대책지역위원회(이하 지역위원회라 한다)를 둔다(9조). 또한 지역의 학교폭력예방 대책을 수립하고 기관별 추진계획 및 상호 협력·지원 방안 등을 협의하기 위하여 시·군·구에 학교폭력대책지역협의회(이하 지역협의회라 한다)를 둔다. 지역협의회에는 실무위원회를 둘 수 있는데(9조 2항), 실무위원회는 7명 이내의 학교폭력 실무자 및 민간 전문가로 구성한다(동법 시행령 6조).

교육감은 시·도 교육청에 학교폭력의 예방과 대책을 담당하는 전담부서를 설치·운영하며(11조), 학교폭력 예방과 사후조치 등을 위하여 예컨대 피해학생 상담 및 가해학생 조사 등을 수행할 수 있고(11조의2 1항), 이것을 수행하기 위하여 대통령령이 정하는 기관 또는 단체에 위탁할 수 있다(11조의2 2항).

각 학교에는 학교폭력의 예방 및 대책에 관련된 사항을 심의하기 위하여 학교폭력대책자치위원회(이하 자치위원회라 한다)를 두는데, 일정한 경우 교육감의 보고를 거쳐 둘 이상의 학교가 공동으로 자치위원회를 구성할 수 있다(12조 1항). 또한 학교의 장은 학교에 대통령령이 정하는 바에 따라 상담실을 설치하고 전문상담교사를 둔다(14조 1항). 뿐만 아니라 학교의 장은 교감, 전문상담교사, 보건교사 및 책임교사(학교폭력문제를 담당하는 교사를 말함) 등으로 학교폭력문제를 담당하는 전담기구를 구성한다(14조 3항).

국가·지방자치단체 또는 학교의 장은 학교폭력을 예방하기 위하여 학교 내에 학생보호인력을 배치하여 활용할 수 있다(20조의5 1항).

(나) 조직 구성

대책위원회는 위원장 2명을 포함하여 20명 이내의 위원으로 구성하는데(8조 1항), 위원은 기획재정부장관, 교육부장관, 미래창조과학부장관, 법무부장관, 행정자치부장관, 문화체육관광부장관, 보건복지부장관, 여성가족부장관, 국민안전처장관, 방송통신위원회 위원장, 경찰청장은 당연직 위원이고(8조 3항 1호), 그 외 위원은 법정된 자 중에서 대통령이 위촉한다(8조 3항). 학교폭력대책실무위원회는 위원장 1명을 포함한 12명 이내의 위원으로 구성한다(동법 시행령 4조). 실무위원회의 위원은 대책위원회 당연직 위원이 지명하는 사람 각 1명이 된다(동법 시행령 4조 2항). 위원장을 포함한 위원의 임기는 2년으로 하되, 1차에 한하여 연임할 수 있다(8조 4항).

학교폭력대책지역위원회는 위원장 1명을 포함한 11인 이내의 위원으로 구성하며(9조 3항), 위원은 학식과 경험이 풍부하고 청소년보호에 투철한 사명감이 있는 사람으로서 일정한 요건을 갖춘 자 중 특별시장·광역시장·도지사 등이 교육감과 협의하여 임명하거나 위촉한다(동법 시행령 5조 4항).

학교폭력대책지역협의회는 위원장 1명을 포함한 20명 내외의 위원으로 구성한다(10조의2 2항). 위원장은 시·군·구의 부단체장이 되고(동법 시행령 7조 1항), 위원은 일정한 자 중에서 시장·군수·구청장이 해당 교육지원청의 교육장과 협의하여 임명하거나 위촉한다(7조 4항).

학교폭력대책자치위원회는 위원장 1인을 포함하여 5인 이상 10인 이하의 위원으로 구성하되,[8] 대통령령이 정하는 바에 따라 전체위원의 과반수를 학부모 전체회의에서 직접 선출된 학부모대표로 위촉하여야 한다(13조 1항, 동법 시행령 14조). 다만 학부모 전체회의에서 학부모대표를 선출하기 곤란한 사유가 있는 경우에는 학급별 대표로 구성된 학부모대표회의에서 선출된 학부모대표로 위촉할 수 있다(13조 1항 단서). 자치위원회 위원에 대해서는 제척·기피 및 회피가 규정되어져 있다(동법 시행령 26조).

(다) 회의소집

대책위원회의 위원장은 회의를 소집하고 그 의장이 된다(동법 시행령 3조 1항). 위원회의 효율적 운영 및 지원을 위하여 간사 1명을 두되, 간사는 교육부장관이 된다(8조 5항). 대책위원회의 회의는 반기별로 1회 소집한다. 다만 재적위원 3분의 1이상이 요구하거나 위원장이 필요하다고 인정하는 경우에는 수시로 소집할 수 있다(동법 시행령 3조 2항). 위원장이 회의를 소집할 때에는 회의 개최 5일 전까지 회의 일시·장소 및 안건을 각 위원에게 알려야 한다. 단, 긴급소집 시에는 예외이다(동법 시행령 3조 3항). 회의는 재적위원 과반수의 출석으로 개의하고 출석위원 과반수의 찬성

8 해당 학교의 교감, 해당 학교의 교사 중 학생생활지도 경력이 있는 교사, 학부모대표, 판사·검사·변호사, 해당 학교를 관할하는 경찰서 소속 경찰공무원, 의사자격이 있는 사람, 기타 학교폭력예방 등에 지식과 경험이 풍부한 사람을 말한다(동법 시행령 14조 1항).

으로 의결한다. 위원장은 필요시 전문가 등을 회의에 출석·발언하게 할 수 있으며 예산의 범위 내에서 수당과 여비를 지급할 수 있다(동법 시행령 3조 5·6항).

실무위원회는 간사 1명을 두되 간사는 교육부 소속 공무원 중에서 실무위원장이 지명하는 사람이 된다(동법 시행령 4조 3항). 회의는 대책위원회 개최 전 또는 실무위원장이 필요하다고 인정할 때 소집한다. 실무위원장은 긴급한 상황 이외에는 회의 개최 7일전까지 회의 일시·장소 및 안건을 각 위원에게 알려야 한다(동법 시행령 4조 7항).

지역위원회의 위원장은 회의를 소집하고 그 의장이 되는데 임기는 2년이다(동법 시행령 5조 2·5항). 지역위원회의 사무를 처리하기 위하여 간사 1명을 두며, 지역위원회의 운영에 관해서는 대책위원회의 운영에 관한 규정을 준용한다(동법 시행령 3조 2항부터 6항, 동법시행령 5조 7항).

지역협의회는 위원장이 회의를 소집하고 그 의장이 된다(동법 시행령 7조 2항). 지역협의회는 사무를 처리하기 위하여 간사 1명을 두며, 간사는 지역협의회의 위원장과 교육장이 시·군·구 또는 교육지원청 소속 공무원 중에서 협의하여 정하는 사람으로 한다(7조 6항).

자치위원회의 위원장은 위원 중에서 호선하며, 위원의 임기는 2년으로 한다(동법 시행령 14조 2·3항). 자치위원회는 분기별 1회 이상 회의를 개최하고 위원장은, 자치위원회 재적위원 4분의 1 이상이 요청하는 경우, 학교의 장이 요청하는 경우, 피해학생 또는 그 보호자가 요청하는 경우, 학교폭력이 발생한 사실을 신고받거나 보고받은 경우, 가해학생이 협박 또는 보복한 사실을 신고하거나 보고받은 경우, 기타 위원장이 필요하다고 인정하는 경우에는 회의를 소집하여야 한다(13조 2항 각호). 자치위원회의 회의는 재적위원 과반수의 출석으로 개의하고, 출석위원 과반수의 찬성으로 의결한다(동법 시행령 14조 4항). 위원장은 해당 학교의 교직원에서 자치위원회의 사무를 처리할 간사 1명을 지명한다(동법 시행령 14조 5항). 위원장은 회의 일시를 정할 때에는 일과 후, 주말 등 위원들이 참석하기 편리한 시간으로 정하여야 하고 출석 위원에게는 예산의 범위 내에서 수당과 여비를 지급할 수 있다(동법 시행령 14조 6·7항).

(라) 담당업무

대책위원회는 기본계획의 수립 및 시행에 대한 평가, 중앙행정기관 또는 지방자치단체의 장, 학교폭력예방법상의 각종 위원회가 요청하는 사항을 심의한다(7조). 실무위원회는 대책위원회의 안건을 미리 검토하고 심의를 지원하며 위원회가 위임한 안건을 심의한다(8조).

지역위원회는 매년 지역의 학교폭력예방 대책을 기본계획에 따라 수립하며, 해당 지역에서 발생한 학교폭력에 대하여 교육감 및 지방경찰청장에게 관련 자료를 요청할 수 있다(10조 1·2항). 자치위원회는 학교폭력예방 및 대책수립을 위한 학교 체제 구축, 피해학생의 보호, 가해학생에 대한 선도 및 징계, 피해학생과 가해학생 간의 분쟁조정, 기타 대통령령이 정하는 사항으로서 책임교사 및 학생회의 대표가 건의하는 사항(동법 시행령 13조 2항)을 심의한다(12조 2항). 자치위원회는 피해학생의 보호를 위하여 필요하다고 인정하는 때에는 예컨대 심리상담 및 조언, 일시보호 등 법이 정하는 조치(수 개의 조치를 병과하는 경우 포함)를 할 것을 학교의 장에게 요청할 수 있다(16조 1항). 또한 장애학생의 보호를 위하여 장애인전문 상담가의 상담 및 장애인전문 치료기관의 요양 조치를 학교의 장에게 요청할 수 있고 학교의 장은 해당 조치를 하여야 한다(16조의2 2·3항).

전담상담교사는 학교폭력 피해학생 및 가해학생과의 상담을 하며, 학교의 장 및 자치위원회의 요구가 있는 때에는 학교폭력에 관련된 피해학생 및 가해학생과의 상담결과를 보고하여야 한다(14조 2항). 전담기구는 학교폭력에 대한 실태조사와 학교폭력예방 프로그램을 구성·실시하며, 학교의 장 및 자치위원회의 요구가 있는 때에는 학교폭력에 관련된 조사결과 등 활동결과를 보고할 의무를 부담한다(14조 4항). 또한 피해학생 또는 가해학생의 보호자가 피해사실 확인을 위하여 전담기구에 실태조사를 요구할 수 있다(14조 5항). 뿐만 아니라 전담기구는 성폭력 등 특수한 학교폭력사건에 대한 실태조사의 전문성을 확보하기 위하여 필요한 경우 전문기관에 그 실태조사를 의뢰할 수 있는데, 그 의뢰는 자치위원회 위원장의 심의를 거쳐 학교장 명의로 하여야 한다(14조 7항).

각 기관의 업무 내용에 관한 관련 법 규정을 도표로 요약하면 다음과 같다(권오걸, 94).

표 3-2 학교폭력 관련 기관별 업무내용 관련 법 규정

	교육감	자치위원회	학교장	전문상담교사	전담기구	소속교원
피해학생상담	11조 1항 1호					
가해학생 조사	11조 1항 2호					
학교폭력예방 및 대책계획 이행지도	3호					

	교육감	자치위원회	학교장	전문상담 교사	전담기구	소속교원
가해학생 학부모 조사	4호					
학교폭력서클 단속	5호					
피해학생 보호		12조 2항 2호				
학교폭력 예방 및 대책계획 구축		1호				
가해학생에 대한 선도 및 징계		3호				
피해학생과 가해학생 분쟁조정		4호				
가해학생과 피해학생 상담 및 결과보고				14조 3항		
가해 및 피해사실 확인					14조 3항	14조 3항
학교폭력예방교육			15조 1항			
피해학생에 대한 심리상담 및 조언		16조 1항 1호 (학교장에 요청)	16조 1항 1호			
피해학생 일시보호		2호 (학교장에 요청)	2호			
피해학생 치료 및 치료를 위한 요양		3호 (학교장에 요청)				
학교교체		4호 (학교장에 요청)				
피해학생에 대한 서면사과		17조 1항 1호 (학교장에 요청)				
피해학생 및 신고, 고발학생에 대한 접촉 및 협박 및 보복금지		2호 (학교장에 요청)				
가해학생의 학교 및 사회봉사		3·4호 (학교장에 요청)				
가해학생에 대한 전문가교육이수 및 심리치료		5호 (학교장에 요청)				
가해학생의 출석정지, 학급교체		6호 (학교장에 요청)				
가해학생의 전학 및 퇴학처분		8·9호 (학교장에 요청)				

(5) 학교폭력 피해학생의 보호 조치 및 비용 지원 등

자치위원회는 피해학생의 보호를 위하여 학교의 장에게 다음과 같은 사항을 요청할 수 있다. 즉, 심리상담 및 조언, 일시보호, 치료 및 치료를 위한 요양, 학급교체를 요청할 수 있다(16조 1항). 2012년 개정법 이전에는 피해학생이 전학가는 상황이 발생하여 2012년 개정법에서 피해학생에 대한 조치 유형 중 「전학권고규정」을 삭제하였다. 그 대신 치료 및 치료를 위한 요양을 추가하여 피해학생을 두텁게 보호하였다. 또한 전문심리상담기관에서 심리상담 및 조언을 받는 데 드는 비용, 교육감이 정한 기관에서 일시보호를 받는 데 드는 비용, 의료법에 따라 개설된 의료기관, 지역보건법에 따라 설치된 보건소·보건의료원 및 보건지소, 농어촌 등 보건의료를 위한 특별조치법에 따라 설치된 보건진료소, 약사법에 따라 등록된 약국 및 같은 법 제91조에 따라 설치된 한국희귀의약품센터에서 치료 및 치료를 위한 요양을 받거나 의약품을 공급받는 데 드는 비용을 학교안전공제회 또는 시·도 교육청이 부담하고 지원한다(16조 1항, 동법 시행령 18조 1항).

피해학생 및 그 보호자는 자치위원회에 의견진술할 기회를 가지며(16조 2항), 학교의 장이 인정하는 경우 그 조치에 필요한 결석을 출석일수에 산입할 수 있으며(16조 4항), 자치위원회의 분쟁조정에 의해 가해학생에 대한 손해배상 합의를 할 수 있다(18조 3항 1호).

(6) 가해학생에 대한 조치

자치위원회가 학교의 장에게 요청할 수 있는 조치 사유는 다음과 같다. 즉, 피해학생에 대한 서면 사과, 피해학생 및 신고·고발 학생에 대한 접촉, 협박 및 보복행위의 금지, 학교에서의 봉사, 사회봉사, 학내외 전문가에 의한 특별교육 이수 또는 심리치료, 출석정지(2012년 개정법에서 출석정지에 기간 제한을 두지 않도록 함), 학급교체, 전학, 퇴학처분[9]이다(17조 1항 각호). 각 조치별 적용 기준은 가해학생이 행사한 학교폭력의 심각성·지속성·고의성, 가해학생의 반성 정도, 해당 조치로 인한 가해학생의 선도 가능성, 가해학생 및 보호자와 피해학생 및 보호자 간의 화해의 정도, 피해학생이 장애학생인지 여부를 고려하여 결정하는데, 그 세부적인 기준은 교육부장관이 정하여 고시한다(동법 시행령 19조). 가해학생에 대한 조치는 자치위원회의 요

9 교육감은 퇴학처분을 받은 학생에 대하여 해당 학생의 선도의 정도, 교육 가능성 등을 종합적으로 고려하여 대안학교로의 입학 등 해당 학생의 건전한 성장에 적합한 대책을 마련하여야 한다(동법 시행령 23조 1항).

청 14일 이내에 이행하도록 하여 가해학생을 신속하게 격리하도록 조치하였고, 또한 협박 또는 보복행위에 대하여는 병과 및 가중조치를 할 수 있도록 하였다(17조 2·3·4·5·6항). 이런 조치를 한 경우 가해학생과 그 보호자에게 이를 통지하여야 하며, 가해학생이 해당 조치를 거부하거나 기피하는 경우 추가조치가 가능하도록 하였다(17조 7항). 또한 가해학생이 특별교육을 이수할 경우 학생의 보호자도 함께 교육을 받게 하여야 하며, 가해학생이 다른 학교로 전학을 간 이후에는 전학 전의 피해학생 소속 학교로 다시 전학 올 수 없도록 하여야 한다(17조9·10항).

가해학생에 대한 전학조치(동법 시행령 20조), 가해학생에 대한 우선 출석정지 등(동법 시행령 21조),[10] 가해학생의 조치 거부·기피에 대한 추가 조치(동법 시행령 22조)도 자치위원회가 학교의 장에게 요청할 수 있다.

(7) 분쟁조정

자치위원회는 1개월 내의 기간에서 분쟁조정할 수 있다(18조 1·2항). 자치위원회의 분쟁조정은 피해학생과 가해학생 간 또는 그 보호자 간의 손해배상에 관련된 합의 조정, 그 밖에 자치위원회가 필요하다고 인정하는 사항(18조 3항)을 포함한다. 그런데 분쟁당사자가 분쟁조정을 거부하는 경우, 피해학생 등이 관련된 학교폭력에 대하여 가해학생을 고소·고발하거나 민사상 소송을 제기한 경우 등의 경우는 자치위원회 또는 교육감은 분쟁조정을 거부하거나 중지할 수 있다(동법 시행령 28조). 분쟁조정이 성립되면 합의서를 작성하고 자치위원회는 분쟁당사자에게, 교육감은 피해학생 및 가해학생 소속 학교 자치위원회와 분쟁당사자에게 각각 통보하여야 한다(동법 시행령 29조).

10 2명 이상의 학생이 고의적·지속적으로 폭력을 행사한 경우, 학교폭력을 행사하여 전치 2주 이상의 상해를 입한 경우, 학교폭력에 대한 신고, 진술, 자료제공 등에 대한 보복을 목적으로 폭력을 행사한 경우, 학교장이 피해학생을 가해학생으로부터 긴급하게 보호할 필요가 있다고 판단하는 경우에는 학교의 장이 출석정지 조치를 취할 수 있다. 이 때 해당 학생 또는 보호자의 의견을 들어야 하나, 가해학생과 그 보호자가 거부한 때에는 그러하지 아니하다.

그림 3-3 학교폭력 자치위원회 구성원 역할

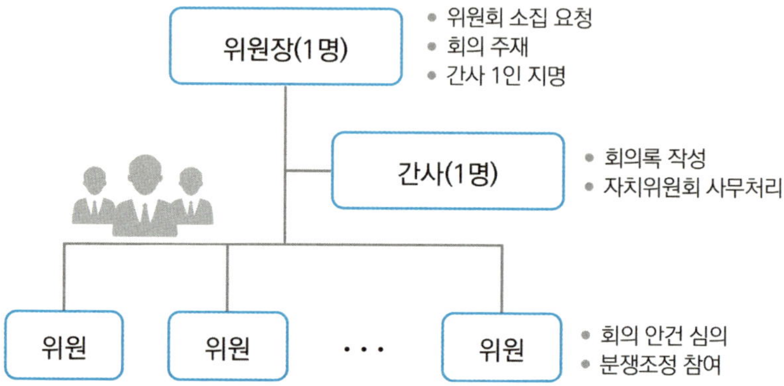

위원 수	• 위원장 1인 포함 5인 이상 10인 이하 (법 제13조 제1항)
위원 임기	• 2년(연임 가능), 보궐위원은 전임위원의 잔여임기 (시행령 제14조 제3항)

출처: 경상북도 교육청(2016). 학교폭력예방법의 이해와 적용. 2016 학교폭력대책 자치위원 연수자료.

그림 3-4 학교폭력 자치위원회 회의 진행

1	개최 알림	
2	자치위원회 개요 안내	자치위원회의 목적 및 소개, 회의 진행절차, 주의사항 전달
3	사건 조사서 보고	책임교사가 사건조사서 보고
4	피해 측 진술	사건 진술 후 피해자 측 입장 표명
5	가해 측 진술	사건 진술 후 가해자 측 입장 표명
6	질의 응답	사건의 중립적 시각
7	(합의 조정)	(치료비 등 합의금 조정)
8	합의 결정	
9	피·가해학생 조치 결정	합의 내용을 고려하되 조치는 반드시 이행

출처: 경상북도 교육청(2016). 학교폭력예방법의 이해와 적용. 2016 학교폭력대책 자치위원 연수자료.

(8) 재심청구 및 행정심판

먼저 피해학생 또는 그 보호자가 자치위원회 또는 학교장의 피해학생에 대한 보호조치 및 가해학생에 대한 조치에 대하여 이의가 있는 경우 그 조치를 받은 날로부터 15일 이내, 그 조치가 있음을 안 날부터 10일 이내에 지역위원회에 재심을 청구할 수 있다(17조의 2, 1항). 둘째, 자치위원회가 전학과 퇴학처분을 내린 데 관해 이의가 있는 학생 또는 그 보호자는 그 조치를 받은 날부터 15일 이내, 그 조치가 있음을 안 날로부터 10일 이내에 시·도학생징계조정위원회에 재심을 청구할 수 있다(17조의 2, 2항). 지역위원회는 재심청구를 받은 후 30일 이내에 이를 심사·결정하여 청구인에게 통보하여야 하고(17조의 2, 3항), 그 결정에 이의가 있는 청구인은 그 통보를 받은 날부터 60일 이내에 행정심판을 제기할 수 있다(17조의 2, 4항). 이 때 행정심판은 「행정심판법」에 따라 그 절차가 진행된다. 즉, 청구인은 처분을 한 행정청인 시청 또는 도청에 행정심판을 제기할 수 있다(동법 17조).

(9) 기타 사항

(가) 학교폭력의 신고의무

학교폭력 현장을 보거나 그 사실을 알게 된 자는 학교 등 관계 기관에 이를 즉시 신고하여야 하며(20조 1항), 신고를 받은 기관은 이를 가해학생 및 피해학생의 보호자와 고속 학교의 장에게 통보하여야 하며(동조 2항), 학교의 장은 자치위원회에 지체없이 통보하여야 한다(동조 3항). 또한 누구라도 학교폭력의 예비·음모 등을 알게 된 자는 이를 학교의 장 또는 자치위원회에 고발할 수 있다. 다만 교원이 이를 알게 되었을 경우에는 학교의 장에게 보고하고 해당 학부모에게 알려야 한다(20조 4항). 누구든지 학교폭력을 신고한 사람에게 불이익을 주어서는 안 된다(20조 5항).

(나) 긴급전화 설치

국가 및 지방자치단체는 학교폭력을 수시로 신고받고 이에 대한 상담에 응할 수 있도록 긴급전화를 설치하여야 한다(20조의 2, 1항). 긴급전화는 경찰청장과 지방경찰청장이 운영하는 학교폭력 관련 기구에 설치한다(동법 시행령 30조).

(다) 영상정보처리기기의 통합 관제

국가 및 지방자치단체는 학교폭력 예방 업무를 효과적으로 수행하기 위하여 교육감과 협의하여 학교 내외에 설치된 영상정보처리기기를 통합하여 관제할 수 있다.

이 경우 국가 및 지방자치단체는 통합 관제목적에 필요한 범위에서 최소한의 개인정보만을 처리하여야 하며, 그 목적 외의 용도로 활용하여서는 안 된다(20조의 6, 1항).

(라) 비밀누설금지 등

학교폭력예방법에 따라 학교폭력의 예방 및 대책에 관련된 업무를 수행하거나 수행하였던 자는 그 직무로 인하여 알게 된 비밀 또는 가해학생·피해학생 및 제20조에 따른 신고자·고발자와 관련된 자료를 누설하여서는 안 된다(21조 1항). 비밀은 학교폭력 피해학생과 가해학생 개인 및 가족의 성명, 주민등록번호 및 주소 등 개인정보에 관한 사항, 학교폭력 피해학생과 가해학생에 대한 심의·의결과 관련된 개인별 발언 내용, 기타 외부로 누설될 경우 분쟁당사자 간에 논란을 일으킬 우려가 있음이 명백한 사항을 말한다(동법 시행령 33조).

자치위원회의 회의는 공개하지 않으나, 피해학생·가해학생 또는 그 보호자가 회의록의 열람·복사 등 회의록 공개를 신청한 때에는 학생과 그 가족의 성명, 주민등록번호 및 주소, 위원의 성명 등 개인정보에 관한 사항을 제외하고 공개하여야 한다(21조 3항).

(마) 벌칙

비밀누설을 한 자에게는 300만 원 이하의 벌금에 처한다(22조 1항). 가해학생에게 특별교육을 명할 경우 그 보호자에게도 함께 교육을 명하는데 그 자치위원회의 교육이수를 따르지 아니한 보호자에게는 300만 원 이하의 과태료를 부과한다(22조 2항).

읽을거리

오바마, 재소자들에게 "나도 당신들과 똑같은 실수를 했다"

버락 오바마 미국 대통령이 2015년 7월 16일 오클라호마주의 교도소를 방문했다. 미국의 현직 대통령이 교도소를 찾기는 이번이 처음이다. 오바마 대통령은 엘리노 교도소를 찾아 수용실(수감자들이 머무는 방)을 들여다보고 재소자 6명과 대화도 나눴다. 오바마 대통령은 대화를 마친 후 취재진에게 "재소자들의 어린 시절, 청소년 시절 얘기를 들어보니 이들의 실수와 내가 했던 실수가 다르지 않더라"며 "다른 점은 이들은 체계적인 지원을 받지 못해 두번째 기회가 없었으며, 실수를 극복할 자원도 제공받지 못했다는 것"이라고 밝혔다.

오바마 대통령은 자서전에서 청소년 시절 마리화나와 코카인 등 마약을 사용했던 경험을 고백한 바 있다. 오바마 대통령은 많은 젊은이가 교도소에 갇혀 있다는 점을 지적하면서 "우리는 이게 당연하다고 생각하는 경향이 있지만 이건 정상이 아니다"라고 강조했다. 이어 "이는 다른 나라에선 없는 일"이라며 "십대가 멍청한 짓을 하는 것, 또 젊은이들이 실수를 하는 건 당연하다"고 지적했다.[11]

2 학교폭력 관련 법률

학교폭력은 폭력의 개념 정의에서 보면 알 수 있듯이, 대체로 형법상 범죄행위에 해당하는 경우가 일반적이다. 따라서 학교폭력은 형식적으로는 형사소송법에 의한 수사의 대상이자 수사의무의 발동근거가 된다. 그러므로 학교폭력이 발생하였을 때 형사법적 접근과 학교폭력예방법에 의한 처리를 병행할 것인지 아니면 순위를 부여할 것인지 여부에 관하여 명백한 정립이 필요하다. 학교폭력의 피해가 경미한 경우 학교폭력예방 및 대책에 관한 법률로 학교폭력자치위원회를 통해 처리하고 학교의 장은 교육청에 보고하는 것으로 마무리할 수 있지만, 학교폭력의 피해 정도가 심각한 경우 민사사건 혹은 형사사건으로 연결되어 법적인 절차에 의해 처벌을 받게 된다. 학교폭력과 관련된 법률은 다음과 같다.

1) 성폭력 방지 및 피해자 보호 등에 관한 법률

피해학생이 성폭력을 당한 경우 가해학생은 「성폭력방지 및 피해자 보호 등에 관한 법률」에 의해 처벌받을 수 있다. 「성폭력방지 및 피해자 보호 등에 관한 법률」은 성폭력을 예방하고 성폭력 피해자를 보호하며 지원하기 위한 목적으로 2010년 제정된 법률이다.

성폭력을 학교폭력의 종류에 포함시켜야 하는가에 대하여는 2010년 법이 제정되기 전까지 많은 논의가 있었다. 제정법 시행령 이전 "대통령령이 정하는 행위"로서의 법률에는 상해·폭행, 감금, 협박, 약취·유인, 추행, 명예훼손·모욕, 공갈, 재물손괴 및 집단 따돌림 그 밖에 피해자의 의사에 반하는 행위를 가하거나 하게 한 행위

11 중앙일보, 2015.07.17.

로 성폭행 또는 성폭력을 제외하였다. 그 이후에도 입법정책론적인 관점에서 성폭력을 학교폭력에 포함시켜도 무방하다고 보는 견해와 반드시 포함시켜야 한다는 견해 및 실질적인 이유로 이를 부정하는 견해 등이 대립되었다. 그러나 2008년 3월 학교폭력에 해당하는 행위를 대통령령에 위임하던 것을 학교폭력예방 및 대책에 관한 법률에서 학교폭력의 정의에 포함하면서 성폭력을 학교폭력의 일종으로 추가하게 되었다. 해석론 상으로는 성폭력의 범주가 지나치게 다양하게 해석될 여지 및 그 행위의 정도나 다양성이 문제될 수도 있었지만, 피해자의 신체적·정신적 고통을 수반하는 행위라는 점에서는 학교폭력의 범주에 포함시키게 되었다. 다만, 이와 동시에 학교폭력예방법 제5조 제2항에 "제2조 제1호 중 성폭력은 다른 법률에 규정이 있는 경우에는 이 법을 적용하지 아니 한다"고 함으로써, 성폭력에 대하여는 학교폭력예방법의 적용을 되도록 피하고자 하였다. 이는 성폭력범죄에 대한 사회적 관심을 고려하여 포함시키되 절차상의 특수성을 고려하여 학교폭력예방법에 의한 적용을 배제하고자 하는 완충적인 입법방식이라고 할 수 있다.

2) 형법 및 소년법과의 관계

학교폭력예방법은 앞서 언급한 바와 같이 형법이나 소년법의 특별법이 아니다. 따라서 학교폭력예방법은 형법이나 소년법과 중복하여 적용되어도 이중처벌금지의 원칙에 반하지 않는다. 즉, 일사부재리의 원칙이 적용되지 않는다.

예컨대 학교폭력이 소년법상 보호사건으로 처리될 경우에는 소년부 판사는 결정으로 보호자 또는 보호자를 대신하여 소년을 보호할 수 있는 자, 소년보호시설, 소년의료보호시설 등에의 감호·위탁, 수강명령, 사회봉사명령 및 보호관찰, 또는 소년원 송치 등을 할 수 있고, 대안교육 또는 소년의 상담 선도 교화와 관련된 단체나 시설에서의 상담 교육을 받을 것을 명할 수 있다. 이러한 처분들 중 사회봉사명령 또는 수강명령, 치료보호, 대안교육 또는 상담·교육 등은 학교폭력예방법 제17조상의 조치 중 사회봉사, 특별교육이수, 심리치료 등과 중복된다. 또한 학교폭력 사건이 소년법상 형사사건의 대상이 되었다고 하더라도 기소유예를 할 경우에는 범죄예방 자원봉사위원의 선도 또는 소년의 선도·교육과 관련된 단체·시설에서의 상담·교육·활동을 조건으로 한다. 그리고 소년법에 특별한 규정이 없는 때에는 일반형법을 적용하기 때문에 이러한 보안처분의 내용이 학교폭력예방법상의 조치와 중복될 수 있다. 그러나 이와 같은 중복조치 또는 처벌은 학교폭력예방법의 취지와는 어긋날 뿐만 아니라, 학교폭력에 대하여 자치위원회의 절차를 통하여 가해학생과 피해학생 간의 분쟁조정이 이루어지고 가해학생에 대한 적절한 조치가 교육적으로 행하여졌

음에도 불구하고 소년법이나 형법상의 처분들이 아무런 제한 없이 적용되는 것은 바람직하지 않다. 따라서 형법 및 소년법과 학교폭력예방법 간의 조화점을 모색하여야 할 것이다.

3) 기타 학교폭력과 관련된 법률

(1) 청소년보호법

학교폭력과 관련하여 「청소년보호법」은 청소년에게 유해한 매체물, 약물 등이 유통되는 것과 청소년이 유해한 업소에 출입하는 것 등을 규제하고 청소년을 유해한 환경으로부터 보호하고 규제함으로써 청소년이 건전한 인격체로 성장하도록 함을 목적으로 1997년 제정되었다. 청소년 보호법 제2조 8항에서 청소년유해환경이란 청소년 유해 매체물, 청소년 유해 약물 등 청소년 유해 업소 및 청소년 폭력과 학대를 말한다. 여기서 '청소년 폭력 및 학대'란 폭력과 학대를 통하여 청소년에게 신체적 정신적 피해를 발생하게 하는 행위로 규정하고 있다.

(2) 학교안전사고 예방 및 보상에 관한 법률

학교폭력은 학교 안과 밖에서 학생과 관련하여 일어난 사건을 말한다. 「학교안전사고 예방 및 보상에 관한 법률」은 학교안전사고를 예방하고, 학생과 교직원 및 교육활동 참여자가 학교안전사고로 인하여 입은 피해를 신속하고 적정하게 보상하기 위한 학교안전사고보상공제사업의 실시에 관하여 필요한 사항을 규정함을 목적으로 2007년에 제정되었다. 이 법률은 학교폭력 피해학생이 가해학생 측으로부터 치료비를 지급받거나 구상권을 행사하고 치료비를 받기 전 그 소요경비를 국가 또는 지방자치단체가 부담하는 등 안전하고 신속하게 피해학생이 치료를 받을 수 있도록 하는 것과 관련된 업무를 다루고 있다.

3 학교폭력 근절 종합대책

1) 발표 배경

1990년대 이후 정부는 학교폭력 문제를 해결하기 위해 여러 정책적 노력을 하였으나 학교폭력 문제는 해결되지 않고 오히려 더 심각해졌다. 학교폭력의 문제가 지속적으로 발생하여 심각한 사회문제로 대두되고 있었던 2011년 대구의 중학생 자살사건을 계기로 정부는 2012년 2월 6일 「학교폭력 근절 종합대책」을 발표하게 되었다.

'학교폭력 근절 종합대책'은 학교폭력이 점차적으로 저연령화, 중학교 시기에 폭발적으로 증가하고, 피해자가 가해자로 전환되고, 폭력의 정도가 점점 더 잔혹하고 심각해지며, 집단화되고, 학교폭력을 바라보는 온정주의적 시각 등의 문제를 해결하기 위해 범정부적 차원에서 시행하게 되었다. 또한 학생들의 사회적 상호능력 결핍, 학교교육에 있어서의 감성교육 및 신체 활동 참여 기회의 부족, 교사의 인식 및 생활지도의 미흡, 부모-자녀 간 대화 및 학교교육의 참여 기회 부족과 인터넷 등 유해 영상매체에의 접근용이 등 학교폭력을 가속화하는 여러 요인들을 해소하기 위한 실질적이며 효과적인 해결을 위한 요청이었다.

2) 주요내용

'학교폭력 근절 종합대책'은 크게 7대 실천 정책으로서 4개의 직접 대책과 3개의 근본 대책으로 마련되었다. 직접적인 대책으로는 첫째, 학교장과 교사의 역할 및 책임 강화, 둘째, 신고-조사 체계 개선 및 가·피해 학생에 대한 조치 강화, 셋째, 건전한 학교문화 형성을 위한 또래활동 등 예방교육 확대, 넷째, 학부모교육 확대 및 학부모의 책무성 강화의 4개 대책이 제안되었다. 다음으로 더불어 살아가는 바른 인성을 함양하여 학교폭력을 근원적으로 차단하기 위한 근본 대책으로는 3개 대책이 마련되었다. 즉, 교육 전반에 걸친 인성교육 실천, 가정과 사회의 역할 강화 및 게임·인터넷 중독 등 유해요인 대책이 해당된다. 학교폭력 근절 종합대책을 간략하게 정리하여 제시하면 <표 3-3>, <표 3-4>와 같다(교육과학기술부, 2012).

표 3-3 직접 대책

영역	핵심과제
학교장과 교사의 역할 및 책임 강화	• 학교장의 역할 및 책무성 강화 - 가해학생 즉시 조치: 학교폭력이 발생한 경우 피해학생을 가해학생으로부터 보호할 필요가 있는 때 - 학교폭력대책자치위원회 운영 활성화: 사안 발생 시 수시로 개최하되, 분기별로 1회 정기 개최하여 학내 폭력 실태 점검 및 교육방안 논의 - 학교폭력 은폐 시 엄중 조치: 학교폭력 은폐 발각 시 학교장 및 관련 교원에 대해 4대 비위(금품수수, 성적 조작, 성폭력 범죄, 신체적 폭력) 수준에서 징계

<table>
<tr><th>영역</th><th>핵심과제</th></tr>
<tr><td></td><td>• 담임교사의 역할 강화 및 생활지도 여건 조성
- 복수 담임제 도입 등 담임 역할 강화: 담임교사는 조·종례 시간, 창의적 체험활동 시간 등 활용하여 학생들 문제의 조기 발견 및 개인면담 등 사전 조치 실시
- 학생생활지도 누적 기록 관리: 학교폭력 가해·피해학생의 학교폭력(게임중독 등 포함) 관련 사실, 상담, 치료 등에 관한 사항을 개인별로 누적 기록, 관리하고 생활지도 자료로 활용
- 학교폭력 관련 징계 사항 학교생활기록부 기재: 2012년 3월부터 학교폭력자치위원회 조치사항을 '출결사항, 학적사항'의 특기사항과 '행동특성 및 종합의견'란에 기재
- 생활지도에 전념할 수 있는 환경 조성
- 상담인력 확충: 전문상담교사 및 전문상담인력의 확대 배치 추진
• 교원양성-임용-연수 단계에서 생활지도 역량 강화
- 교원양성과정: '교원자격검정령 시행규칙' 교직과목 세부 이수기준 가운데 교직소양분야에 '학교폭력 예방 및 대책' 과목 신설
- 교원임용 개선: 학생에 대한 이해, 학교폭력 상황 발생 시 문제해결능력 등을 교직적성 심층면접을 통해 측정
- 교원연수 개선: 지속적인 연수를 통해 변화하는 학교폭력유형에 효과적으로 대응</td></tr>
<tr><td>신고-조사체계 개선 및 피해학생에 대한 조치 강화</td><td>• 117 학교폭력신고센터 설치 및 조사기능 강화
- '117 학교폭력신고센터' 확대·설치
- 경찰청 또는 학교폭력 원스톱지원센터(Wee센터, CYS-Net)로 사건 이송·처리
• 학교폭력 은폐 방지를 위한 제도 개선
- 매년 초4~고3 학생 대상으로 학교폭력실태 전수조사 실시
• 피해학생에 대한 우선적 보호와 치유 지원
- 경찰동행 보호, 상급학교 진행 시 피해학생과 가해학생이 동일학교에 배정되지 않도록 조치
- 피해학생들의 신속한 치료 위한 先치료지원 – 後처리시스템 마련
• 가해학생에 대한 엄격한 조치 및 재활치료 지원
- 가해학생의 보복행위, 장애 학생에 대한 폭력 행사의 경우 엄정한 징계조치
- 시·도교육감은 가해학생 재활 프로그램을 필수 운영, 특별 진로(직업)교육도 포함
• 일진 등 학교폭력 서클 엄정대응</td></tr>
<tr><td>또래활동 등 예방교육 확대</td><td>• 건전한 학교문화 형성을 위한 또래활동 지원
- 13년에는 학생 스스로 갈등을 해결하는 상담, 중재, 조정 프로그램 운영계획
- 학생 모니터단 확대로 온라인을 통해 학생과 밀접한 교육정책 제시 기회 마련
• '사소한 괴롭힘'도 폭력임을 단계적으로 교육
- 학교교육과정 운영계획 수립에 '학교폭력 예방·조기발견 계획' 반드시 반영
- 모든 학생 대상 연 1회 정서·행동발달 선별검사 실시 후 조치
- 다양한 형태의 학교폭력 예방 학생 교육자료, 학부모·교사용·관리자용 매뉴얼 개발</td></tr>
</table>

영역	핵심과제
	• 학교폭력 예방 사이버상담 지원 - 인터넷과 SNS를 통한 전문 사이버상담 및 학교폭력예방 정보제공 서비스 실시 - Wee 포털사이트(www.wee.go.kr) 사이버상담센터 - 청소년사이버상담센터(www.cyber1388.kr) - '굿바이 학교폭력' 스마트폰 애플리케이션 기능 강화 - 인터넷포털 사이트 및 SNS 서비스 활용, 손쉬운 학교폭력 상담 접근 유도 - 전문상담교사, 또래상담자격 학생 등에서 사이버상담사 선발·활용
학부모 교육 확대 및 학부모 책무성 강화	• 자녀이해 지원을 위한 학부모교육 및 교육정보제공 대폭 확대 - 학부모교육 대상을 '모든 학부모'로 전면 확대 - 학부모교육포털(www.parents.go.kr)을 통해 온라인 교육 활성화 - 학부모가 반드시 알아야 할 핵심 분야 선정, 교육자료 제작·배포 • 교사-학부모 간 소통강화 및 학부모의 책무성 제고 - 학기당 1회 이상 학교설명회를 의무적으로 일과 후에 개최 - 학기당 1회 이상 학부모와 교사 간 개인·그룹 상담 기회 제공 - 가해학생 학부모에 대한 특별교육 제공 • 교육기부형 학부모 학교참여 활성화 - 학부모, 지역사회 인사 중심으로 교육기부 활성화 추진 - 학교폭력 예방 관련 '학부모 교육기부형 인력풀'을 운영 - 전문인력과 부적응 학생 1:1 결연하여 상담 자원봉사 실시 방안 추진 - 등하교 시간에 학생생활지도를 위한 학부모 자원봉사 등 연계 협력 강화

표 3-4 근본 대책

영역	핵심과제
교육 전반에 걸친 인성교육 실천	• 바른 인성의 기초를 형성하는 '3~5세 누리과정' 운영 - 질서, 나눔, 배려, 협력, 존중, 경로효친, 갈등해결 등 실천행동 교육 - '바른 인성 우수 유치원·어린이집' 선정하여 3년간 재정지원 실시 • 배움이 실천으로 연결되는 프로젝트형 인성교육 - 국어, 도덕, 사회 교과의 '인성 핵심 역량(공감, 소통, 갈등해결, 관용, 정의 등)' 요소 강화 - 도덕·사회수업에서 학교폭력 관련 발생문제에 대한 해결방안을 도출하고 실천하도록 운영 - 인성교육 관련 교과 간 연계를 통해 다양한 교수·학습 모형 개발 - 정서안정, 자존감 향상, 사회성 함양을 위한 예술교육 기회 확대 및 독서활동 지원 • 실시중학교 체육활동 대폭 확대 - 중학교 체육수업 시수 50% 증대 - 스포츠와 인성교육을 접목하여 학교축제로 발전 • 학생-학부모-교사가 함께 학생생활규칙을 통해 인성교육 실천 - 교사, 학생, 학부모의 충분한 협의과정을 통해 학생생활규칙 결정·준수

영역	핵심과제
	- 학생과 학부모의 학생생활규칙 동의서 제출 의무화→교사의 학생생활지도 권한과 책무성 확보 • 인성 관련 학생부 기재 강화 및 입학전형에 반영 - 학생생활기록부에 핵심 인성별 구체적 기록 후 입학사정관전형, 자기주도학습전형에 반영 - 자기소개서 공통양식에 '인성' 항목 신설하여 자기평가 기능 강화 - 자기주도 학습전형에 인성분야 신설 • 생활지도 등 인성교육을 잘하는 교원과 학교 우대 - 인성교육을 잘하는 교사에게 연구비 지원, 포상, 학습연구년제 대상 선발 시 우대 - 생활지도 및 인성교육 역량이 우수한 수석교사를 선발, 인성교육에 대한 컨설팅 병행 - 각종 재정지원 대상 학교 선발 시 인성교육을 잘하는 학교 우선 선정 지원 • 시·도 교육청 평가를 통해 책무성 확보 - '인성교육 실천 및 학교폭력 근절 노력 정도'의 비중 확대로 학교의 책무성 강화 - 평가지표(안)-인성교육실천, 학교폭력 예방 근절
가정과 사회의 역할 강화	• 가정과 사회의 교육적 기능 회복 - '밥상머리 교육 범국민 캠페인' 본격 추진: '가족사랑의 날'(수요일) 및 주말 활용 - 가족단위 또는 청소년 대상 프로그램 대폭 확대 • 가정과 사회의 참여 확대를 위한 홍보 및 캠페인 추진 - 방송, 언론, 시민단체와 연계하여 연중 캠페인 실시
게임·인터넷 중독 등 유해요인 대책	• 게임·인터넷 중독 예방을 위한 제도 개선 추진 - 실효성 있는 청소년에 대한 게임제공 제한제도 운영: 쿨링 오프제(Cooling off), 일정 시간 지나면 게임의 진행수준 떨어지는 시스템 도입 - 게임물에 대한 청소년 유해성 심사 강화 - 게임산업계가 게임중독에 대한 사회적 책임을 지도록 민간자금 출연 확대 및 의무화 - 청소년 PC방 이용시간(오후 10시까지)에 관한 법령 위반 업주의 벌칙규정 강화 • 게임·인터넷 중독 예방 교육 강화 및 치유 활동 확대 - 게임·인터넷 중독 예방 교육 강화 - 게임 및 인터넷 중독 징후가 있는 학생을 선별·관리하여 단계적으로 치유 - 인터넷 중독 예방 교육에 필요한 다양한 교육용 콘텐츠를 개발·보급 - 전국 초·중·고교생 대상 종합실태조사 실시

Part 02

학생의 이해 및 학교폭력의 예방

Chapter 1

청소년 발달의 이해

Chapter 01 청소년 발달의 이해

청소년(靑少年, adolescence, youth)이란 용어는 Latin어의 adolescent에서 유래한 것으로 '성장', '성숙' 또는 '성장하다, 자라다(to grow up)', '성숙에 이른다(to come to maturity)'는 의미로써 신체적, 심리적, 사회적 성장이 급속하게 진행된다는 전환기적 의미를 암시하고 있으며 다양한 변화와 발달을 볼 수 있는 시기이다.

청소년에 대한 정의는 나라와 시대에 따라 그리고 관련 법규에 따라 다르게 정의되어 왔으며 일반적으로 청소년은 '청년'과 '소년'의 합성어로서 '아동이 성인으로 변해가는 중간 단계에 있는 사람'이라는 의미로 보고 있다. 우리나라 청소년보호법에서는 만 19세 미만의 자를 말하며 단, 만 19세에 도달하는 해의 1월 1일을 맞이한 자는 제외한다고 규정하고 있다. 그러나, 청소년 기본법에 따르면 청소년은 만 9세 이상 24세 사이의 사람으로 규정되어 있다. 청소년을 나타내는 영어로는 사춘기를 뜻하는 puberty와 13세에서 18세를 부르는 teenage가 있다. 영어의 어미에 -teen이 들어가는 숫자 13세에서 18세를 teenage라고 하며 이 시기는 청소년기 및 사춘기와 거의 일치한다. 또한 10대의 청소년을 연령단계로 나눠 15세 이하를 로틴(low teen), 16세 이상을 하이틴(high teen)이라고 부르기도 한다.

청소년기란 용어는 Stanley Hall(1904)이 처음으로 사용하였는데, 그는 청소년기를 '갈등과 분위기에 휩쓸리면서 격동의 상황에서 살아가는 대상'으로 지칭하며 청소년기를 '질풍노도(Strum und Drang)'의 시기로 보았다. 그런가 하면, Erikson은 청소년기의 발달적 특성을 정체감 추구와 역할 혼미로 보고 있다. Freud는 청소년기를 성인의 성욕단계인 생식기로 보았다. Margaret Mead는 문화적 요인이 청소년기에 영향을 준다고 했다. 따라서 이 시기는 부모로부터 심리적 및 경제적으로 독립하려 노력하고 또래관계에 집중하는 시기이다. 따라서, 교사는 학생들을 지도할 때, 이들의 발달적 특성을 잘 이해하는 것이 중요하며, 학교폭력 상황에서도 청소년의 정서 및 행동발달 측면을 이해하여 문제에 개입하는 것이 효과적일 수 있다.

이 장에서는 청소년의 신체적, 인지적, 성격적, 사회적, 심리·정서적 특성에 대한 특징을 알아보고, 이러한 증상들이 학교폭력 행동과 어떠한 관련성이 있는지 알아보고자 한다.

표 1-1 법령상 청소년의 명칭과 연령 범위

법령	명칭	연령	조항
민법	미성년자	만 19세 미만	제4조(성년) 사람은 19세로 성년에 이르게 한다.
형법	미성년자	14세 미만	제9조(형사미성년자) 14세 되지 아니한 자의 행위는 벌하지 아니한다.
아동복지법	아동	18세 미만	제3조(정의)
아동·청소년의 성보호에 관한 법률	아동·청소년	19세 미만	제2조(정의) 다만, 19세에 도달하는 연도의 1월 1일을 맞이한 자는 제외한다.
소년법	소년	19세 미만	제2조(소년 및 보호자)
공연법	연소자	18세 미만	제2조(정의)
청소년기본법	청소년	9세 이상 24세 이하	제3조(정의)
청소년보호법	청소년	19세 미만	제2조(정의)

1 청소년의 신체적 발달 특성

신체적으로 청소년기는 12~13세의 사춘기가 시작되는 시점에서 19~20세에 절정에 이르며, 이후 성인기에 이르게 된다. 청소년기의 대표적인 특징은 급격한 성장인데, 이러한 급성장은 여자가 2년 정도 빨리 나타나며, 11~13세 동안 여자들의 성장이 남자들보다 앞선다. 그러나 성장 급등기를 지나면 남자들이 8% 정도 다시 더 커지게 된다. 이러한 성장 과정에서 여자는 여성다운 체형(feminity)으로 변화되며 남자는 남성다운 체형(masculinity)으로 변화된다. 청소년의 신체적 발달의 구체적인 특징은 다음과 같다.

첫째, 키와 몸무게가 급격하게 증가한다. 성장급등은 여자가 남자보다 2~3년 빠르게 나타나서, 여자는 10~12세경에, 남자는 12~13세경에 시작하며 4년 정도 지속된다. 이와 같이 성별에 따라 차이가 있는 이유는 여자는 좀 더 성숙한 골격 구조와 신경 구조를 가지고 있으며, 이는 아동기를 거치면서 그 성차가 더 증가하기 때문이다. 몸무게의 증가 역시 남녀의 차이가 나타나는데, 근육은 남자의 몸무게 증가를 가속화시키고, 피하지방은 여자의 몸무게 증가를 가속화시킨다.

둘째, 키와 몸무게 증가와 더불어 다른 신체적 변화도 나타난다. 머리 크기가 신체에서 차지하는 비중이 작아지고, 얼굴모양은 동그란 어린이의 모습에서 길쭉한 어른의 모습으로 변화한다. 또 코와 입이 넓어져 전체적인 얼굴모습이 달라지게 된다.

셋째, 외부의 신체변화와 더불어 신체 내부의 변화가 나타난다. 소화기관, 폐, 심장 등에서 변화가 나타나며, 이는 순환, 호흡, 소화, 신진대사에 영향을 미친다. 혈류량이 증가하며, 혈압이 높아지고, 폐와 위가 발달한다. 이러한 변화가 나타나는 이유는 활동이 늘어나고, 성장을 유지하기 위해 산소를 공급하며, 영양 섭취를 많이 해야 하기 때문이다.

넷째, 2차 성징이 나타난다. 청소년기에는 난소와 고환이 발달함에 따라 성호르몬 분비가 증가한다. 청소년기 남성은 고환에서 남성 호르몬 테스토스테론이 분비되어 남성 특유의 성적 발달을 돕는다. 청소년기 여성은 성선에서 성호르몬이 분비되면서 음모가 나타나고, 겨드랑이에 털이 난다. 에스트로겐은 여자의 2차 성징이 나타나게 하며, 여포 자극호르몬, 황체 형성 호르몬, 프로게스테론과 함께 자궁벽의 두께를 조절하고 배란에 관여한다. 또, 피하지방이 증가하고, 엉덩이가 커지고, 유방이 발달하며, 월경이 시작된다.

표 1-2 청소년기의 생리적 변화

남자	여자
• 골격의 성장 • 고환의 비대 • 착색된 곧은 음모 • 음성의 변화 • 몽정 • 착색된 곱슬한 음모 • 성장 급등 • 생식기의 비대 • 얼굴의 솜털 • 겨드랑이의 털 • 후기의 목소리 변화 • 거칠게 착색된 얼굴의 털 • 가슴 털 • 때때로 가슴의 확장 • 발기 횟수의 증가 • 소변에서 생식선을 자극하는 호르몬의 출현 • 피부의 변화 (피부가 거칠어짐/모공 확장/여드름 생김) • 강한 체취	• 골격의 성장 • 착색된 곧은 음모 • 젖가슴의 발달 • 성장 급등 • 착색된 곱슬한 음모 • 월경 • 소변에서 생식선을 자극하는 호르몬의 출현 • 피부의 변화 (피부가 거칠어짐/모공 확장/여드름 생김) • 강한 체취 • 점차적으로 목소리가 가라앉음 • 외형의 변화 • 골반 확장 • 넓은 엉덩이 • 피하지방의 발달

출처: 김명희(2011). 부모교육과 상담 - 생애발달특성과 부모 - 자녀관계 & 특수아동가정, 이혼가정의 부모상담. 서울: 동문사. p.229 재인용함.

표 1-3 청소년기 신체 변화를 가속화하는 호르몬

호르몬	기능
성선 자극 호르몬	성호르몬 생성
황체 형성 호르몬	월경 주기 조절
안드로젠, 에스트로겐	체모, 생식기관의 발달과 2차 성징

과거 50년 전에는 18세에 이르러서야 경험했던 신체변화(신장, 체중, 남녀 성징의 표출 등)를 이제는 영양, 건강, 기후 조건 등의 물리적인 조건이 과거보다 혁신적으로 개선되어 그보다 훨씬 어린 13세 전후에 맞이하고 있다. 이러한 조숙화 경향성은 앞으로 점점 더 가속화될 전망이다. 조숙화 과정에 따른 또 다른 특이점은 조숙화의 경향성이 남녀 간뿐만 아니라 개인 간에도 차이가 커서 이로 인한 자기 정체성의 정립에 있어서도 차이가 있다는 점이다.

사춘기 동안과 사춘기가 끝난 후의 조숙과 만숙에 따른 남성, 여성 청소년의 심리적 및 사회적 특성을 이해하는 것은 매우 중요하며, 이에 대한 구체적인 내용은 <표 1-4>와 같다.

표 1-4 조숙과 만숙에 따른 남녀 청소년의 심리적 및 사회적 특성

성별	성장 속도	사춘기 동안		사춘기 이후
남	조숙	• 자신의 용모를 만족스러워함 • 또래 여학생과 쉽게 친해짐 • 적극적·긍정적·독립적인 성향을 가짐 • 자신감, 자기신뢰, 자아존중감이 높음 • 집단에서 인기가 많고, 리더 역할을 함	긍정	• 책임감이 강하고 협동적임 • 사회성이 좋고, 또래집단에서 리더 역할을 하는 경우가 많음
			부정	• 유머가 없고 완고함 • 음주, 흡연 등에서 자기 통제력이 약함
	만숙	• 심리적으로 안정감이 없고 불안해함 • 학습에 대한 열의가 부족함 • 주변의 관심을 끌려고 노력하지만 집단 내에서 인기가 낮음 • 부정적인 자아개념, 지배당하는 느낌을 자주 경험함 • 신체적 발달이 늦어 어린 아이 취급을 받기 때문에 아이 같은 행동을 보이기도 함	긍정	• 창의력, 통찰력, 지각능력이 우수함 • 명랑하고 유머가 있음 • 새로운 환경에 적응이 빠름
			부정	• 공격적·충동적이며 자기주장이 강함

성별	성장 속도	사춘기 동안	사춘기 이후	
여	조숙	• 정서적으로 우울, 불안하며 낮은 자아 존중감을 가짐 • 부모의 간섭으로 인한 부모-자녀관계에 문제가 많음 • 또래집단에서 인기가 낮고 잘 어울리지 못함 • 심리적으로 안정감 결여	긍정	• 침착하고 자제력이 강하며 자발적임 • 만숙아에 비해 심리적으로 건강함
			부정	• 이성관계 및 성경험이 빠름 • 음주, 흡연에 빨리 노출됨 • 교육적 및 직업적 성취가 낮음
	만숙	• 활발하고 자신감이 있으며 자기주장이 강함 • 집단 내 인기가 많음 • 또래집단에서 리더 역할을 함	긍정	• 유머가 있고 명랑함
			부정	• 스트레스 대처에 대한 적응이 낮고, 조숙아에 비해 심리적으로 불안정함

출처: 조형정·김명랑·조민희(2017). 학교폭력 예방 및 학생의 이해. 파주: 양서원. p.150.

2 청소년의 인지적 발달 특성

청소년기에는 신체적 발달뿐만 아니라, 인지적으로 양적, 질적인 면에서 증가를 보인다. 양적 증가란 아동기에 비해 쉽고, 빠르고, 효율적으로 지적 과업을 성취하는 것을 말하고, 질적 증가란 추상적, 가설적, 연역적 사고 등의 인지과정 변화를 말한다. 청소년기의 인지적 발달은 Piaget의 인지발달단계에서 형식적 조작기(formal operational period)에 해당하는 시기이며(Piaget, 1952), 이 시기에 나타나는 가장 중요한 변화는 전두엽의 발달로 인한 추상적 논리, 사고능력이 발달하면서 추상적 개념을 체계적으로 사고할 수 있다는 것이다.

청소년기의 사고의 특성은 다음과 같다.

첫째, 추상적 사고가 가능하여 사랑, 우정, 행복 등의 추상적인 개념에 대한 사고를 할 수 있다.

둘째, 논리적 사고가 가능하여 추리게임을 하거나, 생활 속에 어떤 상황에 놓이게 될 때 일련의 가설을 차례대로 생각하면서 해결방법에 접근할 수 있다.

셋째, 조합적 사고가 가능하다. 청소년기에는 과학자가 하는 것처럼 사고하기 시작하여 문제해결을 위해 계획을 세우고, 체계적으로 해결책을 시험한다.

넷째, 이상주의적 사고를 한다. 청소년들은 자신과 다른 사람들에게 이상적이었으면 하는 특성들에 대해 사고한다. 예를 들어, 이상적인 부모상의 기준을 정하고 자신의 부모를 비교한다. 이상적 기준을 토대로 미래의 자신의 삶에 대한 공상도

펼치게 된다. 그러나 이상주의적 사고가 너무 강하면 현실은 그에 미치지 못하여 일상생활을 어렵게 할 수도 있다.

그 외 청소년기에는 뇌의 신경세포 수가 증가하고 세포 간의 연결이 복잡해지기 때문에 사고의 수준이 높아지고 언어가 발달하게 된다. 그리고 이 시기의 인지적 특성 중에서 두드러진 측면 중의 하나는 미래에 대한 관점과 자기중심주의(egocentrism)의 일면을 가지고 있다는 점이다. 미래에 대한 관점이란 미래에 대한 가능성을 생각하고 예측하여 준비하려는 사고이다. 또한 자기중심주의란 아직도 자기중심성이 남아 있기 때문에 사고가 아직 미숙하고 자기 자신에 대해 치우쳐 있다는 것이다. 청소년기의 이러한 인지적 특성 때문에 청소년기 자녀들의 사고는 배타적이고 이상주의적인 측면을 지닐 수 있다.

특히 논리적 사고의 발달로 인해 자기 자신에 대해서는 물론, 부모나 환경에 대해서도 비판적인 태도를 지니게 된다. 청소년들이 자아정체성의 위기를 맞게 되고 갈등을 겪게 된다든지 지나치게 이상주의적인 태도를 가지고 현실을 비판하는 것은 청소년기의 인지발달의 특성에서 비롯된다. 그리고 교사가 염두에 두어야 할 점은 청소년기의 자아정체감에 대한 추구는 직업의 선택과 밀접하게 연결되어 있고, 직업의 선택은 사회경제적 지위, 부모의 태도, 학교교육, 성격 등과 관련되어 영향을 받는다는 것이다. 특히 인지발달의 특징인 자기중심주의 경향도 직업을 선택하게 되면 점차 감소한다(김명희, 2011).

청소년기의 자기중심적 사고

형식적 조작기의 청소년은 자신의 생각뿐만 아니라 다른 사람의 사고 또한 체계화할 수 있다. 그러나 자신의 급격한 신체적, 정서적 변화로 말미암아 자신의 외모와 행동에 자신의 관심이 집중되어 있는 것처럼, 다른 사람들도 자신을 쳐다보며 관심이 많을 것이라고 생각하는데, 이를 청소년기의 자기중심성이라고 한다.

1. 상상적 관중

청소년들은 자신은 주인공이 되어 무대 위에 있는 것처럼 행동하며, 다른 사람들은 모두 자신을 바라보는 구경꾼이라고 여겨 상상의 관중을 만들어 낸다. 상상적 관중은 시선 끌기 행동, 즉 다른 사람들의 눈에 띄고 싶은 욕망으로부터 나온다. 청소년들이 다른 사람들 앞에서 과장되게 행동하고 유치한 행동을 하는 것은 상상적 관중 때문이다.

2. 개인적 우화

개인적 우화란, 자신의 감정과 사고는 독특한 것이어서 다른 사람들은 자신의 감정을 이해할 수 없을 것이라고 생각하는 것이다. 청소년이 자신을 주인공으로 생각하고, 자신은 독특하고 특별하다고 생각하여 현실성이 결여되어 있다는 의미에서 우화인 것이다. 예를 들어, 자신의 첫사랑은 누구보다도 아름답고 낭만적이며, 사랑이 끝났을 때의 절망감이나 비참함은 아무도 이해하지 못할 것이라고 생각한다.

청소년기의 자기중심적인 사고는 청소년이 성숙해 감에 따라 사라진다. 사회적 상호 작용으로 인해 모든 사람은 다 나름대로의 관심사가 따로 있음을 이해하게 되면서 상상적 관중이 진짜 관중으로 대체되고, 개인적 우화도 점차 사라지게 되어, 자기중심적 사고는 점차 사라지게 된다.

3 청소년의 심리·정서적 발달 특성

Freud는 청소년기는 남근기(phallic stage)에서 출현된 성적 욕구의 재출현기로서 가족 이외의 사람과의 이성 관계를 통해 성적 욕구가 전환된다고 보고 있다. 한편 Erikson의 인간발달 8단계 중 5단계에 속하는 청소년기는 정체감(identity) 대 역할 혼미(role confusion)의 위기단계이다. 따라서 이 시기의 청소년은 타인과 친밀해짐으로써 정체감을 형성하고 더 쉽게 자아를 인식하게 된다고 본다. 특히 청소년기 동안 갖는 '심리사회적 유예기간(psychological moratorium)' 동안 대부분의 젊은이들은 전력을 다해서 자신의 자아를 실현할 수 있는 일을 찾는다. 이러한 일들은 이상적이면서도 개인적이지만 청소년들이 얼마나 진지할 수 있는지의 정도에 따라 이 단계의 위기를 극복하는지를 좌우한다. 교사들은 일반적으로 청소년들이 친구를 따라 성, 마약 또는 범죄에 노출될까봐 두려워한다. 하지만 대부분의 연구결과는 청소년들이 또래의 영향보다 부모의 영향을 받는다고 보고하고 있다(Brittain, 1963). 특히 학생들은 심리적 갈등이 많고 현실과 이상, 기존 사회의 가치체계와 새로운 가치체계 간 갈등을 겪고 있기 때문에 교사들은 청소년기의 성격발달에 깊은 관심을 기울일 필요가 있다.

종종 학교폭력은 청소년의 스트레스와 우울증 및 공격성과 관련이 있는 것으로 보고된다. 그 가운데 특히 청소년들의 우울증은 발달 측면에서 자아정체감 형성이나 심리적 스트레스로 인한 경험의 증상으로 보지만 다양한 요인들이 복합적으로 상호작용하기에 관심 깊게 지켜보아야 할 것이다. 정신질환 진단 및 통계편람(DSM-5: Diagnostic and Statistical Manual Disorders)에 의하면, 우울장애는 공허감, 슬픔 등의 기분과 함께 나타나는 신체적 및 인지적 증상으로 개인의 일상생활에서의 기능을 현저하게 저하시키는 상태를 의미한다(조형정 외, 2017). 일반적으로 우울 상태에 빠지게 되면 부정적이고 비관적인 사고 및 정서를 경험하게 되며, 이로 인해 고립감, 죄책감, 절망감과 같은 감정을 지속적으로 느끼게 되어 학업이나 일상생활에 어려움을 겪게 된다. 청소년 우울증의 특징은 성인과는 달리 우울한 감정을 회피하기 위해 끊임없이 행동을 하고 더 활발하게 활동한다는 것이다. 특히 가면성 우울증(masked depression)은 청소년기에 겪을 수 있는 우울증상으로 성인에 비해 짜증이 심하고, 희망이 없다는 생각을 주로 하는 특징이 있다. 즉, 우울한 감정을 감추고 충동적이고 파괴적인 행동으로 자신의 감정을 표출하는데, 이는 결석, 가출, 흡연, 음주 등과 같은 비행행동으로 나타나기도 한다. 또한 불면증, 식욕 저하, 두통, 과다수면 등의 신체적 증상을 보이기도 한다(강경미·신경희, 1996).

또한 청소년기 우울증을 유발하는 원인은 다음과 같다(Robins & Block, 2001; 김영호, 2003; 김재엽·정윤경 2007). ① 성격특성과 관련된 심리적 원인으로써 성향이 내향적이며, 걱정이 많은 성격이거나 스트레스 대처에 취약한 성격 또는 상대방의 부탁을 잘 거절하지 못하는 성격 등을 들 수 있다. 이러한 성격은 스트레스 대처에 취약할 수 있기 때문에 일반 학생들에 비해 우울증을 경험할 가능성이 높다. ② 또래관계 요인으로써 청소년기의 학교생활과 친구관계에서 인정을 받지 못하고, 고립되거나 거부될 때 학교생활 부적응을 겪게 되고, 그로 인해 상실감과 우울감을 느끼게 된다. ③ 가정적 요인으로써 가족 간의 갈등과 대화 부족, 부모-자녀관계에서의 불안정한 애착 등이 우울증을 유발하며, 이러한 경험들에 의한 부정적 감정을 제대로 표현하지 못하고 자신에게 내면화시킴으로써 우울증을 겪게 된다.

한편 학교폭력과 청소년 우울증을 관련지어 보면, 학교폭력 피해학생은 일반 학생들에 비해 우울 정서를 많이 느낀다. 그리고 학교폭력의 유형에 따라 우울 관련 감정이 다르게 나타나는데, 또래관계에서 소외나 무시를 당하는 관계폭력을 경험할 때 우울을 느끼는 정도가 가장 높으며, 이러한 결과는 직접적인 폭력보다 간접적이며 관계적인 폭력을 경험할 때 외로움 및 우울의 정서를 더 많이 느낄 수 있음을 알 수 있다(최미경, 2006). 학교폭력 피해학생은 우울감뿐만 아니라 자신을 스스로 평가하는 자아 존중감 또한 낮게 형성하게 되는데, 이는 또래관계 속에서 자신을 유능하지 않다고 지각하며, 스스로를 비난하고 무가치 하다고 믿기 때문에 학교생활 적응에 악영향을 미칠 수 있다(Macklem, 2003). 결국 학교폭력 피해학생은 학교폭력 경험으로 인해 우울감 및 불안과 같은 부정적 정서를 느끼게 되고, 또래관계에서 고립감을 겪으면서 학업성취 저하 및 학교생활에 부적응하는 경우가 많다. 교사 및 부모는 학교폭력으로 인한 피해학생의 우울증이 더 심각해지지 않도록 사전 예방에 힘써야 하며, 피해학생의 심리적 상태를 세심하게 관찰해야 할 것이다(조형정 외, 2017).

둘째, 청소년기 공격성이다(조형정 외, 2017). 공격성이 주로 발현되어 나타나는 장애들은 DSM−5에서는 '파괴적, 충동통제 및 품행장애'로 구분하였고, 하위 장애요인으로 적대적 반항장애, 간헐적 폭발성 장애, 품행장애, 방화증, 도벽증, 반사회성 성격장애가 포함된다. 이 가운데 청소들의 공격성과 연관된 품행장애에 대해 고찰하면 다음과 같다. 품행장애(conduct disorder)는 아동 및 청소년기에 흔히 관찰되는 장애로 폭력, 거짓말, 도둑질, 가출 등과 같은 폭력적이고 무책임한 행동을 통해 지속적으로 타인을 괴롭히고, 사회적 규범을 어기는 행동을 포함하며, 그 결과 학습적·사회적 또는 직업적인 영역에서 심각한 부적응을 초래한다. 청소년의 비행행동이 품행장애에 해당되며, 여기에는 '사람과 동물에 대한 공격', '재산파괴', '사기 또

표 1-5 품행장애의 진단기준

영역	특징
사람과 동물에 대한 공격	• 타인을 자주 못살게 굴거나, 협박하거나 겁을 준다. • 자주 싸움을 건다. • 타인에게 심한 신체 손상을 줄 수 있는 무기를 사용한다. • 타인에게 신체적으로 잔인하게 대한다. • 동물을 잔인하게 대한다. • 피해자가 보는 앞에서 도둑질을 한다. (예: 지갑 날치기, 강도, 노상강탈) • 타인에게 강제로 성행위를 하게 한다.
재산 파괴	• 심각한 파괴를 일으킬 목적으로 고의로 불을 지른다. • 타인의 재산을 고의로 파괴한다(방화에 의한 것은 제외).
사기 또는 절도	• 타인의 집, 건물 또는 자동차를 부수고 침입한다. • 피해자와 마주치지 않고 물건을 훔친다. (예: 문서 위조, 파괴하지 않고 물건을 사는 척하고 훔치기)
중대한 규칙 위반	• 부모의 반대에도 불구하고 자주 외박을 한다(13세 이전부터 시작함). • 부모나 대리 부모와 집에서 같이 지내면서 최소한 두 번 이상의 가출 및 외박을 하거나 한 번 가출 시 장기간 귀가하지 않는다. • 무단결석을 자주한다(13세 이전부터 시작함).

는 절도', '중대한 규칙 위반' 등 네 가지 범주로 구분된다. 품행장애의 진단기준은 <표 1-5>와 같다.

품행장애의 진단기준에서 살펴보았듯이, 15개 기준 중 3개 이상이 지난 12개월 동안 나타나며, 그중 1개 이상은 지난 6개월 이내에 나타날 경우에 품행장애로 진단받게 된다. 그리고 청소년기에 나타나는 품행장애의 가장 큰 원인은 가정환경과 부모양육태도를 들 수 있는데, 부모의 불화, 아동학대, 가정폭력, 부모의 알코올 사용장애와 같은 가정환경은 청소년기 품행장애와 관련성이 높으며, 부모의 방임적인 태도 및 폭력적인 양육태도 또한 품행장애를 발생시키는 요인이 될 수 있다. 교사나 부모들은 공격성이 높은 청소년들에게 비난이나 처벌을 가하기보다는 문제나 갈등에 대해 자신의 분노를 적절하게 표현하고, 효과적으로 자신이 욕구를 충족시킬 수 있는 방법을 알려줄 필요가 있다. 이를 통해 좌절에 대한 인내력을 키우며, 자신에 대한 긍정적인 자아개념을 형성하도록 조력해야 할 것이다.

학교폭력 가해학생은 일반학생에 비해 공격적 행동을 더 많이 하게 되는데, 이는 또래친구들의 감정을 무시하고, 폭력을 이용해 피해학생을 지배하려는 욕구를 가지기 때문이다(박지도 외, 2001). 가해학생들은 학교폭력 상황에서 피해학생에 대한 공감 능력이 결여되어 있는데, 이러한 결과를 통해 가해학생의 공격성과 폭력행동은 타인의 감정에 대한 낮은 이해 및 공감수준과 관련이 있다고 예상할 수 있다(Olweus, 2005). 학교폭력 가해학생의 가해행동을 살펴보면, 분노와 공격성의 심리적 특성이 가장 많이 관찰되는데(청예단, 2008), 공격성은 자신이 타인에게 힘이나 영향력을 보이고, 스스로에게도 자기과시적인 욕구를 충족시키는 기능을 하기 때문이다. 이러한 기능은 타인을 공격함으로써 자신의 약점을 감추고 보완하게 함으로써 자신을 방어하는 역할을 하게 된다. Olweus(1993)는 학교폭력 가해학생의 공격적 행동은 가정 내에서 발달된다고 보았으며, 공격성의 요인은 다음과 같다. ① 기질적으로 공격적이다. ② 어렸을 때 부모로부터 공격적인 정서표현을 자주 경험한다. ③ 자녀가 부모의 의지를 따르지 않거나 규칙을 어길 때, 부모가 때리거나 고함을 지르는 등의 공격적 방식으로 자녀를 대한다. ④ 자녀가 타인이나 부모에게 공격성을 보일 때, 부모가 적절히 개입하지 않는다.

가해학생의 공격성은 가정환경 및 부모양육방식과 관련이 높고, 무엇보다 부모-자녀관계에서의 안정감을 경험하는 것이 중요할 수 있다. 따라서 학교 차원에서는 '부모-자녀관계에서의 의사소통기술, 공감 및 경청과 관련된 대화기술' 등의 부모교육프로그램 등을 활성화하여 부모가 자녀양육에 필요한 태도를 형성할 수 있도록 적극적으로 조력해야 할 것이다.

4 청소년의 사회적 발달 특성

청소년기 사회발달의 대표적인 특징은 집단정체감(group identity)을 갖고자 하는 것과 자아정체감의 확립이다. 또한 중등학생들은 또래집단과의 애착이 심하고 친구들과의 소속감이 강하다. 이 시기는 부모보다 친구들을 더 좋아하고 그들과의 상호작용을 통해 공통된 관심사나 취미 등을 발전시키고 이는 차차 개인적인 우정으로 발전된다. 청소년기에 접어든 중등학생들은 크게 세 가지의 사회적 특성을 나타내고 있다(박진규, 2017).

첫째, 부모로부터 독립(정신적 이유기)이다. 청소년들은 다음과 같은 행동에서 부모로부터 독립하여 처신하려 한다. 즉 용돈의 사용, 시간 활용, 학업에 대한 태도, 도덕에 대한 태도, 친구 사귐, 전화사용, 이성교제, 장래희망, 옷차림 등에서 독립적으로 처신하는 경향이다. 사회적으로 독립하려는 경향성을 크게 갖고 있는 청소년과 대화하기란 쉽지가 않다.

둘째, 청소년기에 있어서 동료집단은 다음과 같은 기준에서 형성된다. 이는 동일한 사회 경제적 지위, 부모 가치관의 영향, 지리적 근접성이 있는 이웃, 특정한 취미와 관심, 비슷한 성격 등이다. 이러한 기준에 따라 청소년집단은 학구적인 집단, 동일 취미집단, 소외집단, 약물복용 집단 등으로 발전되기도 한다.

Chapter 2

청소년 문화의 이해

Chapter 02 청소년 문화의 이해

청소년 문화란 사회를 구성하는 하위 집단의 하나인 오늘날의 청소년들이 살아가는 총체적 삶의 유형을 말한다. 법적으로 "청소년"이란 9세 이상 24세 이하의 연령층을 말한다. 하지만 『청소년 문화』와 관련하여 이 연령의 집단이 공통으로 나누는 동일한 생활의 양식을 찾아낸다는 것은 매우 어렵다. 보통 청소년 집단은 십대 청소년,[1] N-세대집단(Net-generation),[2] 디지털세대집단, 포스트디지털세대집단,[3] 보보스(BOBOS: Bourgeois Bohemian)[4] 등으로 일컫는다. 이러한 청소년 집단의 "총체적 삶의 유형"이 무엇인가를 정의내리는 것은 더욱 쉽지가 않다. 하지만 일반적으로 한 집단 구성원들의 생활유형을 결정하는 것은 공유하고 있는 가치관, 언어, 몸짓, 여가시간활용, 취향(음식, 옷 입기 등), 인간관계(동료집단관계, 상하관계 등) 등에서 나타나는 특징이라 할 수 있다.

이렇게 볼 때 『청소년 문화』란 청소년의 연령기를 지내면서 비슷한 공감대를 나누는 특정 부류의 청소년집단이 그들의 가치관, 언어, 몸짓, 여가시간활용, 취향, 인간관계 등에서 일상으로 나타내 보이는 특징적 생활유형을 지칭한다고 할 수 있다. 대개의 경우 청소년 문화는 중핵문화가 아닌 주변문화의 하나로 취급되고 있다. 하

1 1318세대라 하기도 한다. 이는 13세~18세만의 연령층을 지칭하는 것이 아니라 이 연령층 전후의 전체 청소년을 통틀어 지칭하는 말이다. "1318"은 우리나라 정부가 정한 청소년을 위한 긴급 구호나 정보 찾기 전화번호이기도 하다.

2 보통 1970년대 후반~90년대 후반 사이에 태어난 세대로 디지털 기술과 함께 성장해서 디지털 기기를 능숙하게 다룰 줄 아는 디지털세대를 말한다. 이들 N-세대집단은 Network(디지털), InNovation(자기변신), No-say(분명한 자기주장), ENjoy(낙천성) 등으로 특징짓는다.

3 '포스트디지털세대(PDG: Post Digital Generation)'를 지칭한다. 이는 아주 최근의 디지털 환경 속에서 자라고 있는 현재의 청소년들의 세대를 지칭한다. PDG 세대의 청소년은 디지털 상품과 생활을 일상으로 여기며, 휴대 전화나 PDA, 컴퓨터 등 다양한 디지털 매체를 이용하며 그 속에서 성장하고 있다. 이들은 디지털 환경의 영향으로 삶의 질을 보다 중시하고, 굉장히 낙천적이다. 요즘의 핸드폰과 같은 디지털 기기가 굉장히 빠른 속도로 발전하고 있는데 이런 기기의 소비층이 바로 포스트 디지털 세대이다. 이들 세대를 "HEARTS"로 나타내기도 한다.(Human relationship 인간관계 중시; Expressionism 표현 중시; Anti-literality 시각 중시; Relaxed mindset 낙천적인 성향; Trend-independence 유행의 주체적 창출; Speed 현상에 대한 민감성)

4 이들은 옷차림으로는 정장을 즐겨 입고, 기업을 스스로 차리기보다는 대기업에서 샐러리맨으로 안정적인 자리를 유지하면서도 처신과 관계가 자유분방한 예술가 타입의 지식인 집단을 일컫는다.

지만 최근 상승세를 타고 있는 한류열풍의 저변에는 소비에서 뿐만 아니라 문화 창출 과정에서도 막강한 영향력을 발휘하는 10대가 있다는 점이 지적되면서 신세대에 대한 관심이 새로워지고 있다.

이 장에서는 청소년 문화의 개념, 청소년 문화의 구성 요소, 한국 청소년 문화의 특성, 학교와 청소년 문화, 학교폭력과 청소년 문화에 대해서 고찰하기로 한다.

1 청소년 문화의 개념

1) 청소년 문화의 정의

청소년 문화에 대한 연구들이 태동하기 시작한 것은 1950년대부터이며, 대부분 사회학자들에 의해 연구되었다. 청소년 문화라는 용어를 처음으로 도입한 학자는 탈코트 파슨스(Talcott Parsons, 1942/1964)이며, 그 의미는 나이와 성별에 따른 특정 역할에 의해 구조화 되어진 독특한 세계를 뜻하는 것이었다.

한국사회에서 보편적으로 통용되어온 청소년 문화의 정의를 따르자면, 청소년 문화는 청소년 세대가 공유하는 생활양식 및 사고방식이다. 여기서 청소년 세대는 연령집단이나 생애단계를 의미하며, 역사적 경험을 공유하는 사람들의 의미이다. 그리고 특정 사건에 대해 동일하게 반응하여 동일한 정체성이 체화된 집단으로 '공통된 의미지평(common horizon of meaning)'을 공유하고 있다(박재흥, 2002; 오찬호, 2009).

우리나라 '청소년 문화'에 대한 개념 정의는 청소년 문화에 대한 다섯 가지 관점을 통해 접근할 수 있다.

첫째, 청소년 문화를 '미성숙한 문화'로 바라보는 관점이다. 이 관점은 청소년기를 성인으로서의 성장과정 중 과도기·준비기로 파악하고 청소년 문화를 주로 미성숙한 문화로 간주한다. 또한 청소년이 만들어내는 삶의 양식은 아직 정신적으로 미성숙한 것이며, 사회적으로 그들에게 기회가 주어지지 않았으므로 준비하는 단계의 문화로 본다. 그러므로 청소년은 어느 정도의 보호가 필요하며 책임 추궁에 있어서도 지나쳐서는 안 된다는 입장이다.

둘째, 청소년 문화를 '비행문화'로 보는 관점이다. 청소년 문화를 바람직하지 못한 문제투성이, 질서파괴, 일탈의 부정적 문화라는 의미로 바라보는 관점이다. 또한 '청소년들은 공부나 일보다는 놀기를 좋아하고, 어른 몰래 나쁜 짓을 즐긴다. 그들은 의식적으로 사회 규범을 깨뜨리는 것에서 쾌감을 느끼고, 그들 사이에서는 규범적

질서에 따르지 않아야 큰 소리를 칠 수 있다. 따라서 청소년들은 항상 부모나 교사 등 어른들의 감독 하에 두어야 하며 그들끼리 놓아두면 언제나 문제를 일으킨다'고 본다. 이 관점은 1960년대에 들어오면서 심리학과 사회학에서 청소년 비행에 관심을 가지며 등장한 시각이다. 청소년 문화를 미숙한 문화로 보는 관점을 일부 공유하고 있으며, 현상적으로 드러나는 청소년의 비행 현상에 초점을 맞추고, 한 사회의 지배 문화에 대응하는 하위문화로 보기로 한다. 청소년들은 사회적 규범이나 질서를 따르지 않고, 심지어 깨뜨리는 것에서 쾌감을 얻고 정체성을 찾으려 한다고 본다. 최근에는 가출, 폭력, 학업중도탈락 등 청소년 문제 현상을 다루는 데 있어 주요한 관점으로 여겨지기도 한다.

셋째, 청소년 문화를 '하위문화'로 보는 관점이다. 하위문화란 사회 전체의 문화 가운데 한 부분을 이루는 문화라는 뜻이다. 청소년 문화는 기성문화와 대등한 또 하나의 문화가 아니라 기성세대의 문화 틀 밑에 있는 부분문화, 아류(亞流)문화의 하나에 해당하는 종류로 구분된 것이다. 하위문화로서의 청소년 문화는 한국 사회 문화의 한 부분을 구성하는 것으로 청소년이라는 연령집단에 적합한 문화요소로 이루어져 있다. 각 연령집단마다 그 연령에 걸맞은 문화를 가지고 있는 것이므로 청소년들에게 그들의 문화가 존재하는 것은 지극히 당연한 일로 간주된다. 그러므로 일정한 발달단계를 거쳐 청소년이 성인에 이르게 되면 그들은 자신들의 옛날 청소년 문화를 지나간 하나의 사건(일과성적인 것)으로 바라보게 된다.

넷째, 청소년 문화를 기성세대에 저항하고 반대(反對)하는 세력의 '저항문화', '반(反)문화'로 보는 관점이다. 이 관점은 청소년 문화를 기존의 질서인 기성세대의 가치관, 규범, 권위의식, 문화적 틀에 대해서 반대하는 문화로 본다. 1960년대 많은 사회학자들이 청소년의 비행문화와 함께 학생 운동 등 사회 저항적 문화 양상에 초점을 맞춘 대항문화 혹은 반(反)문화로서의 성격으로 주목받았던 관점이다. 이 관점에 따르면 기성세대의 문화는 '주류문화(mainstream)', 청소년 문화는 '반주류문화(minority)'이다. 청소년들은 기성세대의 문화를 거부하고 자신들의 새로운 문화를 대안으로 내세우면서 개혁과 변화를 요구한다. 청소년들은 기성세대의 문화를 일단 거부하고, 자신들 세대의 독특한 문화를 형성하려는 성향을 갖고 있다. 성인이 일정한 유희의 방식을 갖고 있듯이 청소년들은 역시 그 단계에서 유희로서의 인생을 바라보는 한 표현 방식이 문화라는 입장이다. 그리고 성인들이 도저히 이해하거나 받아들일 수 없는 옷차림과 행동, 예절도 모르고 사회규범도 무시하는 행위가 기성세대의 문화에 대한 저항 또는 대항, 반대의 표현으로 보는 시각이다.

다섯째, 청소년 문화를 다양한 문화 중의 하나로 보는 관점이다. 문화 다양성의 입장에서 볼 때 다른 집단이 저마다의 독특한 문화를 만들어 유지하는 것처럼 청소년 문화 역시 청소년 집단이 만들어 유지하는 문화일 뿐이다. 결국 청소년이 각 영역에서 이루어내는 삶 그 자체가 하나하나 모여 청소년 문화를 일구어낸다는 문화 다원적 입장이다.

여섯째, 청소년 문화를 새로운 문화로 보는 시각이다. 문화는 사회와 인간을 반영하며, 지금의 사회는 기존의 사회와는 전혀 다른 패러다임이다. 그러므로 지금의 청소년 문화도 기존의 문화와는 다른 새로운 관점에서 자리매김 되어야 한다고 본다. 즉, 디지털문화, 테크노문화 등은 문화현상의 주도권을 청소년 세대가 잡기 시작하면서 청소년 문화가 새로운 문화 양식으로 승인받게 되는 단초를 제공하였다는 시각이다. 이 관점은 아직까지는 과정 중에 있으므로 가치판단이 어려운 점이 있으나, 청소년 문화가 독자적 영역과 존재 의미를 확보하였다는 점에서 기존의 문화적 관점과는 차이를 가지고 있다(천정웅 외, 2011).

2) 청소년 문화의 구성 요소

문화가 특정사회의 전체적 생활양식이며 사회성원으로서 인간이 습득한 지식, 믿음, 예술, 가치관, 규범, 기술, 의식주의 수단 등 모든 능력과 습관들을 포함하는 복합적인 총체인 것처럼 청소년 문화는 청소년 사회의 다양한 요소들의 상호작용 및 결합에 의해 구성된다. 시대와 상황에 따라 구성 요소들의 영향력에 차이가 있으나 일반적으로 청소년 문화 구성에 영향을 미치는 것으로 가치, 규범, 언어, 상징, 이데올로기, 패션 등이 있다(박진규, 2016; 이경희 외, 2016).

첫째, 가치(values)이다. 가치란 사회현상을 분별하고 판단하는 평가기준과 신념체계 및 감정체제를 의미한다. 사회구성원들은 옳고 그름, 선과 악, 바람직함과 그렇지 않은 것 등에 대한 공유된 가치를 갖게 되므로 공동체 생활이 가능하다. 청소년기에는 사회현상이나 사회관계에 대한 객관적이고 보편적 기준의 가치체계가 정립되어 가는 시기이므로 혼동과 반항을 일으킬 수 있다.

둘째, 규범(norms)이다. 규범은 사회구성원들이 지켜야 하는 질서체계를 의미한다. 가치가 추상적 수준에서 행동의 방향을 설정해 준다면 규범은 구체적 수준에서 행동의 지침을 제공해 준다. 또한 가치에는 벌칙이 따르지 않는 반면, 규범을 위반할 때는 일정한 사회적 제재가 가해진다. 규범을 형성하는 요소로는 가풍, 부모의 가치관, 생활습관, 사회적 분위기, 학교교육, 친구, 지역사회 등으로 다양하다. 청소년들은 기성세대가 만들어 놓은 규범체제에서 간섭과 제약을 받는 것을 싫어하고 때로는 의도적인 일탈행동으로 기존 체제에 도전하기도 한다.

셋째, 언어(languages)이다. 언어는 집단의 산물이며 표준화된 의미를 가진 발음 형식으로 사회적으로 구조화된 체계이다. 상징으로서의 언어는 단순한 의사소통 이상의 기능을 수행한다. 비록 언어가 인간 사회의 산물이기는 하지만 일단 하나의 언어체계로 정형화되면 이는 사회구성원의 생각과 행동에 영향을 미치는 관념화 기능을 수행한다. 청소년들은 그들만의 은어, 속어, 비어, 축약어 등을 사용하여 자신들만의 특성을 나타내고자 한다.

넷째, 상징(symbols)이다. 상징은 무엇을 나타내는 대상물이나 몸짓, 소리, 색깔 또는 디자인을 말하는 것으로, 즉 자의적이며 상대적인 성질을 갖는다. 청소년들은 언어, 복장, 놀이 등 다양한 형태로 상징을 만들어 내는데, 예를 들면 이모티콘은 그들의 정서적 상태와 문자 메시지를 결합하여 의미를 부여한 상징의 한 형태이다. 또한 무언의 몸짓이나 힙합댄스 등이 문화의 상징적 표시에 속한다.

다섯째, 이데올로기(ideology)이다. 이데올로기는 인간의 사고 특성의 일반적 태도, 특히 사회를 구성하는 특정 조직인의 구체적인 체계를 지원하는 이념이나 가치를 의미한다. 신념체계로서의 이데올로기는 문화의 근본문제에 대한 방향 지시적 역할을 담당한다. 자본주의 혹은 사회주의에 대한 확고한 신념체계, 현세주의 혹은 내세주의에 대한 신념체계 등은 우리의 일상생활에서 행동의 준거가 되는 중요한 이데올로기이다.

여섯째, 패션(fashion)이다. 소년의 패션은 그늘의 정신문화(가치, 신념 등)가 현실에서 복장이나 장신구 등으로 표현된 것이다. 청소년들의 호기심과 도전정신은 옷이나 장신구를 기존의 것과는 다른 새로운 형태로 만들게 하고 이를 통해 그들의 취향, 개성, 존재감을 나타내고자 한다.

3) 청소년 문화의 특성

문화가 가진 특성 중의 하나는 그것이 끊임없이 변화의 과정을 거치고 있다는 점이다. 고정 불변하는 문화는 없다. 청소년 문화도 예외는 아니다. 청소년 문화에 있어서 변화는 급격하고 다양하다. 그러나 수많은 다양함과 급격한 변화에도 불구하고 청소년 문화는 자체의 독특한 특성을 소유하고 있다. 그 특성을 살펴보면 다음과 같다.

첫째, 개인중심이다. 개인주의적 성향은 유아기에 나타나는 자기중심적 성향과는 다른 것으로, 집단 위주의 사고에 대립하는 성향이다. 청소년들은 집단을 위해 자신을 희생하기보다는 집단의 가치를 유보하거나 거부하며, 자신의 인생의 의미를 찾는 데 의의를 둔다. 직업 역시 생계수단이 아니라 개인의 자아실현과 발전의 장으로 보고자 한다. 개인의 삶을 가치판단과 행동의 중심에 놓는다.

둘째, 청소년 문화는 학업보다는 지위, 인기, 외모, 성적 매력을 중시한다. 남자는 육체미, 스포츠, 자동차, 여자는 미모나 성적 매력, 성형이 청소년 문화의 주요 관심사로 등장한다. 이러한 현상은 청소년기에 나타나는 육체적 발달과정과 미디어의 영향으로 볼 수 있다.

셋째, 청소년 문화는 현실 만족을 추구하는 특성이 있다. 청소년들은 미래지향적 가치관과 행동양식보다는 현재의 행복한 생활을 추구하는 쾌락성을 갖는 특성이 있다. 이러한 성향은 즉흥적이고 감상적이어서 자신의 욕구를 즉시로 충족시켜 줄 수 있는 쪽으로 문화를 방향을 잡아가는 데서 기인한다. 또한 현재를 즐기려는 문화가 강한 이유로는 기성세대의 가치와 규범을 만들고 받아들이는 청소년들의 문화와 더불어, 미래가 불투명하고 보장되지 않는 사회적 현상을 반영한 것을 들 수 있다.

넷째, 성(性)의 단성화(unisex mode)이다. 성 역할이 모호할 정도로 동질적인 성적 취향을 추구하는 특성이 있다. 전통적으로 여성의 전유물로 여겨지던 장신구, 패션, 성형수술 등 자기표현 영역에서 성의 구분이 모호해지고 남녀 성역할 경계가 약화되며, 여성의 선택과 주도권이 점차 강화되는 등 청소년 문화 전반에 걸쳐 성(性)의 단성화 현상이 나타나고 있다. 이러한 추세는 양성 평등 의식과 문화의 확대에 이바지하는 긍정적 측면도 있지만, 성 정체성의 모호성을 확산, 강화한다는 비판도 있다(김민, 2011).

다섯째, 자기표현이다. 청소년들의 솔직하고 적극적인 자기표현은 의상과 패션에서 잘 나타나며, 자신이 좋아하는 일에 적극적인 성향을 보인다. 최근 블로그, 홈페이지, 페이스북, 카카오스토리 등 인터넷(스마트폰)과 SNS(Social Network System)를 통한 자기표현들은 더욱 다양해지고 확대되고 있다. 이러한 경향은 형식과 체면보다는 표현과 내용에 관심을 가진다는 긍정적 평가와 함께 주변의 시선을 고려하지 않는 이기적 행태라는 평가를 받고 있다.

여섯째, 또래집단문화를 갖고 있으며 이 집단은 저항성이 강하고, 집단이 공유하는 삶의 방식으로 자신의 주장을 고집한다. 이러한 성향은 대체로 기성세대에 대한 반감과 저항성이 원인이다.

일곱째, 영상 및 디지털 매체 활용이다. 글로벌 세대인 넷(Net) 세대로서 청소년들은 그들의 부모들에 비해 똑똑하고, 속도와 자유에 유연하게 반응하며, 더 빠르고, 더 많은 다양성을 받아들인다. Tapscott(2009)는 넷 세대의 특성으로 자유와 선택의 중시, 물건을 자신의 개성에 맞추어 고쳐 쓰기를 원하는 것, 천부적으로 협업에 강한 것, 강의가 아니라 대화를 즐기는 것, 조직을 철저히 조사하는 것, 성실성을 중시하는 것, 학교와 직장에서도 즐겁게 생활하기를 바라는 것, 이들에게 속도는 일상적이고 혁신도 생활의 일부라고 생각하는 것 등 다양한 특성이 있다고 했다.

여덟째, 포스트모더니즘이다. 포스트모던 철학자들에 의하면, 절대적 진리는 없으며 사실 그 자체를 있는 그대로 드러낼 수 있는 초월적 언어나 개념적 틀은 존재하지 않을 뿐만 아니라, 세계나 사물은 우리가 만들어낸 언어와 개념에 의해 어떤 모습으로 파악되고 해석된다고 주장한다(성열준 외, 2012). 전통적 질서에서 벗어나 신질서를 지향하고, 파괴나 붕괴가 아닌 재구성과 재해석을 하려는 최근의 청소년 문화는 포스트모더니즘 문화 경향을 반영하고 있다고 볼 수 있다.

2 한국의 청소년 문화

1) 한국 청소년 문화의 특성

한국에서 청소년은 '학생'과 동의어처럼 사용된다. 청소년은 하루 일과에서 많은 시간을 학교에서 보내고 있으며, 학교를 마친 후에도 자율학습이나 학원에 참여하게 되어 밤늦게 집으로 귀가한다. 이후로도 과외 혹은 늦게까지 공부해야 하는 반복적인 일상을 보내고 있다. 학교는 청소년의 배움터이며 사회화를 이루는 장이지만, 과도한 교육열과 왜곡된 학력주의로 인해 더 이상 학생들에게 행복한 곳이 아니다. 이름 있는 대학에 가기 위한 입시 위주의 교육, 교과에 대한 반복과 암기식 교육, 성적에 의한 학생 차별과 체벌, 학생들 간의 갈등, 학교폭력, 학교부적응, 중도탈락 등 학교는 학생들에게 살아남기 위해 견뎌야 하는 공간이 되었다. 그러나 청소년들은 그 속에서도 그들만의 문화를 형성하며 자신의 미래를 준비하고 있다.

앞서 살펴본 일반적인 청소년 문화의 특징을 토대로 한국의 청소년 문화가 갖는 특징을 제시하면 다음과 같다(박진규, 2016).

첫째, 문화 형성을 위한 자율권 부여와 여건 조성의 부족이다. 문화는 특정 집단이 살아가는 총체적인 삶의 유형이다. '총체적 삶의 유형'이 전제하고 있는 바는 구성원 각자가 스스로 삶을 책임질 수 있는 자율성을 확보하고 있다는 점이다. 그리고 확보한 자율성에 따라 각자가 의도하는 대로 삶을 책임질 수 있는 여건이 확보되어야 한다는 점이다. 하지만 한국의 청소년들에게는 스스로의 삶에 책임을 질 수 있을 정도의 자율성이 부여되어 있지 않고 여건이 조성되어 있지 않다. 이는 현행 입시제도의 제약이 가장 큰 이유라 할 수 있다. 아울러 학교에서나 학교 밖에서도 제도적 및 물리적 제약으로 말미암아 단체결성의 기회마저 확보되어 있지 못한 실정이다.

둘째, 학교문화가 바로 청소년 문화로 간주되는 경향이 크다. 최근 우리나라에서는 학교문화가 곧 청소년 문화인 것으로 받아들이는 경향이 크다. 학교문화를 형성하는 주체도 분명 청소년이지만 현행 입시제도가 지배하는 학교제도에서 청소년은 획일적 학교문화를 만들어 내는 데 협력하지 않을 수 없기 때문이다. 이러한 학교 상황 속에서 일부 청소년 집단은 적응하기 어려워 학교 밖으로 뛰쳐나와 학교 밖에서 나름의 청소년 문화를 형성해 내기도 한다. 여기서 학교문화의 특성으로 제도적 획일성, 선발 위주의 관행, 결과 위주, 참관 위주, 형식적 관계 등이 있으며, 학교 밖 청소년 문화의 특성으로 개체적 다양성 인정, 삶의 질 강조, 과정 위주, 실질적 관계 등이 있다.

셋째, 문화결핍 현상이 두드러진다. 우리나라에서는 수도권과 비수도권 지역, 도시와 농촌지역, 상류층 출신의 청소년과 하류층 청소년 간에 문화적 향유 수준이 큰 차이를 보이고 있다. 결국 비수도권, 농촌, 하류층 출신의 청소년에게는 상대적으로 문화적 결핍이 존재한다. 특히 최근에는 우리나라가 급격한 사회 변동을 겪으면서 세대 간 문화 향유 수준에서 큰 차이를 보이고 있다.

읽어볼 거리

2017년 청소년을 말하다

우리나라 청소년은 어른이 되기도 전에 세상 살기가 참 힘들다. 우리나라 청소년의 사망 원인 1위는 9년째 '자살'이다. 성적 스트레스에 따른 우울증과 싸우는 청소년이 4명 중 1명꼴이고, 하루 평균 1.5명의 청소년이 성적 때문에 스스로 세상을 등지고 있다.

사망 원인 1위는 9년째 '자살'

2007년 이후 청소년의 사망 원인 1위는 계속해서 자살(고의적 자해)이다. 통계청과 여성가족부가 집계한 2015년 청소년 10만명당 사망원인은 '자살'(7.2명), '운수사고'(4명), '암'(2.9명) 순이었다. 비율이 감소하는 추세이긴 하지만, 여전히 많은 청소년이 스스로 삶을 포기하고 있다.

한국 청소년의 사망 원인
(단위: 인구 10만명당)

고의적자해	7.2 명
운수사고	4.0 명
악성신생물(암)	2.9 명

출처: 통계청.

삶에 대한 만족도
(10점 척도)

순위	국가	점수
1위	멕시코	8.27 점
2위	핀란드	7.89
3위	네덜란드	7.83
4위	아이슬란드	7.8
⋮	⋮	⋮
70위	일본	6.8
71위	한국	6.36
72위	터키	6.12

출처: OECD.

삶에 대한 만족도도 낮은 편이다. OECD가 지난 2015년 OECD 회원국 35개국 등의 만 15세 청소년들에게 삶의 만족도를 10점 척도로 조사한 결과 한국은 6.36을 기록하며 터키(6.12)에 이어 두 번째로 낮은 점수를 기록했다. 한국 학생들의 행복도는 10점 만점에 6.36점을 기록했다. 조사 대상인 72개 나라 중 꼴찌에서 두 번째 순위다. 한국보다 청소년들의 삶에 대한 만족도가 떨어지는 나라는 터키(6.12점)뿐이었다.

2명 중 1명은 학업 스트레스

청소년 두 명 중 한 명은 학교생활에서의 스트레스를 호소하고 있었다. 한국보건사회연구원이 2015년 중고생(만14~18세) 5000명을 대상으로 사회·심리적 불안요소를 조사한 결과 절반 이상이 학업(32.9%)과 진로문제(28%)를 꼽았다. 빈번한 교육입시제도 변경을 꼽은 청소년도 17.6%에 달했다.

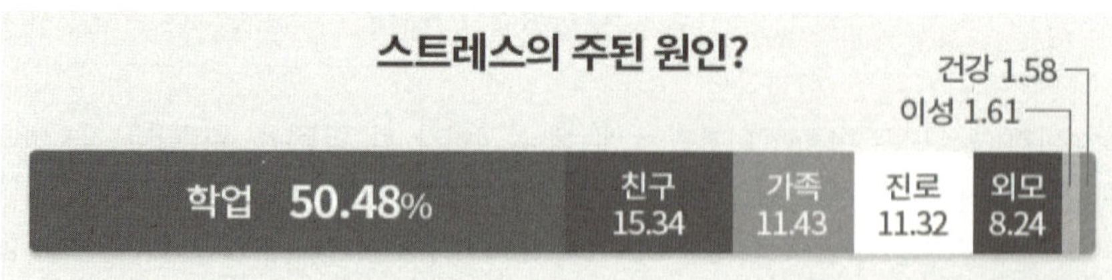

출처: 스마트 학생복.

OECD가 지난 4월 발표한 48개국 학생들의 '삶의 만족도 조사'에서도 한국 학생의 75%가 성적 스트레스를 호소했다. 그럼에도 부모와 아이 간의 대화는 부족하다. "아이와 매일 대화한다"고 답한 부모는 53.7%에 그쳤다. '공부는 잘하는데 행복하지 않은 나라'. OECD가 정의하는 한국 사회다.

우울증 치료받는 청소년 2만명

학업 스트레스로 나타날 수 있는 가장 흔한 증상이 우울증이다. 건강보험공단에 따르면 전국의 미성년자 정신과 진료 환자 수는 16만 6867명(2015년 기준)이다. 이 중 우울증으로 치료를 받은 학생은 2만 550명이었다. 서울시에서는 미성년자 우울증 환자의 38%가 학원이 밀집한 5개 구(區)에서 진료받은 것으로 나타났다.

서울대병원에서 서울 거주 중학생 457명을 대상으로 분석한 결과에서도 우울증을 앓는 학생의 비율이 높았다. 4명 중 1명은 우울 증상을 경험한 것으로 나타났다. 일반적으로 성인 우울증 유병률이 6.6%인 것과 비교하면, 크게 높은 수치이다.

초등학생 4명 중 1명은 학교폭력 경험

학교폭력도 청소년을 힘들게 하는 요소 중 하나다. 통계청의 '한국의 사회 동향 2016'에 따르면 2015년 기준으로 학교폭력 경험률은 초등학생이 24.3%로 중학생(18%), 고등학생(16.8%)보다 높았다.

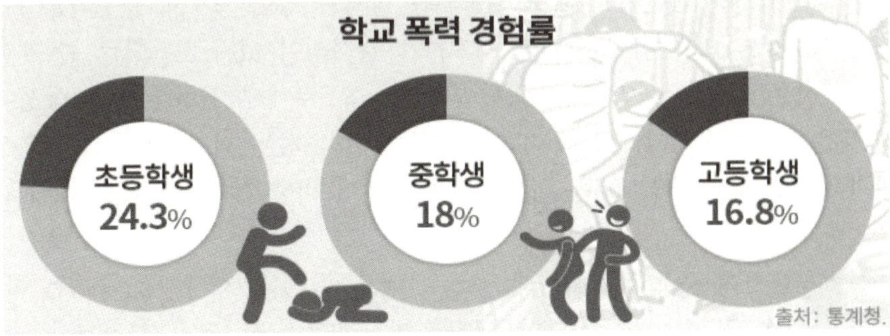

초등학교 4학년부터 고등학교 3학년 재학생을 대상으로 한 이 조사는 최근 1년 동안 선·후배, 친구들로부터 폭력을 당한 경험이 있는지를 물었다. 여기에는 협박, 성희롱이나 성추행, 강제심부름 등도 포함된다. 초등학생의 경우 10명 중 2명 이상이 이러한 폭력을 한 번 이상 경험했다고 답한 것이다.

무엇이 청소년을 자살에까지 이르도록 힘들게 하는지는 여러 차례 드러났지만, 나아진 것은 거의 없다. 자신만의 재능을 찾거나 펼칠 기회도 잃은 채, 공부에만 등 떠밀려 자신을 비관한다. 행복 지수는 여전히 OECD 회원국 중 최하위 수준을 벗어나지 못한다. 학교 폭력의 수위는 점점 더 높아져 피해자를 자살에까지 내몬다. 한 아이를 키우려면 온 마을이 필요하다고 했다. 어른은 성인이 되기 전의 청소년이 바르고 건강하게 자라도록 지켜줄 의무가 있다. 청소년이 '행복'이라는 것을 알 수 있도록 우리 사회가 모두 나서야 할 때다.

출처: 조선일보(2017.9.27.).

2) 학교와 청소년 문화

학교가 모든 사회구성원으로부터 일치된 합의를 통해서는 아니지만 일정한 의견수렴의 과정을 거쳐서 교육의 임무를 위임받았다는 사실은 학교교육의 공공성이 확립되었다는 뜻인 동시에 학교가 사회의 요구와 감독을 수용해야 하는 입장에 있음을 뜻한다. 학교는 학령기에 있는 학생을 대상으로 공교육을 실시하는 의도적 교육기관이며, 아울러 하나의 강제된 집단이다. 또한 학교는 연령적으로 크게 학습자인 청소년과 교수자인 교사의 두 집단으로 구성되어 있으며, 두 집단 간의 문화에는 큰 차이가 있다. 교사는 지식의 전달자, 기회의 안배자로서 보수적인 입장을 취하는 경향이 있으며, 교사집단에 의해서 주도되는 학교는 강한 보수적 분위기를 나타낸다. 또한 교사마다의 역할이 그렇게 정교하게 분화되어 있지 않으므로 한 개인 교사가 수행하는 역할은 여러 번 반복됨에 따라 스스로에게 전형화 될 가능성이 높다. 학생은 미성년자이기 때문에 학교는 이들을 대변하는 학부모와 지역사회 주민의 의견을 학교에서 이루어지는 의사결정에까지 더 비중 있게 반영하는 메커니즘을 갖고 있다.

학교는 학생사회 구조와 교사사회 구조로 나눌 수 있다. 학생사회 구조는 학년과 학급 그리고 계층별로 나눌 수 있다. 교사사회 구조는 교장, 교감, 부장교사, 교사를 학년별, 남녀별, 담당 과목별로 나눌 수 있다. 학교 상황에 따라 교사와 교사 간의 문화(교사문화, 교사와 학생 간의 문화수업 문화, 학생과 학생 간의 문화(학생문화))가 세분화되어 혼재하여 나타나고 있다. 교사문화의 특성, 수업문화의 특성, 학생문화의 특성, 학교문화의 특성에 대해서 살펴보면 다음과 같다(한국청소년개발원 편, 2005: 78-90).

첫째, 교사문화의 특성이다. 교사집단은 교육의 중요 책임을 이행하도록 사회구성원으로부터 위임받은 주체다. 학교라는 공간에서 구조적으로 상위층에 있는 교사집단은 교육현장에서 발전하고 변화하는 세대에게 사회가 요구하는 규범을 있는 그대로 전수시켜야 하며 그 전수과정에서는 효과성, 효율성, 통과 의례적 절차(입학식, 조회, 종례, 국경일 기념, 졸업식 참여 등), 통제성이 강조된다. 이러한 교사문화의 풍토로 인해 시간엄수, 규율엄수, 주의집중, 침묵의 강요와 같은 실제적 활동이 우선시된다. 유능한 교사로 인정받으려면 이러한 활동에서 관리자나 감시자 혹은 평가자로서의 역할을 잘 해내야 한다. 교사문화는 교장-교감-부장교사-평교사로 이어지는 단선형 위계질서(교사구조)에 의해서 더욱 견고히 유지되는 면이 있다. 최근 들어 학교 내에 교원단체들의 활동이 활성화되면서 교사의 자율성이 강조되고 있기는 하지만, 아직까지 교사문화는 일정한 영역으로부터 벗어나거나 일탈하는 것을 용납하지 않고 보편성과 기준 양식을 중심으로 하는 준거 문화적 특성을 지닌다.

둘째, 수업문화의 특성이다. 이는 표면적 교육과정(apparent curriculum)과 잠재적 교육과정(latent curriculum)을 중심으로 하여 교사와 학습자가 함께 형성하여 나타내는 문화다. 오늘날 학교교육활동은 표면적 교육과정이든 잠재적 교육과정에 의한 것이든 주입식 수업방법, 경쟁적 동료관계의 수용, 권위주의와 위계질서에 대한 순응 등에서 나오는 '획일성'이라는 공통요인을 지니고 있다. 결국 수업문화 역시 청소년의 소질과 적성을 중시하고 이를 계발하기 위한 경험주의적 가치와 관행이 지배하고 있기보다는 일정한 기준에 따라 사회적 요구와 학교 교육의 목표에 맞추어 획일적으로 구성되는 문화적 특성을 보이고 있다. 결국 수업문화 역시 일정한 가치에 의해 지배되는 준거 문화적 특성을 지닌다.

셋째, 학생문화의 특성이다. 학교 안에서 뿐만 아니라 학교 밖에서 청소년이 주도권을 갖고 자유, 창의성, 역동성을 바탕으로 만들어 내는 문화가 청소년 문화다. 학생이라는 사회적 신분과 기성세대로부터 오는 기대의 수용, 학교생활 양식에 대한 맞춤 등으로 나타나는 학교시설 공간 속에서의 청소년 문화가 학생문화이다. 청소년 문화의 한 부분이라는 점에서 학생문화는 청소년 문화의 하위 문화적 특성을 지닌다. 우리나라에서 1970년대 중반 이후의 청소년은 생산과 경제보다는 소비와 문화를 우선시하는 '사회적 유한층'으로 성장하고 단련해 온 세대다. 또한 은연중에 포스트모더니즘으로부터 사상적으로 주입받고 사이버 환경을 통한 정보문화에 익숙해진 청소년은 그동안 기성세대가 근대화 과정에서 고집스럽게 지켜왔던 사고방식과 가치, 원칙을 무너뜨리기도 한다. 오늘의 청소년 세대와 그들이 만들어내는 청소년 문화는 자유로움과 해방의식으로 무장하고 있으며, 기존의 준거문화에 대한 반문화 혹은 대안 문화적인 특성을 지니고 있다. 하지만 학생문화는 청소년 문화가 나타내는 자유분방함과 일탈의 경향성을 나타내 보이면서도 학교환경 속에 있는 청소년은 자신들이 학생문화의 주체라고 받아들이지 않는다. 그리고 학생문화에도 청소년 문화에서 보이는 반문화적 요소와 대안 문화적 요소가 발견된다. 초기에는 학교문화에 대한 거부감과 반항의 표현에 그쳤지만 최근에는 기존의 준거문화 자체를 바꾸려는 시도까지 하고 있다.

넷째, 학교문화의 특성이다. 학교문화는 구성원의 상호작용과 집단적 특성에 따라 교사문화와 수업문화, 학생 문화의 복합성으로 나타나는 문화적 특성을 지닌다. 이 중 교사문화와 수업문화는 준거문화의 특성을 나타낸다. 학생문화는 기성세대로부터 전수받은 준거문화의 요소와 청소년 문화의 하위문화로서의 특성을 나타냄과 동시에 청소년 문화로부터 배태되는 대안문화와 반문화적인 특성까지 지니는 다중적인 문화특성을 나타낸다. 즉, 학교 내부에서조차도 청소년 개인의 삶의 주체성과 자율성을 인정하지 않을 뿐만 아니라, 오늘날 청소년 세대의 갈등은 '성인이 생각하는 학교와 학생이 바라보는 학교' 사이에 큰 괴리가 존재함으로써 나타나는 세대갈등 혹은 세대 격차 현상의 한 단면이다. 학교문화가 나타내는 갈등적 요인을 줄이기 위해 학생과 청소년 간에 분명한 개념적 차이가 있음을 인식하고 '학생으로서의 청소년'이 아니라 '청소년으로서의 학생'으로 바라보는 인식 전환과 아울러 이를 구현하는 구체적인 대안책 마련이 절실하다. 학교는 어원적으로 보면, 원래 놀이와 여가 공간으로 시작되었음을 진지하게 받아들여, 학교가 더 이상 청소년으로부터 놀이문화와 여가문화를 박탈하지 않고 학교에서 청소년 놀이문화와 여가문화가 융성하도록 해주어야 한다.

3) 학교폭력과 청소년 문화

학교폭력의 문제는 이제 교육의 중요한 논의 대상이 되고 있다. 지난날에도 청소년 사이에 행동적인 충돌이 없었던 것은 아니다. 그러나 최근 들어 그러한 갈등과 충돌이 매우 심하게 확산되고 있다. 학교폭력은 학생들 간에 널리 확산되고 있을 뿐 아니라 그 정도에 있어서도 심각한 정도가 되고 있다는 것이 문제이다.

학교폭력의 문제가 부상되면서 학교기관만이 아니라 행정당국에서도 이를 해결하기 위해 노력하고 있다. 강력한 제재방법을 통하여 학교폭력의 뿌리를 뽑겠다는 것과 학교의 교사들이 책임을 지고 사전과 사후의 지도를 담당하도록 하는 것이 그 해결책이다. 이러한 접근이 결코 불필요하거나 무의미한 것은 아니지만 피해학생은 보호하고 가해학생은 선도와 교도로 모두 건강한 사회성원으로서 성장할 수 있도록 강력하면서도 효과적인 행정적인 조치와 학교의 지도적인 노력이 배가되어야 할 것이다.

그러나 학교폭력의 문제는 청소년의 의식구조 기저에 깔려있는 인간 존중의 부재에 있다. 학교폭력 문제를 해결하기 위해서는 이러한 의식구조를 가진 청소년의 인식을 개선하기 위한 노력이 반드시 필요하다. 학교폭력과 관련된 의식구조에 관한한 적어도 세 가지가 문제시된다. 첫째는 인간존엄성을 존중해야 할 의식의 결여상태이며, 둘째는 감정의 통제능력이 크게 결핍되어 있다는 점이다. 그리고 셋째는 어떤 행동의 과정에서 깊이 생각하는 경험이 부족하다는 점이다.

이와 같은 왜곡된 의식구조는 한 마디로 말해 오늘의 청소년 문화가 빚어낸 결과라고 할 수 있다. 오늘의 청소년 문화의 특징은 오프라인보다도 사이버문화가 지배하는 문화라고 해도 과언은 아니다. 그것은 시공간을 뛰어넘는 엄청난 정보의 전파력 때문에 청소년들의 생활을 지배하다시피 하고 있다. 사이버세계에서는 무엇을 깊이 생각할 여유를 주지 않는다. 한번 클릭하면 모든 정보가 즉각적으로 주어지기 때문에 무엇을 깊이 생각할 필요가 없게 된다. 따라서 모든 행동이 생각 없는 즉흥적인 행동으로 관습화하게 된다. 뿐만 아니라 이러한 즉흥적인 행동은 자기 자신의 정서를 관리하는 기회를 가지지 못하기 때문에 감정통제의 경험을 하지 못하게 된다. 따라서 학교는 이제 이런 청소년들의 정신세계와 문화를 변화시키기 위해 인성교육에 주력해야 할 것이다. 또한 학교폭력사태에 대하여 어떻게 대응할 것인가를 검토해야 한다. 무엇보다도 인간의 존엄성을 존중하는 풍토가 결여되어 있기 때문에 인간의 가치를 강조하는 교육적인 노력이 절실히 요구되고 있다.

단적으로 말하여, 오늘날 우리의 교육에서 인간의 가치와 그 존엄성을 강조하는 교육의 내용과 실체를 찾아보기 어렵다. 인간은 다른 어떤 존재나 사실적인 현상보다도 가장 가치 있는 존재이며 그러기에 인간의 존엄성은 특히 존중되어야 한다는 점이 강론되지 못하고 있다. 낡은 표어이지만 한때 "사람 위에 사람 없고 사람 밑에 사람 없다"는 말이 널리 통용된 적이 있다. 그만큼 인간의 존엄성이 강조되는 분위기였으며 기계나 컴퓨터가 인간을 대신할 수 없다는 생각이 널리 확산되어 있었다. 이렇게 인간의 가치를 존중하는 상태에서는 인간을 해하는 일이 마땅히 금기시 되어야 한다고 할 것이다. 따라서 모든 교육의 과정에서 인간의 가치를 강조하는 내용이 거듭 강조되어야 할 것이다.

상당히 많은 경우에 있어서 청소년의 폭력적이거나 이탈적인 행동에 있어서 상응할만한 행동동기를 찾아보기 어렵다. 그러기에 그들의 이탈적인 행동은 깊은 생각 없이 즉흥적으로 이루어지는 경우가 대부분이다. 상대방을 꼭 해하거나 괴롭히기 위한 동기가 있는 것이 아니라 자기 자신도 모르게 폭력을 행사하거나 유해한 행동을 하게 된다고 할 수 있다. 이러한 현상 뒤에는 자기 자신의 감정을 억제하거나 조절하는 자기 통제력이 결여되어 있는 것을 볼 수 있다. 생활의 과정에서 감정이 치밀어 화를 내게 되는 경우는 흔히 있을 수 있다. 그러나 폭력을 행사하는 청소년들은 그러한 감정을 언제 어떻게 표현하는 것이 바람직한 일인지를 구분하지 못하고 있다. 이러한 감정통제력의 결핍과 생각 없이 행해지는 즉흥적인 행동은 이탈행동의 근원적인 의식구조라는 점을 확인하게 된다.

이러한 점을 감안하여 일상생활에서 자기 자신의 감정을 억제하고 참고 견디는 경험을 되도록 많이 할 수 있도록 하는 노력이 요망된다. 그러기 위해서 학생들로 하여금 무엇인가를 생각하는 기회와 시간을 마련해 주는 것이 필요하다.

Chapter 3

학생생활지도 및 인성교육

Chapter 03

학생생활지도 및 인성교육

현대사회는 각종 풍요와 편리함 속에서도 우리 인간의 삶을 위태롭게 만드는 많은 사회적 병폐들을 노정시키고 있다. 급격한 산업화에 따른 물질만능주의와 편의적이고 이기적인 성향들의 팽배, 생명경시 풍조의 만연 등이 복합적으로 작용하면서 전통적 가치관이 변질되고 도덕성이 상실됨으로써 공동체 의식을 약화시키는 등의 인간성의 몰락으로 인한 정신세계의 빈곤이 초래되고 있다. 이렇게 됨으로써 오늘날 우리 사회는 사회적 규범과 도덕성이 점점 더 무시되어가는 가운데, 오로지 삶의 기능적 측면이 중시되면서 사회의 전반적인 분위기가 더욱 강팍해져가는, 일명 인성과 도덕성의 상실이라는 역설적 시대로 나아가고 있다. 이러한 사회 전체적 분위기는 학교폭력의 발생과 그 증가에도 직접적으로 관련되고 있다.

본 장에서는 사회 전반적으로 도덕성을 회복하고 공동체 의식을 제고해야 한다는 목소리가 높아지고 있는 가운데, 특히 학교교육에서 사람다운 사람, 도덕적인 사람, 더불어 사는 사람 등과 같이 바람직한 인성을 갖춘 사람을 길러 내야 한다는 사회적 요청이 강력하게 제기되고 있는 현실에서 학교폭력을 예방하기 위한 하나의 방법으로서 생활지도와 인성교육에 대해서 알아보고자 한다.

1 학생생활지도

1) 생활지도의 의미

학교교육은 크게 교과지도와 생활지도로 나뉘어진다. 교과지도가 인류 역사와 더불어 축적되어온 지식이나 기능 및 문화적 유산을 이해시키고 전수하는 것이라면 생활지도는 학생들의 현실적응 능력을 길러주는 교육활동이라고 할 수 있다. 교육활동의 궁극적 목적이 학생 개인의 잠재능력을 최대한 실현시키는 데 있기 때문에 교육활동이 있는 곳에는 항상 교과지도와 생활지도가 함께 이루어지고 있는 것이다.

학생들은 성장시기의 대부분을 학교에서 보내게 된다. 그러므로 학교생활은 학생들의 지적 성장뿐만 아니라 신체적, 정서적 발달에도 결정적인 영향을 미치게 된다.

'학교폭력', '왕따문제', '청소년 자살' 등 학생들의 부적응 문제가 심각하게 대두되는 것을 고려할 때, 학교에서의 생활지도는 더욱 강조되어야 하며 모든 교사들이 관심을 가져야 할 것이다.

생활지도라는 말은 영어의 'guidance'를 번역한 것으로, 학생들을 안내하고 이끈다는 어원적 의미를 지니고 있다. 즉, 생활지도는 개인으로 하여금 자기 자신과 자기를 둘러싸고 있는 환경을 잘 이해할 수 있도록 도와주는 전반적인 교육활동이라 할 수 있다. 생활지도가 단순히 문제학생의 지도에 국한되는 것이 아니라 그러한 문제와 위기들이 발생하지 않도록 예방하는 적극적인 활동을 포함해야 하는 이유가 여기에 있다.

오늘날의 교육이 지식정보사회가 요구하는 인재양성을 위해 지식정보 습득 중심으로 나아가기 때문에 학생들이 학교나 가정생활을 해나가는 동안에 부딪히는 많은 정서적인 문제들을 소홀히 취급하거나 무관심한 상태로 방치하기 쉽다. 이러한 경향 속에서 학교교육 현장에서 발생하는 청소년 문제들은 더욱 심각한 수준에 이르고 있어, 학교에서의 생활지도가 보다 적극적이고 체계적으로 이루어져야 할 필요성이 증대되고 있다.

생활지도란 학생 개인으로 하여금 자신의 능력과 흥미 및 소질을 스스로 이해하게 함으로써 자신의 주위환경에 보다 잘 적응할 수 있도록 도와주어, 성숙한 자기지도에 도달하도록 이끄는 조직적인 교육활동이다. 이러한 생활지도활동을 수행할 때 반드시 지켜야 할 원리는 다음과 같다.

첫째, 생활지도는 모든 학생을 대상으로 해야 한다.

둘째, 생활지도는 치료나 교정보다는 예방에 중점을 두어야 한다.

셋째, 생활지도는 처벌이 아닌 지도하는 과정이어야 한다.

넷째, 생활지도는 학생의 자율성과 책임을 강조해야 한다.

다섯째, 생활지도는 의도적이고 조직적인 활동이어야 한다.

여섯째, 생활지도는 인지적 학습보다 정의적 학습에 역점을 두어야 한다.

2) 생활지도의 목표와 영역

(1) 생활지도의 목표

생활지도의 궁극적인 목표는 학생 개개인의 건전한 성장 발달을 돕는 것이다. 이러한 목표달성을 위한 구체적인 생활지도 목표를 학생을 위한 것과 교직원 및 학교를 위한 것으로 나누어 보면 다음과 같다.

(가) 학생 개인을 위한 목표

- 자기 자신을 정확히 이해하도록 돕는다.
- 자신의 능력과 흥미와 소질을 발견하도록 돕고 그것을 최대한 발전시킬 수 있는 자기 지도 능력을 키워 나가도록 돕는다.
- 일상생활에서 부딪히는 여러 문제들을 스스로 해결하도록 돕는다.
- 변화하는 생활환경 속에서 현명한 선택과 적응을 하도록 돕는다.
- 건전하고 성숙한 적응을 하도록 기초를 마련하는 데 도움을 준다.
- 신체적·지적·정서적·사회적으로 조화로운 삶을 누릴 수 있도록 돕는다.
- 사회를 위하여 공헌할 수 있도록 돕는다.

(나) 교직원 및 학교를 위한 목표

- 다양한 정보수집 활동을 통해 교직원들이 학생들을 정확히 이해하도록 돕는다.
- 교직원들이 학생들의 행동을 분석하고 이해하는 기술을 지닐 수 있도록 돕는다.
- 심각한 문제를 지닌 학생을 전문가에게 의뢰하도록 교직원을 격려한다.
- 교육관련 활동을 통해 학교의 전체적인 교육계획 수립을 돕는다.
- 학교와 학부모, 지역사회 간의 유대를 강화하도록 돕는다.

이상에서 살펴보았듯이 생활지도는 학생들이 학교생활을 성공적으로 이끌어 나가도록 도와주는 성적과 관련된 교육지도와 장래문제와 관련된 진로지도, 원만한 대인관계 유지를 위한 사회성 개발지도, 성격형성과 정서적 안정의 유지를 위한 정신건강지도, 여가를 건전하게 활용할 수 있도록 돕는 여가지도 등을 포함하게 된다. 생활지도는 학생의 전인적 발달을 지향하고 있으므로 학교에서 수행하는 교육활동 전반에 관심을 가지게 된다.

(2) 생활지도의 영역

구체적인 생활지도 계획을 수립하기 위해 생활지도의 관심영역을 분류해보면 다음과 같다.

(가) 교육지도

학생들이 학교교육을 받는데 필요한 사항들을 인식시키고 개발한다. 학교생활에 필수적인 교과과정에 대한 안내, 올바른 학습습관 지도, 기초학력 부족에 대한 대책, 독서지도 방안 등을 모색한다.

(나) 직업 및 진로지도

학생들의 욕구와 흥미, 적성과 소질 및 개성을 파악함과 동시에 사회의 필요를 이해하도록 도우며, 학생의 진로와 장래직업에 관련된 각종 정보를 수집하고 제공한다. 학생의 직업적성진단, 진로선택 지도, 취업지도, 추수지도 등의 활동을 포함한다.

(다) 성격지도

학생들의 건전한 성격형성을 도와주기 위한 프로그램이다. 프로그램의 개발과 운영 또는 문제의 발견과 치료 등이 포함된다. 청소년의 심리적 발달특성을 이해하도록 도와 지나친 불안이나 열등감에서 벗어나 안정된 심리적 기저를 유지하도록 도와준다.

(라) 사회성 지도

집단생활에서 필수적으로 요청되는 원만한 대인관계의 수립을 도와주기 위한 여러 활동들이 포함된다. 가족관계, 이성문제나 대인관계 문제를 지닌 학생을 도와주기 위해 집단활동을 계획하기도 한다.

(마) 건강지도

학생들의 신체적·정서적 건강을 유지하는 데 도움을 주기 위한 교육적 활동을 포함한다. 갈등을 처리하는 기술이나 스트레스에 대처하는 방법 등을 알려주고 영양부족이나 비만, 신체적 결함 등을 극복할 수 있도록 도와준다.

(바) 여가지도

학교에서 수행하는 교과활동이 아닌 과외활동을 지도하고 조언하는 것이 포함된다. 건전한 여가활동을 통해 자기성장을 추진해나가는 새로운 경험을 가질 수 있도록 개인적·집단적 지도를 행한다.

이상에서 열거한 생활지도의 관심영역이 학교현장에서 서로 독립되어 존재할 수는 없다. 상당 부분이 서로 중복될 수 있다.

3) 생활지도의 활동

(1) 학생조사활동

학생조사활동은 학생 이해를 위한 기초 자료를 수집하는 활동으로 정확하고도 과학적인 학생 실태 파악을 목적으로 한다. 효율적인 생활지도를 위해서는 정확하고 가치있는 자료를 될 수 있는 한 많이 수집하여 학생들의 자기 이해를 도와주어야 하며, 조사활동을 통하여 얻어진 자료는 생활지도의 전체적인 운영이나 교육계획 수립에 활용되어야 한다. 뿐만 아니라 학생 이해를 위한 조사활동의 결과는 학생을 도와주려는 학교의 다른 구성원에게도 제공되어야 하며, 학생에 관한 정보와 자료의 수집활동은 생활지도 전담교사가 계획적이고 체계적으로 수행해야 한다.

교사는 학생 이해를 위해 가정환경과 배경에 관한 자료, 학교에서의 각종 기록, 신체검사 및 건강상태 기록, 지능, 적성, 인성, 흥미 등의 수준 및 경향성, 개인적, 사회적, 정서적 특성, 학교 내외에서의 활동범위 및 활용 유형, 장래에 대한 계획과 같은 자료를 수집해야 한다.

학생조사활동을 수행하는 과정에서 특히 주의해야 할 점은 장기적인 조사활동계획을 세워 실시해야 하며, 조사활동에 학교의 구성원들이 협력할 수 있도록 사전 협의가 이루어져 있어야 한다는 것이다. 또한 학생조사활동의 결과를 가치 있는 자료로 활용하기 위해서는 실제 적용이 가능한 형태로 기록 정리해 두어야 한다.

학생 이해를 위한 조사활동에서 여러 자료들을 수집하는 데 주로 사용하는 방법과 도구에는 면접, 사례연구, 각종 표준화 심리검사, 학업성취검사, 환경조사, 문제진단검사, 질병검사, 가족관계 및 교우관계 조사, 관찰에 의한 각종 일화기록, 행동에 대한 누가기록, 각종 질문지 및 조사활동 등이 있다. 학교현장에서의 실제적인 조사활동에서는 여러 방법을 함께 사용하는 경우가 많다.

(2) 정보수집 및 제공활동

정보수집 및 제공활동은 학생들에게 필요한 각종 정보를 수집하여 제공해주어 학생들의 자기성장과 적응을 도와주는 것이다. 이러한 활동은 학생들로 하여금 자기 문제를 해결하거나 장래계획을 세우는데 필요한 주위 환경조건 및 그와 관련된 여러 사실들을 객관적으로 이해하고 평가할 수 있도록 도와준다.

생활지도에 필요한 정보는 교육부와 관공서를 통하거나 학교에서 자체적으로 조사할 수도 있고 각종 간행물이나 전문서적 또는 지역사회 자원인사들을 통해 수집할 수도 있다. 정보활동에서 가장 중요한 것은 정보의 정확성과 참신성에 있으므로 최신 정보를 정확하게 수집·제공해야 한다. 특히 정보제공 활동은 정규수업 시간을 이용하거나 집단을 대상으로 수행할 수 있기 때문에 시간이 절약되고 생활지도 교사가 일반 학생들과 친해질 수 있는 계기를 마련할 수 있으며, 학생들로 하여금 상담의 필요성을 느끼게 만들기도 하는 장점을 지닌다.

생활지도 과정에서 학생들에게 제공해주는 정보의 종류는 교육정보, 직업정보, 개인 사회적 정보로 나눌 수 있다.

(가) 교육정보

학생들이 학업을 수행하는데 필요한 정보로서 학교의 교육과정이나 입학조건 및 준비물, 학교의 일상생활을 규정짓는 교칙이나 학교가 허용하는 각종 교내모임 또는 사회적 활동, 면학 조성을 위한 제도와 시설에 대한 것 등이 포함된다. 이러한 교육정보는 학생들은 물론 교사와 학부모들도 알아두어야 할 사항들이다. 교육정보를 통해 학생들은 자신에게 주어진 교육적 기회를 최대한 활용할 수 있을 뿐만 아니라 교육과 관련된 선택과 결정을 합리적으로 할 수 있어 자신의 교육계획을 보다 현실적이고 객관성 있게 세울 수 있을 것이다.

(나) 직업정보

학생들의 미래 진로 및 직업 결정을 도와주는데 필요한 것으로 사회의 발달로 세분되고 전문화된 직업세계를 분석하고 정리한 자료들을 포함한다. 각종 직업이 요구하는 적성 및 훈련과정에 관한 것, 사회의 전반적인 인력의 수요와 공급에 관한 사항, 노동시장의 변화와 추세에 관한 사항, 각종 직업에서의 요구조건 및 자격조건과 승진 기회에 관한 것, 고용과 취업을 담당하고 있는 기관에 관한 사항 등이 직업정보에 해당된다.

(다) 개인 사회적 정보

개인 및 인간관계에 관한 이해의 폭을 넓혀주는데 사용되는 정보로서 신체발달, 행동발달, 정서발달 및 성격발달에 관한 것, 정신위생에 관한 것, 사회관계에 관한 것, 성역할에 관한 것 등이 포함된다. 이러한 정보는 학생으로 하여금 자기 자신과 타인을 보다 잘 이해할 수 있도록 도와줌으로써 원만한 인간관계를 맺어나갈 수 있고 정신적으로 건강한 삶을 유지해 나갈 수 있게 해준다.

(3) 상담활동

상담활동은 생활지도의 가장 핵심적인 활동으로 도움을 필요로 하는 학생들의 학교생활 및 적응을 도와주는 것이다. 상담은 전문적 훈련을 받은 상담가와 문제를 지닌 학생 간의 친밀한 관계 속에서 진행되는 대화를 통해 학생으로 하여금 자신의 정서적·정신적 문제해결 능력을 신장하도록 도우며, 정신적 건강을 증진시켜 능동적으로 환경에 대처해 나가도록 도와준다.

학교에서 수행하는 상담은 일반적으로 개인상담 또는 집단상담의 형태를 취한다. 특히 학교상담은 상담자가 학생으로 하여금 자신이 직면한 현실과 보다 효과적으로 관계를 맺도록 도와주는 과정으로 구성된다는 특성을 가진다. 즉, 학교상담 활동은 학생들의 행동변화를 촉진하고 적응능력 기술을 향상, 의사결정 능력의 배양 및 대인관계 기술의 향상과 잠재능력의 개발에 그 목적이 있다고 할 것이다.

(4) 정치활동

정치활동이란 학생들이 자신의 진로를 정확하게 이해하여 현재의 자기 위치를 현명하게 확인할 수 있도록 도와주는 활동을 말한다. 정치활동은 학생의 전공계열이나 과목 선택, 교과 외 활동의 선택, 진로선정에 관계되는 일에 이르기까지 모든 학생들이 필요로 하는 요구를 최대한 충족시키려고 노력하는 활동을 말한다.

정치활동은 크게 교육적 정치와 직업적 정치로 나누어진다. 교육적 정치활동은 교육적 효과를 높이기 위한 학급편성과 학생의 능력과 적성에 따른 특별한 편성, 선택과목 결정 및 진학에 관한 사항, 전학이나 편입학과 관련된 사항 등을 도와준다. 직업적 정치활동은 학생들의 진로나 장래 희망 직업, 졸업생이나 중퇴학생들의 취업 및 적응과 관련된 사항을 도와준다.

정치활동은 급격하게 변화하는 사회 자체가 학생들로 하여금 학교생활 중에 계속적인 선택과 결정을 요구하기 때문에 오늘날에 이르러 학교에서 더욱 중요한 활동으로 받아들여지고 있다. 정치활동의 목적은 연속적인 개인의 결정을 도와주는 데 있다고 할 수 있다.

(5) 추후지도활동

추후지도란 학생을 대상으로 생활지도를 수행한 이후, 그 대상 학생들의 추후적응상태를 관찰하거나 조사 연구하여 계속적인 도움이 필요한 경우 도와주고, 학생을 대상으로 한 생활지도를 개선, 발전하도록 하는 활동을 말한다. 구체적인 추후지도활동은 모든 학생이나 졸업자들을 대상으로 수행할 수 없기 때문에 일부 학생을 대상으로 하는 계획적인 연구활동을 통해 이루어질 수도 있고, 우발적으로 이루어질 수도 있다. 그러나 특히 사례연구의 대상이 되었던 학생이나 상담을 받은 경험이 있는 학생에 대해서는 집중적인 계속 지도가 필요하며, 학교를 중도에 탈락한 학생이나 전학 간 학생에 대해서도 세심한 배려를 해야 한다. 일반 학생에 대해서는 그들에게 제공한 정보에 대한 반응과 학교 교육활동 결과에 관한 정보들을 수집 분석하여 앞으로의 생활지도 프로그램 개선에 도움을 주도록 한다.

(6) 특수한 아동에 대한 지도활동

생활지도의 대상은 전체 학생으로, 그 속에는 특수교육 대상학생도 포함된다. 일반학교에서 발견되는 특수한 아동에 대한 교육 프로그램 개발 및 학교생활 적응을 도와주는 것 역시 생활지도인 것이다. 이는 또한 학교폭력에서 폭력의 피해자가 되기 쉬운 학생을 보호하고 폭력을 예방하는 것이 되기도 한다. 따라서 생활지도 담당 교사는 인지능력 측면에서 과잉 또는 과소 발달현상을 나타내는 학생이나 정서적·신체적 발육이상을 나타내는 학생을 발견하여 그들을 위한 교육 계획을 수립하거나 다른 전문기관에 의뢰하는 일 또한 해야 한다.

4) 또래문화의 육성과 활용

(1) 또래문화의 형성

사회화는 가정에서부터 시작되지만, 아동들이 성장함에 따라 또래나 또래집단이 그들의 행동에 영향을 미치게 된다. 또래(peer)란 놀이 친구나 혹은 비슷한 연령층의 집단을 말하는 것으로서, 아동들은 가족구성원이 아닌 동년배 사이의 또래집단에서 여러 가지의 사회생활을 배우게 된다.

그들은 자기 분화와 개별화 과정이 중요한 쟁점이 되는 청소년기에 들어서면서 중요한 의존대상이 점점 변화하게 된다. 즉, 청소년은 자신이 가치 있는 존재인가에 대한 판단의 기초가 되는 자기효능감과 자기존중감을 또래집단을 통해 형성한다. 또래집단은 청소년기의 가장 중요한 준거집단이며, 때로는 친구와의 관계가 삶의 전부로 느껴질 만큼 강력하다. 청소년은 자신들만의 은밀한 방법으로 집단을 형성하고 문화를 창출하며 즐기기 때문에 이 시기에는 가족과의 관계가 멀어지기도 한다.

이러한 또래집단의 형성은 채팅이나 인터넷상에서 활발하게 이루어진다. 성인문화에 노출되어 영향을 받은 청소년은 주로 집단으로 폭력과 같은 비행을 저지르기도 한다. 가해학생의 대부분은 친구를 통해서 술과 담배를 배웠으며, 이는 폭력의 원인이 되었다(도기봉, 2007). 모방과 의리를 중시하는 청소년기에 비행을 하는 선배와 친구와의 만남은 폭력과 무관하지 않다.

이와 같은 또래집단 혹은 또래문화는 청소년기의 발달 단계에서 매우 촉진적인 요소 중 하나가 될 수도 있으며, 때로는 매우 억제적인 요소가 될 수도 있다. 급격한 신체적 변화와 더불어 성적 성숙과 정서적 변화가 한꺼번에 일어나는 청소년 시기에 또래란 매우 중요한 존재이다. 청소년들에게 친구 혹은 또래는 애정과 동정, 이해의 근원이기도 하고, 실험의 장이기도 하며, 부모로부터 자율성과 독립성을 얻기 위한 후원의 장이기도 하다.

청소년들은 사회적 자아를 발달시켜 나가는 과정에서 가정이나 가족에게만 의존하던 이전 단계에서 점차 사회적 외연을 또래로 확장시켜 나간다. 자신과 자신의 세계에 대한 아동의 관점은 부모의 관점과 유사하지만, 사춘기가 되면서 청소년들은 보다 더 또래지향적으로 변화하게 되고, 부모와의 유대보다 또래와의 유대관계에 기반하여 자아개념을 형성하게 된다. 즉, 아동은 거의 전적으로 부모형제와의 관계에 의해서 자신을 정의하지만, 청소년기는 가족관계로부터 친구관계로 중요한 관계의 전환을 경험하게 된다.

우정에 기반한 상호적 관계형성이 더욱 공고해져서 또래들에게 자신만의 매력을 인정받는 것이 청소년기의 사회적 자기발달에 영향을 주는 주요한 요소가 되며, 이를 통해 청소년들은 유능감과 소속감을 획득하게 된다. 그러기에 우정은 인생 그 어느 시기보다 청소년기에 보다 더 강렬하게 경험되며, 가까운 또래와 안정적인 우정의 감정을 경험하는 것이 이 시기 청소년의 중요한 발달과업이 된다.

(2) 또래문화의 주요 특성

또래집단은 사회화 과정에서 중요한 역할을 한다. 어린이들은 다양한 연령층으로 이루어진 가족의 위계적인 관계 속에서 살다가 같은 연령층의 또래집단과 어울리는 시간이 많아지면서 그 중요성을 알게 된다. 또래집단은 구성원이나 하위집단을 보호하는 규범체계와 전형적인 소규모 집단의 특징을 갖는다.

이러한 또래집단은 그 집단 나름의 독특한 문화를 형성하는데, 이를 또래문화라고 한다. 또래집단은 주로 청소년기에 형성되는 집단이기에, 그 시기에 또래문화는 성인들의 중핵 문화를 구성하는 건전한 가치판단 기준이나 미래에 대한 비전 등에 대해서는 대체적으로 부정적인 견해를 가지고 있으며, 오히려 다양한 주변 문화의 영향을 받아 중핵문화에 대해 대항적 양상을 나타내는 경향이 있다.

따라서 이러한 또래문화는 종종 학교폭력과 깊은 관련성을 가진다. 즉, 또래를 형성하고 있는 구성원들이 공유하고 있는 문화적 의식이나 양태가 반사회적 혹은 반규범적 성격을 가지고 있기에, 부정적인 측면에서 볼 때 또래문화는 일종의 패거리 문화를 형성하여 주변의 인물이나 대상 혹은 사회적 현상에 적대적인 감정을 드러내기도 한다.

최근 들어 우리 사회에서 심각한 사회적 문제 가운데 하나로 대두되고 있는 청소년들의 '집단 따돌림' 현상이 그 한 예가 될 수 있다. 복수 또는 개인이 약자를 대상으로 지속적·반복적으로 행하는 신체적·정신적 공격으로 정의되는 집단 따돌림 현상은 1980년대까지만 하더라도 이웃나라 일본이나 혹은 유럽의 선진국에서나 찾아볼 수 있는 외국의 문화 풍토병이었다. 하지만 1990년대에 들어와서는 우리나라에서도 집단 따돌림에 관한 논의가 언론을 통해 있었고, 1990년대 후반에는 이에 대한 학문적 논의도 비교적 활발하게 일어났다. 이러한 집단 따돌림은 약간 희화화된 '왕따'라는 말로 불리며 학교현장에서 크고 작은 문제들을 불러 일으켰다.

앞에서 언급하였듯이, 또래집단 혹은 또래문화는 급격한 신체적, 정신적 변화가 일어나는 청소년기의 발달 단계에서 건전한 성장 발달을 촉진하는 긍정적 요인으로 작용할 수도 있고, 아니면 불건전하고 바람직하지 못한 규범과 태도로 인하여 각종 문제점을 낳는 부정적 요소로 작용할 수도 있다, 따라서 청소년 시기에 또래문화는 매우 중요한 요소이다.

그룬바움과 솔로몬(Grunebaum & Solomon, 1980)의 또래 발달단계에 따르면, 학령전기 아동은 일방향적으로 관계를 맺는 특징이 있다. 일방적인 상대와 일방적인 도움의 형태로 또래관계를 형성하다가 아동 중기에 들어서면서 비로소 양방향적 관계가 가능해진다. 이 시기에는 전 학년에 걸쳐 동성 또래가 중요하며, 학년이 높아질수록 그 중요성이 증가하게 된다. 특히 소녀들은 소년들에 비해 일찍 또래와의 친밀감을 나타내는 경향이 있는데, 이는 소녀들이 친밀감에 좀 더 가치를 두는 것을 반영하는 결과이다. 친구들과 함께 어떤 활동에 참여하고 자신의 생각과 견해를 상호 교환함으로써 안정된 또래집단을 형성, 유지하고 상호 유사성을 증진시킬 수 있게 된다. 청소년 전기에는 특히 동성 친구와의 친밀한 우정이 중요하며, 성장하면서 이러한 우정이 이성에 대한 우정과 낭만적 애정으로 변화하게 된다.

이 시기 소년과 소녀 모두에게 우정은 중요한 생애 사건이지만, 소년과 소녀의 우정은 그 의미가 조금 다르다. 소녀들은 정서적 친밀감과 신뢰감을 중요시하며, 자신의 감정을 이야기하고 서로 공감받으면서 친밀감을 형성하게 된다. 따라서 소녀들의 경우 강렬한 소속감과 친밀감을 강조하고 더 작은 규모의 배타적인 우정망을 형성하기 때문에 친구관계에서 긴장이나 질투, 그리고 갈등을 경험하게 되는 경우가 많으며, 이로 인하여 친구로부터의 거부와 배신에 대한 두려움을 크게 느낀다(Hartup & Overhauser, 1991; Miller, 1990).

반면에, 소년들의 경우에는 운동경기를 함께 하거나 좋아하는 운동을 함께 관람함으로써 친밀감을 형성하는 경향이 있다. 소녀보다는 자신의 감정이나 생각에 대한 노출이 적고 이를 나누는 경험도 덜한 편이다. 게다가 어린 시절부터 자신의 감정을 노출하는 것이 남자답지 못한 행동이라고 배워왔기 때문에 동성 친구와의 교우관계에서 끈끈한 친밀감을 형성하는 경우는 드문 편이다. 따라서 이 시기 소년들의 우정은 친밀감이나 안정성보다는 유사한 활동에 대한 선호도와 물리적 접근성이 중요하게 고려된다고 볼 수 있다. 그러나 소녀들에 비해 끈끈한 친밀감이 부족할 뿐 소년들에게도 우정은 여전히 중요한 가치이다. 함께 어울릴 수 있는 무리가 존재하지 않는다는 것은 소속감 형성에 지장을 주고, 궁극적으로는 쉽게 폭력에 노출될 수 있게 만든다.

따라서 청소년들이 또래관계를 형성하는 과정에서 친밀감과 안정감을 바탕으로 한 건전한 또래문화를 형성할 수 있도록 도와줌으로써 학생들이 상호간에 존중하고 이해하며 배려하는 문화를 만들어가도록 해야 한다. 사회학자인 라이스만(Riseman)이 언급하였듯이, 공간적 근접성과 학령의 유사성 등에 의해서 맺어지는 연합적 친구관계와 한 사람이 상대방에게 주로 베푸는 역할을 하는 수혜적 친구관계를 넘어서 상호 동등한 위치에서 서로에 대한 이해와 신뢰에 근거한 상호적 친구관계가 되도록 한다. 이러한 친구 관계에서 보여주는 우정은 관중과 포숙이 보여준 우정, 즉 관포지교(管鮑之交)에 비유된다. 이러한 친구관계를 토대로 하여 형성된 건전한 또래문화는 학교폭력을 예방하는 데도 매우 큰 효과를 가지게 될 것이다.

(3) 또래문화를 활용한 학교폭력의 예방

여기서는 이병환 등(2014)이 또래 혹은 또래문화를 이용한 학교폭력 예방 프로그램으로 제시한 또래상담프로그램과 또래조정프로그램에 대해 알아본다.

(가) 또래상담프로그램(Peer Counseling Program)

또래상담이란 비슷한 연령과 유사한 경험 및 가치관을 지닌 청소년들이 일정한 훈련을 받은 후에 자신의 경험을 바탕으로 하여 주변에 있는 다른 또래들의 정상적인 발달과정에서 일어날 수 있는 문제의 해결에 조력하여, 이들이 올바르게 성장·발달할 수 있도록 생활의 제반 영역에서 지지적인 도움을 제공하는 것이라 할 수 있다.

청소년들에게 또래상담이 필요한 것은 다음과 같은 독특성을 가지고 있기 때문이다. 첫째, 대부분의 청소년들이 정상적인 발달과정에서 다양한 어려움에 직면하게 되는데, 이를 적절하게 해결하기 위한 심리적 지원을 제공할 필요가 있다. 둘째, 또래관계가 확장되는 청소년기에는 또래들을 통해서 문제를 해결하고자 하는 경향이 강하며, 또래집단에 의해 영향을 많이 받는다. 셋째, 정의적 영역의 교육활동 일환으로서 상담에 대한 증가된 요구에 부응하기 위해서는 소수의 상담교사만으로는 성과를 거두기에는 부족한 상황으로, 청소년 문제의 예방 및 성장 발달을 촉진하기 위한 준전문가 양성이 요구된다. 넷째, 학교폭력 예방 및 청소년의 건전한 육성을 도모하기 위해서는 청소년 초기에 위기 청소년에 대한 조기발견과 개입을 통한 예방적 차원에서의 접근이 필요하다. 다섯째, 2012년 2월 학교폭력근절종합대책이 발표됨에 따라 학교폭력을 예방하기 위한 방안으로 전국의 각 학교에 솔리언 또래 상담을 확대·운영하고 있다.

또래상담프로그램 내용 구성은 크게 '들어가기', Friendship(친한 친구 되기, 나의 친구관계 살펴보기, 친구에게 다가가기), Counselorship(대화하는 친구 되기, 도움주는 친구 되기, 잠하둘셋 기법) Leadership(도움주는 대화 배우기, 대화 종합 연습, 도움되는 활동 찾기) 그리고 마무리로 되어 있다. 들어가기에서는 모임에 대한 친밀감 형성과 또래 상담자들 간의 친밀감 형성, 솔리언 또래 상담 동기부여가 목적이 된다. 친한 친구 되기에서는 주변 친구들에게 자신이 어떤 친구가 되고 있는지 되돌아볼 수 있는 기회를 제공함으로써 친구의 의미를 생각해 볼 수 있도록 하고, 나의 친구관계 살펴보기에서는 상담자 자신의 친구관계 유형을 탐색할 수 있는 기회를 제공하며, 친구에게 다가가기에서는 친구와의 관계를 돌아보고, 관계가 나빠졌을 때 어떻게 다가갈 수 있을지 함께 방법을 찾아본다.

한편 대화하는 친구되기는 경청하기와 공감하기에 대해 학습하고, 실습을 통해 기술을 충분히 익힘을 목적으로 하고, 대화 잘 이끌어가기에서는 대화를 이끌어가기 위한 전략인 '어기역차'를 익히며, 감정을 조절하며 대화를 이끌어갈 수 있는 잠하둘셋 전략을 학습한다. 도움주는 대화하기에서는 도움을 주는 모델인 '원무지계' 전략을 익히며, 대화 종합연습에서는 친구 되기에서 배운 내용들을 종합하여 연습해 봄으로써 현장에서의 자신감을 높인다.

표 3-1 또래상담프로그램 구성 내용

<table>
<tr><th>워크북</th><th>웹 교재</th><th>회기</th><th>내용</th></tr>
<tr><td rowspan="2">1. 들어가기
• 친해지는 마당
• 나를 소개합니다
• 함께 지킬 약속 정하기</td><td rowspan="2">1. 들어가기
• 나를 소개합니다.
• 솔리언 또래상담 소개
• 함께 지킬 약속 정하기</td><td rowspan="2">1</td><td>• 친해지는 마당
• 나를 소개합니다!
• 함께 지킬 약속들
• 또래상담 소개</td></tr>
<tr><td>• 나를 소개합니다.</td></tr>
<tr><td rowspan="5">2. 친한 친구되기
• 친구의 의미는
• 나의 친구관계 살펴보기
• 친구에게 다가가기</td><td>2. 친한 친구되기
• 친구의 의미는</td><td rowspan="2">2</td><td>• 내가 좋아하는 친구는
• 친구의 의미
• 마니또 정하기</td></tr>
<tr><td>3. 나의 친구관계 살펴보기
• 친구관계 살펴보기
• 친구관계 돌아보기
• 친구관계 생각하기</td><td>• 베스트 프렌드, 베스트 프렌드~ 빙고 게임
• 나의 친구관계 살펴보기 (친구의 4가지 유형)</td></tr>
<tr><td rowspan="3">4. 친구에게 다가가기
• 친구관계 걸림돌
• 친구에게 먼저 다가가기
• 우정곡선 그리기</td><td>3</td><td>• 우정곡선(나의 친구관계 역사)
• 나의 인생 그래프</td></tr>
<tr><td rowspan="2">4</td><td>• 달라진 점 찾기 게임
• 너의 시각, 너의 생각
• 나의 가장 소중한 친구, 친구에게 다가가기</td></tr>
<tr><td>• 친구관계에서의 걸림돌, 어떻게 할까
• 성벽 뚫기</td></tr>
<tr><td rowspan="4">3. 대화하는 친구되기
• 또래상담 대화의 기본 자세
• 대화 잘 이끌어 나가기
• 잠하둘셋 기법
• 대화종합 연습</td><td rowspan="3">5. 대화하는 친구되기
• 솔리언 또래상담 대화의 자세
• 친구의 마음을 공감하기
• 공감 연습하기</td><td>5</td><td>• 의사소통 게임1(듣기/안듣기)
• 의사소통 게임2(말 전달 게임)
• 의사소통 게임3(일방적/쌍방적)
• 친구의 얘기를 막는 10가지 걸림돌
• 대화의 기본 자세: 경청</td></tr>
<tr><td>6</td><td>• 감정세계로의 여행 (부정적/긍정적 감정)
• 감정 맞추기 게임</td></tr>
<tr><td>7</td><td>• 이럴 땐 어떤 마음
• 공감적 이해 (자기 입장/친구 입장)</td></tr>
<tr><td>6. 대화 잘 이끌어가기
• 어기역차 전략 이해하기
• 어기역차 연습하기</td><td>8</td><td>• 대화의 기본 모델: 어기역차
• 내 마음 전달하기 (공격적, 수동적, 주장적 표현)
• I-메시지</td></tr>
</table>

워크북	웹 교재	회기	내용
4. 도움주는 친구되기 • 도움주는 대화 배우기 - 원무지계 전략 • 도움되는 활동 찾기	7. 잠하둘셋 기법 • 최근에 화가 났던 때는 • 잠하둘셋 이해하기 • 잠하둘셋 연습하기	9	• 진실게임 (나 이럴 때 정말 섭섭했어~) • 감정 조절 방법: 잠하둘셋 전략
	8. 도움주는 대화 배우기 • 원무지계 전략 이해하기 • 원무지계 전략 연습하기		• 안락의자 만들기/사슬 풀기 • 고민 쪽지 • 원무지계 전략/실습
	9. 대화 종합 연습 • 대화 종합 연습 • 역할극 꾸미기	10	• 곤경 탈출: 사례를 통한 종합 연습(역할 연기)
5. 평가 및 마무리 • 또래상담 전 과정 요약 • 프로그램 평가 • 또래상담자 임명식	10. 도움되는 활동 찾기 • 어떤 친구를 도와줄 수 있을까 • 내가 친구에게 도움이 되었던 경험은 • 도움 줄 수 있는 활동 찾기	11	• 또래상담을 하기 전에 알아둘 일: 도움이 필요한 친구들은, 도움이 필요한 친구에게 • 활동 계획 작성
	11. 평가 및 마무리 • 솔리언 또래상담 전 과정 요약하기 • 솔리언 또래상담자로서 우리는… • 소감 나누기 • 평가 및 향후 모임 구조화	12	• 앉으면 기분 좋은 의자 • 평가서 작성 • 수료증 전달 • 다과회

(나) 또래조정프로그램(Peer Mediation Program)

또래조정이란 학생들 사이에서 일어나는 갈등을 또래학생이 조정자가 되어 대화를 통해 해결하도록 돕는 과정 및 활동이라고 할 수 있다. 조정은 갈등 분쟁 상황에서 제3자가 당사자들 가운데에 있어서 당사자들의 문제해결 과정을 돕는 것을 의미한다. 이런 과정에서 또래조정자는 중립적 입장에서 당사자들이 자율적으로 문제를 해결할 수 있도록 대화를 이어주는 역할을 수행한다. 따라서 학생들 사이에 갈등 혹은 관계의 어려움이 발생하였을 때, 누가 어떤 어려움을 겪고 있는지 가장 먼저 알아챌 수 있고, 그 해결에 대해서도 가장 잘 알고 있는 또래학생이 문제가 더 심각해지기 전에 조기에 개입해서 서로에 대한 오해를 풀고 다시 사이좋게 지낼 수 있도록 하는 역할을 담당하게 한다.

또래조정은 학생, 교사, 학부모 등 학교구성원에 의한 자율적인 학교폭력 및 갈등 예방 시스템 구축에 기여하게 된다. 또래조정 활동을 통해 자기 자신과 타인에 대한 존중, 다름의 인정과 다양성을 존중하고 평화적으로 갈등을 해결하는 리더십이 향상된다. 또한 학생, 교사, 학부모, 또래조정 관련 외부 전담강사 등 학교폭력 예방을 위한 학교 내·외의 협력체계 구축에도 기여하게 된다. 또래조정프로그램은 궁극적으로 안전한 학교환경을 만들어 학생들로 하여금 주인의식과 자부심을 갖도록 하며, 바람직한 인성을 개발하는 데 도움이 된다.

또래조정프로그램이 잘 운영되기 위해서는 또래조정에 대한 정확한 이해와 학교, 학부모, 학생 간의 동의가 있어야 하며, 학교관리자, 교사, 학부모의 지원이 있어야 한다. 그리고 또래조정은 학생들 스스로 문제를 해결해 나가는 것으로 자발적 참여가 중요하며, 조정자에 대한 체계적인 교육훈련 과정이 필요하다. 선발을 통해 또래조정 교육훈련을 받은 또래조정자 학생은 이후 또래 학생들의 갈등 문제를 해결하고 조정하는 데 앞장서는 역할을 하게 된다.

표 3-2 또래조정프로그램(또래조정자 교육내용)

차시	주제	수업 목표	진행 내용
1	마음 열기	서로 친근감을 높이고 수업과정과 수업에 대한 기대를 나눈다.	[관계형성을 위한 공동체 놀이] [수업기대 나누기]
2	또래조정 소개	평화적인 갈등해결방법으로서 또래조정을 안다.	[수업규칙 정하기] [대화가 필요해] [또래조정 동영상 보기]
3	조정기초1 - 갈등 이해	갈등의 기본 개념을 이해한다.	[나는 갈등을 어떻게 받아들이나]
4	조정기초2 - 갈등해결방법 이해	갈등을 해결하는 다양한 방법을 안다.	[다양한 해결방법: 이럴 땐 어떻게?]
5	조정기초3 - 조정의 태도와 기술	조정원칙을 이해한다.	[조정실습] 역할극 시나리오: 생쥐/들쥐 [어떻게 끼어들까?]
6	조정기초4 - 조정자 역할	조정자의 역할과 태도 및 기술을 이해한다.	[조정자 그림 그리기]
7	조정기초5 - 차이 인정	조정자가 갖추어야 할 자질로서 다양성과 차이 인정하기를 배운다.	[우리 색깔이 더 좋아]
8	조정기초6 - 편견 다루기	편견을 갖지 않도록 하고 상호공존의 필요성을 안다.	[순위 매기기]

차시	주제	수업 목표	진행 내용
9	조정기술1 - 갈등분석(1)	갈등 당사자의 실질적 이해가 무엇인지 찾는 분석방법을 연습한다.	[분석이 필요해] [양파를 벗겨라: 영미/진주 예시문]
10	조정기술2 - 갈등분석(2)	갈등 당사자와 갈등의 맥락을 찾을 수 있도록 분석방법을 연습한다.	[삼각형의 꼭짓점을 찾아라: 아람/지영 예시문]
11	조정기술3 - 의사소통(1)	의사소통을 방해하는 다양한 요소를 안다.	[귓속말로 전달하기] [왜?라고 물어보자]
12	조정기술4 - 의사소통(2)	비언어메시지와 듣는 태도의 중요성을 안다.	[딴청하기] [누구를 회장으로 뽑을까?]
13	조정기술5 - 의사소통(3)	당사자의 말을 조정자의 생각이나 판단이 아닌 당사자의 느낌과 생각대로 듣는 방법을 안다.	[바꾸어 말하기] [느낌 알아맞히기]
14	조정기술6 - 의사소통(4)	상대방을 공격하지 않고 자신의 느낌과 감정을 표현하는 방법을 안다.	[나 전달법] [문제를 볼까? 상대를 볼까?]
15	조정실습1	또래조정의 단계별 내용을 알고 익힌다.	[조정단계 이해] [조정 실습]
16	조정기술7 - 분노다루기(1)	자신과 타인의 감정을 알고 감정에 담긴 욕구를 찾는다.	[신체 반응 살피기] [분노그래프]
17	조정기술8 - 분노다루기(2)	조정자로서 갈등 당사자의 화를 다루는 방법을 안다.	[분노의 솥뚜껑] [분노 119]
18	조정기술9 - 브레인스토밍	해결책을 찾기 위한 방법으로 브레인스토밍을 연습한다.	[브레인스토밍]
19	조정실습2	'풀어야 할 문제찾기' 단계에 초점을 두고 조정실습을 한다.	[조정실습]
20	조정실습3	'해결책 찾기' 단계에 초점을 두고 조정실습을 한다.	[조정실습]
21	조정실습4	조정의 전 과정을 익힌다.	[조정자가 하는 말]
22	조정실습5	구체적이고 실천 가능한 합의에 대해 알고 연습한다.	[적절한 합의인가?] [합의문 만들기]
23	조정실습6	공동조정을 알고 실습한다.	[공동 조정실습]
24	마무리	또래조정자로서 자신의 의지를 높이고 훈련과정을 통해 어떤 성장이 있었는지 평가한다.	[또래조정자 실천선언문 만들기] [수업 전체 평가: 산 오르기]

2 청소년 인성교육

학교는 원래 건강한 육체와 함께 도덕적 품성을 함양하며, 사회에 필요한 지식을 가르치고 배우는 곳이다. 또한 학교는 윗사람을 존경하고 동료 선·후배 학우들과 함께 사회성을 배우며, 아랫사람과 약자를 배려하는 것을 배우는 곳이다. 이러한 도덕적 인품을 배양하는 학교가 최근 폭력의 위협으로 내몰리고 있다.

학교폭력 현상은 단순히 청소년 개인의 일탈행위가 아니라 하나의 사회적 문제로 부상하고 있다. 이에 따라 정부에서는 학교폭력에 대한 해결책으로 학교폭력 예방 및 대책에 관한 법률과 시행령 등의 종합대책을 발표한 바 있다. 그리고 지금까지 국가적으로 학교폭력 문제를 해결하기 위한 다양한 시책이 제시되고 있지만, 날로 학교폭력 피해가 늘어가고 있는 것이 현실이며 이에 대한 우려의 소리가 높다.[1]

지난 20여 년간의 학교폭력 대책을 보면, 단속과 처벌에 관련된 특별 대책 위주였다는 평가와 함께 그러한 단속과 처벌 중심의 대책은 학교폭력의 근본적 문제를 해결할 수 없다는 지적이 많이 있었다. 학교폭력에 있어 학생들을 엄격하게 규제하고, 처벌한다고 문제가 해결되지 않음은 여러 자료에 의해 이미 증명되고 있다.

이에 따라 정부는 학교폭력을 예방하기 위하여 그 근본적인 대책으로서 인성교육을 지속적으로 제시하여 왔다. 사실상 교육현장에서 인성교육은 늘 강조되어 왔지만, 최근 증가되고 있는 학교폭력 현상으로 인해 새삼 주목받고 있는 실정이다.[2] 학교에서 이루어지는 다양한 인지적 지식의 전달과 학습도 중요하지만, 일상적인 학교생활 속에 학교폭력이 도사리고 있는 위험한 공간 속에서 질 좋은 교육을 기대하기란 어렵다. 따라서 현실적으로 학교폭력을 예방하기 위해서는 학교의 교과학습과 생활지도, 단체생활과 친구관계 등의 모든 분야에서 인성교육에 대한 새로운 각도로 접근하는 것이 필요하다. 인성교육을 통해 스스로 옳고 그름을 판단할 수 있는 능력을 길러주고 나 자신을 소중히 여기고, 더불어 타인을 배려하고 존중하는 자세

1 교육부는 1995년 학교폭력을 공식적인 정책으로 채택하고, 그 후 많은 대책을 세워왔다. 그러한 대책에 따라 학교폭력을 예방하려는 정부와 관련 단체들, 그리고 가정의 노력의 결과로 학교폭력이 감소한 것이 사실이다. 즉, 교육부가 학생과 학부모 각각 406만 명과 89만 명을 상대로 조사한 2013년 2차 학생폭력 실태조사에 따르면, 학생폭력 피해 응답률은 2012년 전반기 12.3%에서 계속 감소하여 2013년 후반기에는 1.9%를 보였다(정재구, 2014: ⅰ).

2 최근 학교폭력 문제가 심각해지자 정부는 학교폭력을 추방해야 할 4대 악에 포함시키고 2015년 유치원부터 초·중·고등학교에서 인성교육을 의무적으로 실시하도록 하는 '인성교육진흥법'을 제정하였다. 인성교육을 의무로 규정한 세계 최초의 법인 셈이다. 이에 따라 교육부는 2015년 하반기부터 인성교육 5개년종합계획을 발표할 예정이며, 이 계획이 완성되면 각 시·도 지방자치단체와 교육감은 기본계획을 세워야 하고, 일선 초·중등학교는 매년 인성교육계획을 교육감에게 보고하고 운영하여야 한다.

를 길러 전인적인 인간으로 자랄 수 있게 도왔을 때 학교폭력 문제 또한 해결될 수 있을 것이라 본다.

1) 인성교육의 개념적 이해

예로부터 타인에 대한 배려와 나눔, 협력, 예의 등 인성을 중시하여 동방예의지국으로 불린 우리나라는 현재 인성교육 측면에서 심각한 도전을 받고 있다. 심각한 윤리 도덕적 문제들이 빈번하게 발생되고 있으며, 이럴 때마다 교육, 특히 학교교육의 변화가 거론되고 있다. 급격한 정보화로 인한 상업적인 대중매체와 물질만능, 유해 환경이 복합적으로 작용하여 청소년들의 비행과 탈선이 증가하고 있으며, 이로 인해 학생들의 일반적인 심성이 황폐화되는 등 심각한 지경에 이르렀다. 이와 같이 비윤리적이고 비인간적인 사회 문제를 치유하기 위한 대안으로 인성교육의 필요성이 논의되고 있다.

(1) 인성교육의 개념

일반적으로 인성(人性)이란 개념은 인간의 성격이나 개성(personality), 인격(character), 혹은 기질(temperament) 등으로 표현되어지나, 이 가운데 어느 특정의 한 요소만을 가리키기보다는 이들을 망라하는 종합적, 포괄적인 의미로서 개인의 특징적인 사고나 감정, 행동을 결정하는 심리 및 생리적인 체제로서 개인 내부에 존재하는 역동적 구조로 이해된다.

인간을 교육한다는 것은 다양한 교육활동을 통하여 인간을 '사람다운 사람'으로 만든다는 의미이며, 우리의 전통적인 교육관에서 인간의 도리를 가르치는 것으로 규정되어 왔다. 이는 공자가 논어의 전편을 통해 일관되게 주장하여 온 도(道), 덕(德), 인(仁)의 가르침과 상통되는 것으로서, 사람의 올바른 삶과 행실, 남에 대한 도움, 그리고 다른 사람에 대한 이해와 사랑의 가치를 가르치는 것이다.

한편, 서양에서 인성에 대한 논의는 주로 심리학과 윤리학을 중심으로 논의되어 왔는데, 일반적으로 심리학자들은 인성과 관련하여 성격(personality)이라는 용어를, 윤리학자들은 인격(character)이라는 용어를 선호하여 왔다. 특히 심리학에서는 인간의 건전한 성격을 다루는 성장심리학을 중심으로 인성에 대한 논의가 활발하게 이루어졌으며, 윤리학에서 인성은 한 개인에 있어서 실천적인 선택과 행동에 관련된 도덕적 특성으로 이해되어 왔다(추병완, 2004; 823).

이와 같이 다양한 관점에서 이해되고 있는 인성의 의미를 동·서양의 관점을 망라하여 이해하여 볼 때, 그것을 인간 본성으로 보든, 인간다운 품성이나 인격으로 보든, 혹은 인간 본연의 모습으로 보든지 간에 거기에는 우리 인간이 지향하고 성취해야 하는 인간다운 면모, 성질, 자질, 품성이라는 의미가 내포되어 있다. 따라서 인성교육이란 결국 도덕성, 사회성, 정서를 포함한 바람직한 인간으로서의 성품을 가지도록 하는 교육, 다시 말해 학생들이 신체적, 인지적, 정서적, 사회적 발달의 모든 면에서 균형 있는 성장과 발달을 이룰 수 있도록 도모하기 위한 종합적이고 체계적인 노력으로 정의될 수 있다. 이는 실용적인 지식과 기능의 습득을 통한 입신출세나 혹은 극단적인 애국심 등을 강조하는 현대 학교교육의 왜곡된 경향에서 벗어나, 인간으로서 바람직한 넓은 요양과 건전한 인격육성을 목표로 하는 전인교육과 동의어로도 사용된다.

(2) 인성교육의 목표

교육은 인간을 대상으로 하는 '인간의 가치 있는 활동'이라고 할 수 있으며, 이러한 교육의 정의 속에는 가치개념과 인간을 전제로 한다는 사실이 포함되어 있다. 그러므로 인성교육의 목적은 교육 자체의 목적을 포괄적으로 설명해 준다. 또한 인

표 3-3 인성교육진흥법 주요 내용

〈입법목적〉 건전하고 올바른 인성을 갖춘 시민 육성 **〈인성교육의 정의〉** 내면을 바르고 건전하게 가꾸며 타인·공동체·자연과 더불어 사는 데 필요한 인간다운 성품과 역량을 기르는 교육	**〈인성교육종합계획〉** 교육부 장관, 5년마다 수립 시·도 교육감, 연도별 시행계획 수립·시행 **〈국가인성교육진흥위(신설)〉** 교육부·문화체육관광부·보건복지부·여성가족부 차관 및 민간 전문가 등 20명 이내 구성
〈유치원, 초·중·고〉 학교장은 매년 인성 교육과정 편성·운영해야 **〈가정〉** 학부모는 학교 등에 인성교육 건의 가능	**〈인성교육인증제〉** 학교 밖 인성교육을 위한 프로그램·교육과정 인증제 실시 **〈교원연수강화〉** 일정 시간 이상 교원들의 인성교육 연수 의무화 사범대·교대, 예비 교사의 인성교육 역량 위한 과목 만들어야

출처: 인성교육 카페(www.boniara.net).

성교육은 교육의 목적이 인간다운 인간의 육성에 있기 때문에, 인간다운 인간이 되기 위해서는 지식과 기술뿐만 아니라 그 지식과 기술을 올바로 사용할 수 있는 인격과 품격을 갖추어야 한다.

인성교육은 궁극적으로 인지적, 정의적, 그리고 행위적 요소로 구성된다. 그리하여 머리의 습관(도덕적 규범이나 원리의 파악)과 가슴의 습관(도덕적 감정과 실천의지의 형성), 그리고 몸의 습관(도덕적 행동의 실천)이 상호 유기적으로 조화를 이루는 방향으로 설정되어야 한다(심성보, 1999). 이러한 인성교육의 요소들의 총합에 의해 진정한 의미의 전인적 인격이 완성되었다고 할 수 있는 것이다.

강진령 등(1998)은 인간의 가치를 신장시키고 인간다운 인간을 육성하기 위한 인성교육의 구체적인 목표를 다음과 같이 제시하고 있다.

첫째, 인성교육을 통해 학생 자신에 대한 올바른 이해를 도모하는 것이다. 다양한 특성을 지닌 학생 자신으로 하여금 자기 자신을 바르고 정확하게 이해하도록 하는 일이다. 자기 자신을 올바르게 이해하는 사람은 자신에게 가장 합리적이고 현실적인 행동을 선택하고 실행할 수 있기 때문이다.

둘째, 인성교육을 통해 학생 자신을 존중하고 수용하는 자세를 기를 수 있도록 하는 것이다. 이는 지나친 자기애(自己愛)나 이기적인 품성, 혹은 자기 자신을 무가치한 사람으로 여기거나 자신의 감정을 숨기고 왜곡하는 것과는 다른 것으로서, 자신의 가치와 장점을 인식하면서 동시에 자신의 부족함도 인식함으로써 자신을 있는 그대로 받아들이도록 하는 것이다.

셋째, 인성교육을 통해 자기 통제 및 조절 능력을 함양하는 것이다. 자기 자신의 일시적인 감정이나 충동을 통제하고 조절할 수 있는 능력은 바람직한 인성을 지닌 사람들의 또 하나의 공통적인 특성이다. 바람직한 인성의 소유자는 자신의 본능적 충동이나 감정 때문에 좌절하기보다는 이를 승화시켜 표현한다. 따라서 감정과 본능을 창조적으로 사용할 줄 아는 사람이야말로 건전한 인성의 소유자라 할 수 있다.

넷째, 인성교육을 통해 올바른 현실 감각을 배양하는 것이다. 이상이나 기대를 지나치게 앞세운 나머지 현실을 무시하고 행동하는 것은 타인과의 원만한 인간관계를 방해하고 지나친 이상주의와 현실 사이의 딜레마에 빠지게 할 위험이 있다. 자신의 환경, 사회적 맥락, 그리고 주어진 과제의 특징 등을 정확히 이해하는 현실에 기초한 사고는 건전한 인성의 필수적인 요소인 것이다.

다섯째, 인성교육을 통해 타인에 대한 공감적 이해와 타인 존중의 자세를 함양하는 것이다. 공감(共感)이라는 말은 말 그대로 타인의 감정을 공유하는 것으로써, 상대방의 입장을 이해하면서도 결코 자기 자신을 잃지 않는 것을 말한다. 솔직한 자기표현과 타인에 대한 공감적 자세는 보다 깊고 원숙한 인간관계를 형성하는 토대가 된다.

2) 인성교육에 대한 성찰과 과제

(1) 인성교육의 문제점

인성의 함양은 학교와 같은 형식적인 교육기관보다는 가정이나 사회 등과 같은 비형식적인 삶의 공간들에서의 일상적인 생활을 통하여 자연스럽게 이루어져야 한다. 삶 그 자체가 수양과 공부의 과정이라는 측면에서 볼 때, 학교와 인성교육의 관계를 논하는 일보다는 삶과 인성교육의 관계를 논하는 것이 보다 더 자연스러운 일이다. 예컨대, 학교에서 하는 국어교육은 한 인간의 언어적 성장에서 극히 미미한 역할만 한다는 게 일반적인 지적이다. 인간의 언어능력은 대부분 삶 속에서 획득되고 성장하는 것이기 때문이다.

인성교육의 경우에도 동일한 접근 논리가 성립한다. 학교에서 하는 인성교육은 한 인간의 인격성장 과정에서 극히 미미한 정도만 차지한다고 말할 수 있다. 사람됨과 사람다움 등의 성품은 대부분 삶 속에서 획득되고 성장된다. 이렇게 볼 때, 한 인간의 인성을 함양하는 데 있어서 가정에서 함께 생활하는 모든 가족 구성원들과 사회 안에서의 다른 사람들이 미치는 영향은 실로 크다. 특히 가정환경은 한 인간의 인생을 좌우할 만큼 큰 영향을 미친다. 이는 가정의 배경과 부모의 생활 방식이 자녀에게 전이되고 학습되어 습관으로 정착되기 때문이다.

그러나 이러한 삶 속, 즉 가정과 사회에서의 인성 함양은 또 다른 측면에서 한계를 지닐 수밖에 없다. 오늘날 핵가족화 된 가정의 특성으로 말미암아 가정의 교육적 기능과 역할이 현저하게 퇴락되고 있다. 가정에서는 부모가 모든 일에서 자녀들에게 모범을 보이고, 그릇된 사회 통념을 바로 잡아주어야 하지만, 오늘날의 부모들은 급변하는 사회 현상에 적응하는 과정에서 가정교육을 소홀히 하여 이기적인 인간, 무례한 인간을 양산해 우리 사회의 근간을 흔들고 있다. 오늘날의 사회 또한 급속한 경제성장과 산업화 속에 이루어진 물질적 풍요와 번영 뒤에 드리운 그림자로 인해 공동체 의식이 약화되고, 더불어 사는 이웃으로서의 따뜻한 가슴을 지닌 인간미 넘치는 민주시민으로서의 자질은 날로 약화되어 가고 있다(장사형, 2011).

이러한 점에서 인성교육에 대한 핵심적 역할은 학교교육으로 옮겨져, 지식과 기능 위주의 학교교육에서 탈피하여 바람직한 인성을 갖춘 사람을 길러낼 것이 요구되고 있다. 그동안 학교교육에서 인성교육의 실현을 위하여 많은 노력들을 기울여 왔고, 지금도 지속적인 노력이 경주되고 있는 것이 사실이지만, 지나치게 경쟁적인 입시제도와 교과 간 냉소주의, 학부모의 학력 제일주의, 관리자의 관심과 의욕 부족 등으로 인해 인성교육의 중요성에 대한 인식에도 불구하고 그 실제적인 면에 있어서는 형식적인 운영에 그치는 경우가 많았다. 따라서 기존의 사회적 통념상 학교 안에서 이루어지는 공교육 하에서의 인성 함양에 대한 과제는 쉽게 해결될 수 없는 문제임을 인정하지 않을 수 없는 것이 현실이다. 배상식·서미옥의 연구(2012)에서도 그동안 학교교육이 성적 향상에만 치중해서 학생들의 인성함양에 소홀했다는 지적에 학교현장에서 근무하고 있는 대부분의 교사들(84.2%)이 동의하고 있는 것으로 나타났다.

사실, 인성교육에서 중시하는 정의적 영역의 학습에는 학교 외적 요인이 상대적으로 강력한 영향력을 행사하고 있기 때문에 학교 내에서 이루어지는 인성교육은 그 성과가 제한될 수밖에 없다. 최근의 많은 연구들에서 보면, 어린이들의 사회화, 그 가운데서도 특히 가치관, 신념, 행동 성향 등의 학습에는 가정환경과 교우관계, 대중매체 등의 학교 외적 요소가 더 강력한 영향력을 행사하는 것으로 나타났다. 즉, 텔레비전과 컴퓨터 등을 비롯한 대중매체가 오늘날 청소년들의 인성을 형성하는 데 결정적인 영향을 미치고 있는 것으로 밝혀지고 있다.

무엇보다도 학교에서의 인성교육이 그 실효성을 거두지 못하는 가장 큰 이유는 최근의 사회적 현상과 맞물려 돌아가고 있는 학교교육의 일반적 경향성이라 할 수 있다. 오늘날 학교교육에서 어느 정도 인성교육적 접근을 하고 있긴 하지만, 실제적으로는 지식중심의 교육과정 이수와 정보화 및 지식기반 사회에 대비하기 위한 과학기술중심의 능력과 기능 향상에 초점을 맞추고 있기 때문에, 덕 윤리를 중심으로 한 도덕교육, 특히 성품 계발을 중시하는 인성교육은 경시되고 있는 것이 사실이다.

더욱이 입시 위주의 경쟁적인 교육체제는 교우들과의 원만한 인간관계를 형성하는 것을 어렵게 하고, 학교에서 적절한 인성교육 프로그램을 개발하고 운영할만한 여유를 가지기 어렵게 만든다. 이러한 입시 위주의 경쟁체제는 국가 혹은 시·도 단위의 정상적인 교육과정의 운영조차도 왜곡과 파행으로 이끈다. 정상적인 교육과정은 지·덕·체를 겸비한 전인을 양성할 수 있는 교육내용과 프로그램으로 구성되어져 있으나, 일선 학교에서는 주지적 교과중심의 교육과정으로 운영되고 있으며, 이에 따라 예·체능 교과와 특별활동, 재량시간 운영 등은 소홀하게 다루어지는 등 편파적이고 파행적인 교육과정 운영이 자행되고 있다.

이와 같은 내용들은 현재 우리나라 학교교육, 즉 공교육 체제하에서의 인성교육을 저해하는 중요한 요인으로 작용되고 있으며, 이로 말미암아 자라나는 어린이들로부터 청소년에 이르기까지 우리의 미래 사회를 이끌어갈 주역 세대들이 바람직한 인성을 형성하지 못한 채 극단적인 이기심과 경쟁심을 노정함으로써, 모든 사람들이 아름답고 여유로운 마음으로 서로 의지하며 사는 아름다운 미래를 꿈꾸는 희망이 아니라, 언제 우리의 삶이 끝날지 모르는 암울한 파국으로 줄달음치고 있는 형국이 되고 있다.

(2) 인성교육의 새로운 과제

이에 따라 학교교육에서 실시될 인성교육은 새로운 과제를 안게 되었다. 그 과제는 다음과 같다.

첫째, 지금까지의 인성교육에 대한 통렬한 반성이다. 앞에서 말한 바와 같이, 지금까지 우리는 인성교육을 학교교육에서 책임져야 할 일이라고 떠넘겨 놓고 가정이나 사회에서는 뒷짐을 진 채 방관하거나 비판하는 데에만 몰두해 온 것이 사실이다. 그러나 아이들의 인성 회복 문제는 정부와 학교의 노력만으로는 해결이 어렵다는 것을 우리 모두 잘 알고 있다.

우리는 세계인이 부러워하는 윤택한 삶을 누리게 되었지만, 정의와 정직의 상징인 '선비정신'과 순결의 상징인 '백의의 나라', 예와 질서를 뜻하는 '동방예의지국', 그리고 공동체 정신의 실천적 표양인 '두레'로 일컫는 우리 국가와 사회의 소중하고 아름다운 전통과 정신적 가치를 모두 잃어가고 있다. 인격도야를 위한 학문에 힘쓰고 아이를 사랑하고 어른을 공경하며 서로 돌보고 배려하는 공동체 문화가 사라지고 있다(천세영 외, 2013: 102-103).

박균섭(2008)은 다원성과 통합성의 원리에 의해 올바른 인성교육을 위한 가정과 학교, 그리고 사회의 유기적인 연계를 주장하였다. 즉, 인성교육의 전체적 구상은 가정과 학교와 사회를 연계하여 각각의 역할을 부여하는 방식의 구도로 나아가야 한다는 것이다. 현대사회에서도 여전히 인간 형성의 이념이 펼쳐지는 기반은 가정과 학교와 사회이다. 가정과 학교와 사회가 칸막이로 나뉘어있지 않다는 사실은, 개인적 삶의 완성과 행복은 바람직한 사회공동체의 수립과 불가분의 관계에 있다는 사실을 통해 확인할 수 있으며, 이는 일찍이 플라톤이 『국가론』의 전체적인 구상을 통해 제안한 바 있다.

가정과 학교와 사회의 존재 의의와 관계 역학은 다원성과 통합성이라는 원리를 통해 설명할 수 있다. 다원성의 원리는 현대교육에서 가정과 학교와 사회가 각각의 감당해야 할 역할과 책임을 수행해야 한다는 점을 시사한다. 어느 시대를 막론하고 교육에 영향을 미치는 세력에 대한 관심과 논의는 중요한데, 이는 가정과 학교와 사회가 각각의 이름으로 세력을 형성하고 있다고 보아도 좋을 것이다. 이 중에 어느 한 세력이 과도한 영향력을 행사하게 될 때, 교육이 파행과 파탄을 겪게 된다는 사실은 교육의 역사와 현실에 대한 통람을 통해 쉽게 확인할 수 있는 일이다(김병희, 2008: 78~79).

교육 주체의 통합성의 원리는 현대교육에서 가정과 학교와 사회라는 교육의 세 주체가 통합적으로 역할을 수행해야 한다는 점을 시사한다. 가정과 학교와 사회는 교육에 대해 추구하는 가치도 상이하며 그것을 실현하고자 하는 방식도 차이를 가질 수밖에 없다. 가령, 사회는 국가 발전이나 인적 자원 개발이라는 도구적 가치를 추구하는 반면, 학교는 인성 함양이나 창의성 개발과 같은 본질적 가치를 표방하기 마련이며, 가정은 사회적 출세라는 가치관에 경도되지 않을 수 없다는 점을 지적할 수 있다. 그러나 세 주체가 추구하는 가치와 그 실현 방법이 일관성 있게 통합되지 않고서는 인간의 형성이라는 교육 본연의 과제는 실현될 수 없다.

둘째, 학교폭력의 예방과 갈등 해결을 위한 인성교육의 핵심적 덕목을 새롭게 설정하는 것이다. 이는 곧 새로운 시대적 요구와 더불어 학교폭력과 관련하여 개인에게 요구되는 인성적 요소들이다. 인성교육의 목표는 한 개인이 자아실현적 삶을 사는 데 필요한 인성적 능력을 신장시켜 주는 데 있으며, 이 자아실현적 삶을 사는 데 필요한 인성적 자질이 무엇인가에 대해서는 다양한 의견들이 있을 수 있다.

Begun(1998)은 자아실현적 삶을 위한 인성적 능력으로 생활기술(skill for living)을 제시하였다. 그에 따르면, 생활기술은 사회적 적절성과 학업적 적절성의 기초이다. 생활기술은 반사회적 행동을 예방하고, 개인이 성공적으로 기능하며, 생존기술을 획득하게 해 주기 때문이다. 그는 이러한 생활기술에 해당되는 요소로 친구관계기술, 가족생활기술, 스트레스 및 위험대처기술, 자살방지기술, 약물사용방지기술, 범죄방지기술, 존중하기, 분노조절기술 등을 제시하고 이를 바탕으로 폭력예방기술 교육과정을 개발하였다.

학교폭력과 관련된 연구결과(홍종관, 2012)에 의하면, 학교폭력의 가해자와 피해자는 모두 의사소통 기술, 감정표현 및 분노조절 기술, 주장적 자기표현 기술 등과 같은 '사회적 기술'이 부족했고, 또한 이타성, 공감능력, 용서 능력, 갈등해결 능력 등과 같은 '대인관계 능력'이 부족했다. 그리고 자아존중감, 스트레스 및 불안관리 능력, 자아탄성력 등과 같은 '자기성찰과 자기통제 능력' 부족했다. 따라서 학교폭력을 효과적으로 예방하고, 발생된 학교폭력 문제를 효과적으로 해결하기 위해서는 학생들에게 사회적 기술, 대인관계 능력, 그리고 자기성찰과 자기통제 능력을 증진시킬 수 있는 인성교육이 필요하다.

한편, 박효정, 정미경, 박종효(2007)의 연구에서는 다른 외국의 학교폭력 예방 인성교육의 핵심 요소로 적극적 경청, 자기주장, 문제해결, 자기통제, 자신과 타인의 정서 인식하기, 갈등 해결 등을 들고 있다. 이는 학교폭력의 예방과 효과적인 대처를 위해서는 가정과 학교, 그리고 지역사회의 유기적인 공동의 노력이 필요하지만, 근본적으로는 학교폭력의 당사자들인 학생 개개인의 인성교육을 통해서 앞서 언급한 다양한 개인적, 사회적 기술과 능력을 함양하는 것이 무엇보다도 우선되어야 한다는 것을 의미한다.

셋째, 인성교육의 새로운 실천적 방법론을 찾는 일이다. 우리는 인성교육을 형식적으로 하려 했던 것은 아닌지 돌아볼 필요가 있다. 특히 학교에서의 교과 위주의 학교수업만으로는 바른 인성을 길러내기 어려우며, 특히 학교의 평가체제가 심화되고 경쟁체제의 입시제도 하에서는 제대로 된 인성교육이 어렵다.

인성교육은 별도의 교과로 설정될 것이 아니라 모든 교과활동을 통해 호흡활동이 이루어져야 한다는 문제의식은 학교교육의 본연을 이해하고 거론하는 중요한 출발점이다. 이는 학교교육에서의 인성교육이 범교과적으로 이루어져야 한다는 의미이다. 범교과 차원의 인성교육은 사실상 Plato가 『국가론(Republic)』에서 초기 도덕교육의 일환으로 무시케 교육을 강조한 데서도 볼 수 있으며, 지난 5·31 교육개혁방안에서 제시된 '실천중심의 인성교육 강화'도 도덕과의 수업시수를 점차 줄이고 인성교육을 범교과적 차원에서 실시하도록 강조하고 있다.

범교과를 통한 인성교육의 강화는 누구도 부정할 수 없는 주요한 교육적 목표이다. 모든 교과로부터 시작하여 재량활동이나 특별활동 등 학교의 모든 교육활동에 이르기까지 인성교육에 기여할 수 있는 모든 교육 계획과 실천이 요청된다. 학교의 도덕적 문화와 분위기 속에서 학생들의 바람직한 인성이 자연스럽게 습득될 수 있기 때문이다. 이른바 잠재적 교육과정의 개념이 범교과를 통한 인성교육의 강화를 위한 하나의 논거로 기능할 수 있다.

범교과적 인성교육의 범주에는 크게 ① 교과지도를 통한 인성교육, ② 학급활동을 통한 인성교육, ③ 특별활동을 통한 인성교육, ④ 재량활동을 통한 인성교육, ⑤ 생활지도를 통한 인성교육, ⑥ 학교 특색사업을 통한 인성교육 등이 있을 수 있다.

인성교육은 특별한 시간을 내서 하는 것이 아니다. 학교 교과의 모든 일상적인 교육과정을 통해서 이루어져야 한다. 앞서 언급되어 있다시피 평소의 수업에서, 학급생활에서, 그리고 다양한 학교생활에서 인성 요소가 다루어지고 인성의 핵심역량이 길러져야 한다. 이를 위해서는 모든 학교 교육과정이 인성교육을 위한 실천적 교육과정으로 바뀌어야 한다. 예컨대, 예술과 체육교육의 활성화로 소통과 공감 능력을 향상시키고, 독서교육을 강화하여 자기주도적인 미래 인재로 육성해 나가는 실천적 교육과정이 되어야 한다.

3) 학교폭력 예방과 관련된 인성 덕목

위에서 언급된 내용들을 바탕으로 학교폭력 예방을 위한 학생들의 인성에 도움이 될 수 있는 핵심적 덕목을 제시하여 보면 다음과 같다.

(1) 자아존중감

자아존중감이란 자아개념에 대한 평가적 측면을 말한다. 높은 자아존중감을 가진 아동은 자신의 장점을 잘 알고 있을 뿐만 아니라 약점까지도 알고 있다. 그러므로 자신이 가지고 있는 능력과 특성에 대해 긍정적이다. 하지만 자아존중감이 낮은 아동은 그들이 가진 장점보다 단점에 더 주의를 기울이며, 따라서 자신에 대해 만족하지 못한다(한국초등상담학회 편, 2013).

자아존중감은 긍정적 자아개념으로 표현되기도 하는데, 자아개념은 학교폭력을 포함한 다양한 사회적 행동을 설명하는 주요 변인이 된다. 즉, 학교폭력의 피해자들은 부정적인 자아개념을 가지고 있는 경우가 많다. 자아존중감이 낮은 남아들이 또래들로부터 가장 빈번하게 괴롭힘을 당했으며, 자아존중감이 낮은 여아들 역시 종종 괴롭힘을 당한다는 사실이 발견되었다. 또래들로부터 괴롭힘을 당하면서 아동은 자기비난의 내면화 과정을 거치게 되며, 이를 통해 자신을 더욱 더 부정적으로 지각하게 되는 것이다. 학교폭력 가해자들 또한 결손가정이나 폭력가정, 그리고 성적위주의 학교환경 속에서 충분한 사랑과 인정을 받지 못하고 자랐기 때문에, 부정적인 자아개념을 가지고 있는 경우가 많다. 이런 학생들은 지지와 인정에 목말라 있어 학생 비행그룹이나 혹은 폭력조직 등에 가입하여 소속감과 인정을 받고자 하는 유혹에 빠지기 쉽다.

학교폭력을 예방하기 위해서는 무엇보다도 자아존중감을 높이는 방안이 강구되어야 한다. 아동의 자아존중감을 높이기 위해서는 분화적 자아개념을 갖도록 도와줄 필요가 있다. 모든 분야에서 다 잘 해야 자신에 대해 긍정적으로 생각하는 총체적 자아개념과 대비되는 분화적 자아개념은 자신의 장점에 대해서는 긍지를 갖고 단점에 대해서는 필요하면 노력하면 된다고 생각하는 것이다. 사실상 인간은 모든 부문에서 다 잘하기란 어렵다. 누구든지 다른 사람에 비해 더 잘하는 분야가 있는 반면에, 특정 부문에서는 더 못하는 경우도 있다.

입시 위주의 교육정책을 지향하고 있는 우리나라의 교육환경은 다른 분야의 재능을 많이 가지고 있는 학생이라 할지라도, 학교 공부를 잘 하지 못하는 학생들에게 큰 좌절감을 안겨 준다. 이 열등감과 좌절감은 자신에 대한 심각한 부정적 자아개념을 형성하게 하여 궁극적으로 낮은 자아존중감을 형성하게 한다. 그리고 이러한 낮은 자아존중감으로 인하여 학생은 조그만 말이나 행동에도 쉽게 상처를 받고 분노를 표출하게 되며, 이는 학교폭력으로 연결되기도 한다.

따라서 아동들에게 그의 약점을 자꾸 지적하고 고치려 하기보다는 그의 대표적인 강점을 발견하도록 하고, 그 장점을 더욱 계발하여 자신의 삶에 적극 활용할 수 있도록 도와주는 것이 필요하다. 학생들에게 자신이 가지고 있는 대표적인 강점을 발견하여 지지하고 인정해 줌으로써 자아존중감을 높여주는 것은 학교폭력을 예방하는 데 중요하다.

(2) 공감과 배려

공감은 다른 사람의 입장이 되어서 상대방의 기분, 감정과 생각들을 충실하게 경험하고 수용하여 적절하게 표현하는 정서적 반응을 말한다. 다시 말해, 공감은 타인의 정서적 상태와 일치하는 대리적 정서반응, 즉 타인이 느끼는 정서에 근거를 두고 그것을 이해함으로써 그것과 일치하거나 최소한 그와 유사한 반응을 하는 것을 말한다. 이러한 공감은 친사회적 행동이나 도덕성, 양심의 발달을 촉진할 뿐만 아니라 공격적이고 반사회적인 행동을 억제하는 것으로 보고된다(박효정, 정미경, 박종효, 2007). 따라서 공감은 타인의 정서경험에 대한 대리경험으로 다양한 관계를 맺으며 살아가는 우리 청소년들에게 필수적인 요소이자 삶의 태도가 될 수 있다.

학교폭력을 유인하는 중요한 경로 중의 하나가 공감의 부족이다. 학생들이 친사회적 행동 및 동기를 유발하는 중재자 역할을 하는 이 공감 능력이 부족할 경우, 또래집단에서의 긍정적 경험을 반복적으로 취할 수 없는 사태에 직면할 수 있다.[3] 반

3 "다른 사람을 사람이 아닌 물건으로 취급해 버리는 등 공감하는 능력이 완전히 바닥난 상태인 '공감 제로'에 놓이는 순간, 사이코패스 등은 극악무도한 행위를 저지르게 된다."(『공감 제로』, Simon Baron-Cohen)

면에 학생들이 공감능력을 지니게 되면 자기중심적인 태도에서 벗어나 타자지향적인 동정심을 느끼게 되고, 불행에 빠진 타인에 대하여 공감적인 관심을 가지게 된다. 이러한 공감적 상태는 곧 상대방에게 도움주기, 보호해 주기, 나누어주기, 친절하기, 협력하기 등의 긍정적이고 바람직한 행동으로 표출된다(정명선, 2010).

학교폭력 가해자들은 타인에 대한 공감적 이해능력이 부족하다. 따라서 이들에게 자신의 비행이 타인에게 어떤 피해나 아픔을 주는지에 대해 공감하고 이해하는 능력을 증진시켜 주는 교육이 필요하며, 이는 역할놀이 활동을 통해 보다 효과적으로 획득될 수 있다.

한편, 타인에 대한 관심과 이해로 정의되는 배려는 학교에서 인성교육의 중요한 하나의 방향으로 제시되고 있다(이미식, 2003). 배려는 타인에 대한 존중의 기본이 되고, 이를 통해 다른 사람을 도우려는 책임감을 갖게 된다. 물론 Naddings가 언급한 것처럼, 배려는 배려자에 의해 일방적으로 이루어지는 것이 아니라 배려하는 자와 배려 받는 자 간의 상호적인 관계가 성립되어야 한다. 이러한 점에서 배려는 관계적인 것이고, 배려관계는 두 존재 사이의 연결 또는 만남으로 규정된다.

다수의 연구자들이 배려공동체로서의 학교의 역할을 강조하였으며, 이를 위해서는 학생들 간의 존중과 관심, 그리고 관계가 학교교육의 중심이 되어야 한다고 언급하였다. 학교가 배려공동체가 된다는 것은 구성원들이 서로를 이해함으로써 경쟁적이지 않고 다양한 관점을 지니며, 차별적이거나 배타적이지 않고 서로를 지지해 주는 관계로 생활한다는 것을 의미한다(양미진 외, 2009).

학교에서 학생들이 주변 사람들로부터 존중이나 온정적 배려를 받을 경우, 그는 이러한 존중과 온정적 배려를 되돌려 실천하려는 경향을 보인다. 학생들은 이러한 반복적 경험을 통해 배려의 마음이 습관화됨으로써 학교나 교실 환경이 배려공동체가 될 수 있다. 이런 점에서 배려공동체는 학교폭력을 예방하는 최선의 교육적 모델이 되고 있다. 따라서 학교는 서로를 존중하고 배려하는 문화를 형성하여 학생들 상호간의 갈등을 줄여나가고, 궁극적으로는 학교폭력을 예방할 수 있도록 해야 한다.

공감(Empathy)에 관하여

■ '이기적 인간이 어떻게 도덕적으로 판단하고 행위할 수 있는가?' 영국 경제학자 아담 스미스(Adam Smith, 1723~1790)는 1759년 출간된 자신의 저서 『도덕감정론(The Theory of Moral Sentiments)』에서 이는 인간의 자연적 이기심에도 불구하고 제3자 입장에서 타인의 희로애락을 추(追)체험해 평가할 수 있는 '공감(Sympathy)능력' 덕분이라고 강조한다. 다른 사람을 관찰해 스스로를 일깨우고, 자기 행동의 도덕성을 인식하는 바탕에 공감능력이 자리한다는 설명이다. 이 때의 공감은 남의 아픔을 함께 느끼는 수동적 입장의, 현재적 의미의 동정(Sympathy)보다는 감정이입을 뜻하는 공감(Empathy)에 더 가까워 보인다.

■ 공감능력의 과학적 실체가 밝혀진 건 최근의 일이다. 1990년대 초 이탈리아 파르마 대학의 신경과학 연구팀은 원숭이의 특정 행동과 뇌의 신경세포의 활성화 관계를 연구하던 중 놀라운 발견을 했다. 원숭이가 뭔가를 손으로 쥘 때 활성화하는 뇌의 특정 부위가 아무 것도 쥐지 않고, 단지 사람의 쥐는 행동만을 보고 있었는데도 갑자기 활성화한 것이다. 이 세포는 '거울신경세포(mirror neurons)'로 명명됐다.

■ 인간은 한층 고도화된 거울신경세포를 갖고 있다. 다른 사람의 얼굴표정을 관찰하면, 이 거울신경세포가 관찰된 얼굴표정을 모사해 감정중추인 변연계에 전달, 타인의 감정을 읽고 공감할 수 있게 해 준다. 다른 사람의 행동을 보고 따라하거나, 처한 상황을 통해 그 마음을 짐작하고, 그 사람의 말에 공감하는 건 모두 이 세포 때문에 가능하다. 공감은 인지적 공감과 정서적 공감으로 다시 구분되는 데, 전자가 타인의 마음상태를 이해하는 것이라면, 후자는 타인의 감정상태를 느끼는 것이다.

■ 세월호 참사는 공감능력을 상실한 인간이 얼마나 이기적일 수 있는지 보여준다. 선실에 갇혀 있던 아이들의 고통과 불행에 눈을 감은 선장과 일부 선원들의 행동은 큰 비극을 낳았다. 하지만 많은 국민들은 자기 일처럼 이 비극에 공감하고 있다. 희망은 여기에 있다. 미국의 인지언어학자인 조지 레이코프(George Lakoff)는 더 주문한다. "공감은 책임 있는 행동으로 이어져야 변화를 가져올 수 있다."

(3) 용서

용서란 단순히 잊어버리거나 참거나 화해하는 것이 아니라, 상처를 준 사람에 대해 갖는 부정적인 판단, 감정, 행동반응을 긍정적으로 바꾸는 것을 말한다. 다시 말해 자신의 상한 마음을 알고 상대방의 잘못도 인정하면서 조건 없이 상대방에 대한 복수를 철회하고 자비를 베푸는 일이다. 그러기에 용서는 자신의 권리를 어쩔 수 없이 부정하는 수동적인 해결방법이 아니라, 적극적인 자기치유와 회복의 방법이다 (정희태, 2011).

용서를 실천하는 일은 매우 어려운 일이지만, 그것은 상대방으로부터 비롯된 불쾌함이나 증오로 인한 고통을 완화시키고 긍정적 기억으로 전환시켜 준다. 용서는 나 자신의 상한 마음이나 감정을 억누르거나 상대방의 잘못을 합리화하려는 생각이 아니라, 본인 스스로가 모든 사람들에게 존재하는 인간의 고유한 가치를 새로운 시각에서 봄으로써, 상처를 받은 자신뿐만 아니라 상처를 준 사람과 또한 상황까지도 긍정적으로 보게 하는 정신적 변환이기 때문이다.

학생들은 학교생활에 부적응을 경험하게 된다. 그 과정에서 증오와 복수라는 새로운 악순환적 감정과 태도를 지니게 된다. 학교폭력과 관련하여 용서는 개인 내 갈등해결 전략으로 건강한 대인관계의 바탕이 된다. 따라서 학교폭력의 예방과 근절을 위해서는 학생들로 하여금 용서의 의미를 바르게 이해하고 실천하는 것을 포괄하는 용서에 대한 교육이 있어야 한다. 청소년 시기는 대인관계가 확장되는 시기이기 때문에, 타인에 대한 용서의 마음과 자세가 형성된 대인관계는 자신과 타인을 신뢰하도록 하고, 학교나 사회생활에 잘 적응하게 하는 데도 크게 도움이 된다.

특히 학교폭력의 피해자의 경우, 가해자에 대한 응징과 보복보다는 마음으로부터 우러나는 용서를 할 때 상처를 더욱 효과적으로 치료할 수 있다. 따라서 피해자들에게는 가해자를 위해서가 아니라 피해자 자신의 완전한 치유를 위해서라도 가해자를 용서해 줄 수 있는 능력을 신장시켜 주어야 한다. 학교폭력의 가해자들 또한 어떤 면에서는 이미 폭력적인 부모나 교사 혹은 또래들로부터의 피해자일 가능성이 있으므로, 이런 측면에서도 용서의 전략과 훈련이 필요하다.

(4) 분노조절

인간은 행복과 희열, 사랑, 친밀감 등과 같은 다양한 긍정적 정서뿐만 아니라, 슬픔과 우울, 불안, 분노 등과 같은 부정적 정서들도 느끼면서 이를 다양한 형태로 표현하면서 살아간다. 이 가운데 분노는 경미한 짜증에서부터 격분에 이르기까지 상당히 광범위하게 불쾌한 정서상태를 포함한다. 어떤 측면에서 분노는 개인으로 하여금 위험에 적절하게 대응하게 한다는 점에서 개체 생존에 필요한 기능이지만, 또 다른 측면에서는 직·간접적으로 상당히 부정적인 결과를 초래할 수도 있다(이미경, 2007). 예컨대 분노는 대인관계에서 자신에게 뿐만 아니라 타인에 대한 공격적 태도와 행동을 유발하여, 경우에 따라서는 심각한 신체적 손상을 가져올 수도 있다.

학교폭력과 관련하여 분노에 의한 공격적 행동은 정서적, 행동적 장애 특성 중의 하나이다. 공격적 성향이 있는 학생은 사회적인 상황을 정확히 파악하는 데 필요한 단서를 충분하게 찾아내지 못한다. 또한 자신을 향한 타인의 행동에 대한 의도를 적대적으로 해석하여 문제 상황이 발생했을 때 공격적 해결책을 선호하게 된다. 이러한 적대적 해석은 공격적인 반응을 만들고 이를 증폭시켜서, 자신의 생각이나 의견을 상대방에게 적절한 언어적 표현이나 대화로 해결하지 못하고, 비언어적이고 즉각적인 방법으로 해결하려고 하는 행동 특성을 나타내 보인다.

분노는 학교생활에서 피할 수 없는 감정 경험으로 적응적 및 부적응적 기능을 동시에 수행하기 때문에 반드시 적절하게 조절해야 할 감정 항목이다. 학교생활에서 분노조절에 실패할 경우, 특정 대상에 대한 복수심을 유발할 수 있고, 나아가 전체 대상에 대한 부정적 감정과 행동을 유발시킬 수 있다. 분노가 발산되면서 생겨나는 공격성은 초기에는 단순한 것일 수도 있지만, 이것이 장기적으로 지속될 경우에는 심각한 폭력이나 범죄행위로 전환될 수 있는 매우 위험한 요소가 내재되어 있다(정희태, 2011).

이러한 측면에서 학교에서는 학생들로 하여금 분노 자체가 나쁜 것은 아니지만, 부적절하게 분노를 표현하는 것이 문제라는 것을 이해하게 하고, 파괴적이고 공격적인 분노의 표출이 가져올 수 있는 위험한 상황을 인지시켜 주어야 한다. 나아가 학생들이 지니고 있는 파괴적이고 공격적인 행동의 바탕이 되는 분노를 적절하게 해소할 수 있는 분노 조절 프로그램을 구안하여 실행할 필요가 있다.

우리가 살고 있는 사회는 급속도로 변해가고 있으며, 이러한 변화에 잘 적응하면서 시대를 주도해 나가기 위해서는 시대적 변화에 대한 빠르고 객관적인 상황인식과 함께 새로운 시대적 요구를 정확하게 파악해낼 수 있어야 한다. 현대사회에서 일어나는 각종 사회적 병폐와 문제를 슬기롭게 극복하고 위기적 상황으로부터 벗어나기 위해서 우리는 고대로부터 지속되어져 온 인성의 개념과 교육실제적 틀에서 벗어나 우리의 현재 및 미래 사회가 요구하는 새로운 인성을 찾아내고, 그 인성을 함양하는 교육을 실시하여야 할 필요가 있다.

학교는 나와 너, 그리고 우리에 대한 이해를 강조하는 곳이어야 한다. 정직, 책임, 배려, 공정성, 자신과 타인에 대한 존중 등의 윤리적 가치를 내면화하고, 역지사지의 자세, 이해와 관용, 타협과 조정을 가르치고 배우는 곳이어야 한다. 이러한 배움을 통해서 학생들이 다른 사람뿐만 아니라 자기 스스로를 존중하고 이해하며 배려하는 태도를 가지게 된다면 학교폭력은 점차 사라지게 될 것이다.

Chapter 4

학교폭력 예방 활동

Chapter 04

학교폭력 예방 활동

예방의 기능과 역할에 대해서는 거의 모든 사람들이 그 필요성과 중요성을 인식하고 있다. 그러나 예방의 중요성을 인식하는 것과는 별개로 아직까지 예방에 대한 학문적, 사회적, 그리고 실천적 관심은 그다지 높지 않은 것이 사실이다. 심리학자들이나 상담자들조차도 여전히 예방보다는 문제 발생 이후의 대처, 즉 치료와 교정에 더 많은 관심을 두고 활동하고 있는 실정이다.

학교폭력 예방은 학교폭력이 발생하기 전에 문제가 발생할 가능성을 찾아서 발생하지 못하게 하거나 혹은 더 심각한 상태로 발전하는 것을 방지하기 위한 것이다. 물론 문제 발생 이후에 전문적인 서비스를 제공함으로써 문제가 악화되는 것을 막고, 개인이 다시 정상적인 수준으로 복귀할 수 있도록 돕는 것도 매우 중요하다. 그러나 이러한 방식의 반응적 접근(reactive approach)으로는 또 다른 새로운 문제가 발생하는 것을 막을 수 없다. 따라서 문제 발생 이후에 접근하는 반응적 접근보다는 예방과 조기개입에 초점을 둔 선제적 접근(proactive approach)으로 패러다임을 바꿀 필요가 있으며, 이와 같은 선제적 접근이 개인적으로나 경제적으로 반응적 접근보다 효과가 더 좋은 것으로 보고되고 있다(Rapp-Paglicci, Dulmus, & Wodarski, 2004).

본 장에서는 먼저 학교폭력의 주요한 원인이 되는 가정과 학교, 그리고 지역사회의 환경적 요인과 청소년의 관계에 대해 살펴보고, 학교폭력을 예방하기 위해서는 가정과 지역사회, 그리고 학교가 각각 어떠한 역할을 수행하고 노력해야 하는지에 대해서 알아보도록 한다.

1 가정의 역할과 예방 활동

1) 가정과 청소년

가정은 인간이 태어나고 자라면서 접하는 최초의 사회집단이자 조직으로서, 가족이라는 친밀하고 정서적인 인간관계를 통하여 상호 애정과 신뢰, 위안과 안식 등 심리적이고 정서적인 충족감을 얻는 곳이므로, 가정은 단순한 공간적 장소의 의미를 넘어 심리적인 분위기를 포함하는 개념이다. 가정은 인간이 태어나서 성장기에 이르기까지 인격형성에 가장 큰 영향을 미치며, 인간에게 가장 중요한 행동 지침을 교육하고 정서를 안정시키는 기능을 수행하기에 인간교육의 근원이 되는 곳이라고 할 수 있다.

나아가 가족 구성원들은 부모-자녀 간의 혈연에 기초한 애정을 중심으로 공동체 의식이 형성된다는 점에서, 가정은 평생교육의 장이며 사회교육의 장이기도 하다. 이와 같이 가정은 한 인간의 인격 발달이 최초로 경험되고 형성되며, 개인의 성격은 물론 가치관이나 행동에 이르기까지 지대한 영향을 미치는 곳이라는 점에서 청소년들의 인성의 요람으로서 중요한 의미를 갖는 곳이다.

이러한 가정의 기능에 대해 오그번(W. Ogburn)은 애정의 기능, 경제적 기능, 교육적 기능, 보호적 기능, 오락적 기능, 그리고 지위적 기능 및 종교적 기능으로 구별하였으며, 머독(Murduck)은 합법적으로 성생활을 영위하는 기능, 인류의 계승을 위한 자녀의 출산과 양육 기능, 생산과 소비를 통한 경제적 기능, 문화의 전수를 통한 교육적 기능, 그리고 애정과 인식을 누리는 애정교환 기능으로 구분한 바 있다.

과거에 우리나라 대부분의 가정은 3대가 함께 사는 대가족 사회였다. 이러한 대가족 생활을 통하여 자녀들의 양육과 더불어 교육, 여가 및 인간관계 등 거의 모든 기능들이 가족 구성원들 사이에서 이루어져 왔다. 가정은 다양한 인간관계를 바탕으로 한 인간의 지능적, 정서적, 성격적 성장과 발달을 가능하게 하는 생활의 터전이었기 때문에, 어떠한 가정환경에서 성장하는가 하는 것은 곧 그 사람의 인격적 성장 상태를 가늠해 볼 수 있는 중요한 지표라 할 수 있다.

그러나 현대사회에 접어들면서 핵가족화 현상이 두드러지면서 그러한 전통적인 가정의 구조와 기능이 붕괴됨에 따라 가정의 역할 또한 점차 축소되어 갔다. 주부 취업의 증가, 이혼의 증가, 주말부부의 증가, 자녀 수 감소, 주거생활 변화 등 산업화 이후 핵가족화에 따라 빈곤가정, 결손가정 등 다양한 문제 가정들의 출현을 초래하게 되었으며, 이러한 문제 가정의 형태와 성격은 학교폭력 혹은 청소년의 일탈에도 크게 영향을 미치게 되었다.

다원화되고 산업화되어 가고 있는 오늘날의 한국사회에서 가정은 더욱 중요한 의미를 갖지만, 현재 우리 사회에서의 가정은 그 의미를 충분히 다하지 못하고 있다. 특히 오늘날 우리의 가정에서는 혈연적 관계요건은 지속되고 있으나, 애정과 존중과 신뢰를 바탕으로 하는 정서적 요건들은 많이 상실되어 가고 있는 실정이다. 따라서 오늘날 크게 문제화되고 있는 학교폭력과 관련하여 가정의 전통적 기능과 역할을 회복해야만 한다는 주장이 크게 대두되고 있다.

2) 학교폭력 예방을 위한 부모의 역할

가정은 인간생활의 근본이자 삶의 원천으로 가장 기본적인 집단이기 때문에 가정을 통하여 기본적인 인격형성이 되고 올바른 가치관 및 윤리관이 확립되어야 한다. 가정에서 이루어져야 할 이러한 기능과 역할들이 제대로 수행되지 못할 경우, 가족 간에 갈등이 증폭되어 궁극적으로 가정폭력이 초래되거나 혹은 가정에서 잠재된 욕구불만이 학교에서 동료들을 통해 해소되는 과정에서 학교폭력이 일어나게 된다.

많은 연구들이 부모의 양육태도에 따라 자녀의 성격이나 인성 등이 형성된다고 지적하고 있다. 폭력이나 공격성은 부모중심적이거나 지나치게 엄격한 가정에서 자란 학생들에게 쉽게 유발된다. 또한 부모의 체벌이나 폭력이 자녀의 폭력, 나아가 학교폭력과 사회폭력으로 이어지게 된다.

가족의 기능적 요인과 청소년의 적응 및 비행에 관한 연구를 보면, 모든 자녀의 발달에 가장 적합한 작용을 하는 단일의 자녀 양육방식이나 관계의 유형은 없으나, 보다 좋은 부모-자녀 간의 의사소통, 평온한 가정의 분위기, 권위 있는 자녀 양육방식 등의 형태가 아동 및 청소년들의 건강한 적응과 발달을 가져오는 것으로 보는 견해가 지배적이다(Klein, Forehand, Amistead, & Long, 1997; Sokol-Katz, Dunham, & Zimmerman, 1997). 반면에 비행과 같은 문제행동을 일으키는 자녀의 부모들은 일반적으로 보다 더 낮은 교육적 성취를 보이고, 자녀양육에서 더 강압적이며, 화를 더 많이 낸다. 또한 체벌을 더 많이 사용하고, 일관성이 떨어지는 훈련방식을 사용하는 경향을 보인다(Sansbury & Wahler, 1992).

이러한 점에서 볼 때, 자녀의 양육 과정에서 부모가 어떤 역할을 수행하는가 하는 것은 자녀의 바람직한 성장 발달에 지대한 영향을 미치며, 이는 나아가 자녀들이 학교에서 학교폭력의 가해자 혹은 피해자가 되는 주요한 원인을 제공해 줄 수도 있다. 따라서 부모들은 자녀들로 하여금 사회적 관계 맺기의 기본적 태도와 기능을 형성하게 되는 가정에서 부모의 역할과 교육에 따라 원만한 인간관계와 건전한 인성을 형성함으로써 학교폭력을 예방할 수 있도록 해야 한다. 이를 위해서 부모는 다음과 같은 역할을 보다 적극적으로 수행할 필요가 있다.

(1) 자녀에 대한 이해 증진

부모와 자녀 간에는 크든 작든 간에 엄연한 시각의 차이가 존재한다. 부모-자녀 간의 시각의 불일치는 세대 차이나 서로 살아가는 과정 및 상황의 차이 등에 의해 어쩔 수 없이 나타나는 현상으로 볼 수도 있다. 그러나 그 정도가 심할수록 서로 간의 대립과 갈등을 초래할 가능성이 크며, 특히 부모가 자녀의 입장과 관점을 무시한 채 권위만을 주장한다면 자녀에게 기대하는 교육적 효과를 기대하기는 어려울 것이다.

부모는 자녀가 자신들과 다른 느낌과 생각을 가지고 세상을 바라보면서 삶을 꾸려가고 있다는 사실을 깊이 인식해야만 한다. 자녀가 어른의 축소물이 아니며 개별적 인격체라는 사실을 망각해서는 안 된다. 따라서 부모 자신의 잣대로 자녀를 판단하고 자신의 틀에 맞추도록 강요할 것이 아니라, 자녀의 입장에서 그들을 이해하고 도울 수 있는 자세가 필요하다.

이를 위해서 부모는 자녀와 함께 있는 시간을 많이 만들어 자녀와의 대화 시간을 자주 가짐으로써, 자녀가 가지고 있는 고민과 문제를 함께 생각해 보고 부모가 도와줄 수 있는 것이 무엇인지 생각해 볼 필요가 있다. 그리고 자녀들이 접하고 있는 문화에 대한 특성을 파악하고 이해하여 자녀와의 벽을 허물도록 하는 노력도 필요하다(강숙경, 2007: 71).

(2) 화목한 가정 분위기 형성

가정의 분위기는 가족 구성원의 화합 정도, 특히 가정의 핵심 축인 부부 사이가 얼마나 좋은가에 달려 있다. 가정의 분위기는 자녀의 사회화 기능의 수행에 영향을 미치기 때문에 청소년 비행과 밀접한 관계가 있다. 화목한 가정에서는 구성원 간에 사랑하고 우호적이며 상호 이해의 수준이 높기 때문에 긴장과 갈등이 상대적으로 적다. 반면에 화목하지 못한 가정에서는 구성원 간에 많은 문제들이 존재한다. 이러한 가정의 부모는 자녀에 대한 태도가 냉담하고 태만하며 감독이 부적절하다. 비행청소년은 화목하지 못한 가정 출신이 많다. 화목하지 못한 가정에서 성장하게 되면 가족이 소중하다는 데에 가치를 부여하지 않으며, 가정에서는 편안함이 아닌 소외감을 경험한다. 따라서 부모는 자녀들이 가정에서 편안함을 느끼고 부모로부터 존중받고 있다는 것을 느낄 수 있도록 가정의 분위기를 만들어야 한다. 부모의 관심과 사랑, 그리고 배려는 원만한 자녀의 성장을 돕는 지름길이다.

특히, 자녀들에게 효과적인 의사소통을 통해서 직·간접적으로 부모의 관심과 사랑을 전달할 수 있도록 해야 한다. 우리나라 청소년들은 고민 상담을 하는 대상으로 부모보다는 친구들을 선택하고 있다는 조사 자료가 있다(2015, 한국청소년정책연구원). 이는 부모와 자녀 간에 효과적인 의사소통이 이루어지지 못하는 데에서 기인한다고 볼 수 있다. 우리나라 부모들은 자녀들에게 늘 지시조의 상의하달식 대화를 시도하기에 자녀들로부터 거부감과 반항심을 불러오게 만든다.

효과적인 의사소통을 위해서는 말하는 자신의 생각과 감정도 존중하는 동시에 상대방에 대해서도 공격하거나 원망하지 않는 식의 표현이 필요하다. 이를 위해서는 나-전달법(I-massage)이 좋다. 이 의사소통 방법은 현재 자신의 느낌과 감정을 알아차리고 이를 적절하게 드러내는 데에 초점을 맞춘다. 대화에서 상대방을 공격하거나 비난하지 않으므로 책임 추궁이나 부정적 감정이 느껴지지 않아 상대방의 감정과 기분을 상하게 하는 일도 없기 때문에 매우 효과적인 의사소통법이라 할 수 있다.

(3) 건전한 여가활동 함께 하기

부모는 자녀와 함께 하는 시간을 가능한 한 많이 가질 필요가 있다. 부모가 자녀와 함께 여가활동을 하는 것은 누구나 가장 쉽게 실천에 옮길 수 있고 또 가장 많은 효과를 거둘 수 있는 방법이다. 가족이 함께 여가활동을 하는 것은 특별한 이론이나 기술이 필요하지 않고 재정적 부담도 그렇게 크지 않다. 여가는 일에서의 해방, 부족한 운동의 보충, 인간관계의 개선, 창의력 신장, 심적 갈등의 해소, 정서적 안정 등의 다양한 기능을 가지고 있다. 그러나 가족 구성원이 함께 건전한 여가활동을 하지 못한다면, 자녀는 잘못된 길로 빠지게 되거나 향락적이고 퇴폐적 방법으로 시간을 보내게 될 가능성이 있게 된다.

특히 자녀와 함께 하는 여가활동을 통해 자녀와의 대화와 소통의 양과 질을 높임으로써 부모와 자녀 간의 친밀도를 향상시킴과 더불어 상호간에 의견의 불일치나 갈등을 해소할 수 있다. 이는 기본적으로 가족 상호간에 서로 이해하고 존중하며 배려하는 마음을 기르게 함으로써 올바른 인성과 태도를 함양하는 데도 큰 도움을 줄 수 있다.

(4) 올바른 가정 교육관과 교육력 회복

부모는 언제나 자녀에 대한 올바른 가정 교육관을 가져야 한다. 이를 위해서 사회교육기관이나 대학에서의 공개강좌 등을 통해서 각종 부모교육 프로그램을 수강할 필요가 있다. 그러한 교육을 통하여 부모가 올바른 가치관, 교육관, 주체성을 확립할 때 올바른 자녀교육이 이루어질 수 있다. 그리고 이를 바탕으로 하여 부모의 가정 교육력을 회복해야 한다.

교육력을 회복하는 지름길은 부모가 자녀에게 지시자나 경쟁자가 아닌 동조자 혹은 협조자로 받아들여지고, 자녀를 거부하거나 소원시하는 소극적 부모가 아니라 자녀를 수용하고 이해하는 적극적 부모로 여겨져야 한다. 그러기 위해서 부모는 감정이나 충동에 의한 언행의 불일치를 탈피하여 일관성 있는 태도와 언행으로 자녀에게 신뢰감을 불어넣음으로써 부모에 대한 존경심을 새롭게 보강해야 한다. 일관성이 없는 훈육방식과 자녀 행동에 대한 적절치 못한 대응, 그리고 자녀에 대한 지나친 관심과 기대 등은 자녀로 하여금 건전한 인격을 지닌 건강하고 균형 잡힌 청소년으로 자라나는 것을 방해하기에, 부모는 신뢰와 존경이라는 기초 위에서 자녀교육에 대한 확고한 가치관을 가지고 올바른 양육방식으로 가정에서의 교육력을 가져야만 한다.

이와 같은 부모의 노력은 자녀의 인성을 결정하는 데 중요한 역할을 하며, 자녀가 학교폭력의 가해자 혹은 피해자가 되는 것을 예방하기 위한 실천적 방법이 될 수 있을 것이다.

2 학교의 역할과 예방 활동

1) 학교와 청소년

학교는 문화가 발달하고 사회생활이 복잡해지면서 가정과 사회에서만 이루어지던 교육의 기능과 역할을 체계적으로 감당하기 위해 생겨난 기관으로서, 특정한 목적과 내용을 가지고 일정한 계획에 따라 학생들에게 사회생활에 필요로 하는 다양한 지식과 기술을 전수한다. 학교교육이 이루어지는 과정에서 청소년들은 수많은 또래 청소년들과 다양한 인간관계를 맺으면서 신체적, 지적, 정서적 발달을 함께 이루어 간다.

이와 같이 우리는 학교를 교육이 일어나는 공간으로 당연시하지만, 사실 학교는 우리 사회에 있는 다양한 삶의 방식이 그대로 존재하는 복합적인 공간이다. 이는 곧 학교라는 공간에는 교육과는 다른 다양한 삶이 공존하고 있으며, 교육과는 무관한 다양한 삶의 방식이 교사를 포함하여 학교가 가지고 있는 그 어떠한 교육적 노력도 무력화시킬 수 있을 만큼 영향력이 클 수 있다는 것을 의미한다(송재홍 외, 2013). 따라서 이러한 학교에서 학교의 교육 기능에 대해 특별한 관심을 기울이지 않으면, 학교는 교육 이외의 삶의 방식에 휘둘려 비교육적 또는 반교육적 사태들이 빈발할 가능성이 높다.

오늘날 청소년들은 대부분의 시간을 학교에서 보내고 있다. 청소년기는 급격한 신체적 변화를 겪으면서, 성인기로의 성공적인 전환을 위해 다양한 적응문제를 경험하게 되는 시기이다. 즉, 새로운 것에 대한 적응으로 불안을 경험하고, 잦은 감정의 변화로 자신의 의지와 사고를 통제하기 어려운 시기이기도 하다. 따라서 청소년들이 적절한 문제 해결로 이 시기를 잘 극복하면 성인으로의 원만한 성장과 발달이 연결될 수 있지만, 그렇지 못할 경우에는 좌절을 경험하고, 그것이 심화되면 결국 반사회적 폭력행동을 보일 수가 있다. 따라서 학교는 학교가 가진 본래적 기능에 비추어 볼 때도, 학생들의 건강한 신체적 발달과 함께 지성과 덕성이 조화로운 발달을 이룬 인격적인 인간 형성을 추구하고, 나아가 민주시민으로서의 책임과 의무를 다하면서 정당한 권리를 행사할 줄 아는 민주시민으로 길러내야 한다.

그럼에도 불구하고, 오늘날의 학교는 수동적이고 무기력한 다수를 배출해 내는 결과를 초래할 가능성이 높다. 오늘날 학교는 단순히 상급학교에 진학하기 위한 수단으로 전락되었고, 지식편중의 교육으로 인하여 개개인의 개성, 창의성, 자율성과 정의적인 측면의 인격적인 교육은 무시된 채 이루어지고 있기 때문이다. 학교교육은 가족이 아닌 다른 사람들과의 관계 속에서 이루어지는 교육이므로 사회적 존재로서의 인격 형성에 많은 영향을 미치며, 인간에게 필요한 사회화는 대부분 학교교육을 통해서 이루어진다. 그러나 학력에 의하여 개인의 사회경제적 조건이 좌우되는 학력중시 사회의 입시위주 교육 풍토가 조성되어 있는 우리나라 학교교육에서, 공부에 흥미를 잃은 일부 학생들이 자신의 원초적인 인간적 욕구를 발산할 기회와 장소를 찾기란 쉽지 않다.

2) 학교폭력 예방을 위한 학교의 역할

학교 현장에서 나타나고 있는 다양한 부작용들은 학교폭력을 양산하는 중요한 원인으로 작용하면서 인성교육의 중요성을 다시 한 번 절감하게 한다. 앞에서 보았듯이, 지금까지의 인성교육 관련 정책은 한 개인의 장기적이고 전반적인 발달을 고려하지 않고, 단기적이고 가시적인 효과에 치중하는 경향을 보여 왔다. 또한 입시 위주의 경쟁적인 학교 분위기로 인하여 인성교육 관련 프로그램의 개발 및 보급에도 불구하고, 학교현장에서의 적용과 그 효과가 구체적이고 객관적으로 분석되지 못하였다. 사실 인성교육은 기본적으로 올바른 가치관과 인성을 갖춘 교사가 본보기가 되어 학생들을 지도할 때, 실천성을 담보할 수 있을 뿐만 아니라 그 효과성을 배가시킬 수 있다.

학교폭력이 학교라는 공간에서 일어나는 사안이고, 가해자와 피해자가 모두 학생들이라는 점을 고려하여 볼 때, 학교폭력 발생에는 또래집단이나 교사뿐만 아니라 학급과 학교분위기 등의 환경적 요인도 중요하게 영향을 미친다.

이와 같이 학교폭력은 학교의 내부 분위기에 따라서도 영향을 많이 받을 수 있기 때문에 청소년들에게 긍정적인 영향을 미칠 수 있는 학교 환경을 조성함으로써 학교폭력의 빈도를 감소시키도록 해야 한다. 유형근 등(2014)은 학교폭력을 줄일 수 있는 바람직한 학교환경을 조성하기 위한 방안으로 다음과 같은 네 가지 방법을 제시하고 있다.

(1) 안전한 학교 시설의 구축

깨진 유리창 이론(Broken Window Theory)에 따르면, 작은 유리창 하나라도 깨어진 채 관리되지 않고 방치되어 있을 경우 그 건물은 곧 황폐화되고 만다. 주변 사람들이 그 건물의 주인이 없거나 잘 관리되고 있지 않다고 여기게 되어 곧 다른 유리창도 깨뜨리거나 지역 불량배들의 소굴이 되기 십상이라는 것이다. 이 이론에 따를 때, 학교도 깨끗하고 안전하게 잘 관리되지 않거나 유휴 시설물이 증가할 경우에 학생들이 학교에 대해 갖는 존중감이나 의무감을 흐리게 만들고, 결국에는 학교폭력 가해학생들의 주요 활동 공간이 될 수 있다는 것이다. 따라서 학교는 학교 건물들에 대해서 체계적으로 관리하고 점검해야 할 필요가 있다.

이를 위한 구체적 방안으로는, 학생 보호 및 안전한 학교 환경을 조성하기 위하여 학교폭력 발생 비율이 높은 시간대와 장소에 학교 구성원들이 조금 더 관심을 가지고 순찰을 하거나 순회 지도를 한다. 그리고 외부인의 출입 통제를 강화하여 경비실 등 지정된 장소에서 방문 대장을 작성하고 출입하도록 하며, 학교 내 CCTV를 운영하고 모니터링을 강화하는 것도 하나의 방안이다. 또한 야간 조명으로 야간에도 사각지대 없이 잘 관찰할 수 있도록 하거나 낮은 울타리 등 조경을 이용하여 학교의 구석구석에 대한 조망권이 충분히 확보될 수 있도록 하는 것도 필요하다. 특히 학교폭력이 일어날만한 장소를 사전에 차단하기 위해 학교 옥상이나 주차장, 건물 뒤편 등 후미진 공간에 대한 접근을 통제하는 것도 중요하다. 물론 이 때 옥상의 경우 안전재난 시 긴급 대피장소로 이용해야 한다는 점을 고려하여야만 한다.

(2) 정서적 지원의 강화

학교교육에서 받고 있는 공부에 대한 압박과 스트레스는 청소년들에게 개인주의와 같은 바람직하지 못한 가치관을 심어주며, 이러한 요소들이 결과적으로 학교폭력의 원인을 제공한다. 학교에서 누적된 욕구불만, 실패감, 무시, 긴장과 불쾌감 등에 대한 반대급부로 학생들은 사회질서를 파괴하는 난폭한 폭력행위를 통하여 쾌감을 맛보게 된다. 이러한 학습된 쾌감은 점차 강화되어 보다 크고 잔인한 폭력행동으로 이어질 수 있다.

따라서 일관성 있게 학교 정책을 추진하고 학생에 대한 교사들의 지지 수준을 높이며, 의사 결정에 학생들을 참여시키는 등 긍정적인 학교 분위기를 형성하여 학생들로 하여금 학교에 대한 정서적 친밀감과 안정감을 갖게 함으로써 학교폭력을 예방할 수 있다. 또한 또래활동을 장려하고 또래집단이 폭력성을 띄지 않도록 하기 위해 학생들이 건전한 집단 활동을 할 수 있는 여건을 마련해 주는 것도 필요하다.

(3) 학생생활규정의 제정

학생생활규정은 학생생활과 관련한 제반사항을 세부적으로 규정하는 것이다(「초·중등교육법」 제8조, 동법 시행령 제9조). 여기에는 기본적인 품행에서부터 교우관계, 이성교제, 동아리활동, 여가활동 및 학생들의 사이버 생활까지 규정할 수 있어, 실제 학교 공동체에 미치는 영향이 크다.

따라서 학교폭력의 예방을 위해 학생생활규정을 제정하고자 한다면, 반드시 지켜야 할 핵심 사항 위주로 작성하여 교사, 학생, 학부모가 명확히 인지할 수 있도록 한 다음 학생, 학부모, 교사 간에 충분한 협의과정을 거쳐 실천적인 인성교육을 실행할 수 있는 규칙으로 제정할 필요가 있다. 이와 같이 학생생활규정은 학생과 학부모, 그리고 교사가 함께 참여하여 타당하고 객관적이며 신뢰할만한 과정을 거쳐 제·개정되어야 실효성 있게 운영될 수 있다. 학교는 규제와 체벌보다는 학교 구성원들이 자발적으로 참여하고 실천할 수 있는 자율과 책임 중심의 규칙으로 기능하도록 지원해야 한다. 이러한 과정을 거칠 때 학생이 자율적으로 학교규칙을 준수하는 문화를 만들 수 있다.

(4) 다양한 소집단 활동의 활성화

학교폭력 예방을 위한 방안으로 학생들이 관심을 갖고 자율적으로 참여하는 자치활동 및 다양한 소집단 활동을 활성화할 수 있다. 연구 결과, 다양한 동아리 활동은 학교폭력의 강화나 방관을 조장하는 학급 분위기를 바람직한 형태로 변화시키고 가해행동을 억제하며 가해행동에 대해서 방어하도록 하는 긍정적 학급 응집력, 집단 분위기, 집단 규범을 만드는 데에 기여하는 것으로 나타났다.

이상에서 살펴 본 바와 같이, 학교폭력을 예방하기 위해서는 전인교육이 이루어질 수 있는 교육환경을 조성하는 것이 중요하다. 그러나 무엇보다도 중요한 것은 학생들로부터 존경받을 수 있는 교사의 자질을 함양하는 일이라고 본다. 학교폭력 예방을 위한 소통과 배려, 협력의 문화를 만들기 위해서는 학생, 교사, 학부모가 상호협력하고 배려하는 공동체적 학교 분위기가 형성되어야 하는데, 이러한 분위기를 형성하는 데 그 누구보다도 주도적인 역할을 수행해야 하는 사람은 바로 교사이기 때문이다. 따라서 교사는 학생 관리 방법, 학생과의 유대감 증진 및 배양 훈련, 스트레스 관리기술 등에 대한 지속적인 연수와 학습을 통해서 교사의 의지를 향상하고 자질을 키워나가야 한다. 이를 통해 교사는 학생들의 인성을 존중하고 가정 및 관련기관의 참여와 협력을 권장하며, 민주적이고 참여적인 의사결정이 가능한 학교 문화를 만들어 갈 수 있는 것이다.

그림 4-1 학교폭력근절종합대책: 학교장과 교사의 역할 및 책임 강화(1)

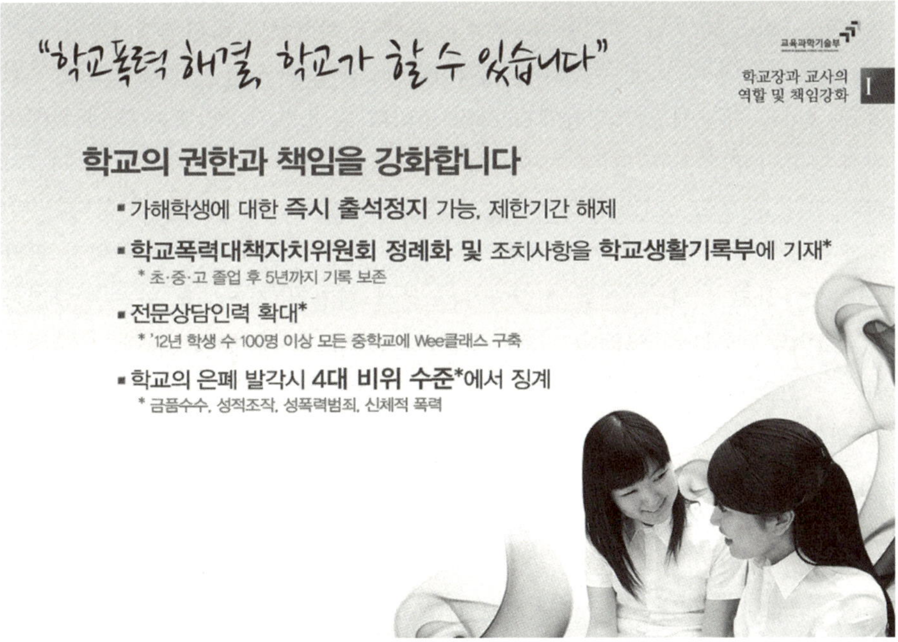

출처: 교육과학기술부(2012). 학교폭력근절종합대책 설명자료.

3 지역사회의 역할과 예방 활동

1) 지역사회와 청소년

사회는 인간에게 있어 하나의 커다란 배움터이다. 의도적이든 의도적이지 않든 간에 인간은 사회 안에서 많은 것들을 경험하면서 배워나가기 때문이다. "인간은 사회적 동물이다."라는 아리스토텔레스(Aristotle)의 말을 굳이 빌리지 않더라도, 인간은 사회를 통하여 인간다운 생활을 영위할 수 있다. 특히 사회 환경은 현대에 와서 현대인의 사고방식이나 행동양식, 즉 문화적인 면에서 미치는 영향이 크게 증대되고 있다.

지역사회는 가정 및 학교와 함께 청소년의 주요한 생활의 장이다. 그 어느 시기보다 청소년은 지역사회의 영향을 많이 받으며 성장한다. 따라서 지역사회의 특징이나 성격은 그 지역사회에서 살아가는 청소년의 성격적 특성과 행동 특성에도 크게 영향을 미칠 수밖에 없다. 그렇기에 청소년 범죄의 원인에 있어서 최근 지역사회의 중요성이 매우 강조되고 있다. 즉, 청소년들의 문제는 개인의 성향이나 가정, 학교의 적응 문제, 비행 친구와의 접촉 이외에도 그들이 몸담고 있는 거주 지역, 동네의 특성과도 밀접한 연관이 있다고 보기 때문이다.

이러한 주장은 쇼우와 맥케이(Shaw & McKay)가 제시했던 사회해체이론이 최근에 큰 지지를 받으면서 크게 부각되기 시작하였다. 해체된 지역은 전체적으로 범죄가 많이 발생하기 때문에 청소년들에게 하위 문화적 환경을 제공한다는 점에서 청소년들에게 유해한 지역이 된다는 것이다(Espelage & Swearer, 2003). 이렇게 볼 때, 지역사회의 유해 환경도 청소년들의 범죄를 야기할 수 있는 주요 원인 중 하나가 된다. 안타깝게도 현재 우리 사회는 아이들의 올바른 인성 발달에 적합한 사회적 환경을 제공하지 못하고 있다. 아이들이 살아가는 근접 환경인 지역사회 환경은 안전하지 못하고, 아이들에게 큰 영향을 미치는 미디어 환경도 건강하지 못하다.

급속한 산업화와 도시화, 그리고 세계화의 과정에서 우리는 큰 사회적 변화와 혼란을 경험하였으며, 그로 인해 그동안 청소년들을 윤리·도덕적으로 통제하는 역할을 수행하여 온 전통적 가치들이 붕괴되고 사회적 아노미 현상이 횡행하여 왔다. 이러한 사회적 분위기 속에서 청소년들은 심신이 조화로운 건강한 삶을 영위해 나가지 못하고 삶의 좌표를 잃어버린 채 각종 비행이나 학교폭력에 휩쓸려 소중한 삶을 망치고 있는 경우가 많다. 청소년들은 우리 미래의 동량이므로 소중하게 보호받으면서 건강하게 자라나야 한다. 청소년들이 제대로 성장할 수 있도록 하기 위해서는 가정과 학교뿐만 아니라, 지역사회의 노력도 절대적으로 필요하다. 그리하여 청소년들이 지역사회 안에서 다양한 지지와 지원을 받으면서 밝고 건전한 꿈을 키워나갈 수 있게 해야 한다.

2) 학교폭력 예방을 위한 지역사회의 역할

학교폭력을 예방하기 위해서는 지역사회 내의 다양한 공공기관들, 즉 각종 시민단체와 종교단체, 기업 등이 서로 유기적으로 연계하고 협력하는 노력이 있어야 한다. 지역사회 내 인프라들이 시너지 효과를 발휘하기 위해서는 인적 자원과 시설 등의 물리적 자원을 공유하고, 정보의 교류를 통해 안전한 지역사회가 되도록 잘 조직화되어야 한다. 학교폭력을 예방하기 위해 지역사회가 수행해야 할 몇 가지 역할들을 제시해 보면 다음과 같다.

(1) 지역사회의 환경 개선

청소년기에는 호기심이 많고 자제력이 부족하기 때문에 청소년들을 선도하는 것만으로는 실효성을 거두기가 어렵다. 그러므로 유해 환경을 개선하고 청소년들의 건전한 놀이문화와 문화공간을 확보하여 사회적 환경을 변화시켜 나가면서 동시에 청소년들에 대한 올바른 인성교육이 적절하게 병행될 수 있도록 노력해야 한다. 그러기 위해서는 학교 주변이나 학생들이 자주 다니는 곳에 위치해 풍기문란 행위를 조장할 수 있는 유해 업소나 우범지대 등에 대한 환경 개선과 함께 규제 강화를 위한 법률 개정도 함께 이루어져야 한다.

(2) 미디어 환경의 개선

학교폭력을 예방하기 위해서는 각종 미디어 환경도 개선해야 한다. 미디어들이 아동 및 청소년들에게 부정적인 영향을 미치지 못하도록 매체들의 자율적인 규제를 촉구하는 한편으로, 자율적인 규제가 이루어지지 않는 분야에 대해서는 좀 더 강력한 규제 장치를 도입하여 법제화할 필요가 있다. 인터넷이나 게임 사용에 대한 규제와 미디어 중독 예방을 위한 관련 법규뿐만 아니라, 이들을 계도하고 선도하기 위한 프로그램도 마련되어야 한다. 방송 프로그램에 대한 모니터링을 강화하여 청소년들에게 유해한 영향을 끼칠 수 있는 내용에 대해서는 방송 불가 등의 조치를 취하고, 청소년들에게 유용한 프로그램에 대한 제작 지원도 있어야 한다.

(3) 청소년들을 위한 프로그램 개발과 운영

지역사회는 아동 및 청소년들이 생활하는 근접 환경으로 안전하고 신뢰할 수 있는 곳이 되어야 한다. 최근 아동안전지킴이, 배움터지킴이 등 다양한 방식의 지역사회 지킴이 활동이 증가하고 있으나, 지역사회의 안전과 돌봄을 위해서는 지역사회 내의 성인들을 비롯하여 모든 구성원들의 활발한 참여와 협조가 필요하다. 특히 자기 보호가 불가능한 아동이나 청소년이 홀로 방치되는 일이 없도록 가정과 지역사회가 보다 적극적으로 나서야 한다. 지역사회는 각종 수련활동을 통해 아동 및 청소년들의 인성이 함양될 수 있도록 다양한 프로그램을 개발하고 운영해야 한다.

아동 및 청소년의 문제는 곧 우리 사회의 문제이기에, 사회의 각 주체들은 스스로의 책무성을 깨달아 우리 사회에 만연되어 있는 지나친 경쟁의식과 무관심, 불신, 상업주의 등의 잘못된 의식과 문화를 타파하고 개선하고자 노력하여야 한다.

그림 4-2 학교폭력근절종합대책: 게임·인터넷 중독 등 유해 요인 대책

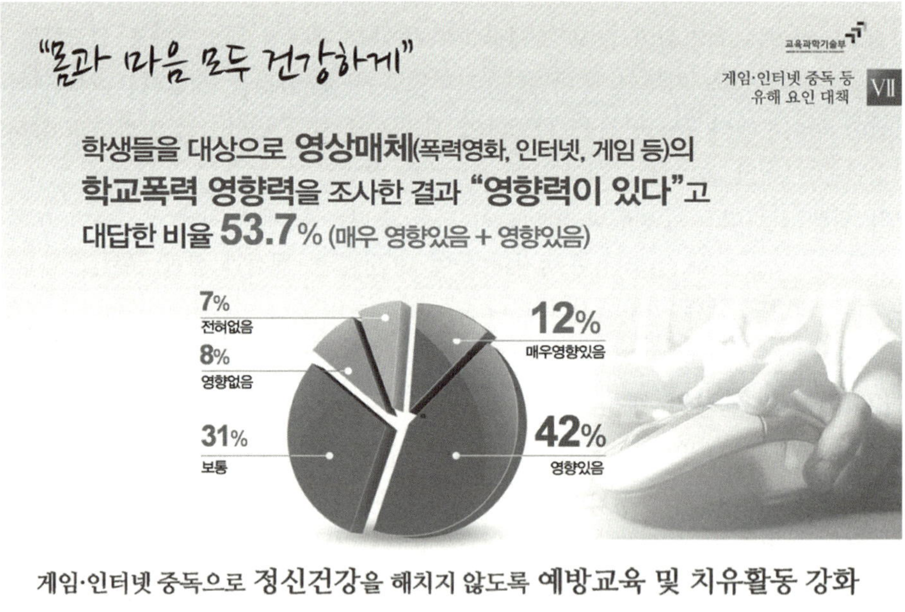

출처: 교육과학기술부(2012). 학교폭력근절종합대책 설명자료.

Chapter 5

학교폭력 예방교육 프로그램

Chapter 05

학교폭력 예방교육 프로그램

학교폭력은 학교 내외에서 학생들을 대상으로 발생하는 유·무형의 신체적·정신적 또는 재산상의 피해를 수반하는 행위로서, 이러한 학교폭력은 가해자와 피해자, 그리고 직접적으로 관련되지는 아니하였더라도 주변의 관련된 많은 사람들에게 큰 상처와 아픔을 주게 된다. 따라서 학교폭력에 대해서는 발생 이후에 실시하는 상담과 치료 등의 대응적 접근보다는 사전에 학교폭력이 일어나지 않도록 하는 예방적 접근이 더욱 중요하게 다루어져야 한다.

예방이란 새로운 문제 사례가 발생하는 것을 줄일 뿐 아니라, 새로운 사례의 기간이나 심각성을 단축시키는 것을 의미한다. 이러한 예방활동은 학생과 학부모, 교사 등과 같은 '사람 중심' 또는 국가나 지역사회, 학교 등과 같은 '체제 중심'으로 이루어질 수 있으며, 양 차원의 활동이 동시에 통합적으로 이루어질 때보다 효과적이다(Conyne, 2004, 이규미·지승희 역, 2010에서 재인용). 예방을 위해서는 각 차원별 위험요인과 보호요인을 파악하여 위험요인을 줄이고 보호요인을 강화해 나가는 접근을 시도해 나가는 동시에 각 개인에게 필요한 역량을 증진시키는 전략을 포함시킬 필요가 있다. 학교폭력 관련법과 제도의 구축, 안전한 학교 환경을 위한 다양한 제도 및 프로그램, 지역사회 내 감시 활동의 강화, 비폭력 캠페인 및 비폭력 문화 활동 전개, 예방을 위한 학생지도 프로그램의 전개, 전문 상담교사 등 전문 인력의 배치, 학교현장에서의 사건 징후의 발견 및 조속한 대처방법 구축, 학교폭력 관련 자료 수집을 통한 정확한 실태 파악 등은 모두 예방적 접근의 예라고 할 수 있다.

학교폭력의 예방에 있어서 무엇보다도 중요한 역할을 수행해야 할 것은 학교이다. 가정을 벗어나 친구들과의 관계가 더욱 강화되는 소년기부터 질풍노도의 시기를 경험하는 청소년기에 이르기까지 대부분의 시간을 보내게 되는 학교현장에서 학생들은 학교폭력에 연루되기 매우 쉽기 때문이다. 따라서 학교는 학교폭력과 직·간접적으로 연관되는 모든 구성원들에게 학교폭력의 예방에 대한 인식을 고취시키고, 효과적인 학교폭력 예방교육 프로그램을 구안하여 운영해야 한다.

본 장에서는 학교폭력 예방교육 프로그램을 구성함에 있어 갖추어야 할 주요 구성 요소를 알아보고, 「학교폭력법」에 따라 학교에서 실시되어야 할 학교폭력 예방

교육의 구체적 대상과 내용을 살펴본다. 그리고 학교폭력 문제에 있어 학교장과 교사는 어떤 책임을 지며 어떤 역할을 수행해야 하는지에 대해 알아보고, 마지막으로 국내·외에서 실시되고 있는 다양한 학교폭력 예방교육 프로그램들에 대해 알아본다.

1 학교폭력 예방교육 프로그램의 구성 요소

학교폭력 예방교육 프로그램을 실효성 있게 개발하여 그 궁극적 목적 및 목표를 달성하기 위해서는 그 개발과정에서 필요한 각 단계별 구성 요소들을 잘 파악하여 논리적이고 체계적인 프로그램이 되도록 설계해야 한다. 이러한 프로그램의 구성 요소들은 내용적이거나 형식적인 측면에서 다양하고 융통성 있는 프로그램으로 설계하기 위하여 기본적으로 지켜야 할 원리이며, 이는 프로그램에 대한 신뢰성과 타당성을 뒷받침해 주는 중요한 기능을 하게 된다.

류혜옥 등(2014)이 제시하고 있는 학교폭력 예방교육 프로그램의 구성 요소들을 구체적으로 살펴보면 다음과 같다.

1) 필요성의 명료화

학교폭력 예방교육 프로그램을 구성하기 위해 가장 우선적으로 고려해야 할 요소로서, 왜 예방교육이 필요하며, 효과적 교육을 위해서는 어떠한 프로그램이 필요한지에 대해서 분명히 해야 한다. 따라서 학교폭력의 심각성과 어떤 사람이 가해자 또는 피해자가 되는지 등과 같은 구체적 자료와 근거를 제시하고, 객관적 관점에서 프로그램을 실시해야 하는 분명한 이유를 제시하며, 프로그램의 목적과 목표를 명확히 할 필요가 있다. 특히 학교폭력이 학교 안이나 학교 주변에서 언제나 쉽게 일어날 수 있는 일로서, 가해자와 피해자 모두에게 심각한 고통과 피해를 줄 수 있다는 사실을 학생들이 분명하게 인식하도록 함으로써, 학교폭력 예방교육에 모든 학생들이 자발적·적극적으로 참여를 하도록 해야 한다.

2) 교육 대상에 대한 이해

교육 대상이 누구인지를 분명하게 이해하는 것도 학교폭력 예방교육 프로그램의 구성 요소로 중요하게 다루어야 할 사항이다. 학교폭력 예방교육은 폭력이라는 특수성 때문에 피해자, 가해자, 방관자 모두를 대상으로 하는 교육이 필요하다. 그리고 아동기 및 청소년기에는 연령에 따라 발달과업이 다르고, 그에 따라 학교폭력의 성향이 다르게 나타나기 때문에 연령별 또는 학령별 교육내용이 다소 다르게 제공되어야 하며, 강의 내용과 형식에 따라 일방적 전달교육 혹은 쌍방향 소통교육 등으로 프로그램을 다르게 구성해야 한다.

3) 목적 및 목표 설정

예방교육 프로그램의 목적과 목표는 교육 대상자들로부터 궁극적으로 기대할 수 있는 결과를 말한다. 따라서 목적과 목표는 프로그램의 필요성과 관련하여 포괄적이고 명확하며 긍정적인 표현으로 제시되어야 하며, 프로그램 실시 후 어느 정도 달성했는지 확인하고 측정이 가능하도록 명확하게 행동용어로 진술해야 한다.

4) 기대 효과

기대 효과는 학교폭력 예방교육 프로그램을 통해 교수자 혹은 지도자와 교육대상자가 성취할 수 있는 행동이나 태도의 변화 결과를 말한다. 이러한 기대 효과는 목적 및 목표, 평가와 관련하여 확인할 수 있도록 해야 한다. 즉, 학교폭력 예방교육 프로그램을 통해 피해자, 가해자, 방관자가 될 수 있는 교육 대상자에게 어떠한 변화가 나타났는지에 대한 확인이 될 수 있어야 한다.

5) 평가 계획

평가는 실시한 예방교육 프로그램의 결과가 어떻게 나왔으며, 교육내용과 절차 등 제반 성과를 체계적으로 확인하고 판단하는 것을 의미한다. 평가는 보다 발전된 프로그램의 구조화 및 내용의 보완을 돕는 것이며, 투입된 자원을 얼마나 효율적으로 활용했는지에 대한 효과를 산출하기 위해 실시하는 것이다. 평가의 유형은 매우 다양하지만, 일반적으로 형성평가와 총괄평가로 구분할 수 있다.

2 학교에서의 학교폭력 예방교육

학교폭력 문제가 점차 큰 사회적 문제로 인식되면서 급기야 정부는 2013년 학교폭력을 척결되어야 할 중요한 범죄 중의 하나로 보고, 전국의 학교와 지역사회에 학교폭력에 대한 엄중한 대처 및 예방교육의 필요성에 대하여 강조하였으며, 학교폭력 예방과 근절을 위한 다각적인 노력을 기울이고 있다.

거의 모든 학교폭력 사례에서 나타나는 바와 같이, 대부분의 학교폭력이 교실이나 복도, 화장실 등과 같이 학교 내에서 일어나고 있음에도 불구하고, 교직원이나 기타 교내에 근무하고 있는 사람들이 알아채지 못할 정도로 은밀하게 일어나고 있어 초기에 발견하기가 쉽지 않다. 더구나 주변에서 자행되고 있는 학교폭력에도 불구하고 대다수의 학생들은 보복이나 무관심 등으로 인하여 학교폭력을 방관하고 있는 실정이다. 또한 갈수록 흉포해지는 학교폭력은, 위에서 언급한 바와 같이 피해학생에게 돌이킬 수 없는 크나큰 신체적, 정신적 피해를 안겨줌에도 불구하고, 가해자들은 피해학생이 받을 수 있는 고통과 피해를 전혀 고려하지 못한 채 단순한 장난으로 여기는 경우가 많다.

따라서 학교폭력이 발생하기 전에 적절한 예방교육과 활동을 통하여 학교폭력을 사전에 예방할 수 있도록 하는 것이 무엇보다도 중요하고 시급하다. 학교폭력 예방은 학교폭력 문제를 발견하고 그 문제의 심각성을 평가하며, 문제가 더 심각해지는 것을 막기 위한 적극적인 노력으로서, 학교폭력 유발 요인 및 위험 요인을 제거하고 학교폭력을 억제할 수 있는 보호 요인을 강화시킴으로써 학교폭력을 방지하기 위한 제반 노력이다.

학교 차원에서의 학교폭력 예방교육은 단위학교의 특성과 실정에 맞추어 자율적으로 운영하도록 하고 있다. 단위학교는 학교폭력 전담기구에서 실태조사를 토대로 매년 학생, 교직원, 학부모에게 시행할 학교폭력 예방교육 계획을 수립하도록 하고, 이를 연간 학교교육계획에 포함해야 한다. 학교폭력 전담기구는 예방교육 프로그램 계획을 수립·운영 시 반드시 자치위원회의 심의를 거치고(「학교폭력법」 제14조 4항), 필요한 경우에는 학교폭력 예방교육 프로그램에 관하여 외부 전문기관의 자문을 구할 수 있다. 또한 학교의 장은 전담기구와 협의하여 학교폭력 예방교육 프로그램의 구성 및 운영 등을 전문단체 또는 전문가에게 위탁할 수 있다(「학교폭력법」 제15조 3항).

학교폭력 예방교육의 횟수와 시간 그리고 강사 등 세부적인 사항은 학교 여건과 기 수립된 계획에 따라 학교의 장이 정하게 되지만, 학교폭력이 다수 발생하는 학기 초에 집중적으로 실시하는 것이 바람직하다. 또한 학교의 장은 학생, 학부모, 교직원을 대상으로 학교폭력 예방교육 프로그램의 구성과 운영계획을 학부모가 쉽게 확인할 수 있도록 학교 인터넷 홈페이지에 게시하고, 그 밖의 다양한 방법으로 학부모에게 알릴 수 있도록 노력해야 한다(「학교폭력법」 제15조 4항).

학교에서 실시해야 할 학교폭력 예방교육의 대상과 내용을 정리해 보면, <표 5-1>과 같다.

표 5-1 학교폭력 예방교육의 대상 및 내용

대상	횟수	교육 내용
학생	학기별 1회 이상	학생의 신체적·정신적 보호와 학교폭력의 예방교육 (학교폭력의 개념, 실태, 대처 방안 등)
학부모	연 2회 이상	학교폭력 징후 판별, 학교폭력 발생 시 대응 요령, 가정에서의 인성교육에 관한 사항
교직원	학기별 1회 이상	학교폭력의 예방 및 대책 등 학교폭력 관련 법령에 대한 내용, 학교폭력 발생 시 대응 요령, 학생 대상 학교폭력 예방프로그램 운영 방법

1) 학생을 대상으로 한 학교폭력 예방교육

학교의 장은 학생의 신체적·정신적 보호와 학교폭력의 예방을 위하여 학생들에게 학교폭력 예방교육을 학기별로 1회 이상 실시하여야 한다. 여기에는 학교폭력의 개념, 실태, 대처 방안 등의 내용을 포함하여야 한다(「학교폭력법」 제15조 1항). 학교폭력 예방교육의 교육 횟수, 시간 및 강사 등은 학교 여건에 따라 학교의 장이 정하도록 되어 있다. 학생에 대한 예방교육은 학급 단위로 실시함을 원칙으로 하되, 학교 여건에 따라 전체 학생을 대상으로 한 장소에서 동시에 실시할 수도 있다. 강의법은 강의뿐만 아니라 토론, 역할 연기 등의 다양한 방법으로 하고, 다양한 자료나 프로그램 등을 활용하여야 한다.

2) 학부모를 대상으로 한 학교폭력 예방교육

학교의 장은 학부모를 대상으로 학교폭력 예방교육을 연 2회 이상 실시하여야 한다(「학교폭력법」 제15조 2항). 교육 시기는 학교설명회나 일과 후 교육 등을 활용하여 학부모들의 참여율을 높일 수 있도록 한다. 특히 맞벌이 부부나 취약 계층의 학부모들을 고려하여 단위학교에서는 최대한 교육의 횟수를 늘이고, 평일 저녁시간이나 주말을 활용하여 최대한 다수의 학부모가 교육에 참여할 수 있도록 해야 한다. 학부모 교육에는 학교폭력 징후 판별 방법, 학교폭력 발생 시 대응 요령, 자녀와의 대화 기술, 가정에서의 인성교육에 관한 사항 등이 포함된다.

그림 5-1 학교폭력근절종합대책: 또래활동 등 예방교육 확대

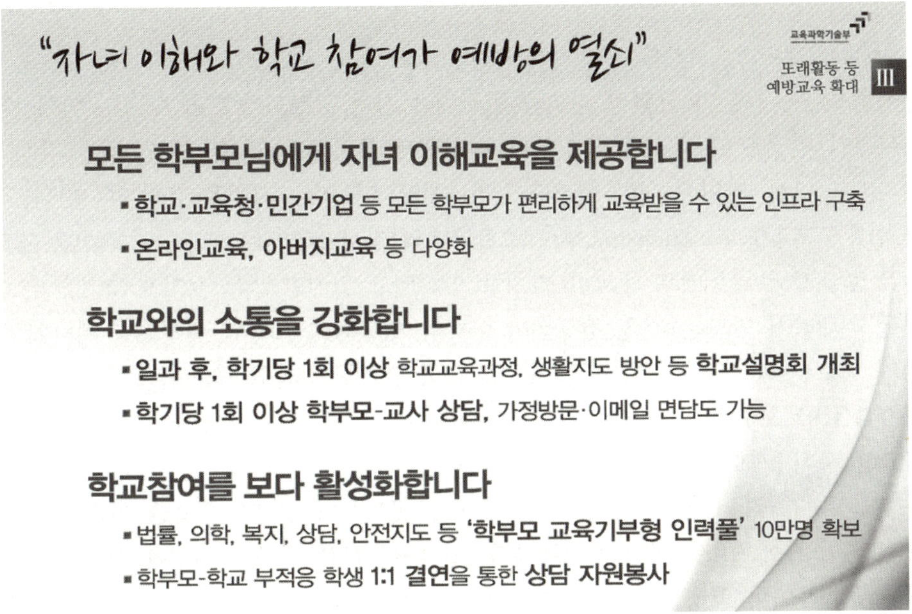

출처: 교육과학기술부(2012). 학교폭력근절종합대책 설명자료.

3) 교직원을 대상으로 한 학교폭력 예방교육

학교의 장은 교직원을 대상으로 하는 학교폭력 예방교육을 학기별로 1회 이상 실시하여야 한다(「학교폭력법」 제15조 2항). 교직원은 교원뿐만 아니라 행정 직원, 영양사, 배움터지킴이 등 학교에 근무하는 모든 인력을 의미한다. 교직원 대상의 학교폭력 예방교육의 내용에는 학교폭력에 관한 법령, 학교폭력 발생 시 대응 요령, 학생 대상 학교폭력 예방 프로그램 운영 방법 등이 포함된다.

이와 같은 학교폭력 예방교육 이외에도 단위학교에서 계획하여 실행할 수 있는 다양한 예방활동들이 있을 수 있으며, 그러한 활동들은 어디까지나 학교급 및 사정에 따라 적용 여부 및 운영이 다를 수 있다. 예를 들어 '배움터지킴이'의 등·하교 및 일과 중 학교 주변 순찰, 학교폭력 관련 다양한 가정통신문 발송, 등·하교 시 교문에서 캠페인 활동, 등·하교 시간과 중식 시간 및 청소 시간에 학교폭력 예방에 대한 방송캠페인, 일과 중 학부모 보람 교사단 순찰, 중식 시간 외출학생을 위한 학교 주변 순찰, 학교폭력 설문조사 실시, 또래동조 프로그램 운영, 도움반 도우미 학생 운영, 학교폭력 건의함 증설, 친구사랑 주간 실시 등이다.

3 학교장 및 교사의 책임과 역할

탐슨, 그레이스, 그리고 코헨(Thompson, Grace, & Cohen, 2012)은 학교가 학생들의 경쟁력보다는 그들의 사회적 경험을 중시해야 한다고 강조하였다. 학교는 아이들의 기본적인 안전을 보장하고, 획일화된 시험에서 좋은 점수를 얻을 수 있는 사람이 아니라 리더십, 타인에 대한 배려와 공감, 책임감을 아는 시민을 길러내야 한다. 적극적 부모훈련(active parenting: AP) 프로그램의 창시자인 팝킨(Popkin, 2007)은 경쟁심은 현대사회에서 매우 중요한 가치로 인식되고 있지만, 역설적이게도 개인과 사회를 위대하게 만드는 것은 경쟁심이 아니라 협동심이라고 한 바 있다. 지나친 경쟁과 이로 인한 분노가 청소년들에게 학교폭력이라는 왜곡된 방식으로 힘과 지위, 소속감을 추구하게 하였다면, 학교폭력을 다루기 위해서는 개인과 가정을 넘어서 학교와 사회, 제도의 변화가 필수적이라 하겠다.

학교장과 교사는 학교폭력의 예방과 함께 학교폭력 발생 시 사안 처리, 그리고 사후 관리 등에 이르기까지 학교폭력과 관련하여 많은 책무를 지닌다. 또한 중대한 학교폭력 사안이 발생했을 경우에, 학생을 보호·감독할 의무가 있는 학교장과 교사는 그 과실 여부에 따라 법적 책임도 지게 되기에 학교폭력과 관련하여 교장과 교사의 책임이 막중하다.

1) 학교장의 법적 책임과 의무

학교폭력의 예방 및 대책과 관련하여 학교장은 광범위한 영역에서 그 책무를 지닌다. 학교 경영의 최고책임자로서 교장은 학생의 보호자에게 학생의 학교생활에 관한 기본적인 정보를 알릴뿐만 아니라, 학생의 안전과 관련된 정보 및 환경을 갖추어야 할 최종적인 책임이 있다. 따라서 학교폭력 예방을 위한 의무와 학교폭력 사안이 발생할 경우에 그에 대한 대처 및 결과에 대한 법적, 도덕적 책임이 있다.

학교장의 책무는 크게 학교폭력 대응을 위한 조직 구성, 학교폭력 예방 체계 구축, 학교폭력 가해·피해학생에 대한 조치로 나눌 수 있다(유형근 외, 2014).

첫째, 학교장은 학교폭력에 대응하기 위하여 학교폭력대책자치위원회 및 학교폭력 전담기구를 구성하고 운영하여야 한다(「학교폭력법」 제12조, 제14조). 학교폭력대책자치위원회는 학교폭력 예방 및 대책에 관한 사항을 심의하기 위한 기구로서, 학교폭력 예방 및 대책 수립을 위한 학교체계 구축, 피해학생의 보호, 가해학생에 대한 선도 및 징계, 피해학생과 가해학생 간의 분쟁 조정, 학교폭력 예방 및 대책과

관련하여 학교폭력 책임교사나 학생회 대표가 건의하는 사항 등을 심의한다.[1]

둘째, 학교장은 학교폭력 예방계획을 수립하고, 학생정신건강서비스지원체계를 구축하며, 담임교사의 생활지도를 강화할 수 있는 여건을 조성하는 등 학교폭력 예방 체계를 구축해야 한다(「학교폭력법」 제54조).

셋째, 학교장은 자치위원회로부터 피해학생의 보호를 요청받는 때에는 7일 이내에 해당조치를 취해야 하고, 가해학생에 대한 조치를 요청받은 때에는 14일 이내에 해당조치를 취해야 한다(「학교폭력법」 제16조, 제17조). 즉 학교장은 자치위원회의 요청에 따라 피해학생에 대한 보호 조치 및 피해 보상, 가해학생에 대한 선도 조치 및 재활치료에 대한 책무를 진다고 하겠다.

표 5-2 학교폭력에 대한 학교장의 책무

학교폭력 대응을 위한 조직 구성	• 학교폭력대책자치위원회 설치 • 학교폭력전담기구 설치
학교폭력 예방 체계 구축	• 학교폭력 예방교육 계획 수립 • 학생정신건강서비스 지원체계 구축 • 담임교사의 생활지도를 강화할 수 있는 여건 조성
학교폭력 가해·피해학생에 대한 조치	• 가해학생에 대한 조치 및 재활치료 • 피해학생에 대한 보호 조치 및 피해 보상

2) 학교폭력 예방을 위한 학교장의 노력

위에서 본 바와 같이, 학교장은 학교폭력의 예방 및 대책과 관련하여 광범위한 영역에서 그 책무를 지니는 바, 여기서는 '학교폭력 예방체계 구축'과 관련하여 학교장이 수행해야 할 구체적인 내용을 좀 더 자세하게 알아본다.

(1) 학교폭력 예방교육 계획 수립

학교장은 학교폭력 전담기구에서 실시한 실태 조사 결과를 토대로, 매년 학교폭력 예방교육 계획을 수립하고 이를 연간 학교교육 계획에 반영하여야 한다. 예방교육은 학생들을 대상으로 학교폭력의 개념, 실태, 대처방안 등을 포함한 교육내용으로, 학기별로 1회 이상 실시해야 한다. 또한 교직원을 대상으로 하는 학교폭력의 예방 및 대책 등에 대한 교육과, 학부모들을 대상으로 하는 학교폭력 징후 감지 및 학

1 학교폭력대책자치위원회와 학교폭력 전담기구의 설치 및 운영에 대한 보다 구체적인 내용에 대해서는 3부 '학교폭력의 대처'에서 자세히 다룬다.

부모 지도 요령 등에 대한 교육을 각각 학기별로 1회 이상 실시해야 한다. 학교폭력 예방교육은 연중 다양한 방법으로 실시하되, 학교폭력이 다수 발생하는 학기 초에 집중적으로 실시하고, 학교폭력 예방 프로그램 운영계획을 학부모들이 쉽게 확인할 수 있도록 하고, 학교 홈페이지에 게시하는 등의 다양한 방법으로 홍보해야 한다.

이러한 기본 원칙을 바탕으로 학교장은 학교폭력 실태, 학교의 여건 등을 고려하여 자율적으로 예방교육 프로그램을 구성하고 운영할 수 있다. 운영방법에 있어서도 단순 집합식 교육보다는 UCC 경진대회, 학급회의, 역할극 등 체험적인 방법을 활용하고, 국어, 도덕, 사회, 예술, 체육 등 인성교육 관련 교과의 정규 수업시간에 학교폭력 예방 관련 주제로 프로젝트형 인성교육을 실시할 수도 있다. 또한 학교폭력으로 이어지기 전에 학교 내 갈등과 문제를 학생 스스로 해결하는 건전한 또래문화 조성을 위해 학교실정에 맞게 또래상담, 또래중재, 학급총회, 학생자치법정 등의 또래 프로그램을 운영해야 한다.

(2) 학생정신건강서비스 지원체계 구축

학교장은 학생들을 대상으로 정서적·행동적 발달 상태에 대한 선별검사를 실시하고, 검사에서 확인된 폭력 가해 및 피해 가능성이 있는 학생에 대해 예방적인 조치를 시행할 수 있다. 이 검사는 학생의 정신건강 문제를 조기에 발견하고 악화를 방지하여 학생의 정서·행동 발달을 지원하기 위한 종합 검사로서, 검사내용으로는 우울, 불안, ADHD(주의력 결핍 및 과잉행동 장애), 학교폭력, 친구관계, 품행, 학습과 인터넷, 자살에 대한 생각 등 정서·행동 문제와 관련된 전 영역이 포함된다. 이때, 선별검사 결과에 따른 조치를 체계적으로 실시할 수 있도록 사전에 보건실과 상담실, 외부 전문기관과의 연계를 통한 학생정신건강서비스 지원체계를 구축해야 한다.

(3) 담임교사의 생활지도 강화 여건 조성

학교장은 담임교사의 생활지도를 강화할 수 있는 여건을 조성해야 하는데, 학기 초에 담임교사의 집중적인 학생·학부모 상담, 담임교사가 주도하는 창의적 체험활동 등을 실시할 수 있도록 학교교육 계획을 수립해야 한다. 또한 담임교사가 조례 및 종례시간, 창의적 체험활동 시간 등을 활용하여 학생들의 문제를 조기에 발견하여 개인 면담을 실시하고 면담결과를 학부모에게 다양한 방법을 활용하여 통지하도록 하며, 일정 규모 이상의 학급이거나 생활지도를 위해 특별히 필요가 있는 경우에는 복수담임제를 실시할 수 있다. 그리고 담임교사가 생활지도에 필요한 경비를 지원받을 수 있도록 단위학교 운영비 중에서 학급 생활지도비를 편성하는 등 담임교사의 생활지도 역량을 강화할 수 있는 다양한 방법을 강구해야 한다.

3) 교사의 법적 책임과 의무

일반적으로 교장이나 교사 등 학교 관계자는 학생을 보호·감독할 의무를 지고, 이러한 보호·감독 의무는 교육법에 따라 학생들의 친권자 등 법정 감독 의무자를 대신하여 보호·감독하는 의무이기 때문에, 교사는 학교폭력이나 성폭력 사고가 발생하면 그 과실 여부에 따라 손해배상의 책임을 진다(「민법」 제755조, 「국가배상법」 제1조, 제2조).

국·공립학교에 근무하는 교사의 경우, 학교에서 발생한 학교폭력이나 성폭력 사고에 대하여 학교 설치자인 국가 또는 지방자치단체가 배상 책임을 부담하는 것 외에 교사 개인도 손해배상 책임을 지게 된다. 단, 교사의 고의 또는 중과실이 있는 경우에만 불법행위로 인한 손해배상 책임을 지게 되며, 경과실일 경우에는 국가나 지방자치단체가 대신 배상책임을 지게 된다. 경과실일 경우 교사가 개인적으로 손해배상을 하지 않는 것은 배상에 대한 두려움을 덜고 소신껏 직무에 종사할 수 있게 하려는 정책적 고려에 의한 것이다.

교사의 책임이 있을 때 학교의 설치·경영자가 피해학생에 대하여 손해배상을 먼저 한 경우, 학교 경영자의 구상권에 따라 보호·감독 의무를 위반한 교사에 대하여 구상권을 행사하게 되는데, 국·공립학교의 경우에는 앞서 본 바와 같이 국가배상법이 적용되므로 교사에게 고의 또는 중과실이 있는 경우에 한하여 구상 책임을 물을 수 있다.

한편, 사립학교 교사의 경우 학교폭력이나 성폭력 사고의 발생에 있어 고의는 물론이고 과실이 있는 경우 그 과실이 중과실인지 경과실인지를 불문하고 손해배상 책임을 지게 된다. 사립학교 교사는 국가배상법의 적용을 받지 않기 때문에 국·공립학교 교사에 비하여 상대적으로 불리한 지위에 있는 것인데, 그렇다 하더라도 「민법」 제756조에 의하여 사립학교의 이사장 등 학교를 설치하고 운영하는 자 및 사용자에 가름하여 그 사무를 감독하는 자는 피고용자인 교사가 그 사무집행을 하면서 제3자에게 가한 손해를 배상할 책임이 있기 때문에 지금까지 실제 소송에 있어서는 손해배상 능력이 불확실한 교사 개인에게 책임을 묻기보다는 학교 설치자를 상대로 손해배상 책임을 물은 경우가 대부분이었다. 학교 경영자가 손해배상을 먼저 하고 해당 교사에게 책임을 물어 구상권을 행사할 때에도 사립학교의 경우에는 국가배상법의 적용을 받지 않으므로, 법률상으로 경과실 경우에도 구상권을 행사할 수 있게 된다. 다만 법원은 이러한 구상권의 행사에 대해 그 취지가 남용되지 않도록 제한적으로 인정하고 있다.

그렇다면 교사의 과실 여부의 판단 기준은 무엇이며 어떤 과정을 통해 판단하게 되는가? 교사의 책임에 대한 판단 기준은 다음과 같이 크게 세 가지로 나눌 수 있다.

첫째, 법적으로 '학교에서의 교육활동 및 이와 밀접한 생활관계인 경우'인가이다. 수업 시간은 당연히 학교에서의 교육활동 시간이며, 현장체험학습, 수학여행 등 야외활동의 경우에도 장소가 교실이 아닐 뿐 학교에서의 교육활동과 관련된 것이라고 할 수 있다. 또한 쉬는 시간, 점심 시간, 청소 시간 등은 직접적인 교육활동 시간은 아니지만, 이 또한 학교에서의 교육활동 시간과 밀접한 생활관계에 해당하는 경우이다. 반면에, 방과 후 저녁시간, 학원에서의 교육활동 시간은 학교에서의 교육활동과 직접적으로 관계가 없기 때문에 학원이나 방과 후 집 근처에서 발생한 폭력사건은 기본적으로 교사의 책임을 묻지 않는다.

둘째, 예견 가능성의 여부이다. 아무리 학교의 교육활동과 관련된 경우라 하더라도 교사가 폭력상황을 예견하였거나 예견할 수 있는 상황일 경우에만 책임을 물을 수 있다. 예를 들어 점심시간에 장난으로 친구가 앉아 있던 의자를 걷어차 친구의 머리가 교실 벽에 부딪쳐 다치는 사고가 있었을 때, 이 사건이 비록 학교에서의 교육활동과 밀접한 생활관계인 점심 시간에 일어났다 하더라도 이러한 폭력이 발생할 것을 교사가 사전에 알았거나 알 수 있다고 볼 수 없기 때문에 교사에게 보호·감독 위반의 책임을 물기가 어렵다는 대법원 판례가 있다.

셋째, 예방 조치 시행 여부이다. 즉, 학교폭력 예방교육의 시행 등 적절한 예방적 조치를 했는지의 여부가 중요한데, 적절한 예방 조치를 취했음을 입증할 수 있는 경우에는 법적인 책임을 묻지 않는다.

학교폭력에 있어서 교사 책임의 인정 기준에 관한 판례들

수업 중의 사고: 대법원 2007.6.15. 선고 2004다48775 판결

사건 개요

평소 사망한 학생과 그의 친구들은 학생들을 상대로 폭력을 행사하고 금품을 빼앗는 등의 행동을 함으로써 많은 학생들이 피해의식을 느껴왔고 교사들도 이를 알고 있었던 와중에, 사망한 학생과 그 친구들이 사고 당일 휴식 시간 및 점심시간에 여러 학생에 대해 폭행을 한 것이 이 사건 사고의 직접적인 원인이 되어 오랜 기간 동안 학교폭력을 당하고 있던 학생이 칼을 들고 들어와 담당교사가 수업을 진행하는 면전에서 피해학생을 찔러 사망에 이르게 한 사건이다. 가해학생은 중학교 1학년 때부터 수시로 보건실을 드나들면서 복통, 두통을 호소하고, 간혹 분노를 조절하지 못하는 모습을 보였다.

판결 내용

대법원은 이 사안에서 교장 또는 교사의 학생에 대한 보호·감독의무의 범위 및 손해배상책임의 인정기준을 제시했다. 즉 지방자치단체가 설치·운영하는 학교의 교장이나 교사는 학생을 보호·감독할 의무를 가지는데, 이러한 보호감독의무는 교육법에 따라 학생을 친권자 등 법정 감독의무자를 대신하여 감독을 하여야 하는 의무로서 학교 내에서의 전 생활관계에 미치는 것은 아니고 학교에서의 교육활동 및 이와 밀접불가분의 관계에 있는 생활관계에 한한다. 따라서 그 의무 범위 내의 생활관계라고 하더라도 교육활동의 때와 장소, 가해자의 분별능력, 가해자의 성행, 가해자와 피해자의 관계 기타 여러 사정을 고려하여 학교생활에서 통상 발생할 수 있다고 하는 것이 예측되거나 또는 예측가능성(사고발생의 구체적 위험성)이 있는 경우에 한하여 교장이나 교사는 보호감독의무 위반에 대한 책임을 진다.

대법원은 이러한 인정기준에 비추어 볼 때 이 사건 학교폭력은 학교에서의 교육활동인 바로 학교 수업시간 중에 담당교사의 면전에서 발생한 사고이므로 교장이나 교사의 일반적 보호감독의무가 미친다는 것이다. 또한 학교폭력이 상당히 사회문제화 되고 있는 현실 속에서 학교를 설립하여 운영하는 지방자치단체와 그 소속 교사들은 어느 특정 개인의 폭력성 여부를 떠나 폭력행위가 학교 내에서 발생하지 않도록 함으로써 학생들을 보호할 일반적 주의의무가 있다. 게다가 평소에도 사망한 학생과 그의 친구들이 학생들을 상대로 폭력을 행사하고 금품을 빼앗는 등의 행동을 해왔으며 가해자와 피해자의 관계가 좋지 않았고 많은 학생들이 피해의식을 느껴왔으며 교사들도 이를 알고 있었기 때문에 실효성 있는 대책을 강구하지 않으면 또 다른 폭력이 행해지리라는 것이 예견 가능한 상태라는 것이다. 특히 이 사건은 사고 당일 휴식시간 및 점심시간에 사망한 학생과 그의 친구들이 여러 학생들에게 폭력을 행사한 것이 사고의 직접적인 원인이 되었기 때문이다. 결국 이 사건은 폭력성 있는 학생들로 인하여 시작된 폭력이 또 다른 폭력을 야기할 위험성이 구체화되어 나타난 것으로, 학교폭력 발생에 대한 예견가능성 즉 사고발생의 구체적 위험성의 범위를 벗어난 것이 아니라는 것이다. 그러므로 이 사건 사고는 충분히 예측 가능하였기 때문에 학교장이나 교사의 학생에 대한 보호감독의무 위반을 인정할 수 있다는 것이다. 아울러 소속 교사의 보호감독의무 위반을 이유로 지방자치단체의 손해배상책임을 인정하였다.

출처: 배원섭·성희자(2014). 학교폭력에 있어서 교사책임의 인정기준에 관한 연구 - 대법원 판례를 중심으로 -.

집단 괴롭힘과 피해학생의 자살: 대법원 2007.4.26. 선고 2005다24318 판결

사건 개요

초등학교 6학년인 피해학생은 가해학생(12세 남짓)들로부터 수개월에 걸쳐 특별한 이유도 없이 폭행 등 괴롭힘을 당한 결과 '충격 후 스트레스 장애' 등의 증상에 시달리다 결국 자살에까지 이르게 되었다. 피해자는 이와 같이 지속적으로 폭행을 당하면서도 가해학생들의 폭행사실을 어른들에게 알리면 죽여 버리겠다는 협박 때문에 부모나 담임교사에게 그 사실을 말하지 않았다. 담임교사는 피해학생이 자살을 시도하기 약 1개월 전 같은 반 학생인 가해학생들로부터 폭행을 당하였다는 말을 듣고 피해학생과 가해학생들을 추궁한 후에야 비로소 피해학생이 지속적으로 폭행을 당한 사실을 알게 되었다.

판결 내용

이 사건은 초등학교 내에서 발생한 폭행 등 괴롭힘이 상당한 기간 지속되어 그 고통과 그에 따른 정신장애로 피해학생이 자살에 이른 경우, 다른 요인이 자살에 일부 작용하였다 하더라도 가해학생들의 폭행 등 괴롭힘이 주된 원인인 이상 상당인과관계가 인정된다고 한 사례이다. 집단 괴롭힘이란 한 집단의 소속원 중 자기보다 약하거나 신체적·정신적으로 부족한 상대를 대상으로 집단으로 신체적·심리적인 공격을 지속적으로 가하거나 반복하여 고통을 주는 행동이다. 특히 대법원은 학교폭력 가해학생들의 부모의 과실과 담임교사, 교장의 과실이 경합하여 피해학생의 자살 사건이 발생하였다는 이유로, 부모들과 지방자치단체에게 공동불법행위자로서의 손해배상책임을 인정하였다.

또한 이 사례에서는 ⅰ) 학교폭력이 수개월간 거의 대부분 학교 내에서 휴식시간에 이루어졌고, ⅱ) 당시 학교 내 집단 괴롭힘이 심각한 사회문제로 대두되어 담임교사가 학생들의 동향 등을 보다 면밀히 파악하였더라면 피해자에 대한 폭행 등을 적발하여 자살이라는 결과를 사전에 예방할 수 있었던 것으로 보이는 점, ⅲ) 교사는 피해학생의 부모로부터 가해학생과 격리해 줄 것을 요청 받았음에도 불구하고 이를 거절하고 가해학생들로부터는 반성문 제출, 가해학생들의 부모로부터는 재발방지 약속 및 치료비 부담 약속만 받아냈을 뿐이라는 사정이 고려되었다. 또한 피해자가 수학여행에서 다른 급우들로부터 따돌림을 당하였고, 자살 당일 부모로부터 꾸중을 듣는 등 다른 원인이 자살에 일부 작용하였다 하더라도 가해학생들의 폭행 등 괴롭힘이 주된 원인인 이상 가해학생들의 폭행 등 괴롭힘과 피해자의 자살 사이에는 상당인과관계는 인정된다고 판시하였다. 특히 초등학교 내에서 발생하는 폭행 등 괴롭힘은 통상 나이가 어리고 정신적으로 성숙하지 못한 피해자에게 육체적·정신적으로 상당한 고통을 주고, 그 폭행 등 괴롭힘이 상당기간 계속될 경우에는 그 고통과 그에 따른 정신장애로 피해자가 자살에 이를 수도 있다는 것이 예측이 가능하다고 하였다.

출처: 배원섭·성희자(2014). 학교폭력에 있어서 교사책임의 인정기준에 관한 연구 - 대법원 판례를 중심으로 -.

집단 따돌림과 피해학생의 자살: 대법원 2007.11.15. 선고 2005다16034 판결

사건 개요

여자중학교 3학년에 재학 중이던 피해학생은 같은 반 친구들 3명과 배타적으로 어울리는 작은 집단을 형성하여 지내다가 집단에서 의도적으로 배척당하는 등 급우들 사이의 집단 따돌림으로 인하여 자살하였다.

판결 내용

이 사례에서 대법원은 집단 따돌림으로 인하여 피해학생이 자살한 경우, 자살의 결과에 대하여 교장이나 교사에게 보호감독의무 위반 책임을 묻기 위한 요건 및 그 판단 기준을 제시하였다. 즉 집단 따돌림으로 인하여 피해학생이 자살한 경우, 자살의 결과에 대하여 학교장이나 교사의 보호 감독의무 위반의 책임을 묻기 위해서는 피해학생이 자살에 이른 상황을 객관적으로 보아 교사 등이 예견하였거나 예견할 수 있었음이 인정되어야 한다고 했다. 다만, ⅰ) 사회통념상 허용될 수 없는 악질, ⅱ) 중대한 집단 따돌림이 계속되고 그 결과 피해학생이 육체적 또는 정신적으로 궁지에 몰린 상황에 있었음을 예견하였거나 예견할 수 있었던 경우에는 피해학생이 자살에 이른 상황에 대한 예견가능성도 있는 것으로 볼 수 있을 것이다. 그러나 집단 따돌림의 내용이 이와 같은 정도에까지 이르지 않은 경우에는 교사 등이 집단 따돌림을 예견하였거나 예견할 수 있었다고 하더라도 이것만으로 피해학생의 자살에 대한 예견이 가능하였던 것으로 볼 수 없으므로, 교사 등이 집단 따돌림 자체에 대한 보호감독의무 위반의 책임을 부담하는 것은 별론으로 하고 자살의 결과에 대한 보호감독의무 위반의 책임을 부담한다고 할 수는 없다고 하였다. 그러므로 이 사건의 경우 폭력적인 방법에 의하지 않고 무관심으로 소외시키는 것이 주된 것이었던 점, 피해자가 자살 전날 교복 대신 검정 스웨터를 입고 등교하여 불안한 모습을 보인 점이 평소와 다른 행동으로 보이지만, 결석이나 지각을 하지도 않고, 가정에서도 특별히 우울한 모습을 엿볼 수 없었던 점 등에 비추어, 이 사건 사고 발생 당시 담임교사가 피해자의 자살에 대한 예견가능성이 있었다고 인정하기는 어렵다고 하였다. 따라서 대법원은 따돌림의 정도와 행위의 태양, 피해학생의 평소 행동 등에 비추어 담임교사에게 피해학생의 자살에 대한 예견가능성이 없다고 함으로써 자살의 결과에 대한 손해배상책임을 부정하였다. 다만 학생들 사이의 갈등에 대한 대처를 소홀히 한 과실을 인정하여 교사의 직무상 불법행위로 발생한 집단 따돌림의 피해에 대하여는 지방자치단체의 손해배상책임을 인정하였다.

출처: 배원섭·성희자(2014). 학교폭력에 있어서 교사책임의 인정기준에 관한 연구 - 대법원 판례를 중심으로 -.

4) 학교폭력 예방을 위한 교사의 노력

교사는 학교폭력의 발생을 사전에 예방하고 경미한 학교폭력 상황이 감지되었을 때 더 큰 학교폭력 상황으로 이어지지 않도록 적절하게 개입해야 한다. 여기서는 유형근 등(2014)이 제시한 학교폭력에 대한 교사의 예방 방안을 살펴보고자 한다.

(1) 학급운영을 통한 예방 노력

학급은 교사와 학생, 학생과 학생이 연결된 하나의 사회적 조직으로서, 그 안에서 학생들은 다양한 인간관계를 경험하기 때문에 때로는 학생들 개개인의 성향이나 학급 분위기, 학급 내 갈등 상황 등으로 인하여 학교폭력이 발생할 개연성이 높다. 따라서 교사는 학생들로 하여금 서로를 인정하고 배려하며 존중하는 학급 분위기를 형성하여 학교폭력으로부터 안전한 학급을 만들기 위해 노력해야 한다. 이러한 학급을 만들기 위한 효과적인 운영 방안으로는 학급목표 및 규칙 만들기, 역할 분담하기, 일상생활 점검하기, 공감적 소통하기, 학급 단위 예방프로그램 운영하기 등이 있다.

(2) 수업과 연계한 예방 노력

「학교폭력법」에는 학교폭력 예방교육을 학기당 1회 이상 실시하도록 규정하고 있지만, 인성교육 강화 측면이라는 보다 거시적인 관점에서 학교폭력을 예방하기 위해서는 다양한 교과 수업과 연계한 학교폭력의 예방적 접근이 필요하다. 학교폭력의 예방이 특정한 예방교육이나 혹은 예방프로그램의 운영만으로 이루어질 수 있는 것이 아니라, 학교 안에서 이루어지는 모든 교육 활동을 통해 범교과적으로 이루어질 때 보다 효과적으로 예방될 수 있기 때문이다.

학교에서 가장 빈번하게 일어나는 폭력의 문제가 언어폭력, 신체폭력, 그리고 집단따돌림이라고 보았을 때, 이 가운데 언어폭력과 관련해서는 국어 수업과 연계한 예방방안을 구상해 볼 수 있고, 신체폭력과 집단 따돌림 등과 관련해서는 도덕수업과 연계한 예방적 접근을 시도해 볼 수 있다. 국어 수업과 연계한 예방 프로그램의 경우, 학년별 학생들의 언어 사용 실태를 고려해야 하며, 국어라는 특수성을 감안하여 언어습관 형성교육에 초점을 두고 하는 것이 좋다. 그리고 도덕 수업과 연계한 예방프로그램의 경우에는 인성교육의 핵심 교과인 도덕과의 특성을 반영하여 자기존중감의 함양과 더불어 타인에 대한 배려, 공감능력 함양 등을 위한 프로그램이 적절하다. 두 경우 모두 관련 단원 학습 시간에 예방 프로그램을 적절히 활용할 수 있도록 해야 한다.

또한, 중등학교의 경우 가정과 미술 수업과 연계한 예방 방안을 생각해 볼 수 있다. 가정 수업과 관련해서는, 교과서 단원 중 '가족의 이해' 단원에서 원만한 가족관계 형성을 위해서 바람직한 의사소통 방법, 원만한 갈등 해결 방법을 제시하고 있는데, 이는 모두 대인관계에서 기본적으로 갖추어야 할 역량으로, 이를 학교폭력 예방교육의 내용으로 구성할 수 있다. 그리고 가정의 또 다른 단원인 '청소년의 이해', '청소년의 생활' 등에서도 학교폭력 예방과 관련한 내용요소를 확인할 수 있다.

이러한 단원의 수업에서 교사는 학교폭력에 대한 인식 변화, 자아존중감 향상, 타인과의 관계맺기, 배려와 나눔 실천, 실천의지 다지기 등에 초점을 두고 수업을 전개한다. 이를 통해 학생들은 학교폭력에 대한 기본적 이해와 더불어 그 심각성을 인식하기, 갈등을 해결하는 기술의 향상, 긍정적 자아개념 형성 및 나와 타인에 대한 존중과 배려의 태도, 비폭력 의사소통 방법 등을 익혀 친구들과 원만한 관계를 형성하고, 배려와 나눔의 생활을 실천함으로써 학교폭력을 예방할 수 있게 될 것이다.

그림 5-2 학교폭력근절종합대책: 교육 전반에 걸친 인성교육 실천

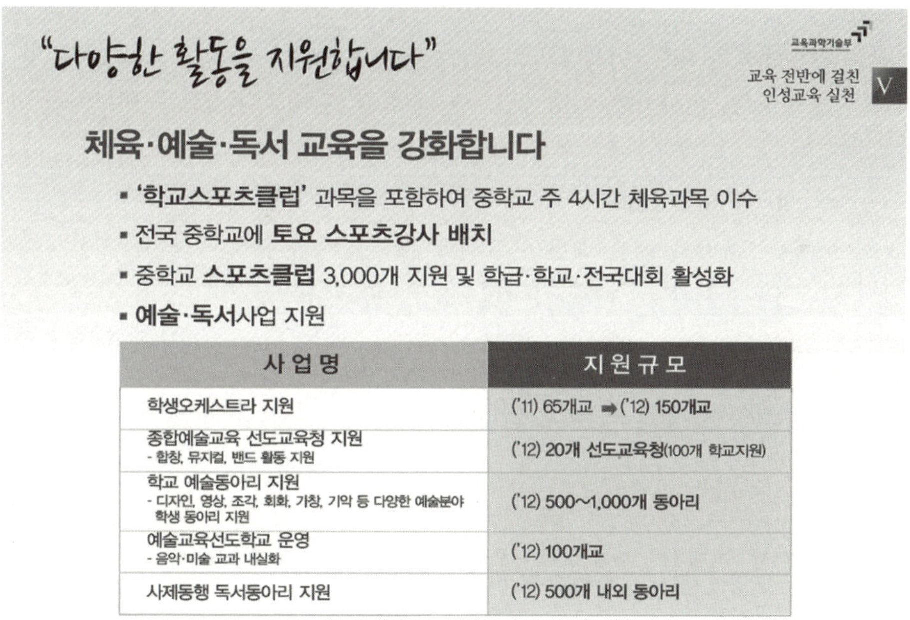

사업명	지원규모
학생오케스트라 지원	('11) 65개교 ➡ ('12) 150개교
종합예술교육 선도교육청 지원 - 합창, 뮤지컬, 밴드 활동 지원	('12) 20개 선도교육청(100개 학교지원)
학교 예술동아리 지원 - 디자인, 영상, 조각, 회화, 가창, 기악 등 다양한 예술분야 학생 동아리 지원	('12) 500~1,000개 동아리
예술교육선도학교 운영 - 음악·미술 교과 내실화	('12) 100개교
사제동행 독서동아리 지원	('12) 500개 내외 동아리

출처: 교육과학기술부(2012). 학교폭력근절종합대책 설명자료.

(3) 전문상담교사와 연계한 예방 노력

학교폭력 예방을 위해 보다 전문적인 프로그램을 진행하기 위해서는 전문 상담교사의 역할이 필수적이다. 따라서 담임교사를 비롯한 일반 교사들은 학교폭력의 예방을 위한 전문 상담교사의 역할을 지원하고 협력관계를 구축하여 적절한 예방적 접근이 이루어질 수 있도록 해야 한다. 일반 교사가 전문 상담교사와 연계하여 진행할 수 있는 보다 전문적인 영역의 학교폭력 예방 방안으로는 또래상담 및 또래조정을 통한 예방활동과 학교폭력 예방 어울림 프로그램의 운영, 학부모 교육 등이 있을 수 있다.

또래상담은 또래가 상담자가 되어 동료 학생의 눈높이에서 고민을 상담하고, 함께 문제를 해결하는 데 도움을 주는 활동이다. 또래들의 적극적인 갈등 조정 역할을 통해 학교폭력 발생 단계에 이르기 전에 학생들 간의 갈등을 대화와 토론 등의 합리적인 방법과 절차에 따라 해결함으로써 학교폭력을 예방함은 물론 건전한 또래문화를 조성할 수 있다. 단, 여기서 명심해야 할 것은 또래 상담자와 또래 조정자는 갈등 당사자들을 판단하거나 결론을 제시하는 것이 아니라, 당사자들이 자율적으로 자신들의 문제를 풀어나갈 수 있도록 대화의 과정을 안내하는 역할을 담당한다는 사실이다.

학교폭력 예방을 위한 어울림프로그램은 2013년 교육부가 학교폭력 인식 및 대처와 더불어 공감, 의사소통, 갈등해결, 자기존중감, 감정조절 등으로 이루어진 학생

그림 5-3 학교폭력근절종합대책: 학교장과 교사의 역할 및 책임 강화(2)

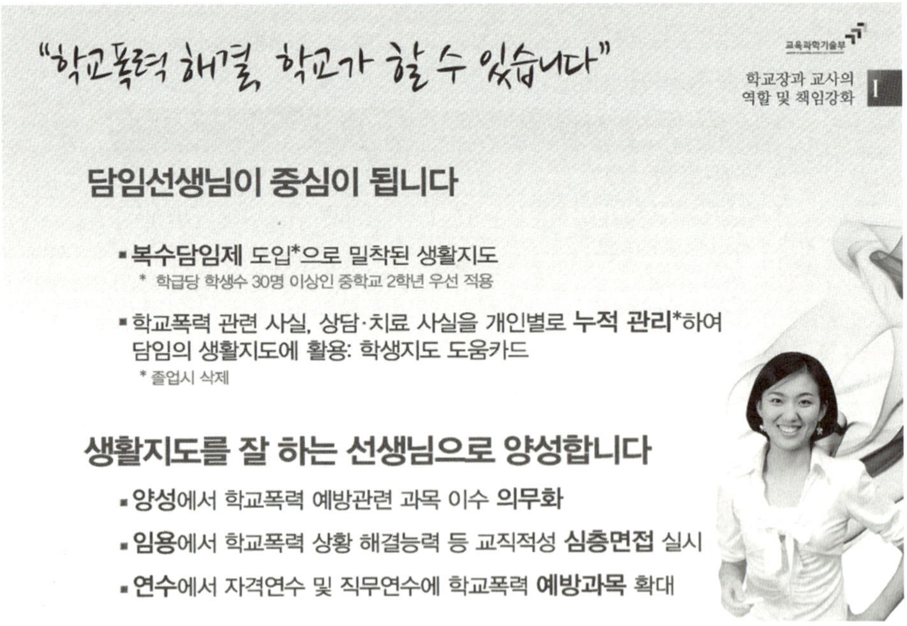

출처: 교육과학기술부(2012). 학교폭력근절종합대책 설명자료.

맞춤형 프로그램이다. 이 프로그램은 정규 교육과정에서 교과 수업, 창의적 체험활동 등을 활용하여 외부 전문가와 전문 상담교사 그리고 일반교사가 서로 협력하여 운영하게 된다. 그리고 이 어울림 프로그램은 학생뿐만이 아니라 교직원과 학부모로 대상이 확대되어 그 활용도가 기대되고 있다.

한편, 앞에서 보았듯이 가정 환경적 요인도 학교폭력의 한 원인으로 작용하기 때문에 학부모도 학교폭력에 대한 책무성을 가지고 학교와 연계하여 학교폭력의 예방에 적극적으로 동참할 필요가 있다. 그러나 집합식 교육은 학부모가 학교에 정기적으로 방문해야 하는 현실적인 어려움과 많은 학부모들이 참여할 수 없다는 한계가 있기 때문에, 학교의 입장에서는 실질적으로 모든 학부모들이 활용할 수 있는 교육내용을 다양한 방식으로 전달하려는 노력이 크게 요청된다.

바람직한 자녀양육 방법, 자녀와 소통하는 방법, 학교폭력의 조기 감지와 예방 방안, 학교폭력에 대한 적절한 대처 요령 등에 대한 실질적 교육내용을 가정통신문이나 학교 홈페이지에 탑재하여 알리거나, 혹은 학교설명회나 학부모 회의, 학부모 상담 주간 등을 통해 적극적으로 안내하고 교육할 수 있다.

4 국내·외 학교폭력 예방교육 프로그램의 현황

대부분의 범죄나 청소년들의 비행행동에서 나타나는 하나의 중요한 경향성으로 그 최초 발생 연령이 점차 낮아지고 있다는 사실은 학교폭력에서도 예외가 아니다. 학교폭력근절종합대책(교육과학기술부, 2012)에 따르면, 학교폭력의 피해학생 중 53.6%가 초등학교 때 최초로 학교폭력 피해를 경험하였으며, 가해학생은 58.0%가 역시 초등학교 때 학교폭력 가해 경험을 한 것으로 나타났다. 또한 중학생의 학교폭력 발생 비율이 가장 높은 상황으로, 학교폭력대책자치위원회 총 심의 건수 중 중학교가 차지하는 비율이 전체의 69% 수준에 이른다. 이와 같은 현상의 주요 원인은 최근의 사회현상들과 맞물려 나타나는 가정과 학교, 그리고 사회적인 다양한 원인들이 언급될 수 있지만, 어릴 때부터 가정에서의 인성교육 및 생활지도의 미흡과 더불어 인터넷과 대중매체의 부정적 영향이 큰 것으로 보인다. 그러나 무엇보다도 학교폭력이 발생하는 장소가 주로 학교 안이기에, 학교폭력의 근원적 해법은 학교현장에 있다고 볼 수 있다.[2]

2 이에 따라 2013년 7월 현장중심의 학교폭력대책(안)이 발표되었다(교육부, 2013).

학교폭력의 특성을 고려할 때, 무엇보다도 중요한 것은 예방적 차원의 노력이며, 구체적 실천을 위해서 실효성 있는 프로그램을 개발하여 활용할 수 있도록 하는 것이다. 현재 교육부를 중심으로 관련 기관이나 일선 학교에서 다양한 프로그램들이 개발되어 운영 중에 있으며, 푸른나무 청예단과 같은 청소년 단체에서도 프로그램 개발과 실행을 위한 적극적인 노력을 기울이고 있다. 그리고 오래 전부터 학교폭력 문제가 심각한 사회적 문제로 대두되어 온 해외 여러 나라들도 각국의 문화적 특성과 사회 환경적 여건을 고려한 다양한 프로그램들을 개발하여 적극 활용하고 있다.

1) 국내의 학교폭력 예방교육 프로그램

(1) 교육부 및 학교 프로그램

교육부는 학생들이 자신을 이해하고, 다른 사람들과 더불어 살아가는 공동체 의식을 가질 수 있도록 학생들에게 적합한 수업 프로그램을 개발할 필요가 있다는 판단 하에 한국교육개발원(KEDI)과 함께 '어울림 프로그램'을 개발하였다. 이 '어울림 프로그램'은 공감과 소통을 통해 행복한 학교를 만들기 위한 것으로서, 학생의 자기이해, 자존감 향상 등 내적 성장을 지원하는 맞춤형 학교폭력 예방교육 프로그램이다. 이 프로그램은 학교폭력예방을 위한 6개의 모듈별(공감, 의사소통, 학교폭력인식 및 대처, 감정조절, 자기존중감, 갈등해결), 학교급별(초등 저학년, 초등 고학년, 중학교, 고등학교), 대상별(학생, 교사, 학부모) 맞춤형 프로그램으로 구성되어 있어 학교의 여건 및 상황에 따라 선택하여 활용 가능하다.

그림 5-4 어울림 프로그램

- 학생, 교사, 학부모를 대상으로 개발된 학교폭력예방 표준 프로그램
- 어울림 프로그램: 초등학교 저학년, 초등학교 고학년, 중학교, 고등학교의 4개 학교급별 프로그램 구성
- 기본 프로그램: 일반 학생
- 심화 프로그램: 학교폭력 유형별, 학교폭력 고위험군 학생

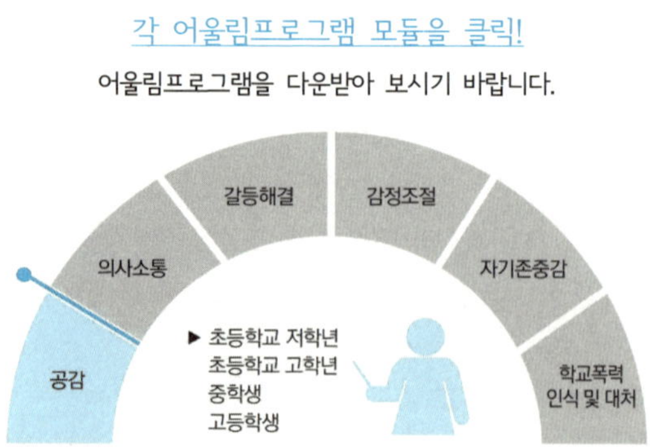

'어울림 프로그램'의 대상별 구성 내용을 표로 구성하여 보면 아래 <표 5-3>과 같다.

표 5-3 어울림 프로그램의 구성

구분	주요 내용
학생 대상 프로그램	미술활동, 놀이치료 등 다양한 프로그램을 적용함으로써 학생들의 자기이해 및 타인 이해, 분노 조절, 학교폭력 대응기술 습득 등 내적 성장을 지원하기 위한 집단상담 프로그램
교사 대상 프로그램	학생 이해하기, 학생 및 학부모와의 대화법, 감성코칭 등을 통해 교사의 공감 능력 및 의사소통 능력을 향상시키기 위한 프로그램
학부모 대상 프로그램	자녀 이해하기, 대화의 기술, 학교폭력 대응방안 등을 통해 학부모의 공감능력 및 의사소통 능력을 향상시키기 위한 프로그램

표 5-4 학교폭력 인식 및 대처, 의사소통, 공감 영역의 어울림 프로그램 내용(학생용)

영역	차시	프로그램명	학습 목표	활동 내용
학교폭력 인식 및 대처	1	학교폭력 멘사에 도전하다	학교폭력의 유형과 인식	• 영상을 통한 학교폭력 인식 • 학교폭력 예방 퀴즈 • 장난과 폭력에 대한 구분
	2	입장 바꿔 역할극	학교폭력 가해 및 피해자로서의 대처법	• 장난도 학교폭력이다 • 왕따 체험해 보기 • 역할극을 활용한 타인의 입장되어 보기 • 진정한 사과 표현 익히기
	3	너라면 어떻게 할래?	학교폭력 방관자로서의 대처법	• 가해자, 피해자, 목격자의 입장에서 토론하기 • 방관자가 아닌 방어자가 되도록 하기 • 고발과 고자질의 차이 이해하기
	4	학교폭력 예방 홍보신문 제작	학교폭력 예방을 위한 학급문화 조성	• 학급 내 학교폭력 예방을 위한 문화를 조성해 보는 시간을 갖기 • 학교폭력 예방 홍보신문 제작 • 학급 내 본인이 실천할 수 있는 3無3行
의사소통	1	완벽한 성격은 없어요	다양한 대인관계 유형의 특성을 이해하고, 차이와 다름을 긍정적으로 수용한다.	• 학교폭력 상황에 등장하는 인물들의 대인관계 유형을 알아보고 어떤 특성이 학교폭력을 야기하는지 이야기하기 • 다양한 대인관계 유형의 장점을 이해하고 뒤집어 생각하기 활동을 통해 각 유형의 단점과 보완점을 찾아보기
			'단점=장점, 차이=개성'임을 깨닫고, 뒷말 대신 칭찬할 수 있다.	• 장점의 나쁜 점과 단점의 좋은 점 쓰기

영역	차시	프로그램명	학습 목표	활동 내용
	2	앙! 잰 왜 저래?	나의 의사소통 유형을 인지하고, 다양한 의사소통 유형의 장·단점을 이해한다.	• 다양한 의사소통 유형을 이해하고 자신의 의사소통 유형을 파악하기
			소통 유형의 차이에 따른 오해의 가능성을 체험하고 친구를 좀 더 이해할 수 있다.	• 어떤 의사소통 유형이 학교폭력으로 이어지는지 토론하기 • 일치형 의사소통 연습해 보기
	3	어? '어' 다르고 '아' 다르네	I-메시지 표현을 통한 바람직한 의사소통법 익히기	• 학교폭력 상황에서 I-메시지 표현하기
	4	정말 미안해	진심어린 사과의 의사소통을 적절하게 실현할 수 있다.	• 사과의 경험 나누기 • 잘못된 사과와 성공적인 사과 알아보기
				• 짝과 함께 사과하고 용서하는 활동하기 • 사과의 편지 써 보기
공감	1	나의 마음은 이런 거야	자신의 정서를 인식하고 적절하게 표현하기	• 다양한 감정에 대해 알아보기 • 최근 자신의 감정 알아보기
	2	나는 이래서 그랬어	상황에 따른 자신의 감정을 인지하고 이에 따른 원하는 바를 표현할 수 있다.	• 실제적인 상황 속에서 어떤 상황인지 생각해보고 상황 속 인물들이 어떤 감정 및 욕구를 갖고 있을지에 대해 토론해 보기
	3	너도 그런 거구나	상대방의 상황에 대해 어떤 감정일지 추측하고 적절하게 공감한다.	• 자신의 고민에 대해 이야기한 후 다른 친구들이 도움의 말을 해 주고 그 후 자신이 어떻게 느꼈는지 이야기한다. • 친구가 힘을 낼 수 있도록 칭찬 샤워하기
	4	실제 상황에서 행동하기	실제 상황 속에서 상대방의 입장에 대해 충분히 공감을 표현한다.	• 학교폭력 상황에 맞춰 역할연기를 해 보고 실제 상황 속에서 어떻게 행동할 수 있을지 실습하기

표 5-5 학교폭력 인식 및 대처 어울림 프로그램 내용(학부모용)

영역	차시	프로그램명	학습 목표	활동 내용
학교폭력 인식 및 대처	1	학교폭력의 새로운 경향성과 인식	학교폭력의 새로운 경향성에 대한 이해를 통해 학교폭력 조기 감지 능력을 향상한다.	• Ice Breaking – 청소년 은어 및 약어 퀴즈 • 강의: 가정에서 발견하는 학교폭력 사례와 사전 징후 토론하기 • 학교폭력 조기 감지의 중요성 인지
	2	공감과 배려의 힘을 가진 미래형 인재	학교폭력 분쟁사례를 통해 학부모의 조기 대처방안에 대해 토론한다.	• Ice Breaking – 고정관념 탈피의 어려움 체험 • 강의: 방관자 지도의 필요성과 의미 • 가정에서의 신속한 대처 및 방관자 지도의 중요성 안내하기 및 신속한 대응 공유하기 • 자기성찰과 관계회복의 중요성 안내하기

어울림 프로그램은 핀란드의 키바 코울루(Kiva Koulu)[3]를 한국의 상황에 적합하도록 하여 집단상담, 미술·음악치료, 역할극과 같은 체험을 중심으로 구성한 프로그램으로, 교육과학기술부가 위촉한 전문위원이 학교별 특성에 맞는 맞춤형 프로그램을 제공하고, 석·박사급 카운슬러의 재능기부와 자원봉사를 통한 집단 상담을 실시하여 학생, 교사, 학부모의 공감능력과 소통능력 향상을 도모하게 된다. 교육부는 6개 모듈별로 학생용 48종, 교원용 24종, 학부모용 24종을 개발하고, 교원 연수 및 프로그램을 보완하여, 2013년 9월부터 300개교 시범운영을 거쳐 2017년부터 모든 학교에서 어울림 프로그램을 운영할 수 있도록 하였다.

어울림 프로그램은 2012년 하반기에 학교현장에 적용된 바 있으며, 운영학교 결과 보고서를 통해 그 과정과 결과를 살펴볼 수 있다. 어울림 프로그램 운영학교는 총 28개교였으며, 학교급별로는 초등학교 9개교, 중학교 12개교, 고등학교 7개교였다. 학교별 어울림 프로그램은 시·도별로 위촉된 전문위원의 주관 하에 학교별 특성을 반영한 프로그램을 적용하였으며, 운영 학교 1개교에 최소 8명에서 최대 약 60명 내외의 카운슬러를 투입하여 학생, 교사, 학부모 대상의 프로그램을 실시하였다.

한편, 교육부는 매년 학교폭력 예방 우수사례 공모전을 개최하여 우수 사례들을 전국에 보급하고, 적극 활용토록 하고 있다. 2012년도 프로그램 공모전을 통해 발굴

3 핀란드 학교의 대표적인 학교폭력 예방 프로그램이다. 2) 국외의 학교폭력 예방교육 프로그램 중 '(3) 핀란드의 학교폭력 예방 프로그램'을 참고할 것.

된 학교의 우수프로그램은 예방교육, 인성교육, 실태조사 활용, 상담 및 신고체계, 학생자치활동, 또래중재, 지역사회 연계, 대안교실 등의 영역으로 구분된 25개 프로그램이 있으며, 지방자치단체의 우수 프로그램은 5개, 그리고 지역교육지원청의 우수 프로그램은 4개였다(류혜옥 외, 2014).

우수 프로그램의 구체적인 내용은 아래 <표 5-6>과 같다.

표 5-6 학교폭력 예방 우수 프로그램

구분		프로그램명	비고
학교 프로그램	예방 교육	• 생활지도가 학교폭력 예방의 가장 좋은 방법이죠! • 유해 환경 OFF! 유익환경 ON! 행복한 지킴이 • 우리는 서로의 보호자입니다. • 나눔과 배려의 감성교육으로 학교폭력 Zero! • 바르고 고운 언어습관이 우리를 지킵니다.	계양초 동부초 약산초 영가초 이화중
	인성교육	• 콩깍지 가족, 사랑으로 하나가 된 우리 • 친구의 울타리가 되어 주며 존중과 자신감을 배웠습니다. • 인성교육으로 규칙을 세우고 지키는 사람이 되었어요! • 폭력이 아닌 문화예술로 우리를 표현해요!	명신초 장유초 영천중 인천여상
	실태조사 활용	• 주기적 실태조사로 학교폭력을 미리 발견합니다. • 1차 실태조사 후 우리 학교가 달라졌어요! • 학교폭력 위험군 학교에서 안전한 학교로!	가장초 대서중 동변초
	상담 및 신고 체계	• 인터넷과 전화를 통한 '도와주세요' • 전화, 문자, 카카오톡으로 상담하는 예스폰! • 학년별 생활지도 교사가 학생 밀착적인 생활지도 실시 • 표준화 성격검사와 집단상담을 통해 친구가 된 우리	규암초 부성중 중곡초 진교중
	학생자치 활동	• 학교의 억압이 아닌 학생들의 자율적인 폭력 예방!	가좌여중
	또래중재	• 학급의 일은 '또래중재인'에게 맡겨 주세요! • 아껴주고, 나눠주고, 다름을 인정하고, 서로 사랑하자! • 분쟁이 있을 땐 먼저 '멈춰!' 그리고 '친구야, 변호해 줘!'	저동중 조동초 연현중
	지역사회 연계	• 지역 주민, 학부모, 교직원, 학생이 함께 하는 생활지도	고척고

구분		프로그램명	비고
학교 프로 그램	대안 교실	• '숲 학교'에서 학교생활의 적응력을 키워요. • 대안교실 덕분에 이제 담배도 안 피워요. • 꿈을 찾고 그 꿈을 키우는 '꿈 키움 교실' • 1박 2일 아름다운 비행 '힐링 캠프'	대성여중 두송중 성포중 옥천상고
지방자치단체 프로그램		• 갈등조정 능력 향상으로 학교폭력 해결을 모색하다. • 학교폭력은 학교나 개인이 아닌 사회 전체의 책임 • 전문 상담사, 또래상담자, 대학생 멘토링을 통한 다각적 접근 • '배움터 지킴이실' 설치로 학교 주변 폭력 예방 • 학교폭력 체험관과 뮤지컬을 통한 인식 제고	남양주시 송파구 순천시 안산시 안양시
교육지원청 프로그램		• 부모님과 함께 받는 교육 '내 믿음이 나를 "이룸"' • 가해학생 특성에 따라 다양한 프로그램을 제공하는 '새솔 센터' • '좋은 성품마을 성품지구대'에서 좋은 성품 만들어요! • 학생과 학부모를 변화시키는 '부자일체 감동캠프'	경북 영주 대전 울산 남구 인천

(2) 푸른나무 청예단의 학교폭력 예방 프로그램

푸른나무 청예단(재단법인 청소년폭력예방재단)은 1995년 설립 이래로 학교폭력 예방 및 치료를 위하여 다양한 프로그램을 운영하고 있는 대표적인 학교폭력 예방 단체이다. 이 재단은 학교폭력의 피해로 외아들을 잃은 학부모가 자신들과 같은 불행한 학생과 부모가 없기를 소망하면서 설립한 비영리단체이다. 어려운 여건 속에서 고통받는 청소년과 그 가정을 위해 봉사함을 기본 정신으로 청소년지킴이 운동, 상담, 연구 및 출판, 교육 등 다양한 사업을 하고 있는 우리나라의 대표적인 학교폭력 관련 NGO이다. 1996년에는 국내 최초로 학교폭력예방지침서를 발간하였고, 1997년에는 '청소년지킴이활동'을 전국적으로 확대하였으며, 또한 2001년 이후에는 학교폭력 관련 법률들을 제정하는 데 많은 노력을 기울여 왔다.

푸른나무 청예단은 상담 및 문화예술 활동, 청소년 활동, 스포츠 활동 등 청소년의 연령과 학교급에 따라서 다양한 영역의 프로그램을 개발하여 운영하고 있다. 청예단의 학교폭력 예방 프로그램은 크게 학교폭력 예방교육 프로그램, 학교폭력 예방 문화예술 교육 및 활동 프로그램, 학교폭력 상담 프로그램, 학교폭력 예방 청소년 활동 프로그램 등의 네 가지 영역으로 구분해 볼 수 있다.

첫째, 학교폭력 예방교육 프로그램은 초·중·고 등 학교급에 따라 실시하는 예방교육 프로그램으로, '찾아가는 학교폭력 예방 교실', '우리가 만드는 행복 학교', '내가 바로 지킴이', '우리가 만드는 즐거운 학교 Well-Being school' 등이 있다. 이 프로그램은 학급 단위, 학년 단위, 전체 학생 단위로 구분하여 진행되고 있으나, 학급 단위의 소집단으로 운영할 때 가장 효과적인 것으로 평가되고 있다.

둘째, 학교폭력 예방 문화예술 교육 및 활동 프로그램은 다양한 문화예술 교육 및 활동을 통해 이루어지는 프로그램으로, 학생들의 자발적인 참여와 적극성을 유도하는 매우 효과적인 프로그램이라 할 수 있다. 학교폭력 예방 인형극, 뮤지컬 <4번 출구>, <유령친구>, <아주 사소한 고백> 등이 대표적인 프로그램이다. 이 가운데 <아주 사소한 고백>은 청소년의 고민과 생각을 익명으로 표출할 수 있는 카운슬링 콘서트로 청소년들에게 큰 호응을 받고 있다.

셋째, 학교폭력 상담 프로그램은 개인 및 집단 상담 등의 일반적인 상담과 함께 상담적 활동 프로그램으로서, 학교폭력 상담 '노란 신호등', '좋은 친구 사귀기' 등의 프로그램이 있다. 이러한 상담 프로그램은 상담이라는 용어 자체가 가지는 이미지 때문에 청소년들의 적극적인 참여가 어려운 점을 탈피할 수 있도록 한다는 점에서 의의가 있다.

넷째, 학교폭력 예방 청소년 활동 프로그램은 다양한 청소년 활동을 통해 학교폭력을 예방하는 프로그램으로서, 캠페인이나 봉사활동 형태로 이루어진 프로그램이다. 여기에는 학교폭력 예방 서포터즈 '유니', 학교폭력 플래시몹, 미디어 또래상담자 프로그램, 사이버 친구 만들기 등의 프로그램들이 있다(류혜옥, 2014).

(3) 기타 학교폭력 예방 프로그램

그 외에, 2000년대 초반부터 각 기관별로 개발되어 운영되고 있는 학교폭력 예방 프로그램들은 <표 5-7>과 같다.

표 5-7 우리나라 학교폭력 예방교육 프로그램

프로그램명	핵심 구성 요소	대상	회기	개발기관
학교폭력 예방 프로그램	공감, 관점 채택, 친사회적 문제해결 및 의사소통 기술, 또래중재 기술과 행동, 학교폭력 예방을 돕는 학교환경 구성	초등학교 4~6학년	4차시	한국교육개발원 (2007)
시우보우(視友保友) 프로그램	이타행동, 대인관계, 의사소통, 인권과 평화의식, 폭력문화, 집단 따돌림 등 학교폭력	초, 중, 고	학교급별 10편, 편당 7~10분	서울대 발달심리연구실 (2006)
무지개 프로그램	마음의 힘, 관심과 사랑, 친구상담, 학교갈등 통찰, 희망 가꾸기	초, 중, 고	10회기	청소년보호위원회(2002)
헬핑(HELP-ING) 프로그램	학교폭력 인식, 방관자와 중재자 역할, 학교폭력 법률과 대처방법	초, 중	8회기	서울대학교 발달심리연구실 (2005)
작은 힘으로 시작해 봐!	폭력 개념, 폭력트라이앵글, 대처행동 이해	초	40분	사회정신건강연구소(2005)

출처: 교육부(2013) 보도자료(2013.8.5).

2) 국외의 학교폭력 예방교육 프로그램

학교폭력은 비단 우리나라만의 문제가 아니라 세계 각국에서 공통적으로 나타나는 현상이다. 따라서 세계 여러 나라들도 학교폭력에 대한 각종 대책 마련과 함께 효율적인 학교폭력 예방 프로그램을 개발하여 운영하고 있다. 나아가 학교폭력 예방과 대책 프로그램에 관심을 가지고 상호 협력 방안을 모색하는 등 다각적인 노력을 기울이고 있다. 따라서 외국의 다양한 프로그램들에 대한 이해를 통해 우리나라 현실에 적합한 학교폭력 예방 및 대책 프로그램들을 개발하는 노력도 필요하다.

(1) 미국의 학교폭력 예방 프로그램

미국에서 학교폭력은 1970년대에 사회적 문제로 크게 부각되었다. 전국교육협회가 1978년 미국의 약 4,000개 이상의 공립학교를 대상으로 대규모 조사연구를 벌인 결과, 전체 공립학교의 약 8%가 심각한 학교폭력으로 골머리를 앓고 있으며, 약 11%의 학생이 학교에서 크고 작은 절도를 하고 있는 것으로 파악되었다. 이러한 학교폭력은 시간이 흐르면서 더욱 심각한 양상으로 발전하여 2005~2006년 사이에 미국 공립학교의 약 38%가 학교폭력 문제로 경찰수사를 받았고, 2007년 한 해 동안에만 약 23%의 학생들이 그들 학교의 갱 단원과 연루되어 있었으며, 약 32%의 학생들이 집단괴롭힘을 당한 경험이 있었다고 발표했다. 또한 2008년에는 만 10세 이상 24세 미만 젊은이들 가운데 약 65만 여명이 폭력으로 인하여 응급실 치료를 받았으며, 2009년에는 전체 고등학생 중 3.8%가 폭력으로 인한 상처로 의사 혹은 간호사의 치료를 받은 것으로 나타났다.

1980년에서 1994년까지 미국 전체의 범죄율은 거의 변함이 없거나 혹은 다소 감소되고 있는 반면에, 청소년 범죄율은 계속 상승하는 추세를 나타내다가 1994년을 정점으로 점차 감소 추세로 접어들고 있다. 이는 사회문제화 된 학교폭력을 비롯한 청소년 범죄에 대하여 다양한 프로그램 개발과 장기적인 대응이 가져 온 결과이기도 하다. 그동안 미국에서는 금속 탐지기와 감시 카메라 설치, 스쿨 폴리스 배치 등과 같은 예방 대책이 대부분의 도시 학교에서 채택되었으며, 나아가 가해학생에 대한 강제 퇴학, 강경 처벌 등도 시행되었다.

미국에서는 현재 우리나라 학교에서 나타나고 있는 학교폭력의 주요 양상과 같이 학생끼리 괴롭히거나 물건을 빼앗는 등의 수준을 넘어서서 총기나 마약을 사용한 폭력, 무장 강도나 살인 등의 심각한 수준으로 나타나고 있어 사회적으로 큰 문제가 되고 있다. 미국 정부는 1994년 학교와 지역사회에서 발생하는 청소년 폭력 및 약물의 불법 사용을 예방하기 위하여 「안전하고 약물 없는 학교와 지역사회법(The safe and drug-free schools and communities act of 1994)」을 제정하였다. 이 법에는 교사와 학부모들에게 학교폭력 방지와 마약남용 예방 프로그램에 관한 교육을 받게 하고, 학생들에게는 유해 물질을 살 수 없도록 하며, 학생들이 집과 학교를 안전하게 오갈 수 있도록 하는 내용이 담겨 있다. 또한 학생들에게 학교폭력 예방 프로그램을 실시하고, 교사들에게도 학교폭력 방지와 마약남용 예방 프로그램을 실시하도록 규정하였다(천세영 외, 2014).

특히, 1999년 4월 20일 콜로라도 주에 위치한 콜럼바인 고등학교(Columbine High School)에서 발생한 총기난사 사건은 미국 전역으로부터 더욱 강력한 학교폭력 예방대책이 필요하다는 주장이 광범위하게 제기되는 주요한 계기가 되었다. 이 사건은 학생 2명이 자동소총과 사제 폭탄으로 중무장한 채 학교에서 900여 발의 총알을 무차별 난사해 학생 12명과 교사 1명을 살해하고 다른 23명의 사람들에게도 큰 부상을 남긴 채 자신들도 자살로 마감한 끔찍한 사건으로, 미국뿐만 아니라 전 세계에 엄청난 파장을 일으켰다.

이를 계기로 주 차원에서 학교현장에서의 따돌림 예방을 위한 특성교육 프로그램의 시행 의무를 학교에 부여하고, 학교에서의 따돌림 행위를 방지하는 정책들을 제정하여 입법하는 등의 활동이 급증했다. 이에 따라 1999년부터 지금까지 학교나 지역사회에서의 따돌림 행위를 방지하는 정책을 도입하고, 사이버따돌림(cyber-bullying)에 관한 새로운 법을 제정하는 등 미국 내 따돌림 관련 법제는 급격한 성장을 보이고 있다(장준오 외, 2012).[4]

미국의 모든 주에서는 학교폭력으로부터 학생들을 보호하기 위해 법(주의 교육법규)과 정책(학구와 학교에 제공되는 지침)을 시행하고 있다. 각 주에서는 학교폭력과 사이버 폭력에 대한 내용을 중심으로 법과 정책을 규정하고 있으며, 학교는 이러한 폭력에 대해 법적인 절차에 따라 해결해야 할 의무를 지닌다.

미국의 학교폭력 예방 프로그램으로 대표적인 것은 국가사법기구(NIJ)에서 실시한 약물 예방 프로그램인 「약물남용 저항교육 프로그램(D.A.R.E)」, 학생 스스로 학교폭력을 해결하는 능력을 향상시키도록 도와주는 「또래중재 프로그램(Peer Mediation Program)」, 뉴욕 시 교육위원회와 사회적 책임을 위한 교사 모임(Educators for Social Responsibility)이 공동으로 개발하여 운영·지원하는 갈등해소 및 중재 프로그램인 「창의적 갈등해결 프로그램(Resolving Conflict Creatively Program: RCCP)」, 4~14세를 대상으로 놀이와 역할극을 통해 학생들의 사회성을 발달시키는 프로그램인 「세컨드 스텝(Second Step)」 등이 있다.

(2) 일본의 학교폭력 예방 프로그램

일본의 학교폭력은 1951년을 전후하여 학교폭력이 사회적 문제로 대두되기 시작하였고, 1983년부터 가정폭력, 자살, 이지메 등의 사회문제가 급증하게 되었으며, 1980년대 중반부터는 학생들의 등교 거부와 중퇴가 증가하게 되었다. 1990년대 중반에는 원조교제, 약물남용 등 다양한 청소년 문제가 심각한 사회적 문제로 대두되었고, 2000년대에 들어서면서 더욱 더 심각한 경향을 띠게 되었다. 특히 일본은 '이지메'와 '교내 폭력'이 일찍부터 문제화되어 대책이 논의되고 있다. 우리나라의 경우 '학교폭력근절 종합대책' 내용의 하나로 학교폭력실태 전수조사(초4-고3)를 들고 있는데, 일본의 경우 학생의 문제행동에 관한 전수조사를 1983년부터 중고등학생을 대상으로 실시해 오고 있으며, 1997년부터는 초등학교를 포함하여 전수조사를 실시하고 있다.

4 뉴저지 주에서는 피해학생 가브리엘이 학생들의 모욕적인 문자메시지로 인해 고통 받다가 자살이라는 극단적인 선택을 하게 된 사건인, 일명 '가브리엘 모리나 사건'을 계기로 2011년 1월 학교폭력에 관한 법률인 「집단따돌림 방지법률(Anti-Bullying Bill of Rights Act: ABR)」을 제정하여 2011년 9월부터 일선학교에서 이 법률을 시행토록 하고 있으며, 뉴저지 주 교육부는 이 법률에 기초하여 괴롭힘, 협박 및 집단 따돌림 예방프로그램(HIB)을 개발하여 일선학교에서 이를 실행하게 하고 있다.

일본은 2000년대에 이르러 청소년 문제가 심각한 사회적 문제로 대두되면서, 2004년도 나가사키현에서는 초등학교 6학년 학생이 동급생을 살해하는 사건이 발생하는 등 학교폭력의 형태가 더욱 흉포화 되는 동시에 저연령화 되는 추세로 변해갔다. 2010년도 자료[5]를 보면, 초·중·고 모든 단계에서 학교폭력의 발생건수가 증가추세를 보이고 있으며, 특히 중학교와 초등학교에서 급격하게 증가하였다. 2009년 초·중·고에서 폭력행위 발생건수는 약 6만 1천 건으로 전년도보다 증가했으며, 초·중학교에 있어서는 과거에 비해 최고의 수치를 기록하였다. 학교 내의 교사에 대한 폭력, 학생 간의 폭력, 그 외 기물파손과 대인폭력이 발생한 학교 수도 9,108개교로 전체의 23.7%에 이른다. 초·중·고별로 보면, 초등학교가 7.6%, 중학교가 42.1%, 고등학교가 54%에 이르고 있어 학교폭력의 심각성을 보여주고 있다.

이에 따라 일본은 정부 차원에서 오랫동안 많은 노력을 기울여 왔으며, 지금까지 30여 년간의 장기 프로젝트로 학교폭력의 방지대책을 수정·보완해 왔다. 1996년 7월 '학교폭력 문제에 대한 종합적 대책보고서'에서는 학교폭력이 모든 학생들에게 일어날 수 있다는 것에 유념하여 가정, 학교, 지역사회 등 모든 관계자가 협력하여 대처할 필요가 있음을 제시하였다. 2006년 10월 이지메에 의한 학생 자살 사건이 발생한 이후, 일본 정부는 학교와 교육위원회에 학교폭력 총 점검과 철저한 대처를 요청하였으며, 2010년 11월 설문조사를 실시하여 이지메의 실태를 파악하고 대처상황을 점검하도록 하였다. 최근 2012년 9월에는 문부과학성 차원에서 아이들의 생명을 지키기 위하여 '이지메, 학교 안전 등에 관한 종합적인 대처 방침'을 발표하였다 (천세영 외, 2014).

1980년대 이후 현재까지 일본에서는 학교폭력에 대응하기 위하여, 많은 노력을 기울여 왔는데, 교내 학생 지도와 함께 일관되게 강조되어 오고 있는 것이 바로 '연대'이다. 즉, 일본에서는 학교폭력 문제가 학교 자체적으로는 해결하기 어렵다는 데 공감대가 형성되어 학교와 가정, 지역, 관계기관이 활발히 연대한다. 이에 따라 각 학교에서는 경찰과 협력체계를 구축하여 학교폭력 문제에 적극 대처하며, 문제행동을 일으키는 학생에 대해서는 관계기관의 전문가와 자원봉사자들로 구성된 소년 서포터팀이 대응하여 상담 및 지도 활동, 그리고 피해학생에 대한 지원활동을 하고 있다.

5 문부과학성(2010.12.22.)에서 공표한 '아동학생의 문제행동 등 학생지도 상의 제 문제에 관한 조사'.

학교와 학교의 연대와 관련해서는 중학생의 문제행동이 급증하는 원인으로 언급되고 있는 '중1 갭(中1ギャップ)' 문제를 해소하기 위하여 전국 학교의 절반 정도가 '초·중 일관교육'을 시행하거나 검토 중에 있다. 이를 위한 구체적인 교육 프로그램으로는 스트레스 관리(Stress Management), 사회관계 증진 훈련(Social Skill Training), 생활건강 훈련(Life Skill Training), 분노 관리(Anger Management) 등이 있다.

표 5-8 최근 일본의 학교폭력 예방 프로그램

스트레스 관리 (Stress Management)	여러 가지 스트레스에 대한 대처법을 배움.
사회관계 증진 훈련 (Social Skill Training)	여러 가지 사회적 기능을 트레이닝을 통해 기름. 상대를 이해, 자신의 마음과 생각을 적절하게 전달, 인간관계를 원활히 하는 것, 문제 해결, 단체행동에 참가 등이 트레이닝의 목표.
생활건강 훈련 (Life Skill Training)	자신의 신체와 마음, 생명을 지키고 건강하게 생활하기 위한 트레이닝. 자존감 유지, 의사결정 기술, 자기주장 커뮤니케이션, 목표설정 기술 등이 목표. 흡연, 음주, 약물복용, 성 등의 과제에 대처하는 방법.
분노관리 (Anger Management)	자신의 분노에 대처하는 법을 단계적으로 배움.

또한 지금까지 계속해서 강조되어 온 가정, 지역, 관계기관 등과의 연대와 더불어 학교급별 간의 연대가 언급되고 있는데, 초등학교에서는 언어활동의 충실, 도덕교육의 추진 등이, 중학교에서는 규범의식에 기초한 행동양식의 정착, 고등학교에서는 규범의식과 교내 규율 유지 등이 강조되고 있다.

지역별로 관련 내용을 보자면, 아오모리 현에서는 경찰과 학교가 함께 소년 비행방지 점프(JUMP) 팀을 구성하여 거리 선도 활동 및 캠페인을 정기적으로 하고 있으며, 오사카에서는 담당 경찰관이 중학교를 직접 방문하여 범죄방지 교실을 개최하고 있다. 후쿠오카 현 경찰은 폭주족 가입저지 교실을 개최하여 중학교 때부터 폭주족의 실태를 이해하고 폭주족 거부 의지를 형성하도록 하고 있으며, 나라 현에서는 초등학교 고학년을 대상으로 흡연과 약물남용 방지 교실을 개최하고 있다. 또한 후쿠시마 현 고리야마 시에서는 소년 서포터팀을 구축하여 비행에 대응하며, 오키나와 현 경찰은 관계기관이 협력하여 '아버지회'를 결성해 야간 순찰을 실시하고 있다. 또한 사이타마 현에서는 '밝고 안심하고 배울 수 있는 학교 만들기' 협력학교와 '생활지도 연구추진 모델학교'를 선정하고, 이를 위한 연수회를 주기적으로 실시하고 있다.

한편 일본에서는 사이버 학교폭력의 급증과 관련하여 온라인상에서의 학교폭력 예방을 위해 '학교인터넷 패트롤'을 운영하고 있다. 이 제도는 학교 비공식 사이트, 블로그, SNS 등에 비방과 중상 등을 게재하여 사이버따돌림이 일어나고 있지 않은지를 점검하여 학교 등의 관련기관에 정보를 제공하는 것이다. 인터넷 패트롤을 통한 검색 결과 문제점이 발견되면 이에 대한 정보를 학교와 교육청에 제공하게 되며, 이에 따라 청소년 범죄와 관련된 내용은 각 경찰서에서 대응하고, 학생과 관련된 정보는 학교에서 활용하여 문제에 대응한다. 이 제도는 2005년 요코하마 시교육청에서 시작되어, 2010년 기준으로 일본의 약 10% 정도의 시에서 추진하고 있다.

(3) 핀란드의 학교폭력 예방 프로그램

지금까지 핀란드에서 학교폭력은 의미 있는 통계가 종합적으로 집계된 적이 거의 없었다. 그 이유는 비교적 최근까지 핀란드 학교에서는 학교폭력이라는 개념 자체가 비교적 생소한 개념이며, 학교에서 벌어지는 폭력은 '집단 따돌림'으로 합산되어 집계되어 왔기 때문이다.

핀란드에서 학교 집단 따돌림은 그 뿌리가 깊고 피해자가 많았지만, 상대적으로 학교폭력은 그다지 많지 않았다. 따라서 학교폭력에 대한 통계는 여기 저기 정기 간행물과 같은 자료에서 따로 집계된 자료들이 있을 뿐이며, 일반적으로 알려진 사실은 학생들이 가장 많이 폭력을 경험하는 장소가 가정과 학교라고 하는 정도였다.

그러나 최근 몇 년간 핀란드 학교에서는 세계 언론에도 보도된 바 있는 여러 차례의 학교 총기 사건[6] 외에도 칼 등의 위험한 무기를 이용하여 사망에까지 이르게 하는 심각한 학교폭력 사건이 자주 발생하고 있다. 핀란드고등학생연합회가 실시한 설문조사에 따르면, 최근 벌어진 학교 총격 사건 등으로 인해 고등학교 여학생의 12%, 남학생의 6%가 학교에서 안전에 대해 우려하고 있다고 답해 학교에서 안전을 우려하는 고등학생이 늘어나고 있는 것을 알 수 있다.

학교폭력 사건도 꾸준하게 증가하여, 핀란드 초등학교 6학년 학생 중 57%가 학교에서 폭력을 경험했으며, 9학년 남학생 44%, 여학생 30%가 학교폭력을 경험했다고 하였다. 핀란드 만네르하임 아동보호협회의 통계에서도, 전체 남학생의 24%, 여학생의 5% 정도가 학교폭력을 경험한 것으로 나타났다. 핀란드의 지자체 중 반타

6 1989년 라우마메리 중학교에서 총기난사 사건으로 2명이 사망했고, 2007년 11월에는 남부 요켈라 고교에서 교내 총기 발사 사건이 있어 8명이 사망했으며, 이 사건이 발생한 지 채 1년이 안 된 이듬해 2008년 9월에는 서부 소도시 카우하요키의 한 직업학교에서 총기 난사 사건이 발생해 범인을 포함해 10명이 숨지고 여러 명이 부상당했다.

시가 유일하게 학교폭력에 대한 정확한 통계를 집계하고 있는데, 2010년 통계에 따르면 한 달 평균 1,000여 건의 학교폭력이 발생한 것으로 기록되어 있다.

1990년대 이래 학교폭력이 심각한 사회문제로 떠오른 핀란드에서는 1999년에 '안전한 학교환경에 대한 권리'라는 학교 안전 법령을 제정하고 집단 따돌림 방지 정책을 펴는 등 다양한 학교폭력 대책을 내놓았다. 그러나 이러한 대책이 큰 효과를 거두지 못하자 국가적 차원에서 학교폭력은 예방이 최우선임을 발표하고 2005년 출범한 학교복지위원회에서 학교폭력 예방 프로그램을 개발할 것을 제안하였다. 그 결과, 핀란드 정부는 2006년도에 약 70억 원이라는 연구자금을 들여 투르쿠 대학교와 공동으로 학교폭력 문제를 해결하기 위한 '키바 코울루(Kiva Koulu)'[7] 프로그램을 만들었으며, 2007~2008년에 시범학교에서 시범운영을 거쳐 최종 개발되었다. 이후 키바 코울루 프로그램은 핀란드 학교의 대표적인 학교폭력 예방 프로그램으로 자리매김하였다(천세영, 2014).

키바 코울루 프로그램은 각 학교에서 한 달에 한 번, 연 20시간 정도로 담임 선생님과 함께 진행되는 프로그램 수업형태로서, 크게 두 가지로 구성되어 있다. 그 하나는 학생들이 학교폭력을 방관하지 않고 적극적으로 대응하도록 하기 위해 모든 학생들에게 학교폭력 예방을 위한 토론 수업, 비디오 및 영상 수업, 역할극, 소규모 집단 활동 등을 교육시키는 것이며, 다른 하나는 학교폭력이 발생했을 때 개인-집단-학교의 '키바' 팀이 개입하여 문제를 해결해 나가는 것이다. 이 프로그램은 학생들이 학교폭력 상황에서 피해학생을 어떻게 도와주어야 하는지, 안전한 학급을 만들기 위해서는 어떤 자세를 가져야 하는지 등에 대한 학생들의 공동 책임을 강조한다. 특히, 키바 코울루 프로그램은 방관자들의 역할을 강조하고 있는데, 그 이유는 학교폭력 상황에서 방관자들이 따돌림이나 괴롭힘을 더욱 조장하고 유지시킬 수도 있기 때문이다.

여기서 중요한 것은 학교폭력 문제를 학생들에게만 맡기지 않고 교사, 학부모, 학교 당국, 그리고 지역사회가 함께 개입한다는 것이다. 핀란드에서는 이 프로그램을 도입하여 운영한 결과 학교폭력이 30% 정도 감소한 것으로 나타났다.

---

7 키바(KIva)는 '왕따에 맞서다(kiusaamista vastaan)'라는 의미이고, 코울루(Koulu)는 '학교'를 뜻하는데, '키바'라는 말 자체가 핀란드어로 '좋은'이라는 의미도 있으므로, 키바 코울루는 '좋은 학교'라는 의미로도 해석할 수 있다.

(4) 노르웨이의 학교폭력 예방 프로그램

학교폭력에 관한 한 노르웨이는 세계적인 대표선수라고 할 수 있다. 노르웨이는 1982년부터 학교폭력 예방교육을 체계화하여 운영하고 있으며, 학교폭력과 관련된 연구가 가장 활발히 진행되고 있는 나라 중의 하나이다. 또래 괴롭힘(bullying)이라는 용어를 처음 사용한 노르웨이 학자, 댄 올베우스(Dan Olweus)는 학교폭력이나 또래 괴롭힘 행동에 관한 국내·외 논문이나 연구에 가장 빈번하게 출현하고 있다. 특히 올베우스가 개발한 설문지나 프로그램은 노르웨이 뿐 아니라 유럽 국가와 미국, 우리나라에도 일찍이 소개되어 널리 활용되고 있다. 또한 노르웨이는 2004년 OECD 산하에 학교폭력 근절을 위한 국제공조망(International Network on School Bullying and Violence)을 구성하고, 2006년까지 국제 코디네이터로서 학교폭력 근절을 위한 국제적인 활동을 주도해 왔다.

노르웨이 정부의 학교폭력 근절 노력을 촉발시킨 것은 1982년 3명의 학생이 학교폭력으로 견디다 못해 자살을 시도하면서 사회적 파장을 초래했던 사건이었다. 이 사건을 계기로 학교에서의 폭력행동을 엄격하게 감시하고 또한 강하게 제재함으로써 학교폭력을 예방하고 학교를 안전한 곳으로 만들자는 취지 하에 노르웨이 정부는 집단 괴롭힘 등 학교폭력에 대처하기 위한 국가 수준의 캠페인을 전개하였다. 또한 이 시기부터 본격적으로 교육부 주도 하에 모든 초등학교와 중학교를 대상으로 국가 차원의 학교폭력 실태조사가 이루어지고, 구체적인 학교폭력 예방 및 근절 프로그램이 개발·적용되기 시작하였으며, 학교폭력에 대처하기 위한 대책 및 방안에 관한 연구들도 수행되었다.

학교폭력에 대응하는 노르웨이 정부의 노력에서 중요한 것은 정부와 학교, 미디어 등이 모두 함께 학교폭력 예방을 위해 노력한다는 것이다. 2002년 학교폭력 반대 첫 헌장이 공표됨으로써 따돌림을 법적으로 규제할 수 있게 되었고, 2003년에는 법령 개정으로 각 학교가 학교폭력, 따돌림, 괴롭힘 등을 해결하기 위한 능력과 환경을 갖추도록 하였다. 특히 2003년 국왕이 새해 연설에서 따돌림 문제를 처음 언급하면서 학교폭력의 심각성에 대한 전 국민적 공감대가 형성되었으며, '괴롭힘 근절 실천운동(Manifesto Against Bullying)' 선언을 통해 더욱 적극적인 학교폭력 예방 운동을 펼치기 시작했다.

매니페스토 활동은 '학교폭력 무관용(Zero tolerance)' 정책을 핵심 모토로 삼고 있다. 즉, 어떠한 형태의 학교폭력도 결코 허용해서는 안 된다는 강한 의지와 책임을 강조한다. 매니페스토 주체는 중앙정부, 시민단체, 학부모단체, 지방자치단체, 학교와 유치원, 청소년단체 등으로 구성되어 학교폭력 근절을 위한 활동계획을 세우고 수행할 수 있도록 지원함으로써 일선 학교와 지역사회의 학교폭력 발생을 줄이는 데 실질적으로 기여해 오고 있다. 각 학교에서는 학생, 담임교사, 부모, 교장이 하나의 집단을 구성하여 세미나의 개최를 비롯한 다양한 영역에서 학교폭력에 대한 대응역량을 키워가고 있다. '무관용, 책임과 헌신, 지속적 대처'라는 3대 원칙에 입각해서 운영되고 있는 이 무관용 프로그램의 특징은 어느 학교에서나 쉽게 적용할 수 있고, 학생 모두가 참여할 수 있으며, 특히 주변인이 방관자가 되지 않고 접근한다는 점에서 큰 의미가 있다.

노르웨이에서는 학교폭력의 예방을 위한 대표적인 프로그램으로 올베우스(Olweus) 프로그램이 개발·운영되고 있다. 이는 앞서 말한 1982년의 사건이 계기가 되어 학교폭력을 없애기 위해 '괴롭힘 근절 실천운동'으로 시작된 프로그램이다. 이 프로그램은 베르겐(Bergen) 대학교의 심리학자 올베우스(Dan Olweus)가 개발한 것으로서, 이 프로그램의 운영 결과 학교폭력이 50% 이상 감소하는 효과가 있어 영국을 비롯하여 독일, 미국 등으로 확산되면서 큰 효과를 보이고 있다.

이 프로그램은 어른들이 하나가 되어 학생들에게 메시지를 분명하게 전달하는 것으로, 첫째, 우리는 다른 친구들을 괴롭히지 않을 것이다. 둘째, 우리는 괴롭힘 당하는 친구를 도울 것이다. 셋째, 우리는 혼자 있는 친구들과 함께 할 것이다. 넷째, 만약 누군가 괴롭힘 당하는 것을 알게 되면, 우리는 학교나 집의 어른들에게 이야기할 것이라는 '학생 4대 행동 규칙'을 만들었다. 올베우스 프로그램은 이러한 행동규칙을 만들어 유치원 때부터 다른 아동을 괴롭히는 행동을 하지 못하도록 철저하게 교육시키는 것이다.

이 프로그램에서 '멈춰' 제도는 만일 학교폭력이 발생했을 경우에, 피해학생이 가해학생을 향해 "괴롭힘 멈춰!(Stop Bullying!)"라고 외치면서 팔을 뻗으면 주변에 있던 다른 학생들도 함께 "멈춰!"라고 소리치는 동시에 교사에게 이를 알려 문제를 해결하는 방식이다. 그리고 폭력은 절대 용서할 수 없다는 '학교폭력 무관용' 정책을 핵심 원칙으로 삼고 성인들이 적극 개입한다. 그래서 교사와 학부모가 적극적으로 참여하도록 유도하고 괴롭힘을 금지하는 명확한 규칙을 만들어서 피해자에게 보호와 지원을 한다. 수용될 수 있는 행동의 한계를 분명히 설정하고, 괴롭힘 행동에 대해 처벌을 제외한 다른 방법으로 일관성 있게 제재함으로써 공격적이고 폭력적인 학생에게 새로운 행동양식을 학습할 수 있도록 사회적 환경을 조성하는 것이다.

이 프로그램은 학교 내 모든 장소에서 성인이 더욱 철저하게 학생들을 감독하도록 하고, 괴롭힘이 발생하였을 때 이에 대한 책임의식을 증가시키며, 괴롭힘을 용서

하지 않는다는 메시지를 학생들에게 분명하게 전달하는 것이 핵심이다. 그리고 학교뿐만 아니라 정부와 시민단체, 학부모 단체, 청소년 단체 등이 참여하는 것으로, 모두가 학교폭력은 용납할 수 없다는 분명한 메시지를 전달함으로써 학교폭력이 일어나지 않도록 미연에 예방하는 효과를 가진다.

(5) 호주의 학교폭력 예방 프로그램

호주 역시 학교폭력과 왕따 문제로 인해 최근까지 몸살을 앓고 있다. 재미로 혹은 미움으로 교내에서 시작된 왕따가 호주 사회 전체로 확산돼 우울증과 자살로까지 이어지자 호주 정부는 교육기관과 연계한 캠페인을 통해 해를 거듭할수록 심화된 프로그램과 강력한 조치를 진행하고 있다.

한 정부 조사에 의하면, 매년 천여 건이 넘는 폭력 사건이 교내에서 학생 또는 교사들을 대상으로 발생하고 있으며, 이중 2/3 정도가 초·중·고등학교에서 일어나고 있다고 하였다. 특히 퀸즐랜드 주정부 경찰에 보고된 사례 중에 무기를 사용한 폭력사건의 25%가 10~18세 사이의 청소년이 저지른 것이었으며, 빅토리아 주의 한 조사에서는 남학생 5명 중 1명은 교내에서 무기를 소지하고 있는 것으로 나타났다. 이는 청소년들 사이에 폭력이 얼마나 심각한가를 보여주고 있다.[8]

특히 최근 호주에서는 아시아 학생들을 대상으로 하는 언어 및 물리적 폭력의 위험이 늘 도사리고 있다는 보고가 있어 우리나라를 비롯한 아시아계 유학생들이 바짝 긴장하고 있다. 공·사립학교의 폭력 사건 중 상당수는 아시안 학생들에게 가해지는 경우가 흔한데, 이는 명문 사립학교 기숙사에서 더 심각한 것으로 보고되고 있다. 이는 일류 사립학교라고 해서 학교폭력의 무풍지대가 아님을 말해 주고 있다. 2000년 시드니 섬머힐의 명문 사립고 트리니티 그램머(Trinity Grammer) 고교의 기숙사에서 집단 폭력으로 다수의 학생이 육체적, 정신적으로 피해를 입는 사건이 발생한 바 있다.

학교폭력이 큰 사회적 문제로 대두되자 호주는 주 정부가 강력한 대처에 나서고 있다. 우선 각 학교별로 학생들을 상대로 교내 학교폭력의 근절을 위한 프로그램을 실시할 것을 의무적으로 규정하고, 감독관을 수시로 학교로 파견하여 이의 실시 여부를 점검하고 있다. 사립학교에 대해서도 예외는 아니며, 특히 기숙사의 경우 매일

8 2010년 9월에 발표된 한 조사결과에 따르면, 학교폭력의 92.1%는 무기를 사용하지 않은 단순 폭력 사건으로 밝혀졌으나, 2012년 5월 한 고등학교에서 16세 학생이 같은 학교의 14세 학생을 운동장에서 칼로 수차례 찌른 사건이 발생하는 등 그 수위가 점점 높아져 가고 있다.

학생 폭력 방지를 위한 일지를 작성토록 하고 있고, 학교에 파견된 감독관이 이를 점검토록 하고 있다.

이 같은 주 정부의 대응책에 따라 학교폭력이 학교별로 크게 줄어들고 있기는 하나, 근본적인 학교폭력 퇴치의 방법이 되지 못하고 있다. 따라서 학교폭력은 학교의 적극적인 대응책도 중요하지만 우선적으로 학교폭력이 발생하지 않도록 미리 예방하는 것이 중요하다고 보고, 학교폭력 예방을 위한 다각적인 노력을 기울이고 있다.

호주의 학교폭력 예방을 위한 대표적인 프로그램은 'PEACE Pack Program'이다. 이는 호주 연방 정부의 국가 연구인 'Sticks and Stones'(1994)로부터 호주 학교에서 학교폭력이 심각한 문제이며, 학교폭력을 줄이기 위한 개입 프로그램들의 개발, 실행, 그리고 평가에 대한 요구를 받은 후, 이러한 요구에 부응하기 위해 플린더즈(Flinders) 대학교의 슬리(Slee) 교수가 개발한 프로그램이다.

이론적으로 학교폭력 문제가 관계들 속에서 존재하고 사회 구성주의자의 관점에서 이해된다는 시스템 사고(system thinking)의 기본 원칙에 따르는 이 프로그램은 학교 정책, 고충처리 절차, 교육과정 계획, 학생 사회지원 프로그램과 관련하여 학교폭력 금지 정책의 수준을 평가하기 위해 학교에 체계적인 개입의 틀을 제공한다. 이러한 요소들은 학교폭력 감소 프로그램의 계획, 적용 및 평가 과정을 단계적으로 나타내는 준비(Preparation), 교육(Education), 실행(Action), 대처(Coping), 평가(Evaluation) 등의 단계들로 조직되고 분류된다. 이를 통해 각 학교가 학교폭력 개입 프로그램을 발전시키기 위한 종합 패키지의 부분으로 정책, 고충처리 절차, 학습 계획 등과 같은 실제적 자료들을 제공한다(송재홍 외, 2013).

PEACE Pack 프로그램의 궁극적인 목적은 학교를 기반으로 하는 전략들을 통해 학교폭력을 감소시키는 것이며, 이는 학교가 학생들에게 안전한 학습 및 놀이 환경을 만들어 줄 체계적인 틀을 제공함으로써 학교폭력이 감소될 수 있도록 지원하는 것이다. 프로그램 적용 대상은 유치원생부터 고등학생까지이며, 자신의 학급이나 학교의 폭력행동 금지 프로그램들의 실행과 검토에 관심이 있는 교사나 상담사, 학교 관계자, 사회복지사, 청소년 지도자 등이 사용할 수 있다.

Part 03

학교폭력의 대처

Chapter 1

학교폭력 관련 학생의 특성

Chapter 01 학교폭력 관련 학생의 특성

학교폭력 사안에는 반드시 피해학생이 존재한다. 그리고 그 피해학생에게 가해한 학생 또는 누군가가 존재한다. 학생폭력 사안이 발생하면, 우선 누가 피해학생이고 누가 가해학생 또는 가해자인지를 구분하는 데서 나아가, 그 폭력 사안의 피해와 가해의 행위가 일방적이었는지 그리고 쌍방적이었는지를 판단하여야 한다. 그리고 피해학생은 왜 그런 폭력행동의 피해 대상이 되었는지, 그리고 가해학생 또는 가해자는 왜 그런 폭력행동을 하였는지에 대해서도 생각해 보아야 한다.

그런데 최근 발생하고 있는 학교폭력 사안들을 분석해 보면, 학교폭력의 양상들이 복잡다단하게 나타나고 있으며 그 원인들도 복합적이고 연쇄적인 요소들을 내포하고 있어서 피해와 가해의 구분을 분명하게 가를 수 없는 사안들도 많다는 것을 확인할 수 있다. 즉, 가해의 행위가 일방적이지 않고 피해와 가해가 동시에 쌍방적으로 나타나는 경우도 있고, 피해학생이 순식간에 가해자가 되거나 가해학생 또는 가해자가 다음 순간에 피해자의 처지가 되는 경우도 있기 때문에 피해와 가해의 구분이 불분명하거나 부적절한 경우가 많이 발생하고 있다. 이렇게 피해학생과 가해학생의 구분이 애매해지고, 피해학생의 특성과 가해학생의 특성을 분별해 가는 것이 복잡해지고 어려워지고 있다.

그러나 피해학생과 가해학생의 경향적 특성을 이해하는 것은 학교폭력 문제를 해결해 가는 실마리가 될 수 있을 것이다. 뿐만 아니라 학교폭력이 발생하고 있는 현장에 존재하는 주변 학생들의 태도와 행동이 학교폭력 문제해결의 단서가 될 수도 있어서 이들 주변 학생들의 특성에 대해서도 살펴볼 필요가 있다.

이 장에서는 학교폭력 사안에 관련된 학생들에 한정하여 피해학생과 가해학생, 그리고 그 주변 학생들이 어떠한 경향적 특성을 가지고 있으며, 학교폭력 상황에 어떻게 대응해 가고 있는지를 살펴보고자 한다.

1 학교폭력 피해학생의 특성

1) 학교폭력 피해에 노출되기 쉬운 피해학생의 특성

학교폭력의 피해를 받기 쉬운 학생들의 공통된 특성이 존재하는가에 대한 과학적 연구결과는 없다. 학교폭력이 발생하는 현장에서 피해와 가해의 구분조차 애매한 경우도 많으며 그 개인적 특성과 상황적 요인이 복잡하게 작용하고 있기 때문이다. 그러나 학교현장에서 일상적으로 목격되고 있는 학교폭력에 대한 교사 또는 학생들의 경험적 진술들에 기초하여, 피해에 노출되기 쉬운 피해학생의 특성이라고 할 수 있는 것들은 다음과 같다.

(1) 미약한 자기방어 의사표현

학교폭력에 노출되기 쉬운 학생들이 가지는 특성 중에는 공격적인 학생이 가해 시도를 할 때 자기방어적 의사를 약하게 표현하거나, 효과적으로 대응하지 못하는 특성을 들 수 있다.

(2) 신체적 취약성

피해학생 가운데에는 신체적 취약성을 가지고 있는 경우도 자주 발견되고 있다. 예를 들면 신장이 작거나, 신체적 장애가 있거나, 신체의 물리적 힘이 약한 경우이다.

(3) 지능적 취약성

학교폭력에 노출되는 학생 중에는 간혹 지능이 낮아 자기주장이나 대처를 적절하게 하지 못하는 경우가 있다. 이런 경우에는 가해학생이 조금만 공격적 행동을 보여도 불안한 모습을 보이고 가해학생의 요구에 쉽게 복종해 버리기 때문에 가해학생의 표적대상이 되기 쉽다.

(4) 낮은 사회성과 대인관계 기술의 부족

사회성이나 대인관계 기술이 부족한 학생이 학교폭력 피해의 대상이 되기 쉽다. 주의력결핍, 과잉행동장애, 또는 아스퍼거 장애 등과 같은 공존질환을 가지고 있는 경우에 또래친구들과 어울리지 못하고 충동조절 능력이 약하여 상황에 대응하고 사회관계를 맺는데 부족한 특성을 드러내기도 하지만, 정신과적 질병이 없는 경우에도 또래친구 관계에서 부정적인 성격 평판을 가지는 학생들이 따돌림이나 폭행의 대상이 되는 경향을 보이기도 한다.

2) 학교폭력 피해 후 피해학생의 특성

(1) 정서적 각성 조절 기능의 악화

학교폭력 피해학생들은 정서조절과 분노조절의 어려움을 나타내고, 정서를 조절하기 위한 방법으로 자기파괴 행동이나 자살 생각, 공격 행동, 성적 집착, 극단적 위험 감수 행동을 보일 수 있다.

(2) 주의집중력과 인지기능의 저하

학교폭력 피해경험은 주의집중, 기억 및 학습 등 전반적인 인지과정에 문제를 발생시킨다. 학교폭력의 피해를 입은 학생들은 폭력장면에 대한 반추와 또다시 폭력이 발생할지 모른다는 불안 및 반복적인 생각으로 과도한 긴장상태에 놓이게 됨으로써 주의가 쉽게 분산되어 실제로 학업에 열중하는 데 곤란을 경험하기도 한다.

(3) 자기 인식에 대한 부정적 변화

학교폭력 피해학생은 피해경험 후에 부정적 자아개념을 키워가면서 자아존중감이 낮아지는 경향을 보인다. 피해경험에 대해서도 그것이 자신의 잘못이라고 생각하기 시작하면서 자기 자신을 무능하다고 지각하게 되며, 자기비판과 죄책감을 경험하게 된다. 그리고 피해학생들이 자기 자신과 세상을 부정적으로 인지하기 시작하는 것은 학교폭력 피해경험이 자기 인식을 부정적으로 변화시킨 결과라고 할 수 있다.

(4) 대인관계 형성의 회피

학교폭력 피해학생들은 피해경험으로 인해 타인에 대한 신뢰를 잃게 되어 타인과 관계를 맺는데 두려움을 가지게 되고, 주변의 사람들을 경계하거나 피해의식을 드러내면서 관계형성에 문제를 나타내는 경향을 보인다. 피해경험은 피해학생의 자아존중감 저하에 영향을 미쳐 주변 학생들과 관계를 맺는데 어려움을 초래하게 되고, 피해로 인해 누적된 분노와 증오심으로 인간관계를 피하거나 심지어 타인에게 가해 행위를 할 가능성을 높이기도 한다.

(5) 심리적 피해의 신체적 고통 증상

학교폭력 피해학생들은 종종 신체적 고통을 호소하는 경향을 보인다. 이들은 배가 아프다거나 머리가 아프다는 등의 통증을 표현하지만 그 원인을 찾지 못하는 경우가 많다. 또한 수면장애와 섭식장애를 함께 겪기도 하는데 이러한 통증 호소는 폭력의 심리적인 피해가 신체화 증상으로 나타난 결과일 수 있다.

2 학교폭력 가해학생의 특성

1) 학교폭력 가해학생의 특성

1980년대 이전에 조사된 연구들에 의하면, 가해행동의 주된 이유가 물리적 이득을 얻기 위한 것이었으나, 최근 가해행동은 또래집단 속에서 우월성을 드러내고 또래에 대한 지배력을 확보·유지해 가기 위한 수단으로 기능하는 경향을 보인다고 한다(곽금주, 2006; 이현림·김말선·박춘자, 2012). 그러나 가해학생을 관찰하고 조사한 연구들에서 가해학생에게 나타나는 공통되고 일관된 개인적 특성을 발견하기는 어렵다.

충동성과 타인에 대한 낮은 공감능력, 분노, 그리고 낮은 자기존중감 등과 같은 전형적인 가해자의 심리적 특성을 지닌 청소년들이 다양한 촉발 요인, 즉 학교현장의 일상생활에서 촉발될 수 있는 사건 또는 관계 속에서 학교폭력 가해행동을 드러낼 것이라는 주장(이현림·김말선·박춘자, 2012)도 있으며, 생리적 측면에서 전두엽 기능 문제와 같은 유전적 병리로 인해 품행장애, 적대적 반항장애, 주의력결핍 과잉행동장애, 우울장애 등을 보이며 공격행동을 하게 된다는 주장(정종진, 2013)도 있다.

그러나 가해학생들 대부분이 정신병리적 증상을 가지고 있는 것도 아니며 피해학생이나 일반 학생과 뚜렷이 구분되는 행동특성을 일상적으로 드러내지도 않는 것이 현실이다. 다만 가해학생이 가질 만하다고 간주되는 전형적인 징후나 특성들은 경험적으로 다음과 같이 추론해 볼 수 있다.

우선 신체적으로 다른 학생들보다 크거나 강한 경향이 있다. 이러한 신체적 우월성을 바탕으로 다른 학생들에게 영향력과 힘의 우위를 가지려고 하거나 지나치게 긍정적인 자아상을 가지고 있는 경우도 있다. 행동 면에서도 쉽게 흥분하고 지나치게 활달한 경향을 보이기도 한다. 규칙을 지키는데 저항심을 가지고 있으며, 비판에 대해서 매우 민감한 반응을 보인다. 특히 가해학생은 어떤 특정한 집단에 소속되어 있을 가능성이 높다.

2) 학교폭력 가해학생의 행동에 영향을 미치는 요인

(1) 개인심리 요인

가해행동에 영향을 미치는 개인심리 요인으로 충족되지 못하는 일상적 욕구의 존재, 성취하기 어려운 꿈에 대한 절망, 또래 또는 이성관계의 불화, 미래에 대한 두려움, 자신감의 저하, 고립감, 불안감, 학교적응장애, 행동장애, 정신장애 등을 들 수 있다.

(2) 가족 요인

가족은 정서적 안정감, 타인에 대한 친밀감, 그리고 상호의존의 관계 형성에 영향을 미치는 환경이라고 할 수 있다. 즉, 학생이 속해 있는 가족이 가지고 있는 문제는 학생의 태도와 행동에 직접적으로 영향을 미친다. 부모의 불화나 별거, 또는 이혼과 같은 상황은 성장기 학생의 정서와 행동에 악영향을 미칠 수 있으며, 가족의 빈곤이나 부모의 일관되지 못한 양육태도 등과 같은 요인들도 자녀의 행동에 영향을 미쳐 학교폭력 가해행동의 요인으로 작용할 수 있다. 특히 가정 내의 폭력행동을 목격한 청소년은 가정에서 학습된 폭력행동을 자신의 부정적 감정의 해결수단으로 사용할 개연성이 높다고 할 수 있다.

(3) 또래친구 요인

청소년기는 또래친구와의 정서적·행동적 교감이 증가하는 시기이다. 더군다나 가족 소속감이 낮거나 가족 구성원에게서 인정과 지지를 받지 못하는 청소년의 경우는 또래친구 관계에 더 의지하는 경향이 있다. 청소년기에는 또래친구들과 함께 나누는 사고, 감정, 여가시간 등의 비중이 증가하기 때문에, 또래친구들과의 관계 친밀도가 높을수록 행동에 대한 또래친구의 영향력도 증가하게 된다. 따라서 청소년들은 또래친구들의 태도나 행동을 비판하기보다는 모방하고 동조하는 경향을 보이게 된다. 특히 또래친구들이 부정적이고 일탈적인 행동을 보이더라도 또래집단에서 소외되지 않기 위해서 이를 묵인하거나 동조하게 되는 것이다. 학교폭력 가해학생의 경우에서도 또래친구들의 가해행동에 대해서 제재하기보다는 학교폭력 동조행동을 보이거나 심지어 주도적인 행동을 보이게 되는 것이다.

(4) 학교환경 요인

학교환경 요인은 학교폭력 문제를 제기하고 가해행동의 유형과 범위를 명확하게 정의하고 제재해 주는 중요한 환경요인이라고 할 수 있다. 그렇기 때문에 학교당국이 학교폭력 예방과 근절을 위한 실제적 조치들을 수행하는 한편, 학교폭력 사안이 발생했을 때는 가해행동에 대해서 체계적인 개입을 취하는 한편, 피해학생에 대해서는 적절한 보호 조치를 취하는 확고한 의지를 보인다면, 학교가 학교폭력 문제의 해결 주체로서의 역할을 담당해 갈 수 있을 것이다.

(5) 사회환경 요인

현재 우리 사회에 드러나고 있는 물질주의적 가치관, 경쟁중심의 학생평가, 입시위주의 교육제도, 심화되어가고 있는 불평등구조 등의 사회환경 요인들은 청소년들의 자기중심적 사고와 공격적 행동을 배태하는 토양을 제공하고 있다. 이에 더하여 청소년들에게 심대한 영향을 미치고 있는 대중매체들이 폭력적인 메시지를 전달하는 기능을 확대해 가면서 청소년들의 모방적 폭력행동은 쉬 그칠 것 같지 않다는 것이 현재의 일상적인 인식이다.

폭력적인 사회환경 속에서 성장하는 청소년은 폭력의 용인에 더 관대할 수밖에 없으며 폭력행동의 실행에 가담할 개연성도 클 수밖에 없다. 따라서 비폭력적이고 공존적인 사회환경을 만들어 가는 것은 학교폭력 가해행동의 싹을 틔울 터전을 제공하지 않는 일차적인 과제임과 동시에, 한 사회의 현재뿐만 아니라 미래의 평화를 위한 궁극적인 과제일 것이다.

3) 가해행동의 결과

학교폭력의 가해학생은 가해행동을 하고 난 후에 스스로 심리적·사회적으로 부정적인 경험에 노출되기 쉬우며, 매우 부정적인 현상들이 수반되는 결과를 초래하게 된다. 그 예상되는 가해행동의 결과들을 살펴보면, 첫째, 학교폭력 가해행동은 피해학생뿐만 아니라 그 가족들, 그리고 가해학생과 그 가족들에게도 심리적 고통, 정서적 혼란, 그리고 경제적 손실을 가져오게 된다. 둘째, 가해학생의 가해행동 후에 수반되는 심리적 스트레스는 사회적 고립감, 분노, 교사와 또래친구들과의 관계악화, 학업부진, 학교부적응 등의 문제로 이어질 수 있다. 셋째, 가해학생의 가해행동에 대한 적절한 조처와 상담, 그리고 이에 대한 선도적 교육이 실시되지 않거나, 가해행동의 원인에 대한 조사와 제거가 이루어지지 않을 경우에는 반복적인 가해행동으로 이어질 가능성이 높다. 넷째, 심리적·정서적 문제가 심각한 가해학생을 방치하였을 경우, 그들이 성인이 되었을 때 문제 행동과 반사회적 행동으로 발전해 가면서 결과적으로 사회부적응자 또는 범죄자가 될 수 있다.

3 학교폭력 현장에서 주변학생의 유형과 영향

1) 학교폭력 현장에서 주변학생의 역동적 영향

일반적으로 학교폭력 문제는 가해학생과 피해학생의 특성이나 관계적 상황에서 설명되고 있다. 그러나 학교폭력 현장에는 가해학생과 피해학생 외에도 주변학생들이 존재하는 경우가 대부분이다. 따라서 학교폭력 문제를 바라보는 시각을 확대하여 그 현장에 함께 있었던 주변학생들까지 포함하는 상황과 관계의 역동적 과정으로 바라보아야 한다는 인식이 자리잡아가고 있다. 많은 학교폭력 사안들이 가해학생과 피해학생의 관계적 왜곡과 불균형 가운데 발생하고 있지만, 그런 관계적 상황에 영향을 미칠 수 있는 변수로서 주변학생들의 존재가 부각되고 있다. 즉, 주변학생들의 존재와 역할이 학교폭력 현장에서 긍정적 혹은 부정적 집단역동을 일으킬 수 있는 여지를 가지고 있다는 것이다.

실제적으로 학교폭력 현장에서 학교폭력을 목격하는 주변학생들이 그 장면에서 가해행동을 차단하는 역할을 수행하면서 가해학생과 피해학생 간의 왜곡되고 불균형한 관계에 역동적으로 개입하여 폭력행동을 제어하는 데 적절하게 대응한다면 학교폭력의 고리를 끊을 수 있는 중재자나 감시자가 될 수도 있을 것이다.

그러나 현실적으로 학교폭력 현장에 존재하는 주변학생들 중에는 학교폭력 행동을 제어하거나 피해학생을 보호해주기보다는, 그 현장을 외면 또는 방관만 하는 경우가 많다. 심지어 그 폭력 상황에서 가해학생 편에서 지지하거나 동조하면서 함께 가해행동에 가세하는 경우도 있다.

주변학생들의 대다수가 폭력행동에 대해서 부정적인 태도를 가지고 있음에도 불구하고 이런 행동을 보이는 이유는 폭력적 상황을 저지하거나 중재하기 위해 무엇을 해야 할지 모르거나, 자신이 가해학생의 다음 공격 대상이 될 수도 있다는 두려움이 있거나, 자신이 더 많은 문제를 야기하는 잘못된 행동을 하게 될 수도 있다는 염려 때문이라고 한다(Hazler, 1996). 뿐만 아니라 학교폭력 현장에 있었던 주변학생이 그 현장에서 특정한 역할을 하게 되면 그 이후에도 그 역할을 변경시키기가 어려워져서 그 역할을 반복적으로 수행하는 경향을 보인다(Janson, Hazler, Carney, & Oh, 2009).

이와 같이 주변학생들이 학교폭력 현장에서 어떻게 처신하고 어떤 역할을 수행하는가를 확인하여 이에 따라 그들의 역할 유형을 분류하고 이해하는 것은 학교폭력 현장의 상황을 변화시켜 가해행동을 감소시키는 데 도움이 될 것이다.

2) 주변학생의 유형과 특징

학교폭력 현장에 존재하면서 그 폭력행동을 목격한 주변학생들은 그 장면에서 특정한 역할을 수행하게 된다. 학교폭력 장면에서 주변학생들이 수행하는 역할에 따라 그 유형을 나누어 보면 일반적으로 다음과 같이 네 가지 유형으로 나누어 볼 수 있다(이규미 외, 2014: 74).

표 1-1 주변학생의 유형

유형	내용	피해학생 지지순위
방어형	피해학생을 보호하고 도움행동을 하는 유형	1
방관형	상황에 개입하지 않고 쳐다보기만 하는 유형	2
강화형	가해학생의 괴롭힘 행동을 부추기는 유형	3
동조형	가해학생을 직접 돕거나 지지하는 유형	4

방어형은 학교폭력의 피해학생을 적극적으로 보호하기 위해서 방어행동을 취하는 유형이며, 방관형은 학교폭력 상황에 직접 연관되는 것에 두려움을 느끼고 그 상황을 쳐다보기만 할 뿐 개입하려고 하지 않는 유형을 의미한다. 강화형은 간접적인 행동으로 가해자의 행동을 부추기는 유형이며, 동조형은 학교폭력 가해행동이 발생했을 때 가해자의 행동에 동조하여 가해행동에 직접 참여하는 유형을 의미한다.

이 주변학생 유형들을 피해학생의 입장에 서서 방어해 주고 도움을 주는 정도에 따라 배열해보면 방어형, 방관형, 강화형, 동조형 순으로 나타낼 수 있다. 각 유형별로 나타나는 주변학생의 특징은 다음과 같다.

(1) 방어형

이 유형의 주변학생은 학교폭력이 발생하고 있는 상황에 개입하면서 피해학생을 방어해준다. 이 학생은 가해학생이나 동조하는 학생에게 가해행동을 제지하는 말이나 행동을 하고, 피해학생에게는 그 상황에서 벗어나도록 지지하거나 안정시키는 역할을 한다. 또한 그 상황을 학교 교사나 주변 사람들에게 알려서 상황이 종료될 수 있도록 노력하며, 상황이 종료된 후에도 피해학생과 함께 있어 준다. 이런 유형의 학생들은 가해학생에게 반격하거나 도전하기 때문에, 그 과정에서 지나친 방어행동으로 인하여 또 다른 폭력 상황을 발생시키기도 한다.

학교폭력 장면에서 방어형의 주변학생 수가 많으면 학교폭력 가해행동을 제어할 수 있는 여건이 만들어 질 수 있다. 그러나 일반적으로 주변학생 중에는 방어형 학생보다는 방관형 혹은 동조형 등 다른 유형의 주변학생들의 비율이 더 높은 편이다. 따라서 방어형 학생이 다른 유형의 학생들과 비교하여 어떠한 특징을 보이는지를 파악하여 나머지 학생들을 방어형으로 전환시킬 수 있는 방법을 찾아가는 것이 학교폭력 예방과 근절에 효과적인 접근이 될 수 있다.

(2) 방관형

방관형은 학교폭력 현장에 존재해 이 장면을 목격하면서도 그 상황에 개입하는 모습을 보이지 않는 유형이다. 이들은 어느 가해학생이든 피해학생이든 어느 편에도 서지 않으며 그 상황에서 벗어나고 싶어 한다.

현재 발생하고 있는 학교폭력 상황에서 대부분의 주변학생들이 방관자 입장에 서는 경향이 있다. 방관형의 학생들은 자신의 방관적 행동이 중립적이라고 생각할 수 있지만, 이를 지켜보는 가해자는 오히려 방관적 행동이 자신의 가해행동을 암묵적으로 승인하는 것으로 간주할 가능성이 높다. 따라서 가해행동에 대한 방관자의 무반응적 행동, 무감정적 태도, 침묵을 통한 가해행동의 은폐 등은 학교폭력의 토양이 될 수 있다.

그러나 주변학생 중에서 방관자 입장에 서는 학생의 비율이 높다는 사실은 매우 중요하다. 왜냐하면 방관형은 동조형이나 강화형의 학생들에 비해서 그들의 행동을 변화시킬 수 있는 가능성이 더 높기 때문이다.

(3) 강화형

강화형에 속하는 주변학생은 간접적인 행동이나 말을 통해 가해학생을 지지하면서 가해행동을 강화시킨다. 예를 들면 학교폭력 장면에서 피해학생을 조롱하거나 가해행동에 대해서 환호성을 지르고, 주변의 다른 학생들에게 가해행동에 호응하도록 선동하기도 하는 행동을 보인다. 강화형은 가해행동에 직접 가담하지 않는다는 점에서 동조형과는 다르며, 가해학생에 비해서 자신감이 부족한 모습을 보이는 경향이 있다. 그러나 가해행동이 일어날 때 가해학생에게 지지의 분위기를 전하면서 스스로 대리만족을 얻거나 가해행동을 강화시키려는 의도를 보인다.

(4) 동조형

동조형의 주변학생은 가해학생을 직접적으로 돕는 가해 동조자다. 동조형 주변학생의 행동은 가해학생의 행동과 비슷하기 때문에 외형적으로 가해학생과 구별하기 어렵다. 그러나 동조형 학생은 가해학생보다 항상 힘이 약하며 가해학생의 압력 하에 있기 때문에, 가해학생에 앞서 적극적으로 가해행동을 보이는 것을 가해학생이 허용하지 않는다는 점에서 가해학생과 구별될 수 있다. 따라서 동조형 학생은 가해학생의 가해행동이 가해진 후에 동참하는 방식으로 행동하며 가해학생이 피해학생에게 가해행동을 할 때 피해학생을 결박하는 등의 직접적인 동조행동으로 가해행동을 도와준다.

Chapter 2

학교폭력 사안처리 과정과 분쟁조정

Chapter 02 학교폭력 사안처리 과정과 분쟁조정

학교 내외에서 학생들 간에 발생하는 폭력행동은 늘 있어왔다. 과거 학교폭력에 대한 일반적 인식은 일탈적 비행청소년들 간의 폭행 사건이나 주변의 약한 학생을 대상으로 행해졌던 폭행과 금품 갈취 등의 사안들에 한정되어 있었다. 이러한 사안들은 일부 비행청소년들의 개인적 성격 결함이나 실수 등으로 인해 발생하는 것으로 인식되었다. 그리고 같은 동급생 사이에 일어나는 말다툼이나 몸싸움 같은 사안들에 대해서는 청소년기에 겪는 보편적 발달단계의 성장과정으로 간주하거나 우발적 사고로 치부하는 경향이 있었다. 그래서 학교폭력 사안에 대한 과거의 대응 방식은 청소년기 성장과정의 파편으로 간주하는 관용적인 인식에 근거하여 처리해 왔다.

그러나 최근 학교 내외에서 발생하고 있는 학교폭력 사안들은 이전의 인식을 넘어서 평소의 일탈행동 여부나 성적 수준과 관계없이 누구에게나 피해를 줄 수 있는 문제로 인식되기 시작하였다. 이제 우리 사회의 구성원들은 학교폭력 문제가 일부 일탈학생의 범주에 머무는 문제가 아니라 우리 청소년 모두에게 해당하는 문제이며 우리 교육현장 어디에서나 발생하는 문제로 바라보기 시작하였다. 그리고 학교폭력 문제는 개별 청소년의 문제가 아니라 입시 위주의 경쟁적 교육제도, 물질주의적 사고의 팽배, 인성교육의 결여, 불평등 구조의 심화 등 부정적 사회문제와 관련된 구조적·제도적 문제의 부산물이라는 인식도 공유되고 있다. 따라서 최근의 학교폭력 문제에 대한 대응은 이전의 관용적 방식에서 벗어나서 적극적으로 피해학생을 보호하고 가해학생을 징계·선도하는 방식으로 나아가고 있다.

1 학교폭력 사안의 발견과 사안처리 과정

1) 학교폭력 사안의 발견

(1) 학교폭력의 초기 감지·인지의 중요성

학교폭력이 학교 공간에서만 한정되어 일어나는 것이 아니며 폭력행동이 공개적으로 드러나지 않고 행해질 수도 있기 때문에, 교사는 눈으로 직접 확인하거나 신고 등에 의해서 폭력행동을 '인지'할 뿐만 아니라 학생들의 일상적 행동이나 관계 그리고 교실 분위기 등을 통해서도 폭력행동을 '감지'할 수 있어야 한다.

특히 학교에서 학생들을 가르치면서 많은 시간을 같이 보내고 있는 교사는 세심한 관심을 가지고 학생들의 행동과 교실 분위기를 살펴본다면 학교폭력의 징후를 초기에 감지·인지할 수 있다. 학교폭력 사안이 심각하게 확대하기 전에 교사가 초기에 이를 감지·인지하여 신속하고 적극적으로 개입한다면 그 사안의 해결도 쉽게 이루어질 수 있기 때문에 학교폭력의 징후를 숙지하고 정기적인 학생상담과 실태조사를 통해 학교폭력 사안의 발견에 힘써야 한다.

교사는 학교폭력을 감지·인지했을 때, 학교장에게 보고하여야 하며(「학교폭력예방 및 대책에 관한 법률」 제20조 4항), 학교장은 지체 없이 전담기구 또는 소속 교원으로 하여금 사실 여부를 확인하도록 해야 한다(「학교폭력예방 및 대책에 관한 법률」 제14조 3항). 학교폭력을 감지·인지하기 위해서 학교가 해야 하는 역할과 책임은 <표 2-1>과 같다.

표 2-1 학교폭력의 감지·인지를 위한 학교구성원의 역할과 책임

유형	내용
학교폭력 실태조사	• 학교폭력 실태조사 실시(연 2회 전국 공동 실시) • 학교·학급 단위에서 자체적 설문조사 수시 실시
학교 내 학교폭력 신고	• 학교폭력 신고함, 학교홈페이지 비밀 게시판, 담임교사의 문자메일 등 다양한 신고체계 마련 • 피해·목격학생들이 적극적으로 신고하도록 지도 • 학생, 학부모, 교사 대상 학교폭력 신고방법 안내
교사의 관찰 및 상담 실시	• 담임교사 등이 학교폭력 징후를 보이는 학생이 없는지 세심하게 관찰 • 담임교사, 전문상담사 또는 전문상담교사 등의 상담
교내·외 순찰	• 점심 시간, 쉬는 시간, 방과후 시간 등 취약시간 순찰 • 학부모, 자원봉사자, 학생보호 인력, 학교 전담경찰관 등과 유기적 협력

출처: 교육부. 2014. 「학교폭력 사안처리 가이드북」 개정판. 17쪽 참조.

(2) 학교폭력의 징후

학교폭력의 징후들은 학생들의 일상생활의 행동과 또래관계에서 발견될 수 있다. 이 징후들은 학교에서 뿐만 아니라 가정에서도 나타나기 때문에 교사와 가족들이 주의를 기울여 살펴보아야 한다. 만약 이 징후들을 통해 학교폭력을 초기에 감지할 수 있다면 학교폭력의 초기 차단도 가능하며, 사안의 해결도 용이할 수 있다. 다만, 어느 한 가지 징후에 해당한다고 해서 학교폭력 사안으로 단정 짓거나 피해·가해학생으로 특정 지을 수는 없으며, 여러 가지 상황을 고려하여 판단해야 한다(푸른나무 청예단, 2010; 교육부, 2014).

(가) 피해학생의 징후

① 가정에서 살펴볼 수 있는 징후

- 학교 성적이 급격히 떨어진다.
- 학원이나 학교에 무단결석을 한다.
- 갑자기 학교에 가기 싫어하고 학교를 그만두거나 전학을 가고 싶어 한다.
- 학용품이나 교과서가 자주 없어지거나 망가져 있다.
- 노트나 가방, 책 등에 낙서가 많이 있다.
- 교복이 더럽혀져 있거나 찢겨 있는 경우가 많다.
- 학교에 가거나 집에 올 때 엉뚱한 교통 노선을 이용해 시간이 많이 소요된다.
- 괴롭힘에 의한 다른 아이들의 피해에 대해 자주 말한다.
- 문자를 하거나 메신저를 하는 친구가 없다.
- 친구 생일파티에 초대를 받는 일이 드물다.
- 친구의 전화를 받고 갑자기 외출하는 경우가 많다.
- 전화벨이 울리면 불안해하며 전화를 받지 말라고 한다.
- 자신이 아끼는 물건을 자주 친구에게 빌려 주었다고 한다.
- 몸에 상처나 멍 자국이 있다.
- 머리나 배 등이 자주 아프다고 호소한다.
- 집에 돌아오면 피곤한 듯 주저앉거나 누워 있다.
- 작은 일에도 깜짝깜짝 놀라고 신경질적으로 반응한다.
- 몸을 움직이는 일을 하지 않으려 하고 혼자 자기 방에 있기를 좋아한다.
- 학교에서 돌아와 배고프다며 폭식을 한다.
- 내성적이고 소심하며 초조한 기색을 보인다.
- 갑자기 격투기나 태권도 학원에 보내 달라고 한다.
- 부모와 눈을 잘 마주치지 않고 피한다.
- 쉬는 날 밖에 나가지 않고 주로 컴퓨터 게임에 몰두하며 게임을 과도하게 한다.
- 전보다 자주 용돈을 달라고 하며, 때로는 훔치기도 한다.

- 복수나 살인, 칼이나 총에 대해 관심을 보인다.
- 전보다 화를 자주 내고, 눈물을 자주 보인다.

② 학교에서 살펴볼 수 있는 징후

- 지우개나 휴지, 쪽지가 특정 아이를 향한다.
- 특정 아이를 빼고 이를 둘러싼 아이들이 이유를 알 수 없는 웃음을 짓는다.
- 자주 등을 만지고, 가려운 듯 몸을 자주 비튼다.
- 교복이 젖어 있거나 찢겨 있어 물어보면 별일 아니라고 대답한다.
- 교복 등에 낙서나 욕설이나 비방이 담긴 쪽지가 붙어 있다.
- 평상시와 달리 수업에 집중하지 못하고 불안해 보인다.
- 교과서가 없거나 필기도구가 없다.
- 코피나 얼굴에 생채기가 나 있어 물어보면 괜찮다고 한다.
- 종종 무슨 생각에 골몰해 있는지 정신이 팔려 있는 듯이 보인다.
- 자주 점심을 먹지 않는다.
- 점심을 혼자 먹을 때가 많고 빨리 먹는다.
- 친구들과 어울리기보다 교무실이나 교과전담실로 와 선생님과 어울리려 한다.
- 자기 교실에 있기보다 이반, 저 반, 다른 반을 떠돈다.
- 친구들과 자주 스파링 연습, 격투기 등을 한다.
- 같이 어울리는 친구가 거의 없거나 소수의 학생과 어울린다.
- 교실보다는 교실 밖에서 시간을 보내려 한다.
- 자주 지각을 한다.
- 자신의 집과 방향이 다른 노선의 버스를 탄다.
- 다른 학생보다 빨리 혹은 아주 늦게 학교에서 나간다.
- 학교 성적이 급격히 떨어진다.
- 이전과 달리 수업에 흥미를 보이지 않는다.
- 수련회, 수학여행 및 체육대회 등 학교 행사에 참석하지 않는다.
- 무단결석을 한다.
- 작은 일에도 예민하고 신경질적으로 반응한다.
- 불안하고 어두운 표정을 짓는다.
- 무엇인가 말하고 싶어 하는데 주저한다.

(나) 가해학생의 징후

① 가정에서 살펴볼 수 있는 징후

- 부모와 대화가 적고, 반항하거나 화를 잘 낸다.
- 사주지 않은 고가의 물건을 가지고 다니며, 친구가 빌려준 것이라고 한다.
- 친구관계를 중요시하며, 밤늦게까지 친구들과 어울리느라 귀가시간이 늦거나 불규칙하다.
- 감추는 게 많아진다.
- 집에서 주는 용돈보다 씀씀이가 크다.
- 다른 학생을 종종 때리거나, 동물을 괴롭히는 모습을 보인다.
- 자신의 문제 행동에 대해서 이유와 핑계가 많고, 과도하게 자존심이 강하다.
- 성미가 급하고, 충동적이며 공격적이다.

② 학교에서 살펴볼 수 있는 징후

- 친구들이 자신에 대해 말하는 것을 두려워한다.
- 교사가 질문할 때 다른 학생의 이름을 대면서 그 학생이 대답하게 한다.
- 교사의 권위에 도전하는 행동을 종종 나타낸다.
- 자신의 문제 행동에 대해서 이유와 핑계가 많다.
- 성미가 급하고, 충동적이다.
- 화를 잘 내고, 공격적이다.
- 친구에게 받았다고 하면서 비싼 물건을 가지고 다닌다.
- 자기 자신에 대해 과도하게 자존심이 강하다.
- 작은 칼 등 흉기를 소지하고 다닌다.
- 등·하교 시 책가방을 들어주는 친구나 후배가 있다.
- 손이나 팔 등에 종종 붕대를 감고 다닌다.

2) 학교폭력 사안의 처리 과정

현실적으로 교육현장에서 학교폭력 사안이 발생하기 전에 이를 예방하기 위한 최선의 노력을 다하는 것이 무엇보다 중요하다. 그러나 학교폭력 예방에 대한 노력에도 불구하고 학교폭력 사안이 발생할 수 있으며, 실제로 학교폭력 사안이 발생하였을 때 법적·행정적으로 어떻게 처리하여야 하는지에 대한 숙지가 필요하다. <그림 2-1>은 「학교폭력예방 및 대책에 관한 법률」에 의거한 학교폭력 사안의 처리과정을 도식화하여 나타내고 있다.

그림 2-1 학교폭력 사안의 처리과정

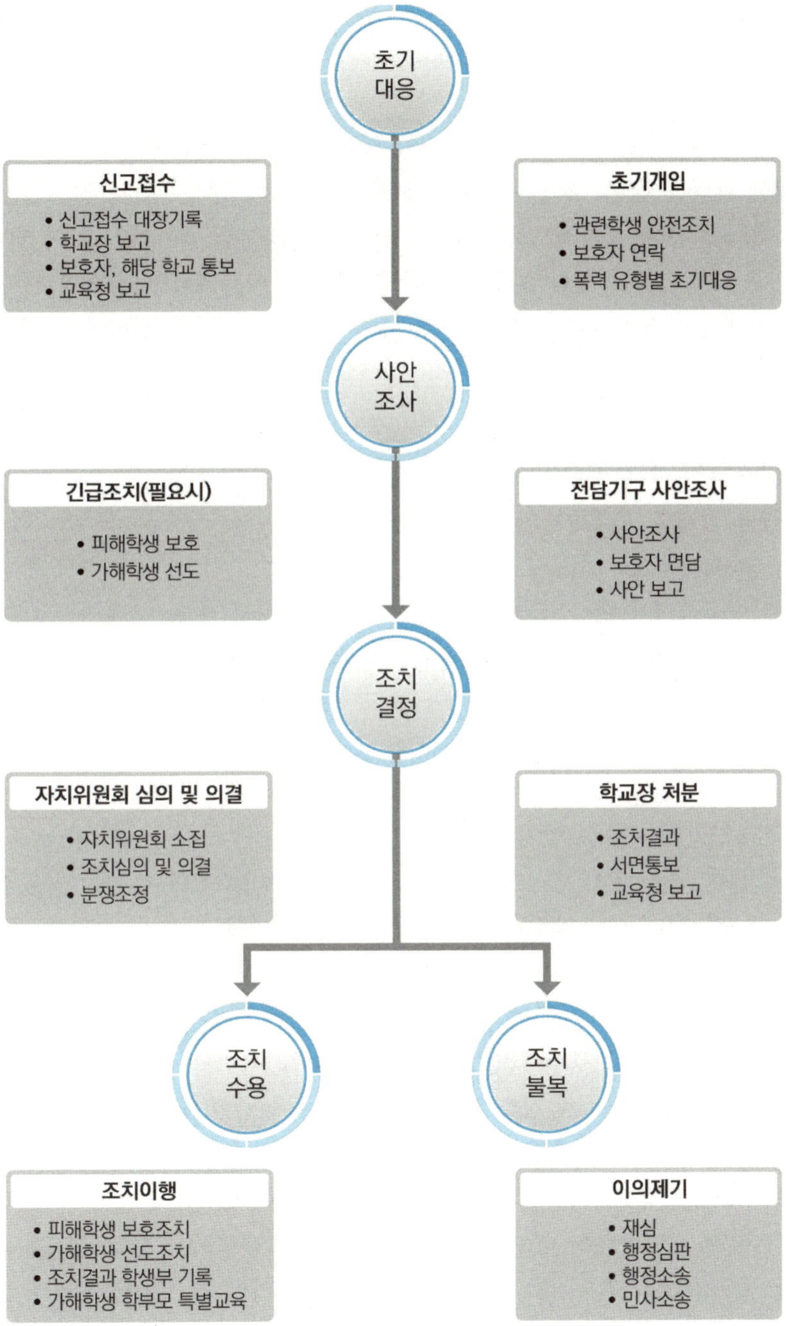

2 학교폭력 사안의 초기 대응 및 사안조사

1) 학교폭력 사안의 초기 대응

학교폭력을 효과적으로 예방하고, 학교폭력에 효율적으로 대처하기 위해서는 학교 차원에서 다각적인 개입이 이루어져야 한다. 이러한 학교 차원의 개입은 학교폭력에 대한 예방은 물론 폭력 사안이 발생했을 때 학교 구성원들로 하여금 서로 유기적인 협력을 통해 효과적으로 사안을 처리할 수 있게끔 해 준다. 앞서 밝힌 것처럼 교사나 학부모의 세심한 관심과 주의를 통해서 학교폭력의 징후를 발견하거나 신고를 통해서 학교폭력 사안을 인지한 경우에 학교는 이에 신속하고 적극적으로 개입하여야 한다.

(1) 학교폭력 사안의 신고와 보고

학교폭력 장면을 목격하거나 그 사실을 알게 된 사람은 누구라도 학교폭력 신고의무(「학교폭력예방 및 대책에 관한 법률」 제20조 제1항)에 따라, 이를 즉시 학교 등 관계기관에 신고하여야 한다. 그리고 학교폭력의 예비음모 등을 알게 된 사람은 이를 학교의 장 또는 학교폭력대책자치위원회에 고발할 수 있으며, 학교 교원이 이를 알게 되었을 경우에는 학교의 장에게 보고하고 해당 학부모에게도 알려야 한다(「학교폭력예방 및 대책에 관한 법률」 제20조 제4항). 그리고 학교의 장은 학교폭력이 발생한 사실을 교육감에게 보고할 의무가 있다(「학교폭력예방 및 대책에 관한 법률」 제19조).

학교폭력의 신고자나 고발자와 관련된 자료는 누설되어서는 안되며(「학교폭력예방 및 대책에 관한 법률」 제21조), 그들의 신고·고발의 행위로 인하여 불이익을 받게 해서는 되지 않는다(「학교폭력예방 및 대책에 관한 법률」 제20조 5항).

학교폭력을 신고하는 방법으로는 교내 신고방법과 교외 신고방법이 있다. 교내 신고방법은 첫째, 구두를 통한 신고 방법으로서 피해학생이나 목격학생, 또는 보호자 등이 교사에게 직접 구두로 신고하는 방법과 교사가 학생상담 과정을 통해 인지하는 방법이 있다. 둘째, 일정한 장소에 설치된 학교폭력 신고함에 신고서를 넣는 방법이 있으며, 셋째, 심도 있고 광범위한 정보를 얻기 위해 실시하는 설문조사를 통해 모든 학생들에게 신고의 기회를 부여하는 방법이 있다. 넷째, 교사나 학교명의 이메일을 통한 신고방법이 있으며, 다섯째, 교사의 휴대전화나 학교명의의 공식전화를 통한 신고방법이 있다. 여섯째, 학교 홈페이지에 비밀 게시판을 통해서 신고하는 방법 등이 있다.

교외 신고방법으로는 학교폭력 신고전화 117을 통해 신고하는 방법, 휴대전화 문자신고 #117을 이용하는 방법, 학교폭력 전담경찰관에게 직접 문자나 전화로 신고하는 방법, 그리고 인터넷사이트 '안전Dream(www.safe182.go.kr)'에 접속하여 신고하는 방법 등이 있다.

(2) 학교폭력 사안의 대상별 초기 대응

학교폭력 사안이 발생하였을 경우에 학교에서는 각 대상별로 조치할 내용을 사전에 계획하고 즉시 이행할 수 있도록 준비해 두어야 한다. 뿐만 아니라 학교에서 대처한 내용들을 문서로 작성하여 보관해 두어야 추후 불필요한 분쟁을 예방할 수 있다.

학교폭력 사안이 발생하였을 때, 우선 피해학생에 대해서 심리적 안정과 신변 안전을 우선적으로 조치하여야 한다. 신체폭력에 의한 상처가 생겼을 경우, 가벼운 상처는 학교 보건실에서 1차 치료를 하고 심한 상처는 긴급 조치를 한 후에 병원으로 신속히 이송하여야 한다. 위급한 경우에는 119나 1339에 도움을 요청하여 피해학생에 대한 안전에 만전을 기해야 한다.

둘째, 가해학생에 대해서도 적절한 초기 조치가 뒤따라야 한다. 학교폭력 직후에 가해학생도 피해학생의 상태가 심각하거나 외상이 심한 경우에 심리적 충격을 받아 돌발행동을 할 수 있기 때문에 지나친 질책과 감정적 대응을 하지 않도록 유의해야 하며 즉시 학부모에게 연락을 하여 학교폭력 상황을 알려주어야 한다.

셋째, 피해학생과 가해학생 모두의 학부모에게 학교폭력 상황을 즉시 통보해 주어야 한다. 통보 시에 학부모들이 놀라지 않도록 유의해야 하며, 피해학생 또는 가해학생이 귀가했을 때 가정에서 심리적 안정을 취할 수 있도록 부모에게 안내해 준다. 무엇보다 학교폭력 사안의 처리 절차와 학교의 대처 사항을 알려 주어야 한다.

넷째, 학교폭력을 목격하거나 그 현장에 있었던 주변 학생들에 대한 조치도 필요하다. 폭력행동을 목격한 주변 학생들에 대해서는 이들도 심리적인 충격을 받았을 수 있기 때문에 간접 피해자로 간주하고 안정을 찾을 수 있도록 도와주어야 한다. 그리고 그 학교폭력 상황을 인식시켜 사실과 다른 소문을 퍼뜨리거나 유사한 폭력 상황이 차후에 발생하지 않도록 예방교육을 실시하여야 한다.

2) 학교폭력 사안조사

학교폭력을 효과적으로 예방하고, 학교폭력에 효율적으로 대처하기 위해서는 학교 차원에서 다각적인 개입이 이루어져야 한다. 이러한 학교 차원의 개입은 학교폭력에 대한 예방은 물론 폭력 사안이 발생했을 때 학교 구성원들로 하여금 서로 유기적인 협력을 통해 효과적으로 사안을 처리할 수 있게끔 해 준다. 학교폭력을 전담할 수 있는 학교 차원의 조직체인 학교폭력 전담기구의 구성, 운영, 역할, 그리고 사안조사에 대해 살펴보면 다음과 같다.

(1) 학교폭력 전담기구의 구성과 구성원의 역할

(가) 학교폭력 전담기구의 구성

학교폭력 전담기구의 구성권자는 학교의 장이다. 학교의 장은 교감, 학교에 배치된 전문상담교사, 보건교사 및 학교폭력 문제를 담당하는 책임교사 등 학교폭력과 관련된 자로 학교폭력 전담 기구를 구성한다(「학교폭력예방 및 대책에 관한 법률」 제14조 3항).

(나) 학교폭력 전담기구 구성원의 역할

학교폭력 전담기구의 구성원들은 서로 유기적인 협력을 통해서 학교폭력 사안이 효과적으로 처리될 수 있도록 한다. 학교폭력 전담기구를 구성하고 있는 교감, 전문상담교사, 보건교사, 책임교사의 세부 역할에 대해 살펴보면 다음과 같다.

① 교감

학교의 교감은 전담기구가 수행하는 학교폭력 실태조사, 예방프로그램과 예방교육의 구성과 실행, 학교폭력 사안에 대한 조사와 보고 등 학교폭력 사안에 대한 전반적인 행정 책임을 지고 수행한다.

② 책임교사

책임교사는 학교폭력과 관련된 실질적인 업무를 관장하는 교사로서, 실태조사와 예방프로그램과 예방교육 등의 계획 수립과 실행, 사안조사 등의 업무를 직접 담당한다. 특히 학교폭력이 발생하여 사안조사를 실시할 때 피해·가해학생의 담임교사와 전문상담교사의 협조를 받아 사안의 내용을 확인한다. 조사가 끝나면 학교폭력 내용을 육하원칙에 따라 기록하고 증인과 증거자료를 확보한 후 이를 학교장과 학교폭력대책자치위원회에 보고한다.

③ 전문상담교사

전문상담교사는 학교폭력 사안에 대한 학생 상담을 실시하는 교사로서, 상담의 기본 원칙과 태도에 따라 사안조사가 이루어질 수 있도록 한다. 피해·가해학생과의 상담을 통해서 이들의 행동에 대한 진술과 함께 심리적·정서적 상태를 확인하고, 경우에 따라서는 심리검사를 실시하여 이들의 상태에 대한 소견을 밝힌다. 학교폭력 장면을 목격한 주변 학생들에 대한 심리적·정서적 상태도 확인하고 안정을 찾을 수 있도록 지지해 주는 역할을 수행하여야 한다.

④ 보건교사

보건교사는 피해·가해학생의 신체적 또는 정신적 피해상황을 확인하고 이에 대한 의료적 조치를 취해야 한다. 가벼운 상처에 대해서는 학교 보건실에서 1차적 치료를 하고, 심한 상처의 경우에는 1차적 치료 후에 2차적으로 신속히 병원으로 이송하여야 한다. 긴급한 상황이라고 판단될 경우에는 119 또는 1339에 도움을 요청하는 등의 안전조치를 취해야 한다.

(2) 학교폭력 전담기구의 기능

학교폭력 전담기구의 기능은 학교폭력 예방활동과 학교폭력 사안이 발생했을 때의 기능으로 구분될 수 있다. 학교폭력 예방활동의 내용과 학교폭력 사안 발생 시의 전담기구의 운영에 대해 살펴보면 다음과 같다.

(가) 학교폭력 예방활동

① 학교폭력 실태조사

학교폭력 전담기구는 학교폭력에 대한 실태조사를 실시하고(「학교폭력예방 및 대책에 관한 법률」 제14조 4항), 이를 학교폭력 사안 처리의 기초자료로 활용하며 또한 학교폭력 예방교육의 계획 수립에 반영하여야 한다. 학교폭력 전담기구는 성폭력 등 특수한 학교폭력 사건에 대한 실태조사의 전문성을 확보하기 위하여 필요한 경우 전문기관에 그 실태조사를 의뢰할 수 있다(「학교폭력예방 및 대책에 관한 법률」 제14조 7항).

② 학교폭력 예방프로그램 및 예방교육

학교폭력 전담기구는 학생, 교직원, 학부모에게 시행할 학교폭력예방 프로그램을 구성·실시하여야 한다(「학교폭력예방 및 대책에 관한 법률」 제14조 4항). 학교의 장은 이 예방프로그램에 의거하여 학생 및 교직원과 학부모에 대한 교육을 학기별로 1회 이상 실시하여야 한다(「학교폭력예방 및 대책에 관한 법률」 제15조 1항과 2항).

(나) 학교폭력 사안 발생 시 기능

① 학교폭력 신고 접수 및 관련 학생을 보호자에게 통보

학교폭력 전담기구는 학교폭력 신고 접수대장을 마련하고 117 학교폭력 신고센터, 학교장, 교사, 학생, 보호자 등 학교폭력을 목격하거나 알게 된 사실에 대해 기록·관리한다. 학교폭력 신고 접수대장은 학교장과 교사의 학교폭력 은폐 여부를 판단하는 기초자료로 활용된다. 따라서 사소한 폭력이라도 신고된 사실을 반드시 접수하고 기록해야 한다. 또한 접수된 사안에 대해서는 즉시 관련 학생의 보호자에게 통보하고 통보일자, 통보방법 등의 통보사실을 기록한다.

② 학교폭력 사안조사

학교폭력을 인지한 경우, 피해 및 가해사실의 여부를 조사한다. 이 경우, 담임교사의 협조를 구할 수 있다. 학교장 역시 지체 없이 전담기구 또는 소속교원으로 하여금 가해 및 피해사실 여부를 확인하도록 한다.

③ 학교폭력대책자치위원회 개최 전에 사전 심의 및 조사결과 보고

신고된 학교폭력 사안에 대해 사전 심의하고, 심의내용을 상황보고서로 작성하여 학교장과 학교폭력대책자치위원회 위원장에게 보고한다.

④ 집중보호 또는 관찰대상 학생에 대한 생활지도

보호 또는 관찰 학생 등 해당 학생의 담임교사와 함께 지속적으로 상담하고 이를 기록한다.

(3) 학교폭력 전담기구의 사안조사의 방법과 절차

(가) 사안조사의 방법

학교폭력 전담기구가 학교폭력 사안을 조사하는 방법은 다음과 같다.

- 서면조사, 해당 학생 및 목격자 면담조사, 사안현장 조사 등을 통해 종합적인 방법으로 신속하게 자료를 확보한다.
- 면담조사를 하는 경우에는 육하원칙에 근거하여 구체적으로 확인서를 받는다.
- 객관적이고 공정한 사안조사를 실시한다.
- 가해·피해학생의 확인이 일치하지 않을 때, 목격한 학생의 확인을 받거나 증거자료 확보를 통해 적극적으로 사안조사에 임한다.

- 전담기구 소속교사는 학생, 보호자, 목격자, 담임교사 등을 면담조사한 후에 학교폭력 사안조사 보고서를 작성한다.

(나) 사안조사의 절차

학교폭력 전담기구의 사안조사 절차는 다음과 같다.

면담 ➜ 정보 수집 ➜ 사실 확인 ➜ 욕구 파악 ➜ 면담일지 및 보고서 작성 ➜ 사안 보고

① 면담

면담과정에서는 신뢰감과 안정감을 주는 것이 중요하다. 또한 전문상담교사 등 상담전문가에게 도움을 요청하여 학생의 심리·정서 상태를 파악한다. 일반적인 경우, 교사는 학생들의 언행을 주의 깊게 살펴봄으로써 심리·정서적 상태를 파악할 수 있다. 해당 학생과의 눈 맞춤, 눈빛, 손 떨림, 목소리의 크기와 높낮이 등을 통해 학생의 불안, 분노, 우울 등의 상태를 파악한다. 위급한 심리적 지원이 필요한 경우, 학교 내 전문상담교사를 통해 심리검사 또는 정서적 지원을 받는다. 학교에 전문상담교사가 없는 경우, 교육지원청에 설치되어 있는 Wee Center의 도움을 받을 수 있고, 그 밖의 학교폭력SOS지원단, 청소년상담복지센터, 지역사회복지관 등의 상담전문가에게 도움을 요청한다.

면담 시 유의사항을 살펴보면 첫째, 가해·피해학생은 각자 개별적으로 면담한다. 피해학생과 가해학생을 한 장소에 모이게 한 후 조사를 하는 것은 피해학생에게 위축감, 위협감, 불안감을 줄 수 있기 때문에 개별 조사하는 것이 효과적이다. 둘째, 집단폭행에 관여한 학생이나 목격학생을 조사할 때는 관련 학생 모두를 한꺼번에 불러 다른 장소에서 일제히 조사해야 한다. 그렇지 않으면 상황을 조작할 가능성이 있고, 소수 학생의 의견에 다른 학생들이 동조할 위험이 있기 때문이다. 셋째, 다른 학생들이 학교폭력 사안에 대해서 인지하지 못할 수 있으므로 가해·피해학생을 부를 때 조용히 따로 부르도록 한다. 넷째, 가해학생에게 훈계나 평가를 하는 것은 오히려 역효과를 줄 수 있으므로 비난이나 심문하는 태도를 취하지 않는다.

다음으로 면담 대상에 따른 주의사항을 살펴보면 다음과 같다. 우선, 가해학생 면담 시에는 폭력에 대한 왜곡된 인식을 교정해 주는 것이 중요하다. 폭력은 용인되지 않으며 가해학생이 저지른 행동은 잘못된 것이라는 사실을 알려주고 피해학생이 당한 충격과 상처를 이해시킨다. 또한 가해학생이 폭력을 사용하게 된 상황에 대해 충분히 탐색하게 하고 향후, 어떤 과정을 통해서 조치가 내려지는지 알려 준다.

추후에 가해행동이 재발되지 않도록 주의를 주고, 재발할 경우에는 심각한 수준의 처벌을 받을 수 있음을 알려 준다. 단, 조사과정에서 가해학생을 낙인찍거나 체벌해서는 결코 안 된다. 피해학생을 면담 시에는 적절한 위로와 지지를 해 주어야 한다. 또한 피해학생의 욕구를 파악하고 가해학생으로부터 보복을 당하지 않도록 교사가 책임감을 가지고 지도·관리해 줄 것을 인지시켜 준다.

그리고 학교폭력대책자치위원회의 회의 절차와 내용을 설명하고 이에 따른 준비사항(확인서, 증거자료 등)을 설명해 준다. 다음으로 목격학생 면담 시에는 비밀보장에 대해 충분히 안내해서 보복에 대한 두려움을 갖지 않도록 하는 것이 중요하다. 그런 다음 관련 정황을 구체적으로 확인서에 쓰도록 한다. 그리고 피해학생 보호자 면담 시에는 확인된 사실을 부모가 정확히 알고 있는지, 오해가 있는지 등에 대해 파악하고 조사한 사실에 대한 추가 의견이나 자료 여부에 대해 점검한다.

피해학생 측이 가해학생 측과 면담을 요청할 경우, 교사나 전문가 입회하에 면담을 실시하도록 한다. 이는 단독으로 피해학생 측과 가해학생 측이 만날 경우, 갈등이 심화되거나 또 다른 문제가 발생할 수 있기 때문이다. 또한 피해학생에게 재발방지에 대해 충분히 안내하여 안심할 수 있도록 하고 피해를 당한 학생의 심리적 안정을 위해 가정에서의 부모 역할을 안내한다. 마지막으로 학교의 공정한 사안진행 절차에 대해 안내한다.

끝으로 가해학생 보호자 면담 시 가해학생의 보호자가 '우리 아이도 피해자다'라고 주장하는 경우가 있는데, 그럴 때는 명확한 자료를 근거로 의견을 말할 수 있도록 한다. 조사한 사실에 대한 추가 의견이나 자료 여부를 점검하고 학교폭력사안처리의 진행절차에 대해 안내한다. 학교폭력 행위에 대해 책임과 결과가 따른다는 인식을 갖도록 하고 학교폭력 상황을 정확하게 전달한다. 학생의 보호를 위해 어떤 노력을 할지 안내하고 가해학생의 재발방지에 대해 가정에서의 부모역할을 다시 한 번 강조한다.

② 정보 수집

사안에 대한 정보 수집을 통해 피해학생에 대한 정보(학년, 성별, 인적사항, 피해학생 수, 교우관계, 장애 유무, 학교생활태도, 특이사항 등)를 파악한다. 또한 가해학생에 대한 정보(학년, 성별, 인적사항, 가해학생 수, 가해 동기, 다른 피해자 및 유사 사안의 관련 유무 등)를 파악한다. 그리고 폭력유형(신체폭행, 금품갈취, 따돌림 등), 폭력형태(집단폭력, 일대일 폭력 등), 발생 및 지속시간(1회, 지속적 사안), 발생장소, 발생원인, 치료비, 피해 정도 등의 사안을 파악한다.

③ 사실 확인

사실 확인 후 피해·가해학생의 확인서, 목격학생의 확인서(육하원칙에 따라 기재)를 받는다. 또한 해당 학급 및 학생을 대상으로 설문조사를 실시하고, 온·오프라인 자료들(이메일, 채팅, 게시판, 피해 사실 화면 온라인상 캡처, 문자 메시지, 사진, 동영상 자료, 음성 증거자료 등)을 확인한다. 그리고 폭력 피해를 증명할 수 있는 신체·정신적 진단서, 의사 소견서, 관련 사진을 통해 학교폭력 사실을 확인한다. 특히, 진위파악 시에는 가해학생과 피해학생의 면담을 통해 확인한 것과 정보 수집을 통해 밝혀낸 결과들이 일치하는지 여부, 조사결과를 피해·가해학생이 상호인정하는지 여부, 그리고 목격학생의 확인과 일치하는지 여부를 점검한다.

④ 욕구 파악

이 단계는 학생과 보호자의 사안 해결에 대한 욕구를 파악하는 단계다. 가해·피해 상황에 대한 수용 정도 및 사과, 처벌, 치료비 등에 대한 합의, 재발방지욕구 등을 파악한다. 이때 피해학생의 현재 상태(대처능력, 적응능력 등)를 파악하고 피해학생 측의 현재까지의 대처상황과 가해학생 측의 대응방법 등의 정황도 함께 파악한다.

⑤ 면담일지 및 보고서 작성

면담일지 작성은 관련 학생과 보호자, 관련 학생의 담임교사와 면담한 내용을 토대로 작성한다. 조사가 끝난 후에는 보고서를 작성한다.

⑥ 사건 보고

가해 및 피해사실 여부에 관하여 종합적으로 정리하여 학교의 장 및 학교폭력대책자치위원회에 보고한다.

3 학교폭력 사안의 심의와 조치

학교폭력 사안에 관련된 피해학생과 가해학생에 대한 심의·조치는 「학교폭력예방 및 대책에 관한 법률」에 규정된 학교폭력대책자치위원회의 주된 기능이다. 따라서 모든 단위학교는 이 법률에 의거하여 학교 내에 학교폭력대책자치위원회를 설치·운영하여야 한다.

1) 학교폭력대책자치위원회의 구성

학교폭력대책자치위원회는 위원장 1인을 포함하여 5인 이상 10인 이하의 위원으로 구성하되, 대통령령으로 정하는 바에 따라 전체 위원의 과반수를 학부모 전체회의에서 직접 선출된 학부모 대표로 위촉하여야 한다(「학교폭력예방 및 대책에 관한 법률」 제13조 1항). 학교폭력대책자치위원회의 위원은 다음에 해당하는 사람 중에서 학교장이 임명하거나 위촉한다(「학교폭력예방 및 대책에 관한 법률 시행령」 제14조 1항).

첫째, 해당 학교의 교감

둘째, 해당 학교의 교사 중 학생생활지도의 경력이 있는 교사, 즉 생활지도부장, 학생부장, 윤리부장, 진로상담부장 등 학생생활지도 경력이 있는 자로서 5년 이상의 경력을 가진 교사

셋째, 학부모 전체회의에서 직접 선출된 학부모 대표; 단 학부모 전체 회의에서 학부모 대표를 선출하기 곤란한 사유가 있는 경우에는 학급별 대표로 구성된 학부모 대표회의에서 선출된 학부모 대표로 위촉

넷째, 판사·검사·변호사; 특히 대한법률구조공단 및 지역변호사회와 연계하여 위촉 의뢰하거나 졸업자 중 법률전문가가 있다면 이들을 초빙 위촉

다섯째, 해당 학교를 관할하는 경찰서 소속의 경찰공무원; 특히 해당 지역 경찰청 여성청소년계, 지구대, 여성·학교폭력 피해자 One-Stop 지원센터, 학교전담경찰관 등을 우선으로 위촉

여섯째, 의사의 자격이 있는 사람

일곱째, 그 밖에 학교폭력 예방 및 청소년 보호에 대한 지식과 경험이 풍부한 사람; 특히 학교폭력 SOS지원단, 청소년상담복지센터, 그리고 여성·학교폭력 피해자 One-Stop지원센터 등에서 근무하는 청소년 전문가 등을 위촉

2) 학교폭력대책자치위원회의 운영

학교폭력대책자치위원회는 위원장과 위원, 그리고 간사로 구성된다. 위원장은 위원 중에서 호선으로 선출하며, 위원장이 부득이한 사유로 직무를 대행할 수 없을 때는 위원장이 미리 지정하는 위원이 그 직무를 대행한다(「학교폭력예방 및 대책에 관한 법률 시행령」 제14조 2항). 자치위원의 임기는 2년으로 한다. 다만, 사임 등으로 새로 위촉되는 임기는 전임 위원 임기의 남은 기간으로 한다(「학교폭력예방 및 대책에 관한 법률 시행령」 제14조 3항).

위원장은 필요하다고 판단될 때, 학교장에게 위원회의 소집을 요청하여 위원회 회의를 주재한다. 또한 간사 1인을 지명하여 학교폭력대책자치위원회의 사무를 처리하도록 한다. 위원은 회의 안건을 심의하고 분쟁조정에 참여한다.

학교폭력대책자치위원회의 회의는 재적위원 과반수의 출석으로 개의하고, 출석위원 과반수의 찬성으로 의결한다(「학교폭력예방 및 대책에 관한 법률 시행령」 제14조 4항). 학교폭력대책자치위원회는 분기별 1회 이상 회의를 개최하고, 위원장은 다음의 경우에 회의를 소집하여야 한다(「학교폭력예방 및 대책에 관한 법률」 제13조 2항).

첫째, 학교폭력대책자치위원회 재적위원 4분의 1 이상이 요청하는 경우

둘째, 학교의 장이 요청하는 경우

셋째, 피해학생 또는 그 보호자가 요청하는 경우

넷째, 학교폭력이 발생한 사실을 신고받거나 보고받은 경우

다섯째, 가해학생이 협박 또는 보복한 사실을 신고받거나 보고받은 경우

여섯째, 그 밖에 위원장이 필요하다고 인정하는 경우

3) 학교폭력대책자치위원회의 사안 심의와 조치 기능

학교폭력대책자치위원회는 학교폭력의 예방 및 대책에 관련된 사항을 심의·조치하는 기구로서 이 위원회에서 심의·의결해야 하는 학교폭력 사항은 다음과 같다(「학교폭력예방 및 대책에 관한 법률」 제12조 2항).

(1) 학교폭력의 예방 및 대책수립을 위한 학교 체제 구축

학교폭력대책자치위원회는 학교폭력에 관한 단위학교의 독립적인 심의기구의 기능뿐만 아니라, 학교폭력 전담기구와 협력하여 단위학교의 학교폭력 문제를 해결하기 위한 예방프로그램 및 예방교육, 그리고 학교폭력 발생 시의 대응 절차와 조치 이행 전반에 관한 학교 체제 구축에 힘써야 한다.

(2) 피해학생 보호

학교폭력대책자치위원회는 피해학생의 보호를 위하여 필요하다고 인정하는 때는 피해학생에 대하여 적절한 조치를 하도록 학교의 장에게 요청할 수 있다.

(3) 가해학생에 대한 선도 및 징계

학교폭력대책자치위원회는 피해학생의 보호 조치뿐만 아니라, 가해학생의 선도 및 징계를 위한 조치를 하도록 학교의 장에게 요청할 수 있다. 단, 학교폭력대책자치위원회는 피해학생과 가해학생에 따른 조치를 요청하기 전에 가해학생 및 그 보호자, 그리고 피해학생 및 그 보호자에게 의견 확인의 기회를 부여하는 등 적절한 절차를 거쳐야 한다.

4 학교폭력 사안조치의 이행 및 불복

1) 학교폭력 사안조치의 이행

학교폭력 사안에 대한 심의와 피해학생과 가해학생에 대한 조치 결정이 이루어진 후에 학교폭력대책자치위원회는 그 심의·조치 결정을 학교장에게 통보하여야 한다. 학교장은 통보받은 학교폭력대책자치위원회의 심의·조치 결정을 피해학생과 가해학생 그리고 그 보호자들에게 통보하고 해당 학생에 대한 조치 내용을 이행하여야 한다.

학교장이 해당 조치를 이행해야 하는 시기는 피해학생의 경우와 가해학생의 경우에 차이가 있다. 피해학생에 대한 조치에 피해학생 보호자의 동의를 받아 7일 이내에 조치를 취해야 하고(「학교폭력예방 및 대책에 관한 법률」 제16조 3항), 가해학생에 대한 조치의 경우는 14일 이내에 조치를 취해야 한다(「학교폭력예방 및 대책에 관한 법률」 제17조 6항).

한편 학교의 장은 학교폭력대책자치위원회의 요청 전에 피해학생의 보호를 위하여 긴급하다고 인정하거나 피해학생이 긴급보호의 요청을 하는 경우에 피해학생에 대한 심리상담 및 조언, 일시보호 및 그밖에 필요한 조치를 할 수 있다(「학교폭력예방 및 대책에 관한 법률」 제16조 1항). 또한 학교의 장은 가해학생에 대한 선도가 긴급하다고 인정할 경우에도 피해학생에 대한 서면사과, 접촉·협박 및 보복행위의 금지, 학교에서의 봉사, 특별 교육이수 또는 심리치료, 그리고 출석정지 등의 조치를 할 수 있다(「학교폭력예방 및 대책에 관한 법률」 제17조 4항).

이렇게 학교의 장이 긴급하게 조치한 경우에는 모두 학교폭력대책자치위원회에 이행 즉시 보고하여야 한다(「학교폭력예방 및 대책에 관한 법률」 제16조 1항과 제17조 4항).

2) 학교폭력 사안조치에 대한 불복

(1) 학교폭력 사안조치에 대한 거부

학교폭력대책자치위원회의 심의·조치 결정에 의해서 선도·징계 처분을 받은 가해학생이 이를 거부하거나 기피하는 경우에 학교폭력대책자치위원회는 추가로 다른 조치를 할 것을 학교의 장에게 요청할 수 있다(「학교폭력예방 및 대책에 관한 법률」 제17조 11항). 또한 학교폭력대책자치위원회의 심의·조치 결정 전에 학교의 장이 피해학생의 보호를 위해서 긴급하다고 판단하거나 피해학생이 긴급보호의 요청으로 인하여 가해학생에게 취한 조치의 경우에도 가해학생이 이를 거부하거나 회피하는 때에는 <초·중등교육법> 제18조에 따라 징계하여야 한다(「학교폭력예방 및 대책에 관한 법률」 제17조 7항).

표 2-2 가해자측이 조치에 불복하는 경우

조치별	처리 방법
제1호(서면사과)	거부 및 회피를 하는 경우 재심 절차없이, 「초·중등교육법」 제18조에 따라 징계
제2호~제7호	거부 및 회피를 하는 경우 재심 절차없이, ① 「초·중등교육법」 제18조에 따른 징계를 하거나, ② 자치위원회가 다른 조치를 할 것을 학교장에게 요청할 수 있음
제8호(전학) 제9호(퇴학)	시·도학생징계조정위원회의 재심, 행정심판의 절차를 거친 후, ① 「초·중등교육법」 제18조에 따른 징계를 하거나, ② 자치위원회가 다른 조치를 할 것을 학교장에게 요청할 수 있음

(2) 학교폭력 사안조치에 대한 이의

한편 학교폭력대책자치위원회 또는 학교의 장이 내린 조치에 대하여 이의가 있는 피해학생이나 가해학생, 또는 그 보호자는 재심 등을 청구할 수 있다.

(가) 재심 청구

학교폭력 사안에 대한 학교의 장이 내린 긴급 조치나 학교폭력대책자치위원회의 조치 결정 이후에도 그 조치에 대한 불만으로 인해서 갈등이나 분쟁이 해결되지 않을 때, 피해학생이나 가해학생 또는 그 보호자는 재심을 청구할 수 있다. 재심 청구는 학교폭력대책자치위원회의 조치를 받은 날로부터 15일 이내, 조치가 있음을 안 날로부터 10일 이내에 피해학생 또는 그 보호자, 가해학생 또는 그 보호자가 청구할 수 있다.

그런데 재심에 대한 정보의 부족으로 인해 재심을 청구하지 못하는 경우에 분쟁이 확대될 여지가 있으므로, 학교폭력대책자치위원회의 결정을 서면으로 통보할 때 재심 청구의 요건과 방법 등에 대하여 안내하여야 한다(「행정절차법」 제26조). 피해학생이나 가해학생 또는 그 보호자들에 의한 재심 청구의 내용은 다음과 같다.

① 피해학생 또는 그 보호자에 의한 재심 청구

피해학생의 보호 및 가해학생에 대한 조치에 대해 이의가 있을 경우, 학교폭력대책지역위원회에 재심을 청구할 수 있다(「학교폭력예방 및 대책에 관한 법률」 제17조의2, 1항).

② 가해학생 또는 그 보호자에 의한 재심 청구

가해학생에 대한 조치 중 전학과 퇴학처분에 이의가 있을 경우에 한해서, 시·도학생징계조정위원회에 재심을 청구할 수 있다(「학교폭력예방 및 대책에 관한 법률」 제17조의2, 2항; 「초·중등교육법」 제18조).

(나) 행정심판

행정심판은 행정청의 위법·부당한 처분이나 부작위로 권리 또는 이익을 침해받은 국민이 이를 회복하기 위하여 행정기관에 제기하는 권리구제제도를 말한다. 그런데 현행 법령과 판례에 따르면 행정심판은 행정청의 처분을 대상으로 하기 때문에 국·공립학교에 재학하고 있는 가해학생은 징계 조치에 대해서 행정심판을 제기할 수 있지만(「행정심판법」 제3조), 사립학교 재학생과 학교와의 관계는 사법관계에 해당하여 사립학교를 행정청으로 볼 수 없어서 사립학교 재학생은 그 조치에 대해서 행정심판을 제기할 수 없다. 그러나 학교폭력대책지역위원회와 시·도학생징계조정위원회는 행정청에 해당하기 때문에 재심 결정에 대해서는 학교의 설립형태에 관계없이 행정심판을 청구할 수 있다(교육부 2014).

행정심판은 학교장의 조치에 대해서는 처분이 있음을 알게 된 날로부터 90일 이내에 청구하여야 하며, 처분이 있었던 날로부터 180일이 지나면 청구하지 못한다(「행정심판법」 제27조 1항). 그리고 재심을 청구하여 그 결정에 이의가 있는 청구인은 통보를 받은 날로부터 60일 이내에 행정심판을 제기할 수 있다(「학교폭력예방 및 대책에 관한 법률」 제17조의2, 4항; 「초·중등교육법」 제18조의2).

(다) 행정소송과 민사소송

「학교폭력예방 및 대책에 관한 법률」 제17조 1항에 따라 학교폭력대책지역위원회가 가해학생에 대한 조치를 결정하고, 「학교폭력예방 및 대책에 관한 법률」 제17조

6항에 의거하여 학교의 장이 조치를 하였는데 그 조치에 대해서 이의가 있는 가해학생 또는 보호자는 법원에 소를 제기할 수 있다.

① **행정소송**

국·공립학교 재학생의 경우에는 학교폭력대책자치위원회의 조치 결정에 따른 학교장이 처분에 대해서 재심 및 행정심판이 청구된 경우, 그 결정에 대해 취소 또는 무효 확인을 구하는 행정소송 제기가 가능하다. 국·공립학교 재학생과 학교와의 관계는 공법관계에 해당하므로 국·공립학교 재학생은 학교의 장이 내린 조치에 대해서 조치의 취소 또는 무효 확인을 구하는 행정소송을 제기할 수 있는 것이다. 취소소송은 처분이 있음을 안 날로부터 90일 이내에 제기하여야 하며, 처분이 있은 날로부터 1년을 경과하면 제기할 수 없다(「행정소송법」 제20조). 행정소송의 당사자는 처분의 취소 또는 무효를 구하는 학생(미성년자의 경우에는 법정대리인이 대리하여야 함)이 원고가 되고 학교의 장이 피고가 된다.

② **민사소송**

사립학교 재학생의 경우, 사립학교 재학생과 학교와의 관계는 사법관계에 해당하므로 사립학교 재학생은 학교의 장이 내린 조치에 대해서 학교법인을 상대로 조치의 무효 확인을 구하는 민사소송을 제기할 수 있다. 민사소송은 제소기간의 제한이 없으므로 기간 제한 없이 소를 제기할 수 있다. 민사소송의 당사자는 처분의 취소 또는 무효를 구하는 학생(미성년자의 경우에는 법정대리인이 대리하여야 함)이 원고가 되고 학교법인이 피고가 된다.

5 학교폭력 분쟁조정

1) 학교폭력 분쟁조정의 필요성

학교폭력 사안이 발생하면 피해학생 측과 가해학생 측, 그리고 학교 측은 사안을 절차대로 처리하여 원만히 종결될 수 있도록 노력하여야 한다. 그러나 피해학생 측과 가해학생 측, 또는 학교 측 상호간에 갈등이 심화되어 사안이 원만하게 해결되지 못하거나 감정 대립과 심리적 불신이 해소되지 못한 채 악화될 경우에는 그 사안이 법적 소송으로 이어질 수도 있다. 피해학생 측과 가해학생 측의 심리적 대립과 순조롭지 않은 사안처리는 학교폭력 당사자뿐만 아니라 학교 측 간의 갈등으로 확대될 수 있기 때문에, 그러한 분쟁이 법적 소송으로 이어지지 않도록 하는 분쟁조정이 필요하다.

학교폭력 사안이 법적 소송으로 이어질 경우, 소송 진행에 투입되는 시간적·금전적 지출뿐만 아니라, 소송 당사자 간의 감정 대립이 더욱 격화되어갈 수밖에 없어서 교육적으로도 큰 손실이 따르는 과정이 될 수 있다. 따라서 분쟁조정은 피해학생 측과 가해학생 측, 또는 학교 측 간의 원만한 합의를 도출해 가면서 관련 당사자들의 불필요한 심리적 대립을 해소시켜줄 수 있을 뿐만 아니라 경제적 부담을 덜어줄 수 있다. 나아가 학교 교육활동이 조기에 회복될 수 있게 하여 학생들의 학교적응 및 학교의 정상적인 운영에 도움을 줄 수 있어서 학교폭력 사안의 궁극적 해결을 도모할 수 있게 한다.

2) 학교폭력 분쟁조정의 당사자와 주체

(1) 학교폭력 분쟁조정의 당사자

학교폭력 사안이 발생하여 관련 당사자들 간에 금전적 손해에 대한 배상을 둘러싸고 분쟁이 발생한 경우에, 관련 당사자들은 이에 대한 합의의 조정을 요구할 수 있다. 즉, 분쟁조정을 요청할 수 있는 당사자는 학교폭력 사안의 관련 당사자인 피해학생과 가해학생, 또는 그 보호자 중 어느 한 쪽이 될 수 있다. 학교폭력 관련 당사자가 분쟁조정을 요청할 수 있는 경우를 구체적으로 살펴보면, 우선 피해학생 측의 입장에서 학교폭력으로 인해 발생한 치료비와 요양비 등 금전적 손해에 대한 배상을 가해학생 측에 요구하는 경우이다. 또 다른 분쟁조정 요청대상은 가해학생 측의 입장에서 피해학생 측에게 치료비와 위자료 등의 금전적 손해배상을 통해 사안 해결의 합의를 요청하고자 하는 경우이다.

(2) 학교폭력 분쟁조정의 주체

그 분쟁을 조정하는 주체는 학교폭력대책자치위원회 또는 교육감이다(「학교폭력예방 및 대책에 관한 법률」 제18조). 구체적으로 분쟁조정 주체의 구분은 <표 2-3>과 같다. 우선 피해학생과 가해학생의 소속학교가 동일한 경우에 이들 간에 분쟁이 발생하면, 해당학교의 학교폭력대책자치위원회에서 분쟁을 조정한다. 피해학생과 가해학생의 소속학교가 다른 학생 간에 분쟁이 있는 경우에는 그 소속학교들이 같은 시·도 교육청 관할구역 안에 있으면 그 교육감이 해당학교의 학교폭력대책자치위원회 위원장과 협의를 거쳐 직접 분쟁을 조정한다. 피해학생과 가해학생의 소속학교들이 다른 시·도 교육청 관할구역 안에 있으면 피해학생을 감독하는 교육감이 가해학생을 감독하는 교육감 및 관련 해당학교의 학교폭력대책자치위원회 위원장과 협의를 거쳐 직접 분쟁을 조정한다.

표 2-3 학교폭력 분쟁조정의 주체

구분		분쟁조정의 주체	법적 근거
소속학교가 같은 학생 간의 분쟁		학교폭력대책자치위원회	학교폭력예방 및 대책에 관한 법률, 제18조 1항
소속학교가 다른 학생 간의 분쟁	해당학교가 같은 시·도 교육청 관할구역 안에 소속된 경우	교육감이 해당학교의 학교폭력대책자치위원회 위원장과 협의를 거쳐 직접 분쟁을 조정	학교폭력예방 및 대책에 관한 법률, 제18조 6항
	해당학교가 다른 시·도 교육청 관할구역 안에 소속된 경우	피해학생을 감독하는 교육감이 가해학생을 감독하는 교육감 및 관련 해당학교의 학교폭력대책자치위원회 위원장과 협의를 거쳐 직접 분쟁을 조정	학교폭력예방 및 대책에 관한 법률, 제18조 7항

출처: 교육부. 2014. 「학교폭력사안처리가이드북」. 68쪽. 교육부.

3) 학교폭력 분쟁조정의 절차

학교폭력 분쟁조정의 절차는 <그림 2-2>와 같다.

(1) 학교폭력 분쟁조정의 신청

학교폭력 사안이 발생하여 관련 당사자들 간에 금전적 손해에 대한 배상을 둘러싸고 분쟁조정을 신청하고자 할 때에는 피해학생 측 또는 가해학생 측이 분쟁조정 신청서를 작성하여 학교폭력대책자치위원회나 교육감에게 제출하면 된다. 학교폭력대책자치위원회나 교육감은 분쟁조정의 신청을 받으면 5일 이내에 분쟁조정을 시작하여야 하며(「학교폭력예방 및 대책에 관한 법률 시행령」 제27조 1항), 분쟁조정의 기간은 1개월을 넘지 못한다(「학교폭력예방 및 대책에 관한 법률」 제18조 2항).

(2) 학교폭력 분쟁조정의 개시 및 실시

학교폭력대책자치위원회나 교육감이 분쟁조정을 시작하고자 할 때에는 이를 피해학생 측과 가해학생 측에게 통보하여야 하며(「학교폭력예방 및 대책에 관한 법률」 제18조 5항), 분쟁 당사자에게 분쟁조정의 일시와 장소를 통보하여야 한다(「학교폭력예방 및

그림 2-2 **학교폭력 분쟁조정의 절차**

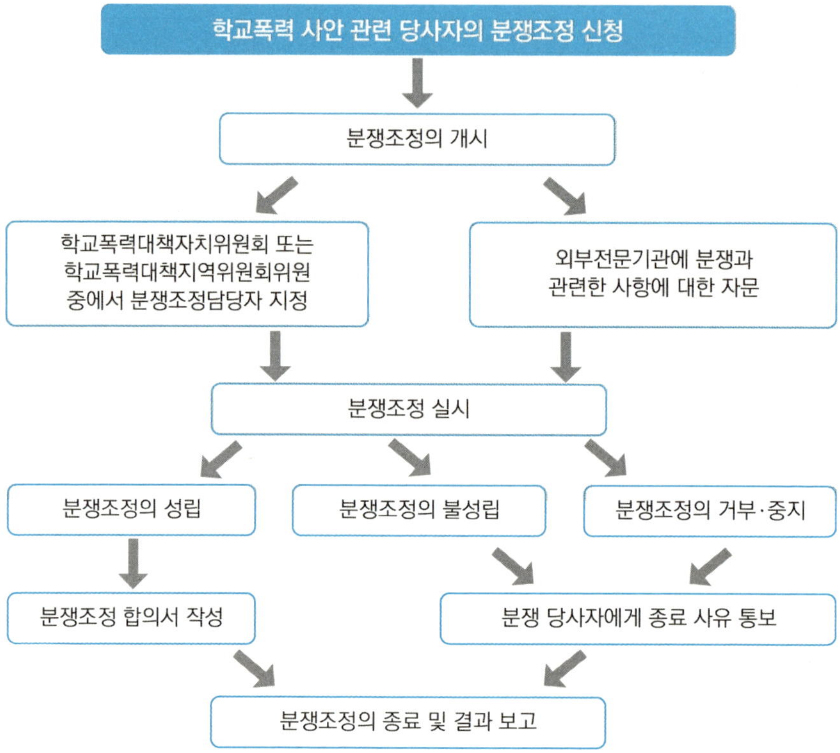

대책에 관한 법률 시행령」 제27조 2항). 그리고 분쟁조정을 위하여 필요하다고 인정하는 때에는 관계 기관의 협조를 얻어 학교폭력과 관련한 사항을 조사할 수 있다(「학교폭력예방 및 대책에 관한 법률」 제18조 4항).

학교폭력대책자치위원회나 교육감은 학교폭력대책자치위원회 또는 학교폭력대책지역위원회의 위원 중에서 분쟁조정 담당자를 지정하거나 외부전문기관에 분쟁과 관련한 사항에 대한 자문을 구할 수 있다(「학교폭력예방 및 대책에 관한 법률 시행령」 제27조 4항).

학교폭력 사안이 발생한 후에 피해학생에 대한 보호 조치와 가해학생에 대한 선도·징계 조치의 과정에서 학생과 보호자, 그리고 학교 간에는 심리적·사회적·경제적 갈등이 빈번하게 수반하게 되며, 이 갈등이 원만하게 해결되지 않을 시에는 분쟁으로 확대될 수 있다. 그런데 분쟁조정이 개시되어 진행될 때, 학교폭력 사안의 피해·가해학생 측과 학교 측은 직접적으로 사안과 관련된 입장이어서, 자칫 감정적 대립과 의사소통상의 문제로 인하여 갈등이 증폭되어 분쟁조정이 어려워지기도 한다. 이러한 경우에는 제3의 객관적이고 중립적인 전문가 또는 외부전문기관의 개입을 통해 갈등을 해결하고 분쟁조정의 자문을 구하는 것이 도움이 되기도 한다. 제3의 분쟁조정 전문기관으로는 교육부의 위탁지정을 받아 운영되고 있는 푸른나무 청예단의 학교폭력SOS지원단이 있다.

(3) 학교폭력 분쟁조정의 성립과 불성립, 그리고 거부·중지에 따른 종료 및 결과보고

(가) 학교폭력 분쟁조정의 성립의 경우

학교폭력 분쟁조정에 대해 분쟁 당사자 간에 합의가 이루어지거나 학교폭력대책자치위원회 또는 교육감이 제시한 분쟁조정안을 분쟁 당사자들이 수락하면 분쟁조정이 성립된 것으로 볼 수 있다. 이렇게 분쟁조정이 성립되면 학교폭력대책자치위원회 또는 교육감은 분쟁 당사자의 주소와 성명, 분쟁조정 대상 분쟁의 내용, 그리고 분쟁조정의 결과를 적은 합의서를 작성하여, 학교폭력대책자치위원회가 주체인 경우에는 분쟁 당사자에게 통보하고 그 결과를 교육감에게 보고하여야 하며, 교육감이 주체인 경우에는 해당학교 학교폭력대책자치위원회와 분쟁 당사자에게 각각 통보하여야 한다(「학교폭력예방 및 대책에 관한 법률 시행령」 제28조, 제29조).

(나) 학교폭력 분쟁조정의 불성립의 경우

학교폭력 분쟁조정이 개시된 날로부터 1개월이 경과하도록 분쟁조정이 성립하지 아니한 경우에는 분쟁조정을 종료하여야 한다(「학교폭력예방 및 대책에 관한 법률 시행령」 제28조 2항). 이런 경우에는 학교폭력대책자치위원회 또는 교육감은 분쟁조정 종료의 사유를 분쟁 당사자들에게 통보해 주어야 한다. 분쟁조정의 주체가 학교폭력대책자치위원회인 경우에는 그 결과를 교육감에게 보고하여야 한다.

(다) 학교폭력 분쟁조정의 거부·중지의 경우

학교폭력대책자치위원회 또는 교육감은 사유가 발생한 경우에는 분쟁조정의 개시를 거부하거나 분쟁조정을 중지할 수 있다. 분쟁조정을 거부하거나 중지할 수 있는 사유를 보면, 첫째 분쟁 당사자 중에서 어느 한 쪽이 분쟁조정을 거부한 경우, 둘째 피해학생 등이 관련된 학교폭력에 대하여 가해학생을 고소·고발하거나 민사소송을 제기한 경우, 셋째 분쟁조정의 신청내용이 거짓임이 명백하거나 정당한 사유가 없다고 인정되는 경우 등이다(「학교폭력예방 및 대책에 관한 법률 시행령」 제28조 1항). 이런 경우에 학교폭력대책자치위원회 또는 교육감은 분쟁조정 종료의 사유를 분쟁 당사자들에게 통보해 주어야 한다. 분쟁조정의 주체가 학교폭력대책자치위원회인 경우에는 그 결과를 교육감에게 보고하여야 한다.

Chapter 3

학교폭력 관련 학생에 대한 조치와 지원체계

Chapter 03 학교폭력 관련 학생에 대한 조치와 지원체계

「학교폭력예방 및 대책에 관한 법률」은 2004년에 제정된 이후 여러 차례의 개정을 거치면서 현재까지 시행되고 있는데, 이 법률이 지향하고 있는 기본적인 목표는 학교폭력 사안에 관련된 학생의 입장에서 피해학생에 대해서는 학교폭력 피해 직후에 추가적으로 발생할 수 있는 신체적·정신적·물질적 피해를 방지하기 위한 적극적인 보호 조치를 취하여 학교생활을 지속해 갈 수 있도록 도와주는 데 있으며, 가해학생에 대해서는 이들을 교육적으로 선도하고 훈육하여 학교폭력 사안이 재발되지 않도록 이끌어 가는 데 있다. 다시 말해서 이 법률의 목적은 피해학생을 보호하고 가해학생을 선도·교육하여 학교폭력 사안이 더 이상 발생하지 않도록 교육여건을 만들어가는 것이 무엇보다 중요하다고 할 것이다. 이 장에서는 학교폭력과 관련된 피해학생에 대한 보호 조치들과 가해학생에 대한 선도·징계 조치들에 대해 자세히 살펴보고자 한다.

1 학교폭력 피해학생에 대한 보호 조치

학교폭력이 발생했을 때 우선적으로 고려해야 하는 것은 피해학생을 보호하기 위한 조치들이다. 이러한 조치들을 통해서 그들이 학교생활에 다시 적응해 갈 수 있도록 도와주어야 하는 것이다. 이 점이 「학교폭력예방 및 대책에 관한 법률」이 지향하는 기본적인 목표이기도 하다. 이를 염두에 두고 학교폭력 사안에 대한 조치 결정을 담당하고 있는 학교폭력대책자치위원회에서는 피해학생에 대한 보호 조치를 결정하기 전에 피해학생 및 그 보호자에게 의견 진술의 기회를 충분히 주어 피해학생 및 그 보호자의 의견이 조치에 반영될 수 있도록 해야 한다.

학교폭력대책자치위원회에서는 최종적으로 결정된 피해학생에 대한 보호 조치를 학교장에게 통보하며, 학교장은 피해학생 보호자의 동의를 받아 7일 이내에 조치를 취해야 한다. 본 절에서는 피해학생에 대한 조치의 종류와 그 이행 방법에 대해 알아보고 조치 시 유의해야 할 점에는 어떤 것들이 있는지 살펴보기로 한다.

1) 피해학생 보호 조치의 종류

피해학생에게 취할 수 있는 보호 조치로는 <표 3-1>과 같이 심리상담 및 조언, 일시보호, 치료 및 치료를 위한 요양, 학급교체, 그밖에 피해학생의 보호를 위하여 필요한 조치가 있다. 학교폭력대책자치위원회는 피해학생의 보호를 위하여 필요하다고 인정할 때는 하나 또는 여러 개의 조치를 학교장에게 요청할 수 있고, 피해학생의 보호를 위하여 긴급하다고 인정하거나 피해학생이 긴급보호의 요청을 하는 경우에는 학교폭력대책자치위원회의 요청 전에 제1호, 제2호 및 제6호의 조치를 취할 수 있으며, 이 경우 위원회에 즉시 보고해야 한다(「학교폭력예방 및 대책에 관한 법률」 제16조 1항).

또한 학교장은 학교폭력대책자치위원회의 요청에 따라 피해학생의 보호자의 동의를 얻어 당해 조치를 취할 수 있는데(「학교폭력예방 및 대책에 관한 법률」 제16조 2항), 피해학생의 보호조치의 경우 가해학생의 교육 및 선도 조치와는 다르게 학교폭력대책자치위원회의 요청만으로 바로 조치를 취하는 것이 아니라 반드시 피해학생 및 그 보호자의 동의를 받은 후 당해 조치를 취한다는 점에 유의해야 한다. 피해학생에 대한 조치의 유형과 유형별 이행 방법을 자세히 살펴보면 다음과 같다.

표 3-1 피해학생에 대한 조치의 종류

1호	심리상담 및 조언
2호	일시보호
3호	치료 및 치료를 위한 요양
4호	학급교체
5호	그밖에 피해학생의 보호를 위하여 필요한 조치

(1) 심리상담 및 조언

심리상담 및 조언은 피해학생이 학교폭력으로 인하여 받은 심리적·정신적 충격으로부터 회복하도록 심리 상담을 받을 수 있도록 하는 조치로 책임교사는 교내의 전문상담교사나 외부의 전문상담기관의 전문가에게 심리상담 및 조언을 의뢰하여야 한다. 전문상담교사는 피해학생의 성향과 피해유형, 현재 상황을 종합적으로 검토하여 직접 상담을 실시할 것인지, 전문적인 상담기관에 의뢰하여 피해학생의 심리적 안정을 지원하도록 할 것인지를 결정하여야 한다. 전문상담교사가 상담을 진행할 때는 피해학생의 심리·정서적 회복과 안정을 위하여 지속적인 상담을 실시하는 것이 바람직하며, 책임교사는 전문상담교사의 소견을 토대로 외부상담기관에 피해학생에 대한 심리 상담을 의뢰할 경우에는 외부기관과 유기적으로 협력하여 피해학생의 회복 정도와 진행상황을 파악하여야 한다.

(2) 일시보호

일시보호는 피해학생이 지속적인 폭력이나 보복을 당할 우려가 있을 경우에 일시적으로 보호시설이나 집, 학교상담실 등에서 보호를 받도록 하는 조치다. 책임교사는 담임교사와 협력하여 피해학생을 일시보호할 수 있는 장소를 정해야 하는데, 학교 내에서는 Wee Class에서 일시보호 조치를 실행할 수 있고, 방과 후에는 가정에서 보호를 받는 것이 안정적일 수 있으나 가정에서 피해학생을 보호하기 어려운 경우에는 보호시설을 이용할 수 있다. 일시보호 시설로는 지역아동센터, 청소년쉼터 등 일시보호 조치가 가능한 기관을 이용할 수 있다. 책임교사와 담임교사는 피해학생이 일시보호 시설을 안정적으로 이용할 수 있도록 직접 입·퇴소 시 동행하거나 일시보호 시설에 동행을 요청할 수 있다.

(3) 치료 및 치료를 위한 요양

치료 및 치료를 위한 요양은 학교폭력으로 인하여 생긴 신체적·정신적 상처의 치유를 위하여 일정 기간 출석을 하지 않고 의료기관 등에서 치료를 받도록 하는 조치다. 책임교사는 피해학생의 보호자로 하여금 치료기간이 명시된 진단서 또는 관련 증빙자료를 첨부하여 학교폭력대책자치위원회에 제출하도록 안내함으로써 치료 및 치료를 위한 요양 조치의 실행을 확인하고 아울러 피해학생의 학부모가 치료비용을 지급받을 수 있도록 해야 한다.

담임교사는 치료 및 치료를 위한 요양 기간 동안 피해학생이 학습을 지속할 수 있도록 자료를 제공하거나 적절한 학습 방법을 안내함으로써 피해학생의 학습권을 보장하고, 다시 학교에 돌아왔을 때 학습결손을 최소화하여 잘 적응할 수 있도록 해야 한다.

(4) 학급교체

학급교체는 지속적인 학교폭력 상황 및 정신적 상처에서 벗어나도록 하기 위해서 피해학생을 동일 학교 내의 다른 학급으로 소속을 옮겨 주는 조치다. 학급을 교체할 때는 책임교사가 조치할 수 있는 것이 아니라 동 학년의 회의를 거쳐 학교 차원에서 결정하는 것이 바람직하다. 그러나 학급교체는 피해학생의 입장에서 새로운 학급에 적응해야 하는 부담이 있는 조치인 만큼 조치의 결정에 있어 피해학생이 적극적으로 원하는 경우와 다른 조치로는 피해학생의 보호가 어렵다고 판단되는 경우에 한에서만 실행하는 것이 좋다.

(5) 그밖에 피해학생 보호를 위하여 필요한 조치

그밖에 피해학생의 보호를 위하여 필요한 조치로는 치료를 위한 의료기관에의 연계, 법률구조기관 등에 필요한 협조와 지원요청, 신변보호지원 등을 들 수 있다. 책임교사는 전문상담교사 및 보건교사의 협조를 얻어 피해학생의 신체적·심리적 피해정도를 파악하여 적절한 의료기관에 연계해야 하고, 피해학생 보호를 위하여 필요한 조치 중 책임교사 및 관련교사가 직접 관여하여 실행하기 어려운 조치인 법률적 조치나 신변보호지원 등은 외부기관과 연계하여 피해학생의 보호에 최선을 다해야 한다.

2) 피해학생 보호 조치 실행 유의사항

피해학생에 대한 보호조치 실행 시 유의해야 할 점은 먼저 출석일수 산입과 관련하여 학교장은 학교폭력대책자치위원회에서 결정한 조치에 따른 피해학생의 보호조치로 인한 결석을 출석으로 처리할 수 있다(「학교폭력예방 및 대책에 관한 법률」 제16조 4항). 또, 학교장은 피해학생이 보호조치를 받음으로써 성적 평가에 불이익을 받지 않도록 해야 하는데, 일시보호나 치료를 위한 요양 조치 등으로 인하여 피해학생이 장·단기간 결석하게 되어 부득이하게 평가를 위한 시험에 응하지 못하게 된 경우에도 학교 학업성적관리규정에 의거하여 불이익이 없도록 조치하는 것이 바람직하다(「학교폭력예방 및 대책에 관한 법률」 제16조 5항).

그리고 피해학생의 보호조치 중 심리상담 및 조언, 일시보호, 치료 및 치료를 위한 요양 등의 조치로 발생한 비용은 가해학생의 보호자가 부담해야 하나, 피해학생의 신속한 치료를 위하여 학교장 또는 피해학생의 보호자가 원하는 경우에는 학교안전공제회 또는 시·도 교육청이 비용을 부담하고 나중에 가해학생의 보호자에게 구상권을 행사하게 된다(「학교폭력예방 및 대책에 관한 법률」 제16조 6항).

학교안전공제회 또는 시·도 교육청이 부담하는 피해학생의 지원범위는 교육감이 정한 전문심리상담기관에서 심리상담 및 조언을 받는 데 드는 비용과 교육감이 정한 기관에서 일시보호를 받는 데 드는 비용, 「의료법」 등에 따라 개설된 의료기관,

보건소 및 보건진료소, 약국 등에서 치료 및 치료를 위한 요양을 받거나 의약품을 공급받는 데 드는 비용에 해당하나, 비인가 의료기관에서의 치료비용은 지원받을 수 없다(「학교폭력예방 및 대책에 관한 법률 시행령」 제18조).

2 학교폭력 가해학생에 대한 선도·징계 조치

학교폭력 사안이 발생하여 학교폭력대책자치위원회가 개최되면 학교폭력대책자치위원회에서는 피해학생이 장애학생인지의 여부와 피해학생이나 신고고발 학생에 대한 협박 또는 보복행위인지 여부 등(학교폭력예방 및 대책에 관한 법률」 제16조의 2, 제17조 제2항)을 고려하는 한편, 가해학생이 행사한 학교폭력의 심각성·지속성·고의성, 가해학생의 반성의 정도, 해당 조치로 인한 가해학생의 선도 가능성, 피해학생 및 보호자와의 화해 정도 등(「학교폭력예방 및 대책에 관한 법률 시행령」 제19조)을 고려하여 가해학생에 대한 조치를 결정해야 한다. 학교장은 조치 결과를 가해학생 및 그 보호자에게 알리고 학교폭력대책자치위원회의 요청이 있는지 14일 이내에 해당 조치를 실행해야 한다. 이 절에서는 가해학생에 대한 선도·교육 조치의 종류와 그 이행 방법에 대해 알아보고 조치 시 유의해야 할 점에는 어떤 것들이 있는지 살펴보기로 한다.

1) 가해학생 선도·징계 조치의 종류

가해학생에게 취할 수 있는 조치로는 <표 3-2>와 같이 피해학생에 대한 서면사과, 피해학생 및 신고·고발한 학생에 대한 접촉, 협박 및 보복행위의 금지, 학교에서의 봉사, 사회봉사, 학교 내외 전문가에 의한 특별교육 이수 또는 심리치료, 출석정지, 학급교체, 전학, 퇴학처분이 있다. 학교폭력대책자치위원회는 피해학생의 보호와 가해학생의 선도·교육을 위해서 가해학생에 대한 조치의 종류 중 어느 하나에 해당하는 조치를 할 것을 학교장에게 요청하게 되는데, 가해학생에 대한 조치를 취하려는 이유가 피해학생 및 신고·고발한 학생에 대한 협박 또는 보복행위 때문인 경우에는 여러 개의 조치를 동시에 취하거나 조치내용을 가중할 수 있다.(「학교폭력예방 및 대책에 관한 법률」 제17조 1항, 2항).

단, 퇴학처분은 의무교육과정에 있는 가해학생에게는 부과할 수 없으므로 초등학생 및 중학생에게는 퇴학처분을 내릴 수 없다(「학교폭력예방 및 대책에 관한 법률」 제

17조 1항). 학교장은 가해학생에 대한 선도·교육이 긴급하다고 판단될 때, 학교폭력대책자치위원회 개최 전에 가해학생 조치의 종류 중 제1호부터 제3호까지, 제5호 및 제6호의 조치를 취할 수 있으며, 이때 제5호와 제6호는 병과 조치할 수 있다. 이 경우 사전 선도·교육 조치 보고서를 작성하고 학교폭력대책자치위원회에 즉시 보고하여 추인을 받아야 한다(「학교폭력예방 및 대책에 관한 법률」 제17조 4항).

표 3-2 학교폭력 가해학생에 대한 선도·징계 조치의 종류

구분	조치의 내용	병과 조치
1호	피해학생에 대한 서면 사과	
2호	피해학생 및 신고·고발한 학생에 대한 접촉, 협박 및 보복행위 금지	특별교육
3호	학교에서의 봉사	
4호	사회봉사	
5호	학교내외 전문가의 특별교육 이수 또는 심리치료	
6호	출석정지	특별교육
7호	학급교체	
8호	전학	
9호	퇴학처분	

또한 가해학생에 대한 선도·징계 조치사항 제2호부터 제4호까지 및 제6호부터 제8호까지의 처분을 받은 가해학생은 학교폭력대책자치위원회에서 정한 조치와는 별도의 특별교육을 이수하거나 심리치료를 받아야 한다. 별도의 특별교육이나 심리치료는 교육감이 정한 기관에서 받아야 하며, 학교폭력대책자치위원회에서는 교육기간도 정해야 한다(「학교폭력예방 및 대책에 관한 법률」 제17조 3항).

한편, 가해학생에 대한 선도·징계 조치 중 특별교육에 관한 부분은 두 가지로 구분된다는 점에 유의해야 한다. 즉, 특별교육은 「학교폭력예방 및 대책에 관한 법률」 제 17조 1항의 가해학생 조치 중 제7호에 해당하는 '학교 내외의 전문가에 의한 특별교육 이수 또는 심리치료'라는 독립적 조치와 「학교폭력예방 및 대책에 관한 법률」 제 17조 1항의 가해학생은 조치 제2호부터 제4호까지, 제6호부터 제8호까지의 조치가 내려질 경우 함께 부가되는 '부가적 조치로서의 특별교육'으로 구분된다. 「학교폭력예방 및 대책에 관한 법률」 제17조 1항의 제7호에 해당하는 '학교 내외의 전문가에 의한 특별교육 이수 및 심리치료' 조치는 전문적인 심리상담 및 심리치료 기관의 도움을 받아 가해학생을 심층적으로 치유하고자 하는 목적이 강한 조치라고 볼 수 있다.

그리고 가해학생 선도·징계 조치 중 제2호부터 제4호까지, 제6호부터 제8호까지의 조치에 의해 부가된 특별교육의 경우 가해학생에게 처벌적 조치와 함께 교육적 조치를 함께 부가하는 선도적 의미가 강한 조치로 제7호 조치의 특별교육 이수시간에 비해 적은 시간의 교육적 조치를 받는 것이 통상적이다. 특별교육 기간은 학교폭력대책자치위원회에서 결정하지만, 학교 차원에서 책임교사 및 전문상담교사가 사전에 해당 지역의 특별교육기관을 파악하고 각 기관별로 프로그램 실시 일정, 수용인원, 학부모 동반 교육 가능 여부, 특화 프로그램 내용 등을 검토하여 가능한 교육과정과 시간 등을 확인해 두고, 특별교육 조치 실행 시점에 특별교육기관의 상황을 파악하여 학교 내·외에서 적절히 교육을 받을 수 있도록 조치해야 한다. 따라서 각 시·도별로 특별교육 이수 시간과 이수 기간 및 방법에는 차이가 있을 수 있다. 가해학생에 대한 조치의 유형과 유형별 이행방법을 자세히 살펴보면 다음과 같다.

(1) 피해학생에 대한 서면 사과

서면 사과는 자기의 잘못을 인정하고 용서를 구할 때 말로만 하지 않고 문서를 통해 사과하는 것으로 책임교사는 가해학생에게 진심 어린 사과의 중요성을 인식시키고 가해학생이 무엇을 잘못했는지, 앞으로는 어떻게 생활하는 것이 좋겠는지 등을 생각해 보게 하여 이를 글로 잘 표현하도록 지도한다. 가해학생에게 사과 각서를 쓰게 할 때는 가해학생의 학습권을 고려하여 방과 후에 실시하며, 다른 학생의 출입이 없는 조용한 장소에서 쓰도록 해야 한다. 사과 각서의 전달은 피해학생에 대한 접촉이 금지되지 않은 경우에 책임교사의 입회하에 피해학생에게 직접 전달하게 하며, 피해학생에 대한 접촉이 금지되어 있는 경우에는 담당교사가 대신 전달한다.

(2) 피해학생 및 신고·고발한 학생에 대한 접촉, 협박 및 보복행위의 금지

피해학생 및 신고·고발한 학생에 대한 접촉, 협박 및 보복행위의 금지는 가해학생의 접근을 막아 더 이상의 폭력이나 보복행위를 막기 위한 조치다. 피해학생 또는 신고한 학생을 접촉하여 협박하거나 보복하는 행위는 가중처벌의 대상이 되므로 책임교사는 가해학생과 그 보호자에게 면담 또는 전화통화를 통해 이 사실을 주지시켜야 한다. 그리고 피해학생 또는 신고한 학생의 담임교사는 피해학생이나 신고한 학생이 가해학생이나 가해학생 주변의 숨은 인물에 의해서 협박이나 보복행위를 당하고 있지 않은지 항상 주의 깊게 관찰해야 한다.

협박은 직접적인 접촉을 통해 이루어지기도 하나 휴대전화 문자, 온라인 메신저, 블로그 등을 통해 이루어지는 경우가 많으며, 보복행위도 학교 밖에서 은밀히 이루어지는 경우가 많으므로 협박이나 보복행위의 발생 여부를 수시로 확인해야 한다. 또한 담임교사는 피해학생 및 신고·고발한 학생들이 협박이나 보복행위를 당했다면 반드시 그 사실을 책임교사나 담임교사에게 알리도록 지도해야 한다.

피해학생 및 신고·고발한 학생에 대한 접촉, 협박 및 보복행위의 금지 조치는 특별교육이 부과되는 조치로 책임교사는 전문상담교사와 협의하여 교내에서 특별교육을 이수하는 것이 적합한지, 교외 특별교육 이수기관에 의뢰하는 것이 바람직한지를 결정하고 이를 실행해야 한다.

(3) 학교에서의 봉사

학교에서의 봉사는 가해학생에게 단순 훈육적 차원으로 가해지는 조치가 아니라 봉사의 진정한 의미를 알고 학생 스스로 잘못을 깨달을 수 있는 봉사 방법을 선정하여 선도적·교육적 목적으로 이루어져야 하며, 이러한 목적을 달성하기 위해 교내 봉사 일지를 쓰게 하는 방법도 효과적이다. 지도교사는 책임교사 외에도 담임교사, 상담교사 등으로 다양하게 구성하는 것이 좋고, 학교에서의 봉사 종류로는 학교 내의 환경 정리, 교실의 교구 정리, 화장실 청소, 장애학생 도우미 등이 있으며, 가해학생의 학습권을 고려하여 수업시간 외 시간에 실시하는 것이 적절하다고 하겠다.

학교에서의 봉사 조치도 특별교육이 부과되는 조치로 학교폭력 사안의 경중 및 가해학생의 상황에 따라 결정된 특별교육 이수 시간을 토대로 책임교사는 전문상담교사와 협의하여 교내·외에서 가해학생들이 특별교육을 이수할 수 있도록 조치해야 한다.

(4) 사회봉사

사회봉사는 사회구성원으로서의 책임감을 느끼게 하고, 자신의 행동에 대한 반성의 기회를 줄 수 있는 조치다. 책임교사는 사회봉사가 가능한 기관을 사전에 파악해 두고 가해학생에게 적합한 사회봉사기관을 선정하여 의뢰해야 하며, 사회봉사자가 가능한 기관과 업무협조를 긴밀히 하고, 각종 확인 자료와 담당자 간의 통신을 통해 사회봉사가 실질적으로 이루어질 수 있도록 관리해야 한다. 사회봉사의 구체적인 예로는 지역 행정기관에서의 환경미화와 교통안내, 공공기관에서의 우편물 분류, 도서관 업무보조 및 노인정, 장애시설, 사회복지관 등 사회복지기관에서의 봉사 등을 들 수 있다.

한편, 사회봉사 조치가 내려진 가해학생도 특별교육이 부과되기 때문에 책임교사는 가해학생에게 적합한 프로그램을 진행하는 특별교육 이수기관에 의뢰하여 교육을 받을 수 있도록 해야 한다. 교내의 Wee Class에서 특별교육을 이수할 수도 있으나, 사안의 경중을 보았을 때 사회봉사의 경우 가해학생에게 맞는 특별교육을 실시하는 외부기관에 의뢰하는 것이 바람직하다.

(5) 특별교육 이수 또는 심리치료

특별교육은 가해학생의 행동특성과 정서적 특성을 고려하여 치유 및 회복의 기회를 제공함으로써 가해학생의 긍정적인 변화를 돕는 보호조치다. 가해학생과 그 보호자에 대한 특별교육의 실시 근거를 보면, 「학교폭력예방 및 대책에 관한 법률」 제17조 1항의 가해학생에 대한 조치 중 "제5호에 해당하는 학교 내외의 전문가에 의한 특별교육 이수 또는 심리치료를 받아야 한다"는 독립적 조치와 「학교폭력예방 및 대책에 관한 법률」 제17조 3항에서 「학교폭력예방 및 대책에 관한 법률」 제17조 1항의 조치 중 "제2호부터 제4호, 제6호부터 제8호까지의 처분을 받은 가해학생은 교육감이 정한 기관에서 특별교육을 이수하거나 심리치료를 받아야 하며, 그 기간은 학교폭력대책자치위원회에서 정한다"는 부과 조치가 있으며, 「학교폭력예방 및 대책에 관한 법률」 제17조 9항에서 "학교폭력대책자치위원회는 가해학생이 특별교육을 이수할 경우 해당 학생의 보호자도 함께 교육을 받게 하여야 한다"는 규정을 들 수 있다. 한편 가해학생이 특별교육 이수를 말미암아 부득이하게 결석을 하게 될 경우에는 출석으로 인정될 수 있다.

독립적 조치로서의 특별교육 이수 또는 심리치료는 해당 학생에게 맞는 전문적인 교육 프로그램의 적용과 심리치료적 접근을 통해 가해학생을 치유 및 선도해야 할 목적이 있을 때 부과되는 조치로, 예를 들어 학교폭력대책자치위원회에서 가해학생에게 '특별교육 이수 또는 심리치료 30시간'의 조치를 내렸다면 책임교사와 전문상담교사는 해당 학생에게 적합한 특별교육 및 심리치료 기관을 선정하고, 주 5일, 1일 6시간씩 특별교육을 이수할 수 있도록 하거나, 의뢰할 기관과 학생의 상황에 따라 주기적으로 심리치료를 받을 수 있도록 조치하는 등 교육과 심리치료 시간을 적절히 배정해야 한다.

부가적 조치로서의 특별교육은 진정한 선도를 위하여 가해학생에게 처벌적 조치만이 아니라 폭력사안의 유형을 고려하여 다양한 교육프로그램을 받을 수 있도록 하는 교육적 조치로, 부가적 조치인 만큼 독립적 조치보다는 적은 교육시간을 이수하지만 책임교사는 전문상담교사 또는 외부 특별 교육 이수기관에 의뢰하여 가해학생이 적절한 교육을 받을 수 있도록 조치해야 한다.

한편, 가해학생의 보호자에 대한 특별교육과 관련해서 책임교사는 가해학생의 보호자로 하여금 다양한 기관에서 운영하는 교육 프로그램을 접할 수 있도록 정보를 제공하며, 주말이나 야간에도 교육을 실시하는 기관이 있는지 파악한 후 이는 학교폭력에 대한 전반적인 이해, 가해행위를 하는 자녀의 심리상태 파악, 바람직한 학부모상 등 자녀 이해와 부모 교육으로 구성되는 것이 바람직하다. 가해학생 학부모의 특별교육 인정 기준은 교육 대상 처분이 보복행위 금지, 학교봉사, 사회봉사인 경우는 4시간 이내의 특별교육을 이수하면 되고, 교육 대상 처분이 특별교육, 출석정지, 학급교체, 전학의 경우에는 5시간 이상의 특별교육을 이수하면 된다.

이렇게 가해학생 및 그 보호자가 특별교육을 이수할 수 있도록 교육감은 심리치료 및 특별교육을 담당할 특별교육 이수기관을 지정하여야 한다(「학교폭력예방 및 대책에 관한 법률」 제10조 3항). 특별교육은 대부분 교육감이 특별교육기관으로 지정한 단위학교, 지역교육청 Wee Center에서 실시하거나, 교육감이 지정한 외부 전문기관에서 별도로 운영되는데 시·도마다 다르게 운영하고 있는 실정이어서 시·도 교육청 및 학교장은 지역의 실정이나 여건을 고려하여 적절한 방법으로 특별교육을 이수할 수 있도록 운영하되, 특별교육이 가지는 본래의 의도나 목적을 충분히 반영하여 실시될 수 있도록 해야 한다. 그리고 별도의 특별교육이나 심리치료를 담당하는 기관에서도 가해학생이 자신의 행동을 반성하고 피해학생의 입장에서 생각하며 자신의 행동을 고칠 수 있는 기회를 제공하도록 노력해야 한다.

(6) 출석정지

출석정지는 가해학생을 학교에 출석하지 못하게 하여 가해학생에게는 반성의 기회를 주고 일시적으로나마 가해학생과 피해학생을 격리시켜 피해학생을 보호하기 위한 조치다. 출석정지 기간은 피해학생과 가해학생의 상황을 종합적으로 판단하여 학교폭력대책자치위원회에서 정하며, 가해학생에 대한 출석정지 기간은 출석일수에 산입하지 않는다. 책임교사 또는 담임교사는 출석정지 기간 동안에 가해학생 및 그 보호자와 연락을 취하여 가해학생의 상황을 파악하고 가해학생에게 가정학습 자료를 제공함으로써 자신의 잘못을 반성하고 다시 학교로 돌아왔을 때 학교생활에 적응할 수 있도록 도와야 한다.

그리고 책임교사는 출석정지 조치가 단순히 학교에서 가해학생을 일시적으로 격리하는 의미뿐만 아니라 선도적 측면에서 적절한 교육을 받을 수 있도록 조치해야 하기 때문에 폭력사안 유형을 감안하여 출석정지 기간 중에 특별교육을 이수할 수 있도록 조치해야 한다.

(7) 학급교체

학급교체는 가해학생과 피해학생이 같은 학급일 경우, 피해학생의 보호를 위해 가해학생을 학교 내의 다른 학급으로 옮기는 조치다. 학급을 교체할 때는 책임교사가 조치할 수 있는 것이 아니라 동 학년의 회의를 거쳐 결정하는 것이 바람직하며, 학급을 결정할 때는 교실의 위치, 담임교사의 역량, 학급 구성원의 특성, 학급 인원수 등을 충분히 고려하여 학교 차원에서 결정이 이루어져야 한다.

그러나 학교폭력 사건은 이미 학교에 소문이 나 있는 경우가 많으므로 학급교체 시 가해학생이 가게 되는 학급의 담임교사는 가해학생이 다른 학생들로부터 낙인이 찍히지 않도록 주의해야 하며, 가해학생이 새로운 학급에 잘 적응할 수 있도록 도와주는 한편, 새로운 학급에서 다시 폭력상황이 재현되지 않도록 학교폭력 예방교육을 실시하는 것이 좋다.

(8) 전학조치

전학조치는 가해학생이 피해학생에 대해 더 이상의 폭력행위를 하지 못하도록 다른 학교로 소속을 옮기는 조치다. 초등학교, 중학교, 고등학교의 장은 학교폭력대책자치위원회가 「학교폭력예방 및 대책에 관한 법률」 제17조 1항에 따라 가해학생에 대한 전학조치를 요청하는 경우 초등학교와 중학교의 장은 교육장에게, 고등학교의 장은 교육감에게 해당 학생이 전학 갈 학교의 배정을 지체 없이 요청해야 한다(「학교폭력예방 및 대책에 관한 법률 시행령」 제20조 1항).

교육감 또는 교육장은 가해학생이 전학 갈 학교를 배정할 때 피해학생의 보호에 충분한 거리 등을 고려하여야 하며, 관할구역 외의 학교를 배정할 때 피해학생의 보호에 충분한 거리 등을 고려하여야 하며, 관할구역 외의 학교를 배정하려는 경우에는 해당 교육감 또는 교육장에게 이를 통보하여야 한다(「학교폭력예방 및 대책에 관한 법률 시행령」 제20조 2항).

그리고 전학 조치된 가해학생은 피해학생의 소속 학교로 다시 전학을 올 수 없도록 하여야 한다(「학교폭력예방 및 대책에 관한 법률 시행령」 제17조 10항). 아울러 교육감 또는 교육장은 전학 조치된 가해학생과 피해학생이 상급학교에 진학할 때는 각각 다른 학교로 배정하여야 하는데, 이 경우 피해학생이 입학할 학교를 우선적으로 배정한다(「학교폭력예방 및 대책에 관한 법률 시행령」 제20조 4항).

(9) 퇴학처분

퇴학처분은 가해학생을 선도 및 교육할 수 없다고 인정될 때 취하는 조치이나, 의무교육과정에 있는 가해학생에 대해서는 적용되지 않는다. 퇴학처분을 할 때 학교장의 조치사항으로는 가해학생을 퇴학처분하기 전에 일정 기간 동안 가정학습의 기회를 주어 선도의 가능성을 최종적으로 점검하며, 퇴학처분을 할 때는 당해 학생 및 보호자와 진로상담을 하여 다른 학교 또는 직업교육훈련기관 등을 알선하는 데 노력하여야 한다(「초·중등교육법 시행령」 제31조 6항, 7항). 또한 교육감은 학생의 선도의 정도, 교육 가능성을 종합적으로 고려하여 대안학교로의 입학 등 해당 학생의 건전한 성장에 적합한 대책을 마련하여야 한다(「초·중등교육법 시행령」 제23조 1항).

2) 가해학생 선도·징계 조치 유의사항

가해학생에 대한 조치 실행 시 유의해야 할 사항을 가해학생 보호자가 특별교육 이수에 불응할 때의 경우와 가해학생 및 그 보호자가 해당 조치를 거부하거나 회피할 경우, 그리고 가해학생에 대한 교육 및 선도 조치로 인해 발생한 결석의 출석인정 여부로 나누어 자세히 알아보기로 한다.

(1) 가해학생 보호자가 특별교육 이수에 불응할 경우 조치

학교폭력 가해학생이 독립적 조치 또는 부가적 조치로서의 특별교육 이수 조치를 받게 되면 가해학생의 보호자도 특별교육 이수 시간을 부여받는다. 이때 학교장은 학교폭력대책자치위원회의 조치 후 7일 이내에 가해학생 보호자에게 특별교육 실시를 서면으로 통보하고, 3개월 이내에 특별교육을 이수할 수 있도록 시간과 장소를 안내해야 한다. 만약 학부모가 특별교육에 불응할 경우 학교장은 3개월이 지난 다음날 동 보호자의 명단을 시·도 교육감에게 통보하고, 시·도 교육감은 가해학생의 보호자에게 시·도교육감이 지시하는 특별교육에 1개월 이내에 참여토록 서면으로 안내한다.

그리고 1개월이 되는 날까지 특별교육에 불응할 경우 과태료가 부과됨을 안내하고 특별교육을 이수할 것을 재통보해야 한다. 보호자는 과태료 부과 예고 통보를 받은 날로부터 15일 이내에 특별교육을 이수하고 이수증을 제출하거나 특별교육에 불응한 타당한 이유를 시·도 교육감에게 제출해야 한다.

보호자가 15일 이내에 이수증 또는 의견서를 제출하지 않을 경우 시·도 교육감은 해당 보호자에게 300만 원 이하의 과태료 부과 내용을 통지하고 부과 절차를 진행한다(「학교폭력예방 및 대책에 관한 법률」 제17조 9항, 제22조 2항). 그러나 보호자의 과태료 부과 여부와 무관하게 특별교육 이수 의무는 유지된다.

(2) 가해학생의 해당 조치 거부 및 회피 시 조치

가해학생이 해당 조치를 거부하거나 기피하는 경우 학교폭력대책자치위원회는 학교장으로부터 그 사실을 통보받는 날로부터 7일 이내에 추가로 다른 조치를 취하도록 학교장에게 요청할 수 있다(「학교폭력예방 및 대책에 관한 법률」 제17조 11항, 「학교폭력예방 및 대책에 관한 법률 시행령」 제22조). 이에 학교장은 「초·중등교육법 시행령」 제31조에 따라 학교에서의 봉사, 사회봉사, 특별교육 이수, 출석정지(1회 10일 이내, 연간 30일 이내), 퇴학처분 등의 추가 조치를 취해야 한다.

한편, 가해학생이 학교폭력대책자치위원회 개최 또는 학교장의 조치가 행해지기 전에 다른 학교로 전학을 가는 경우의 조치로는 전학에 필요한 서류발급을 보류하고 학교폭력대책자치위원회를 개최하여 가해학생에 대한 조치를 실시한 후, 전학에 필요한 절차를 진행해야 한다.

만일 학교에서 학교폭력 사안을 인지하기 이전에 가해학생이 이미 전학을 간 경우에는 피해학생과 가해학생이 각각 다른 학교에 재학 중이기 때문에 두 학교가 공동으로 학교폭력대책자치위원회를 개최할 수 있다. 한편, 특별교육의 경우에도 전학으로 인하여 가해학생의 학교 소속이 달라졌다고 해도 그것과 상관없이 반드시 이수토록 조치하여야 한다.

(3) 출석인정 여부

가해학생이 교육 및 선도 조치 중 학교에서의 봉사, 사회봉사, 학교내외 전문가의 특별교육 이수 및 심리치료 조치를 받은 경우 이와 관련한 결석은 학교장이 인정하는 때는 출석일수에 산입할 수 있다(「학교폭력예방 및 대책에 관한 법률」 제17조 8항). 그리고 출석정지와 특별교육이 동시에 부과된 경우, 특별교육 기간은 출석일수로 인정될 수 있지만, 출석정지 기간은 인정할 수 없기 때문에 출석정지 기간과 특별 교육 기간은 불리하여 정해야 한다.

3) 학생생활기록부의 기재 및 관리

학교폭력 사안이 발생하였을 경우에, 학교폭력대책자치위원회에서 가해학생에 대해서 결정한 조치 사항은 시행되는 즉시 교육부의 「학교생활기록 작성 및 관리지침」(교육부 훈령 제19호)에 의거해서 학교생활기록부의 학적사항, 출결사항, 행동특성 및 종합의견란에 입력하여 해당 학생에 대한 선도·교육과 진학이나 취업을 위한 참고 자료로 활용할 수 있도록 하고 있다.

특히 가해학생이 조치를 거부하거나 기피할 경우, 조치사항이 시행되지 않았더라도 조치가 결정된 날을 기준으로 15일이 경과하면 입력하여야 한다. 그리고 재심, 행정심판 및 소송이 청구된 경우에는 조치 사항을 먼저 입력하고, 향후 조치가 변경될 경우 이를 수정하여야 한다.

학교폭력대책자치위원회의 조치 사항에 대한 학교생활기록부의 기재 사항, 졸업 시 조치 미삭제 관리방식은 <표 3-3>과 같다.

표 3-3 학교생활기록부의 기재 및 관리

항목	가해학생 조치 사항	졸업 시 조치	보존 및 삭제
학적사항 '특기사항'	8호(전학)	• 자치위원회에서 심의 후 졸업과 동시에 삭제 가능 • 해당 학생의 반성 정도와 긍정적 행동변화 정도 등 고려	졸업 시 미삭제된 학생의 기록은 졸업 2년 후 삭제
	9호(퇴학처분)	-	보존
출결상황 '특기사항'	4호(사회봉사) 5호(특별교육이수 또는 심리치료) 6호(출석정지)	• 자치위원회에서 심의 후 졸업과 동시에 삭제 가능 • 해당 학생의 반성 정도와 긍정적 행동변화 정도 등 고려	졸업 시 미삭제된 학생의 기록은 졸업 2년 후 삭제
'행동특성 및 종합의견'	1호(서면사과) 2호(접촉, 협박 및 보복행위 금지) 3호(학교에서의 봉사) 7호(학급교체)	• 해당학생 졸업과 동시에 삭제	-

출처: 교육부. 2014.「학교폭력 사안처리 가이드북」 개정판. 64쪽 참조.

3 학교폭력 지원체계

학교폭력 문제를 예방하고 근절하기 위해서 학교교육과 학생지도를 담당하고 있는 교육부와 교육청, 그리고 개별 학교들의 노력만으로는 가능하지 않다. 학교폭력 문제는 우리 사회 전반에 걸친 여러 발생 요인들을 제거하고 사회구성원들이 공동체 의식을 가지고 대처해 갈 때 해결의 실마리를 찾을 수 있다. 현재 우리 사회에는 학교폭력 예방과 근절을 위해 교육부 산하의 기관들뿐만 아니라 다양한 지원을 제공하는 기관·단체들이 활동하고 있다. 그 대표적인 학교폭력 지원기관 또는 단체들로는 교육기관들이 제공하고 있는 학교폭력 지원체계인 Wee Project를 위시하여, 기초자치단체가 운영하고 있는 학교폭력 지원체계인 청소년상담복지센터, 경찰청에서 지원하고 있는 학교폭력 지원체계인 117 학교폭력신고센터, 민간단체 차원에서 활동하고 있는 학교폭력 지원체계인 푸른나무 청예단, 그리고 학교폭력 피해자들을 위한 통합적 지원체계를 제공하고 있는 여성·학교폭력 피해자 One-Stop 지원센터 등을 들 수 있다. 이 장에서는 학교폭력 문제를 해결하기 위해 다양한 활동을 지원하고 있는 기관·단체들에 대해서 살펴보고자 한다.

1) 교육기관의 학교폭력 지원체계: Wee Project

Wee Project는 개인적 위기, 가족적 위기, 교육적 위기 등 다양한 위기 상황에 놓여 있는 학생들에게 학교부적응 상태와 정도에 따라 개별적인 맞춤형 프로그램을 제공하기 위하여 교육기관에서 운영하고 있는 학교안전통합시스템을 말한다. 여기서 'Wee'의 의미는 We(우리)와 education(교육)의 합성, 그리고 We(우리)와 emotion(감성)의 의미를 합성한 것이다.

Wee Project는 3단계의 개입 시스템, 즉 단위학교의 Wee Class, 지방자치단체 교육지원청 단위의 Wee Center, 광역단체 교육청 단위의 Wee School 등으로 구성되어 있다. 첫째, Wee Class는 단위학교 차원에서 학생들의 다양한 고민을 상담해주는 상담실 기능을 하는 개입 시스템이다. 학교폭력, 학교부적응, 징계 등에 해당하는 학생들을 대상으로 다양한 상담프로그램을 제공함으로써 학생들의 학교 적응력 향상을 지원하고 있다.

둘째, Wee Center는 지방자치단체의 교육지원청 차원의 개입 시스템으로서, 임상심리사·사회복지사·전문상담사 등의 전문 인력들이 단위학교에서 의뢰받은 학생들을 대상으로 진단·상담·치료의 서비스를 제공하는 지원기관이다. 셋째, Wee School

은 광역단체의 교육청 차원의 개입 시스템으로서 심각한 학교부적응으로 인하여 장기적인 교육과 상담을 필요로 하는 고위험군 학생들을 대상으로 기숙형 장기위탁교육서비스를 제공하는 지원기관이다.

그리고 Wee Project는 단위학교와 교육지원청, 그리고 교육청이 다양한 학교부적응 위기 상황에 처한 학생들을 지원하는 3단계 학교안전통합시스템의 기능뿐만 아니라, 전화상담(1588-7179)과 사이버 상담(www.wee.go.kr)을 통해 학생들의 학교적응을 돕는 각종 정보를 제공하고 있다.

Wee Project가 설치·운영되어 온 경과를 살펴보면, 2007년과 2008년에 걸쳐 '학교상담망 구축 정책연구학교'와 '학교 내 친한친구교실'의 운영 결과를 바탕으로 'Wee Project' 모델 개발정책안이 도출되고, 2008년 3월 대통령 공약사업 실행방안으로 학교안전관리통합시스템이 시범 운영되면서 시작되었다. 2008년 9월에는 '학교안전통합시스템 구축'이라는 사업 명칭 변경 및 생활공감 정책으로 사업내용이 확정되어 전국 31개 시범 교육지원청을 선정 운영하고, 전국 530개 Wee Class를 개소하면서 본격화되었다. 2010년 9월 Wee Project 연구특임센터가 조직되면서 활성화되었다. 2015년 현재 전국에는 Wee Class는 6,090개소, Wee Center는 195개소, Wee School은 8개소가 설치·운영되고 있다(한국교육개발원 Wee프로젝트특임센터 홈페이지 www.wee.go.kr, 2015).

1차 개입 시스템인 단위학교의 Wee Class의 상담지원 절차를 살펴보면, 학생의 자발적 상담 또는 학부모나 교사의 의뢰에 의한 비자발적 상담이 있을 때 상담신청서를 통해 접수 면접을 하게 된다. 접수 면접에서 얻어야 할 정보는 인적 사항, 주호소문제, 발달력, 교우 및 가족관계, 병력, 상담력, 문제의 심각성과 긴급성 여부, 내담자의 욕구 및 환경에 대한 정보 등이다. 상담방법 결정 후 상담이 개별적으로나 집단적으로 이루어지며, 검사가 필요한 경우만 심리검사를 한다. 심리검사 결과에 대한 담임교사, 교과교사의 협조와 협력을 얻어 상담하고 종결보고서 작성을 통해 상담을 종결하게 된다. 이후 계속적인 추후 관리 및 지도를 한다.

2차 개입 시스템인 교육지원청 차원의 Wee Center의 상담지원 절차를 살펴보면, 1차 개입 시스템인 Wee Class를 통하여 학생의 자발적 상담 또는 학부모나 교사의 의뢰에 의한 비자발적 상담신청을 통하여 접수 면접을 한 후에, 필요한 다양한 심리검사의 결과를 바탕으로 Wee Class 상담이 어렵다고 판단되거나 약물치료가 필요하다고 판단되는 경우에 Wee Center에 의뢰한다. 이때 단위학교의 상담 담당자는 Wee Class 운영위원회의 사례회의를 통해 내담자를 연계기관에 의뢰해서 상담을 받을 수 있도록 조치하며, 담임교사와 학부모, 그리고 연계기관의 상담자와 유기적인 관계를 통해 사례를 지속적이고 종합적으로 관리해야 한다. 특히, 내담자를 연계기관에 의뢰해서 상담을 받게 하는 경우라도 사례책임자는 학교상담 담당자임을 명심하고 사례관리를 철저히 해야 한다. 연계기관의 상담 진행과정을 모니터링하고 상담결과 보고서도 요청하여 종결보고서를 작성하고 관리한다. 물론 추후관리로서 계속적 지도가 요구된다.

3차 개입 시스템인 교육청 차원의 Wee School의 상담지원 절차는, 1차 개입 시스템인 Wee Class을 통하여 상담 신청된 사례에 대해서 접수 면접을 한 후에 다양한 심리검사 결과에 근거하여 실시한 사례회의를 거쳐 긴급을 요한다고 판단한 사례의 경우에는 Wee School에서 바로 연결하여 종결할 수도 있다. 그러나 대부분의 경우 Wee Center에서 상담 진행과정을 모니터링하면서 Wee Center의 상담 담당자 및 학부모와 협의를 통하여 Wee School과 연계하는 방식으로 진행한다. Wee School에서는 전문적 개입과 학과 공부를 동시에 진행하는 것이 효과적인 경우에는 종결 관리한다. 긴급한 사례로서 Wee Class에서 바로 Wee School에 의뢰한 경우나 Wee Center를 통해 Wee School에 의뢰한 경우에도 지속적인 추후 지도를 해야 한다. Wee Project의 단계별 개입과정을 보면 <그림 3−1>과 같다.

그림 3-1 Wee Project의 단계별 개입과정

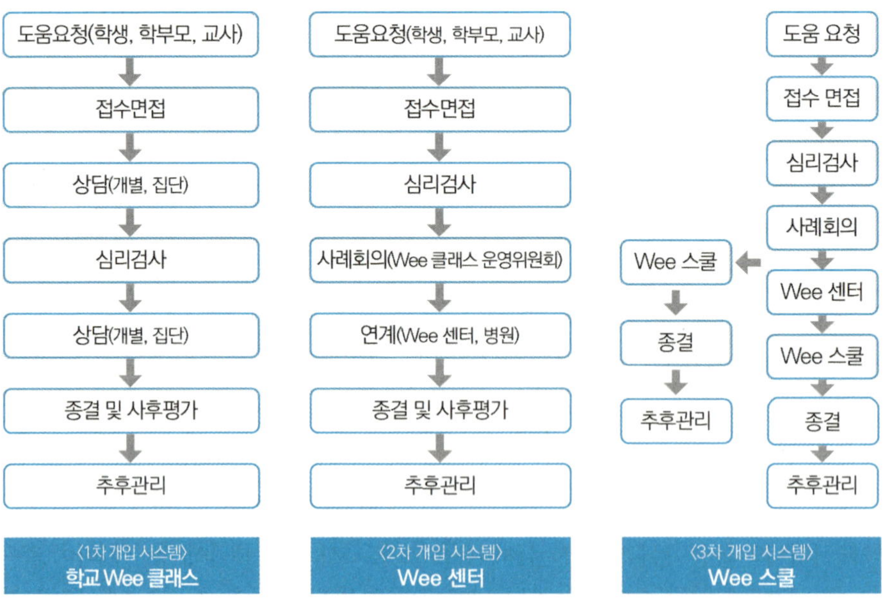

출처: 교육과학기술부·한국교육개발원·대전광역시교육청. 2011. 참조.

2) 기초자치단체의 학교폭력 지원체계: 청소년상담복지센터

전국 광역단체 및 지방자치단체 산하에 청소년상담지원센터가 설치되어 있다. 청소년상담복지센터는 학교에 재학 중인 학생뿐만 아니라 학교 밖 청소년을 포함한 위기청소년들에게 보호 및 서비스를 지원해 주는 기관이다. 학교폭력과 관련해 청소년상담복지센터는 피해학생을 보호하고 신체적·정신적 치료에 도움을 주며, 가해학생들을 대상으로 심리검사와 심리치료 등을 실시하여 학교폭력 재발을 방지할 수 있도록 지원하고 있다.

그리고 학업을 중단한 청소년들을 대상으로 상담서비스를 제공하여 그들의 위기상황을 파악하고, 가출과 폭력 및 성매매 등으로 인한 문제를 방지할 수 있도록 지원하면서 검정고시 소개, 대안학교 위탁, 그리고 진로 및 취업 상담 등의 서비스를 제공하고 있다.

청소년상담복지센터의 서비스 지원 절차는 <그림 3-2>와 같다. 각 지역별로 구성되어 있는 긴급구조단은 긴급구조 지원업소(약국, PC방, 편의점, 노래방 등)의 제

그림 3-2 **청소년상담복지센터의 서비스 지원 절차**

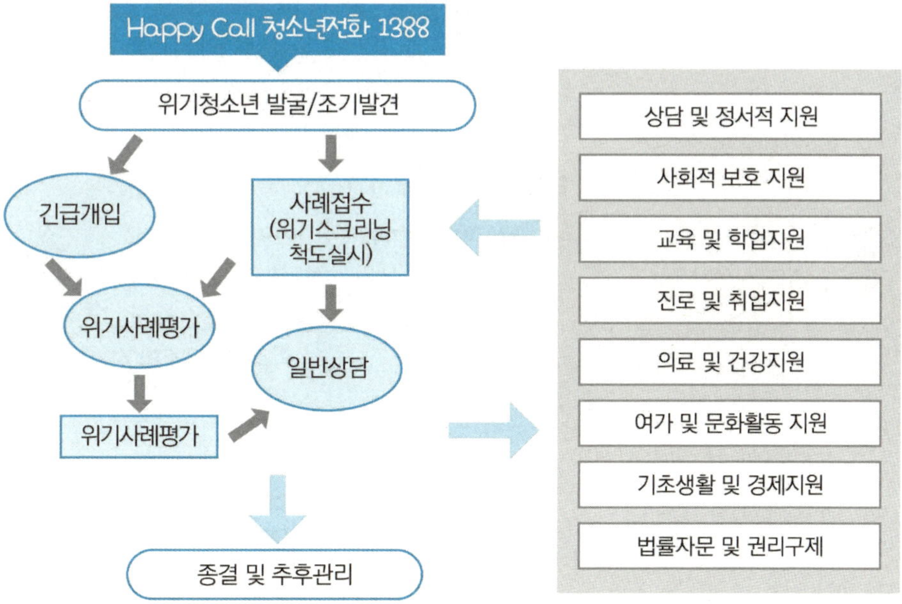

보로 24시간 긴급 구호 접수가 가능하며, 지원을 요청하는 청소년들을 대상으로 상담 서비스를 제공하고 교육이나 재활지원 서비스, 시설보호 및 기관연계, 법률 및 의료 서비스를 제공한다. 청소년상담복지센터에서 지원하는 다양한 서비스는 학생들의 탈선을 방지하고 가정과 학교로 복귀하여 정상적인 학업을 하도록 지원하는 데 역점을 두고 있다.

3) 경찰청의 학교폭력 지원체계: 117 학교폭력신고센터와 학교전담경찰관제도

117 학교폭력신고센터는 학교폭력과 관련된 모든 신고 접수, 상담 및 수사·지원을 One-Stop 서비스로 제공하기 위해서 각 지방 경찰관과 교육부와 여성가족부에서 파견된 전문상담사가 합동으로 근무하고 있는 지원체계이다. 이는 경찰청이 설치·운영하고 있는 '안전Dream, 아동·여성·장애인 경찰지원센터' 업무의 일부를 담당하고 있다.

그림 3-3 117 학교폭력신고센터의 운영체계

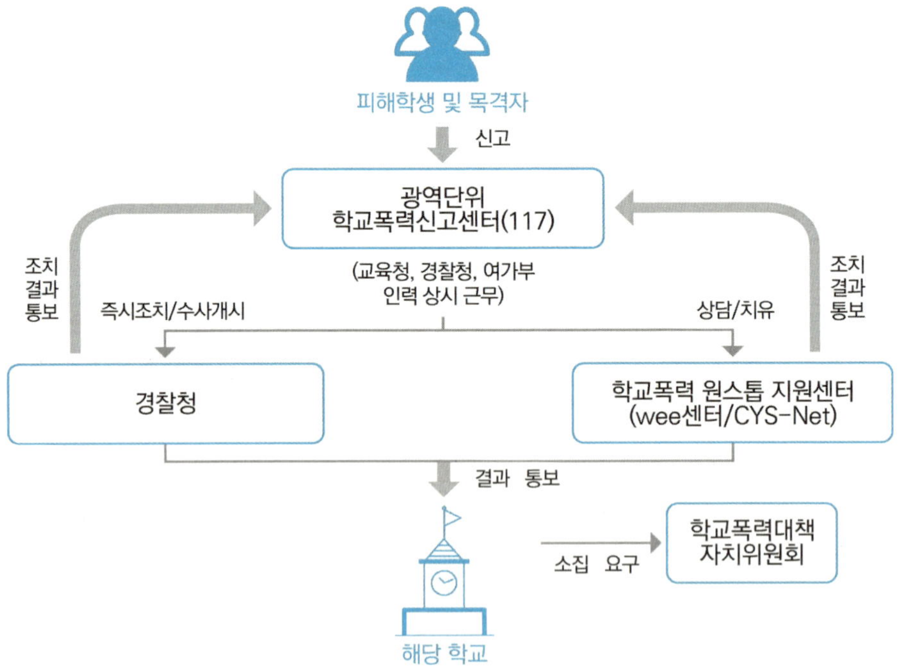

그동안 정부의 각 기관별로 학교폭력 신고를 받던 지원체계들의 전화번호가 일원화되지 못하고, 교육부의 학생위기상담 종합지원서비스를 제공하는 Wee Center는 1588-7179, 여성가족부의 청소년통합지원체계 CYS-Net은 1388, 경찰청 One-Stop 지원센터는 117 등으로 나뉘어져 운영되어 왔던 전화신고 시스템을 경찰청이 운영하는 117 전화번호로 통합하면서 설치된 학교폭력 단일 신고체계가 '117 학교폭력신고센터'이다.

117 학교폭력신고센터는 2012년 6월부터 모든 학교폭력 신고를 접수하는 창구로 운영되고 있으며, 경미한 학교폭력 사안인 경우에는 '여성·학교폭력 피해자 One-Stop 지원센터'로 이송하고, 중대한 사안인 경우에는 경찰이 즉시 개입하여 조치하도록 하고 있다. 뿐만 아니라 신고자가 원하는 경우에 가까운 Wee Center, 청소년상담지원센터, 푸른나무 청예단 등 전문상담기관과 연계하여 심층 상담을 제공하고 학교폭력 사안의 처리 결과를 해당 학교에 통보하여 학교 차원에서 사안 처리와 학생 생활지도에 활용할 수 있도록 하고 있다(김종운, 2013: 298).

117 학교폭력신고센터에 신고하는 방법은 전국 어디서나 국번없이 117번을 통한 전화 신고 외에도 #117을 통한 문자 신고와 안전Dream, 아동·여성·장애인 경찰지원센터의 홈페이지(www.safe182.go.kr)를 통한 인터넷 신고, 그리고 직접 센터를 방문하여 신고하는 등의 다양한 경로로 신고할 수 있도록 운영되고 있다.

한편 학교폭력과 관련하여 경찰청이 지원하고 있는 또 다른 제도는 '학교전담경찰관제도'이다. 이 제도는 2012년에 514명의 학교전담경찰관(school police officer) 인력을 배치함으로써 시작되어, 현재 지역별로 학교전담경찰관 1인이 다수의 학교를 담당하는 방식으로 운영되고 있다(김광수, 2017). 이 제도는 현직 경찰관이 배치된 학교를 근거로 하여 학교폭력을 예방하고 대응하는 임무를 전담하게 하고 있다. 이들의 주요 임무는 학교폭력이 발생하지 않도록 일상적 교육과 상담 등의 활동을 비롯하여, 학교폭력 사안의 발생 시 학교폭력대책자치위원회의 위원 활동을 통해서 개별 학교폭력 사안의 심의에 참석하고 법적 조치에 대한 조언을 제공하는 역할 등을 포함하고 있다. 이외에도 학교전담경찰관은 배치된 학교와 협력체계를 구축하여 학교폭력 예방대책을 마련하는 한편, 가해학생에 대한 선도프로그램을 운영하거나 각종 학교폭력 관련 정보를 수집하는 등 학교폭력 예방 및 대응에 대한 전반적인 임무를 수행하고 있다.

4) 민간단체의 학교폭력 지원체계: 푸른나무 청예단

푸른나무 청예단(재단법인 청소년폭력예방재단)은 학교폭력으로 고통받아오던 아들의 자살로 인해 우리 사회의 학교폭력 문제의 심각성을 각성한 한 부모의 의지에 의해 1995년에 설립된 비영리민간단체이다. 이 단체는 당시 학교폭력 문제에 대한 제도적 대응 장치가 미흡했던 우리 사회의 상황과 학교폭력에 대한 사회적 무관심을 개선해 보려는 배경에서 설립되었다고 할 수 있다.

이 단체는 학교폭력 문제에 사회적 관심을 환기시키고 학교폭력 문제에 대한 제도적 장치의 필요성을 제기하면서 어려운 여건 속에서 고통 받고 있는 청소년들과 그 가족들을 돕기 위한 다양한 교육프로그램을 제공해 주고 있는 우리나라의 대표적인 학교폭력예방 전문기관이다.

기관 설립 직후부터 「학교폭력 예방지침서」를 국내 최초로 발간하여 배포하고, '청소년 지킴이 활동' 등을 전국적으로 실시하는 활동을 시작으로, 현재는 푸른나무 청예단 교육센터와 학교폭력문제연구소 등을 설치·운영하는 한편, 서울시 청소년미디어센터, 서울시립노원청소년수련관, 서울 남부 Wee Center, 서초구립 방배유스센터, 광명시 청소년상담복지센터, 교육청 위탁형 대안교육기관 등 청소년관련 기관들을 위탁·운영하면서 학교폭력 예방과 근절을 위한 다양한 활동을 전개해 가고 있다. 그리고 2018년 현재 전국에 14개 지부를 설치·운영하며 학교폭력예방과 근절을 위한 전국 조직망을 구축하고 있다(푸른나무 청예단, 2018).

2001년에는 「학교폭력예방과 근절을 위한 법률」을 제정하기 위한 서명운동과 시민토론회 개최, 학교폭력 피해 청소년 결연 후원사업의 정기화 등의 활동을 통해서 2004년도에는 「학교폭력 예방 및 대책에 관한 법률」 제정을 위한 토대를 마련하는 역할도 했다. 뿐만 아니라 푸른나무 청예단은 학교폭력상담센터, 학교폭력SOS지원단 등을 운영하면서 학교폭력과 관련된 피해학생과 가해학생 간의 갈등 코칭과 화해·분쟁조정 업무를 수행하고 있으며, 일선 학교의 교사들과 청소년 분야의 실무자들이 학교폭력 예방과 대처와 관련된 전문성을 향상시켜 갈 수 있도록 지원해 주는 교육프로그램을 마련하여 청예단 교육센터의 원격연수원을 통해 제공해 주고 있다. 이외에도 피해학생의 경호지원 서비스를 제공하고 있으며 법률·의료기관 연계 등의 업무와 학교폭력 예방교육, 가해학생 선도교육, 징계청소년 교육프로그램, 피해학생 치료프로그램 등 다양한 프로그램을 운영하고 있다.

5) 통합적 학교폭력 지원체계: 여성·학교폭력 피해자 One-Stop 지원센터

여성·학교폭력 피해자 One－Stop 지원센터의 필요성은 이전의 피해자 보호시스템 부재로 상담소, 병원과 경찰서 등을 반복적으로 방문하며 신분을 노출하거나 상담을 위해 장시간 대기하는 등의 중복적인 고통을 겪어온 피해여성뿐만 아니라 학교폭력 피해자들을 위한 통합지원에 대한 요구에서 비롯되었다.

여성·학교폭력 피해자 One－Stop 지원센터는 2001년 10월부터 소규모로 시범 운영해 오던 경찰병원 내 성폭력 의료지원센터를 개편·확대하여, 2002년 2월 참여정부가 주요 국정내용으로 사회적 약자보호정책을 공포한 이래 경찰청이 2005년 8월 31일 경찰병원에 국내 최초로 선진보호시스템을 갖춘 '여성·학교폭력 피해자 One－Stop 지원센터'를 개소한 데서 시작하여, 부산 One－Stop 지원센터 개소, 안동의료원 One－Stop 지원센터 등이 순차적으로 개소되면서 2015년 현재 18개의 One－Stop 지원센터가 전국에 설치·운영되고 있다(안전Dream, 아동·여성·장애인 경찰지원센터, 2018).

여성·학교폭력 피해자 One－Stop 지원센터는 성폭력뿐만 아니라 학교폭력가정폭력 피해자, 성매매 피해여성 등에게 무료로 24시간 의료상담수사에 필요한 진술녹화 및 증거 채취, 법률 지원, NGO 연계 등을 통합적으로 지원하고 있는 통합지원시스템 기관으로서, 주요 업무는 상담지원 업무, 의료지원 업무, 법률지원 업무 등이다.

첫째, 상담지원 업무는 상담전문 여성경찰관이 24시간 배치되어 내방하는 피해자의 진술 조사와 상담을 실시하는 동시에 각 지방경찰청 여경기동수사대, 112, 117 등과 연계하여 업무를 처리하고 있다. 그리고 여성·학교폭력 피해자 One-Stop 지원센터 내에 피해자 안정실을 설치하여 피해자의 조기 심리안정을 도모하는 한편, 협력기관인 117센터·민간단체·쉼터 등과 연계하여 중장기적인 상담지원을 하고 있다.

둘째, 의료지원 업무는 여성·학교폭력 피해자 One－Stop 지원센터의 전담 산부인과 전문의가 응급의학과에서 24시간 응급 진료를 수행하는 것을 비롯하여, 첨단 산부인과 의료장비를 구비하고 학교폭력·성폭력·가정폭력 피해자의 신체 상처 및 성폭행 상처 등을 정밀 촬영하여 증거자료로 제공하는 업무를 포함하고 있다.

셋째, 법률지원 업무는 무료법률지원단이 요일별로 여성·학교폭력 피해자 One－Stop 지원센터에서 순환 근무하면서 학교폭력·성폭력·가정폭력 등과 관련한 고소 및 손해배상 청구 등 민·형사 소송지원과 범죄피해자를 위한 무료 법률상담 등을 포함하고 있다(안전Dream, 아동·여성·장애인 경찰지원센터, 2018).

Chapter 4

학교폭력 사안처리의 실제

Chapter 04

학교폭력 사안처리의 실제

이 장에서는 학교폭력 사안의 실제적 사례들을 중심으로 각 사례가 가지고 있는 사안의 특성과 내용을 분석하고 학교현장에서 사안을 처리해가는 과정을 학습할 것이다. 구체적으로 우선 학교현장에서 신고 또는 감지·인지된 학교폭력 사안이 실질적으로 학교폭력 사안이 맞는지를 확인해 볼 것이다. 둘째, 학교폭력 사안과 관련된 학생들 중에서 피해를 당한 학생이 누구이며 가해한 학생은 누구인지를 구분해 본다. 셋째, 행해진 학교폭력의 유형 가운데, 성폭력 행동이 중첩적으로 포함된 사안의 경우에 이를 어떻게 처리해야 하는지를 학습해 본다. 넷째, 학교폭력 사안처리를 심의하고 조치하는 주체는 학교폭력대책자치위원회인데, 학교장이 사안을 종결 처리할 수 있는 경우도 있다. 이런 사안은 어떤 경우인지를 살펴볼 것이다. 마지막으로 학교폭력 사안과 관련된 피해학생과 가해학생이 소속된 학교가 각각 다른 경우에는 어떻게 학교폭력 사안을 심의·조치하는지를 학습할 것이다.

1 학교폭력 사안의 성립 여부의 실제

1) 학교폭력 사안 A의 내용

고등학교 2학년인 김상준과 정규호는 같은 반 친구이다. 이 두 학생은 기말시험 공부를 하면서 영어시험 시간에 정규호가 필기구를 빌려주는 척하면서 답을 적은 쪽지를 김상준에게 주기로 하는 계획을 세웠다. 그리고 마침내 영어시험을 치르던 중에 답을 적은 쪽지를 건네주기로 약속한 시간이 되어도 정규호가 쪽지를 주지 않자 시험 종료를 5분가량 남겨두고 김상준이 정규호에게 답을 보여 달라고 신호를 보냈다. 그런데 정규호가 자신의 시험을 치르느라 답 쪽지를 건네주지 않자, 김상준은 혼자서 시험답안을 작성할 수밖에 없었다. 그런 가운데 뒤늦게 정규호가 답을 적은 쪽지를 필기구와 함께 급히 김상준에게 전달하다가 감독 선생님에게 들키고 말았다.

학교 측은 부정행위로 선도위원회를 개최하여 징계를 하고자 하였으나, 학교폭력과 관련된 단체에서 활동하고 있는 정규호의 어머니는 김상준의 강요로 정규호가 그와 같은 행동을 하였으므로 학교폭력이라며 학교 측에 학교폭력 사안으로 처리해 달라고 요청하였다.

학교폭력전담기구는 학부모의 요청이 있어서 일단 학교폭력으로 접수하여 사안을 조사하였으나 김상준이 평소에 정규호를 괴롭힌 적이 없으며, 당일에도 폭행이나 욕설 등을 한 적이 없었던 것을 알게 되었다. 그럼에도 정규호의 어머니는 계속 강요라고 주장하여 학교폭력전담기구는 회의를 거쳐 학교폭력대책자치위원회를 개최하여 이 사안을 심의·조치하였다.

2) 학교폭력 사안 A에 대한 유형 분석 및 사안처리 실제

- 사안에 나타나고 있는 두 학생 간의 행동을 학교폭력으로 볼 수 있는가?

- 만약 이 사안이 학교폭력 사안이 아니라면, 학교폭력 사안이 아니라고 판단한 이유는 무엇인가?

- 만약 이 사안이 학교폭력 사안이 아니라면, 학교 측에서는 이 사안을 어떤 방식으로 처리하여야 하는가?

- 만약 이 사안이 학교폭력 사안이라면, 이 사안에서 누가 피해자이고 누가 가해자인가?

- 만약 이 사안이 학교폭력 사안이라면, 피해학생과 가해학생은 어떤 관계이며, 각각의 성격적 특성은 어떠한가?

- 사안과 관련하여 추가적으로 파악해야 할 내용들은 무엇인가?

- 사안에 나타나고 있는 학교폭력 사안은 어떤 처리 절차를 거쳐야 하는가?

2 학교폭력 피해학생과 가해학생 구분의 실제

1) 학교폭력 사안 B의 내용

이중범과 박상민은 중학교 3학년으로 1학년 때 같은 반이었다. 쉬는 시간에 박상민이 친구들과 놀고 있는데 이중범이 지나가다가 부딪혀 서로 욕설을 하며 말다툼을 한 후에 다음 수업을 마치고, 점심시간에 급식소에서 점심을 먹고 나오는 길에 두 학생은 다시 만나 말다툼과 싸움을 하게 되었다. 이중범이 먼저 박상민의 얼굴을 때린 후에 서로 얼굴과 팔 등을 여러 차례 주먹으로 때렸다. 이 후 박상민이 이중범을 밀쳤는데 이중범이 넘어지면서 주위에 있던 수레에 부딪히면서 눈위 얼굴 부위가 찢어지면서 출혈을 하게 되었고, 박상민도 안경이 부러지고 눈 옆쪽이 멍드는 상처를 입게 되었다. 보건실에서 보건교사는 두 학생에게 응급처치를 실시한 후에 교감과 상의하고 교장께 보고한 후에 담임교사와 함께 상처가 심했던 이중범을 데리고 인근 병원으로 데리고 가서 정밀검사와 함께 봉합수술을 받게 하였다. 그리고 정밀검사 중에 이중범의 부모에게 이 사실을 통보하였다.

보건교사와 담임교사는 학교로 가는 도중 박상민 어머니에게 전화로 상황을 설명드리고 병원비는 이중범의 아버지가 지불하였으며, 학생 간 다툼으로 일어난 사고이니 원만한 해결을 위해 이중범의 부모님과 만나서 의논할 것을 조언하였다. 그러나 그 후 양측 부모들 간의 이견으로 치료비에 대한 합의가 이루어지지 않았고 방학이 시작되면서 이중범의 부모가 민사고소 하겠다고 해서, 교감은 이중범의 부모에게 원만한 합의를 권했으나, 이중범의 부모는 아들의 얼굴을 볼 때마다 화가 나서 참을 수 없어서 고소하겠다고 하였다. 이 무렵에 건강문제로 수술을 받고 치료 중에 있었던 박상민의 어머니는 학교 측에서 별다른 연락이 없어서 사안이 종결된 줄 알고 있었는데, 고소를 당하고 소송비와 치료비 일부를 지불하고 합의하라는 학교 측의 중재에 대해서 반발하였다. 결국 박상민의 어머니는 아들을 먼저 때린 이중범에 대한 처벌은 없으면서 그 부모로부터 민사고소까지 당해서 억울하다는 내용의 민원을 교육청에 보내게 되었다.

2) 학교폭력 사안 B에 대한 유형 분석 및 사안처리 실제

- 사안에 나타나고 있는 학교폭력의 유형은 무엇인가?

- 사안에 나타나고 있는 학교폭력 사안에서 누가 피해자이고 누가 가해자인가?

- 피해학생과 가해학생은 어떤 관계인가?

- 피해학생과 가해학생의 성격적 특성은 어떠한가?

- 사안과 관련하여 추가적으로 파악해야 할 내용들은 무엇인가?

- 사안에 나타나고 있는 학교폭력 사안은 어떤 처리 절차를 거쳐야 하는가?

3 성폭력이 포함된 학교폭력 사안처리의 실제

1) 학교폭력 사안 C의 내용

고등학교 2학년인 최형석, 한정수, 홍주성, 강유신은 2학년이 되면서 같은 학급에서 친한 친구로 지내고 있었다. 그런데 강유신이 아버지가 없는 한부모 가정의 친구라는 사실을 알게 된 세 학생은 집단적으로 강유신을 놀리며 괴롭히기 시작하였다. 같이 놀면서도 강유신에게 귀찮은 심부름을 시키거나 가족과 관련된 불쾌한 농담을 자주 하는 등 이들의 괴롭힘의 정도가 심해져 갔다. 이런 분위기에 동조하기 시작한 같은 반에 속한 대부분의 학생들도 강유신을 집단적으로 따돌리거나 괴롭히기 시작하였다.

그러던 중 수학여행을 가게 되었다. 첫 날의 여행 일정을 마치고 여행지 숙소에 들어와 방을 배정받은 후에 반 학생들은 강유신이 배정받은 방으로 들어와서 모여 놀면서 집단적으로 강유신의 하의를 강제로 벗기고 놀리면서 사진 촬영을 하는 등 성추행까지 하게 되었다. 수학여행 기간 동안 반 학생들로부터 놀림을 당한 강유신은 수학여행에서 돌아온 이후에 정신적 충격과 함께 심한 수치심으로 학교출석을 거부하였고, 학교출석을 하지 않으려는 강유신을 설득하는 과정에서 이러한 괴롭힘과 성추행 피해를 당해온 사실을 알게 된 강유신의 어머니는 학교를 방문하여 항의하고 경찰에 신고하였다. 강유신 어머니의 항의를 통해 이 사안을 인지하게 된 학교 측은 학교폭력 및 성폭력 사안으로 조사하였으며, 신고를 접수한 경찰도 이 사안을 수사하게 되었다.

2) 학교폭력 사안 C에 대한 유형 분석 및 사안처리 실제

- 사안에 나타나고 있는 학교폭력의 유형은 무엇인가?

- 학교폭력 사안과 성폭력 사안이 중복적으로 나타나고 있을 때 어느 사안을 더 유의하여 처리해야 하는가?

- 피해학생과 가해학생은 어떤 관계인가?

- 피해학생과 가해학생의 성격적 특성은 어떠한가?

- 사안과 관련하여 추가적으로 파악해야 할 내용들은 무엇인가?

- 사안에 나타나고 있는 학교폭력 및 성폭력 사안은 어떤 처리 절차를 거쳐야 하는가?

4 학교폭력 사안의 학교장 종결처리의 실제

1) 학교폭력 사안 D의 내용

중학교 2학년인 오재남과 박주현은 초등학교 때부터 친한 사이로 지내온 같은 반 친구였다. 그런데 최근 오재남이 다른 친구들과 자주 어울리면서 박주현과 소원하게 지내고 있어서 박주현은 은근히 소외감을 느끼고 있었다. 그러던 어느 날 오전시간에 오재남은 다른 교실에 있는 친구를 보기 위해 복도를 걸어가던 중 박주현과 마주치게 되었다. 이때 박주현이 지나가는 오재남의 다리를 걸어서 넘어뜨리는 상황이 발생하였다. 화가 난 오재남은 일어나서 박주현에게 욕을 하며 잠시 몸싸움을 하다가 다시 다른 친구가 있는 교실로 향했다. 오재남이 친구와 얘기를 하고 있을 때 박주현이 다시 찾아와 조금 전의 상황에 대해 불쾌한 표정과 비꼬는 말투로 사과를 하였다. 이러한 태도에 화가 난 오재남이 박주현에게 욕을 하는 과정에서 박주현이 오재남을 밀쳐서 오재남이 다시 바닥에 넘어지게 되었다. 일어난 오재남은 화가 난 상태에서 박주현과 싸움을 시작하려는 순간에 때마침 지나가던 국어교사가 이를 목격하면서 다툼은 끝나게 되었다. 두 학생은 모두 교무실로 불려가서 담임교사의 꾸중을 들었으며 신체적으로 별다른 증세가 없어서 다시 수업을 위해 교실로 들어갔다.

그런데 수업을 하는 도중에 오재남은 조금 전에 바닥에 넘어지면서 부딪힌 옆구리에 아픈 증세를 느끼면서, 쉬는 시간에 박주현에게 가방을 던지며 욕설을 하였다. 이에 박주현도 맞받아서 욕설을 주고받게 되었다. 하교한 후에 집으로 돌아간 오재남은 부모에게 박주현이 다리를 걸고 밀치는 등의 가해를 했다고 말했다. 이에 오재남의 어머니는 다음 날 학교를 찾아가서 박주현의 행동에 문제가 있으니 다시는 이런 일이 없도록 조치해달라고 요청하였다.

학교 측에서는 학교폭력전담기구를 통해 이 사안을 조사한 결과, 두 학생의 순간적인 충돌로 인해 일시적으로 발생한 사건이었으며 피해사실이 경미하고 두 학생과 그 부모들이 서로 처벌을 원하지는 않아서 이 사안을 학교장 종결사안을 처리하고 교육청에 보고하였다.

2) 학교폭력 사안 D에 대한 유형 분석 및 사안처리 실제

- 사안에 나타나고 있는 학교폭력의 유형은 무엇인가?

- 사안에 나타나고 있는 학교폭력 사안에서 누가 피해자이고 누가 가해자인가?

- 피해학생과 가해학생은 어떤 관계인가?

- 피해학생과 가해학생의 성격적 특성은 어떠한가?

- 사안에 나타나고 있는 학교폭력 사안은 어떤 처리 절차를 거쳐야 하는가?

- 이 사안이 학교폭력대책자치위원회의 심의조치 사안으로 다루어지지 않은 이유는 무엇인가?

5 피해학생과 가해학생의 소속학교가 다른 경우의 학교폭력대책 자치위원회 개최의 실제

1) 학교폭력 사안 E의 내용

서진영과 배상수는 지방 소도시에 소재한 중학교에 다니고 있는 중학생이다. 두 학생의 소속학교는 달랐지만 교외 체험학습을 하는 날에 하천의 식물을 채집하는 체험장소에서 같은 체험학습을 하게 되면서 학교폭력 사안의 피해학생과 가해학생이 되었다. 서진영은 하천에 들어가서 식물을 채집하려고 했는데, 하천 밖에서 이를 만류하기 위해서 배상수가 서진영에게 고함을 질렀고, 배상수의 고함을 욕설로 간주한 서진영은 식물을 채집한 후에 하천에서 나와서 배상수에게 욕설을 하고 복부를 발로 차는 신체폭행을 하였다. 이에 서진영과 같은 학교 친구들이 가세하면서 배상수를 넘어뜨리고 집단적으로 폭행하는 상황이 벌어지게 되었다. 주변 학생들이 인근에 있던 교사에게 이를 알려서 달려온 교사가 이 상황을 종료시킬 수 있었다. 체험학습을 마치고 학교로 돌아간 배상수는 집에 가서 부모에게 자신이 당한 폭행에 대해 이야기하였으며, 배상수의 부모는 이 사실을 듣고 다음 날 학교를 방문하여 학교폭력 사안으로 처리해 줄 것을 요청하였다.

학교폭력 사안을 신고받은 학교 측은 체험학습장에서 발생했던 이 사안을 조사하기 위해서 목격학생들과 목격교사의 진술을 확보하고 이 학교폭력 사안에 관련된 상대편 학교에 이 사실을 통보하였다. 그리고 상대편 학교의 가해학생들에 대한 조사 및 사안처리 방식을 상의한 결과, 두 학교는 학교폭력 사안과 관련된 소속학생들에 대한 조사와 조치를 각각 별도로 하기로 결정하였다. 즉 피해학생이었던 배상수에 대한 조사와 조치는 그의 소속학교의 학교폭력전담기구와 학교폭력대책자치위원회에서 시행하고, 상대편 학교의 가해학생들에 대한 조사와 조치는 상대편 학교의 학교폭력전담기구와 학교폭력대책자치위원회에서 시행하였다.

2) 학교폭력 사안 E에 대한 유형 분석 및 사안처리 실제

- 사안에 나타나고 있는 학교폭력의 유형은 무엇인가?

- 사안에 나타나고 있는 학교폭력 사안에서 누가 피해자이고 누가 가해자인가?

- 피해학생과 가해학생은 어떤 관계인가?

- 피해학생과 가해학생의 소속학교가 다른 경우에, 학교폭력 사안의 조사와 조치는 어떻게 시행하여야 하는가?

- 사안에 나타나고 있는 학교폭력 사안은 어떤 처리 절차를 거쳐야 하는가?

Part 04

부 록

1. 학교폭력 예방 및 대책에 관한 법률
2. 학교폭력 예방 및 대책에 관한 법률 시행령
3. 인성교육진흥법
4. 학교폭력 예방 및 대책에 관한 법률 Q/A
5. 학교폭력 가해학생 조치별 적용 세부 기준

부록 1

학교폭력예방 및 대책에 관한 법률
(약칭: 학교폭력예방법)

[시행 2017.11.28.] [법률 제15044호, 2017.11.28., 일부개정]

제1조(목적) 이 법은 학교폭력의 예방과 대책에 필요한 사항을 규정함으로써 피해학생의 보호, 가해학생의 선도·교육 및 피해학생과 가해학생 간의 분쟁조정을 통하여 학생의 인권을 보호하고 학생을 건전한 사회구성원으로 육성함을 목적으로 한다.

제2조(정의) 이 법에서 사용하는 용어의 정의는 다음 각 호와 같다. <개정 2009.5.8., 2012.1.26., 2012.3.21.>

1. "학교폭력"이란 학교 내외에서 학생을 대상으로 발생한 상해, 폭행, 감금, 협박, 약취·유인, 명예훼손·모욕, 공갈, 강요·강제적인 심부름 및 성폭력, 따돌림, 사이버 따돌림, 정보통신망을 이용한 음란·폭력 정보 등에 의하여 신체·정신 또는 재산상의 피해를 수반하는 행위를 말한다.

1의2. "따돌림"이란 학교 내외에서 2명 이상의 학생들이 특정인이나 특정집단의 학생들을 대상으로 지속적이거나 반복적으로 신체적 또는 심리적 공격을 가하여 상대방이 고통을 느끼도록 하는 일체의 행위를 말한다.

1의3. "사이버 따돌림"이란 인터넷, 휴대전화 등 정보통신기기를 이용하여 학생들이 특정 학생들을 대상으로 지속적, 반복적으로 심리적 공격을 가하거나, 특정 학생과 관련된 개인정보 또는 허위사실을 유포하여 상대방이 고통을 느끼도록 하는 일체의 행위를 말한다.

2. "학교"란 「초·중등교육법」 제2조에 따른 초등학교·중학교·고등학교·특수학교 및 각종학교와 같은 법 제61조에 따라 운영하는 학교를 말한다.

3. "가해학생"이란 가해자 중에서 학교폭력을 행사하거나 그 행위에 가담한 학생을 말한다.

4. "피해학생"이란 학교폭력으로 인하여 피해를 입은 학생을 말한다.

5. "장애학생"이란 신체적·정신적·지적 장애 등으로 「장애인 등에 대한 특수교육법」 제15조에서 규정하는 특수교육을 필요로 하는 학생을 말한다.

제3조(해석·적용의 주의의무) 이 법을 해석·적용함에 있어서 국민의 권리가 부당하게 침해되지 아니하도록 주의하여야 한다.

제4조(국가 및 지방자치단체의 책무) ① 국가 및 지방자치단체는 학교폭력을 예방하고 근절하기 위하여 조사·연구·교육·계도 등 필요한 법적·제도적 장치를 마련하여야 한다.

② 국가 및 지방자치단체는 청소년 관련 단체 등 민간의 자율적인 학교폭력 예방활동과 피해학생의 보호 및 가해학생의 선도·교육활동을 장려하여야 한다.

③ 국가 및 지방자치단체는 제2항에 따른 청소년 관련 단체 등 민간이 건의한 사항에 대하여는 관련 시책에 반영하도록 노력하여야 한다.

④ 국가 및 지방자치단체는 제1항부터 제3항까지의 규정에 따른 책무를 다하기 위하여 필요한 행정적·재정적 지원을 하여야 한다. <개정 2012.3.21.>

제5조(다른 법률과의 관계) ① 학교폭력의 규제, 피해학생의 보호 및 가해학생에 대한 조치에 있어서 다른 법률에 특별한 규정이 있는 경우를 제외하고는 이 법을 적용한다.

② 제2조제1호 중 성폭력은 다른 법률에 규정이 있는 경우에는 이 법을 적용하지 아니한다.

제6조(기본계획의 수립 등) ① 교육부장관은 이 법의 목적을 효율적으로 달성하기 위하여 학교폭력의 예방 및 대책에 관한 정책 목표·방향을 설정하고, 이에 따른 학교폭력의 예방 및 대책에 관한 기본계획(이하 "기본계획"이라 한다)을 제7조에 따른 학교폭력대책위원회의 심의를 거쳐 수립·시행하여야 한다. <개정 2012.3.21., 2013.3.23.>

② 기본계획은 다음 각 호의 사항을 포함하여 5년마다 수립하여야 한다. 이 경우 교육부장관은 관계 중앙행정기관 등의 의견을 수렴하여야 한다. <개정 2012.3.21., 2013.3.23.>

1. 학교폭력의 근절을 위한 조사·연구·교육 및 계도
2. 피해학생에 대한 치료·재활 등의 지원
3. 학교폭력 관련 행정기관 및 교육기관 상호 간의 협조·지원
4. 제14조제1항에 따른 전문상담교사의 배치 및 이에 대한 행정적·재정적 지원
5. 학교폭력의 예방과 피해학생 및 가해학생의 치료·교육을 수행하는 청소년 관련 단체(이하 "전문단체"라 한다) 또는 전문가에 대한 행정적·재정적 지원
6. 그 밖에 학교폭력의 예방 및 대책을 위하여 필요한 사항

③ 교육부장관은 대통령령으로 정하는 바에 따라 특별시·광역시·특별자치시·도 및 특별자치도(이하 "시·도"라 한다) 교육청의 학교폭력 예방 및 대책과 그에 대한 성과를 평가하고, 이를 공표하여야 한다. <신설 2012.1.26., 2013.3.23.>

제7조(학교폭력대책위원회의 설치·기능) 학교폭력의 예방 및 대책에 관한 다음 각 호의 사항을 심의하기 위하여 국무총리 소속으로 학교폭력대책위원회(이하 "대책위원회"라 한다)를 둔다. <개정 2012.3.21.>

1. 학교폭력의 예방 및 대책에 관한 기본계획의 수립 및 시행에 대한 평가
2. 학교폭력과 관련하여 관계 중앙행정기관 및 지방자치단체의 장이 요청하는 사항
3. 학교폭력과 관련하여 교육청, 제9조에 따른 학교폭력대책지역위원회, 제10조의2에 따른 학교폭력대책지역협의회, 제12조에 따른 학교폭력대책자치위원회, 전문단체 및 전문가가 요청하는 사항

[제목개정 2012.3.21.]

제8조(대책위원회의 구성) ① 대책위원회는 위원장 2명을 포함하여 20명 이내의 위원으로 구성한다.

② 위원장은 국무총리와 학교폭력 대책에 관한 전문지식과 경험이 풍부한 전문가 중에서 대통령이 위촉하는 사람이 공동으로 되고, 위원장 모두가 부득이한 사유로 직무를 수행할 수 없을 때에는 국무총리가 지명한 위원이 그 직무를 대행한다.

③ 위원은 다음 각 호의 사람 중에서 대통령이 위촉하는 사람으로 한다. 다만, 제1호의 경우에는 당연직 위원으로 한다. <개정 2013.3.23., 2014.11.19., 2017.7.26.>

1. 기획재정부장관, 교육부장관, 과학기술정보통신부장관, 법무부장관, 행정안전부장관, 문화체육관광부장관, 보건복지부장관, 여성가족부장관, 방송통신위원회 위원장, 경찰청장
2. 학교폭력 대책에 관한 전문지식과 경험이 풍부한 전문가 중에서 제1호의 위원이 각각 1명씩 추천하는 사람
3. 관계 중앙행정기관에 소속된 3급 공무원 또는 고위공무원단에 속하는 공무원으로서 청소년 또는 의료 관련 업무를 담당하는 사람
4. 대학이나 공인된 연구기관에서 조교수 이상 또는 이에 상당한 직에 있거나 있었던 사람으로서 학교폭력 문제 및 이에 따른 상담 또는 심리에 관하여 전문지식이 있는 사람
5. 판사·검사·변호사
6. 전문단체에서 청소년보호활동을 5년 이상 전문적으로 담당한 사람
7. 의사의 자격이 있는 사람
8. 학교운영위원회 활동 및 청소년보호활동 경험이 풍부한 학부모

④ 위원장을 포함한 위원의 임기는 2년으로 하되, 1차에 한하여 연임할 수 있다.

⑤ 위원회의 효율적 운영 및 지원을 위하여 간사 1명을 두되, 간사는 교육부장관이 된다. <개정 2013.3.23.>

⑥ 위원회에 상정할 안건을 미리 검토하는 등 안건 심의를 지원하고, 위원회가 위임한 안건을 심의하기 위하여 대책위원회에 학교폭력대책실무위원회(이하 "실무위원회"라 한다)를 둔다.

⑦ 그 밖에 대책위원회의 운영과 실무위원회의 구성·운영에 필요한 사항은 대통령령으로 정한다.
[전문개정 2012.3.21.]

제9조(학교폭력대책지역위원회의 설치) ① 지역의 학교폭력 문제를 해결하기 위하여 시·도에 학교폭력대책지역위원회(이하 "지역위원회"라 한다)를 둔다. <개정 2012.1.26.>
② 특별시장·광역시장·특별자치시장·도지사 및 특별자치도지사는 지역위원회의 운영 및 활동에 관하여 시·도의 교육감(이하 "교육감"이라 한다)과 협의하여야 하며, 그 효율적인 운영을 위하여 실무위원회를 둘 수 있다. <개정 2012.1.26.>
③ 지역위원회는 위원장 1인을 포함한 11인 이내의 위원으로 구성한다.
④ 지역위원회 및 제2항에 따른 실무위원회의 구성·운영에 필요한 사항은 대통령령으로 정한다.

제10조(학교폭력대책지역위원회의 기능 등) ① 지역위원회는 기본계획에 따라 지역의 학교폭력 예방대책을 매년 수립한다.
② 지역위원회는 해당 지역에서 발생한 학교폭력에 대하여 교육감 및 지방경찰청장에게 관련 자료를 요청할 수 있다.
③ 교육감은 지역위원회의 의견을 들어 제16조제1항제1호부터 제3호까지나 제17조제1항제5호에 따른 상담·치료 및 교육을 담당할 상담·치료·교육 기관을 지정하여야 한다. <개정 2012.1.26.>
④ 교육감은 제3항에 따른 상담·치료·교육 기관을 지정한 때에는 해당 기관의 명칭, 소재지, 업무를 인터넷 홈페이지에 게시하고, 그 밖에 다양한 방법으로 학부모에게 알릴 수 있도록 노력하여야 한다. <신설 2012.1.26.>
[제목개정 2012.1.26.]

제10조의2(학교폭력대책지역협의회의 설치·운영) ① 학교폭력예방 대책을 수립하고 기관별 추진계획 및 상호 협력·지원 방안 등을 협의하기 위하여 시·군·구에 학교폭력대책지역협의회(이하 "지역협의회"라 한다)를 둔다.
② 지역협의회는 위원장 1명을 포함한 20명 내외의 위원으로 구성한다.
③ 그 밖에 지역협의회의 구성·운영에 필요한 사항은 대통령령으로 정한다.
[본조신설 2012.3.21.]

제11조(교육감의 임무) ① 교육감은 시·도교육청에 학교폭력의 예방과 대책을 담당하는 전담부서를 설치·운영하여야 한다.
② 교육감은 관할 구역 안에서 학교폭력이 발생한 때에는 해당 학교의 장 및 관련 학교의 장에게 그 경과 및 결과의 보고를 요구할 수 있다.

③ 교육감은 관할 구역 안의 학교폭력이 관할 구역 외의 학교폭력과 관련이 있는 때에는 그 관할 교육감과 협의하여 적절한 조치를 취하여야 한다.

④ 교육감은 학교의 장으로 하여금 학교폭력의 예방 및 대책에 관한 실시계획을 수립·시행하도록 하여야 한다.

⑤ 교육감은 제12조에 따른 자치위원회가 처리한 학교의 학교폭력빈도를 학교의 장에 대한 업무수행 평가에 부정적 자료로 사용하여서는 아니 된다.

⑥ 교육감은 제17조제1항제8호에 따른 전학의 경우 그 실현을 위하여 필요한 조치를 취하여야 하며, 제17조제1항제9호에 따른 퇴학처분의 경우 해당 학생의 건전한 성장을 위하여 다른 학교 재입학 등의 적절한 대책을 강구하여야 한다. <개정 2012.1.26., 2012.3.21.>

⑦ 교육감은 대책위원회 및 지역위원회에 관할 구역 안의 학교폭력의 실태 및 대책에 관한 사항을 보고하고 공표하여야 한다. 관할 구역 밖의 학교폭력 관련 사항 중 관할 구역 안의 학교와 관련된 경우에도 또한 같다. <개정 2012.1.26., 2012.3.21.>

⑧ 교육감은 학교폭력의 실태를 파악하고 학교폭력에 대한 효율적인 예방대책을 수립하기 위하여 학교폭력 실태조사를 연 2회 이상 실시하고 그 결과를 공표하여야 한다. <신설 2012.3.21., 2015.12.22.>

⑨ 교육감은 학교폭력 등에 관한 조사, 상담, 치유프로그램 운영 등을 위한 전문기관을 설치·운영할 수 있다. <신설 2012.3.21.>

⑩ 교육감은 관할 구역에서 학교폭력이 발생한 때에 해당 학교의 장 또는 소속 교원이 그 경과 및 결과를 보고함에 있어 축소 및 은폐를 시도한 경우에는 「교육공무원법」 제50조 및 「사립학교법」 제62조에 따른 징계위원회에 징계의결을 요구하여야 한다. <신설 2012.3.21.>

⑪ 교육감은 관할 구역에서 학교폭력의 예방 및 대책 마련에 기여한 바가 큰 학교 또는 소속 교원에게 상훈을 수여하거나 소속 교원의 근무성적 평정에 가산점을 부여할 수 있다. <신설 2012.3.21.>

⑫ 제1항에 따라 설치되는 전담부서의 구성과 제8항에 따라 실시하는 학교폭력 실태조사 및 제9항에 따른 전문기관의 설치에 필요한 사항은 대통령령으로 정한다. <개정 2012.3.21.>

제11조의2(학교폭력 조사·상담 등) ① 교육감은 학교폭력 예방과 사후조치 등을 위하여 다음 각 호의 조사·상담 등을 수행할 수 있다.

1. 학교폭력 피해학생 상담 및 가해학생 조사
2. 필요한 경우 가해학생 학부모 조사
3. 학교폭력 예방 및 대책에 관한 계획의 이행 지도
4. 관할 구역 학교폭력서클 단속

5. 학교폭력 예방을 위하여 민간 기관 및 업소 출입·검사
6. 그 밖에 학교폭력 등과 관련하여 필요로 하는 사항

② 교육감은 제1항의 조사·상담 등의 업무를 대통령령으로 정하는 기관 또는 단체에 위탁할 수 있다.

③ 교육감 및 제2항에 따른 위탁 기관 또는 단체의 장은 제1항에 따른 조사·상담 등의 업무를 수행함에 있어 필요한 경우 관계 기관의 장에게 협조를 요청할 수 있다.

④ 제1항에 따라 조사·상담 등을 하는 관계 직원은 그 권한을 표시하는 증표를 지니고 이를 관계인에게 보여주어야 한다.

⑤ 제1항제1호 및 제4호의 조사 등의 결과는 학교의 장 및 보호자에게 통보하여야 한다.

[본조신설 2012.3.21.]

제11조의3(관계 기관과의 협조 등) ① 교육부장관, 교육감, 지역 교육장, 학교의 장은 학교폭력과 관련한 개인정보 등을 경찰청장, 지방경찰청장, 관할 경찰서장 및 관계 기관의 장에게 요청할 수 있다. <개정 2013.3.23.>

② 제1항에 따라 정보제공을 요청받은 경찰청장, 지방경찰청장, 관할 경찰서장 및 관계 기관의 장은 특별한 사정이 없으면 이에 응하여야 한다.

③ 제1항 및 제2항에 따른 관계 기관과의 협조 사항 및 절차 등에 필요한 사항은 대통령령으로 정한다.

[본조신설 2012.3.21.]

제12조(학교폭력대책자치위원회의 설치·기능) ① 학교폭력의 예방 및 대책에 관련된 사항을 심의하기 위하여 학교에 학교폭력대책자치위원회(이하 "자치위원회"라 한다)를 둔다. 다만, 자치위원회 구성에 있어 대통령령으로 정하는 사유가 있는 경우에는 교육감의 보고를 거쳐 둘 이상의 학교가 공동으로 자치위원회를 구성할 수 있다.
<개정 2012.1.26.>

② 자치위원회는 학교폭력의 예방 및 대책 등을 위하여 다음 각 호의 사항을 심의한다.
<개정 2012.1.26.>

1. 학교폭력의 예방 및 대책수립을 위한 학교 체제 구축
2. 피해학생의 보호
3. 가해학생에 대한 선도 및 징계
4. 피해학생과 가해학생 간의 분쟁조정
5. 그 밖에 대통령령으로 정하는 사항

③ 자치위원회는 해당 지역에서 발생한 학교폭력에 대하여 학교장 및 관할 경찰서장에게 관련 자료를 요청할 수 있다. <신설 2012.3.21.>

④ 자치위원회의 설치·운영 등에 필요한 사항은 지역 및 학교의 규모 등을 고려하여

대통령령으로 정한다. <개정 2012.3.21.>

제13조(자치위원회의 구성·운영) ① 자치위원회는 위원장 1인을 포함하여 5인 이상 10인 이하의 위원으로 구성하되, 대통령령으로 정하는 바에 따라 전체위원의 과반수를 학부모전체회의에서 직접 선출된 학부모대표로 위촉하여야 한다. 다만, 학부모전체회의에서 학부모대표를 선출하기 곤란한 사유가 있는 경우에는 학급별 대표로 구성된 학부모대표회의에서 선출된 학부모대표로 위촉할 수 있다. <개정 2011.5.19.>

② 자치위원회는 분기별 1회 이상 회의를 개최하고, 자치위원회의 위원장은 다음 각 호의 어느 하나에 해당하는 경우에 회의를 소집하여야 한다. <신설 2011.5.19., 2012.1.26., 2012.3.21.>

1. 자치위원회 재적위원 4분의 1 이상이 요청하는 경우
2. 학교의 장이 요청하는 경우
3. 피해학생 또는 그 보호자가 요청하는 경우
4. 학교폭력이 발생한 사실을 신고받거나 보고받은 경우
5. 가해학생이 협박 또는 보복한 사실을 신고받거나 보고받은 경우
6. 그 밖에 위원장이 필요하다고 인정하는 경우

③ 자치위원회는 회의의 일시, 장소, 출석위원, 토의내용 및 의결사항 등이 기록된 회의록을 작성·보존하여야 한다. <신설 2011.5.19.>

④ 그 밖에 자치위원회의 구성·운영에 필요한 사항은 대통령령으로 정한다. <개정 2011.5.19.>

[제목개정 2011.5.19.]

제14조(전문상담교사 배치 및 전담기구 구성) ① 학교의 장은 학교에 대통령령으로 정하는 바에 따라 상담실을 설치하고, 「초·중등교육법」 제19조의2에 따라 전문상담교사를 둔다.

② 전문상담교사는 학교의 장 및 자치위원회의 요구가 있는 때에는 학교폭력에 관련된 피해학생 및 가해학생과의 상담결과를 보고하여야 한다.

③ 학교의 장은 교감, 전문상담교사, 보건교사 및 책임교사(학교폭력문제를 담당하는 교사를 말한다) 등으로 학교폭력문제를 담당하는 전담기구(이하 "전담기구"라 한다)를 구성하며, 학교폭력 사태를 인지한 경우 지체 없이 전담기구 또는 소속 교원으로 하여금 가해 및 피해 사실 여부를 확인하도록 한다. <개정 2012.3.21.>

④ 전담기구는 학교폭력에 대한 실태조사(이하 "실태조사"라 한다)와 학교폭력 예방 프로그램을 구성·실시하며, 학교의 장 및 자치위원회의 요구가 있는 때에는 학교폭력에 관련된 조사결과 등 활동결과를 보고하여야 한다. <개정 2012.3.21.>

⑤ 피해학생 또는 피해학생의 보호자는 피해사실 확인을 위하여 전담기구에 실태조사를 요구할 수 있다. <신설 2009.5.8., 2012.3.21.>

⑥ 국가 및 지방자치단체는 실태조사에 관한 예산을 지원하고, 관계 행정기관은 실태조사에 협조하여야 하며, 학교의 장은 전담기구에 행정적·재정적 지원을 할 수 있다. <개정 2009.5.8., 2012.3.21.>

⑦ 전담기구는 성폭력 등 특수한 학교폭력사건에 대한 실태조사의 전문성을 확보하기 위하여 필요한 경우 전문기관에 그 실태조사를 의뢰할 수 있다. 이 경우 그 의뢰는 자치위원회 위원장의 심의를 거쳐 학교의 장 명의로 하여야 한다. <신설 2012.1.26., 2012.3.21.>

⑧ 그 밖에 전담기구 운영 등에 필요한 사항은 대통령령으로 정한다. <신설 2012.3.21.>

제15조(학교폭력 예방교육 등) ① 학교의 장은 학생의 육체적·정신적 보호와 학교폭력의 예방을 위한 학생들에 대한 교육(학교폭력의 개념·실태 및 대처방안 등을 포함하여야 한다)을 학기별로 1회 이상 실시하여야 한다. <개정 2012.1.26.>

② 학교의 장은 학교폭력의 예방 및 대책 등을 위한 교직원 및 학부모에 대한 교육을 학기별로 1회 이상 실시하여야 한다. <개정 2012.3.21.>

③ 학교의 장은 제1항에 따른 학교폭력 예방교육 프로그램의 구성 및 그 운용 등을 전담기구와 협의하여 전문단체 또는 전문가에게 위탁할 수 있다.

④ 교육장은 제1항부터 제3항까지의 규정에 따른 학교폭력 예방교육 프로그램의 구성과 운용계획을 학부모가 쉽게 확인할 수 있도록 인터넷 홈페이지에 게시하고, 그 밖에 다양한 방법으로 학부모에게 알릴 수 있도록 노력하여야 한다. <개정 2012.1.26.>

⑤ 그 밖에 학교폭력 예방교육의 실시와 관련한 사항은 대통령령으로 정한다. <개정 2011.5.19.>

[제목개정 2011.5.19.]

제16조(피해학생의 보호) ① 자치위원회는 피해학생의 보호를 위하여 필요하다고 인정하는 때에는 피해학생에 대하여 다음 각 호의 어느 하나에 해당하는 조치(수 개의 조치를 병과하는 경우를 포함한다)를 할 것을 학교의 장에게 요청할 수 있다. 다만, 학교의 장은 피해학생의 보호를 위하여 긴급하다고 인정하거나 피해학생이 긴급보호의 요청을 하는 경우에는 자치위원회의 요청 전에 제1호, 제2호 및 제6호의 조치를 할 수 있다. 이 경우 자치위원회에 즉시 보고하여야 한다. <개정 2012.3.21., 2017.4.18.>

1. 학내외 전문가에 의한 심리상담 및 조언
2. 일시보호
3. 치료 및 치료를 위한 요양
4. 학급교체
5. 삭제 <2012.3.21.>
6. 그 밖에 피해학생의 보호를 위하여 필요한 조치

② 자치위원회는 제1항에 따른 조치를 요청하기 전에 피해학생 및 그 보호자에게 의견진술의 기회를 부여하는 등 적정한 절차를 거쳐야 한다. <신설 2012.3.21.>

③ 제1항에 따른 요청이 있는 때에는 학교의 장은 피해학생의 보호자의 동의를 받아 7일 이내에 해당 조치를 하여야 하고 이를 자치위원회에 보고하여야 한다. <개정 2012.3.21.>

④ 제1항의 조치 등 보호가 필요한 학생에 대하여 학교의 장이 인정하는 경우 그 조치에 필요한 결석을 출석일수에 산입할 수 있다. <개정 2012.3.21.>

⑤ 학교의 장은 성적 등을 평가함에 있어서 제3항에 따른 조치로 인하여 학생에게 불이익을 주지 아니하도록 노력하여야 한다. <개정 2012.3.21.>

⑥ 피해학생이 전문단체나 전문가로부터 제1항제1호부터 제3호까지의 규정에 따른 상담 등을 받는 데에 사용되는 비용은 가해학생의 보호자가 부담하여야 한다. 다만, 피해학생의 신속한 치료를 위하여 학교의 장 또는 피해학생의 보호자가 원하는 경우에는 「학교안전사고 예방 및 보상에 관한 법률」제15조에 따른 학교안전공제회 또는 시·도교육청이 부담하고 이에 대한 구상권을 행사할 수 있다. <개정 2012.1.26., 2012.3.21.>

1. 삭제 <2012.3.21.>
2. 삭제 <2012.3.21.>

⑦ 학교의 장 또는 피해학생의 보호자는 필요한 경우 「학교안전사고 예방 및 보상에 관한 법률」 제34조의 공제급여를 학교안전공제회에 직접 청구할 수 있다. <신설 2012.1.26., 2012.3.21.>

⑧ 피해학생의 보호 및 제6항에 따른 지원범위, 구상범위, 지급절차 등에 필요한 사항은 대통령령으로 정한다. <신설 2012.3.21.>

제16조의2(장애학생의 보호) ① 누구든지 장애 등을 이유로 장애학생에게 학교폭력을 행사하여서는 아니 된다.

② 자치위원회는 학교폭력으로 피해를 입은 장애학생의 보호를 위하여 장애인전문 상담가의 상담 또는 장애인전문 치료기관의 요양 조치를 학교의 장에게 요청할 수 있다.

③ 제2항에 따른 요청이 있는 때에는 학교의 장은 해당 조치를 하여야 한다. 이 경우 제16조제6항을 준용한다. <개정 2012.3.21.>

[본조신설 2009.5.8.]

제17조(가해학생에 대한 조치) ① 자치위원회는 피해학생의 보호와 가해학생의 선도·교육을 위하여 가해학생에 대하여 다음 각 호의 어느 하나에 해당하는 조치(수 개의 조치를 병과하는 경우를 포함한다)를 할 것을 학교의 장에게 요청하여야 하며, 각 조치별 적용 기준은 대통령령으로 정한다. 다만, 퇴학처분은 의무교육과정에 있는 가해학생에

대하여는 적용하지 아니한다. <개정 2009.5.8., 2012.1.26., 2012.3.21.>
1. 피해학생에 대한 서면사과
2. 피해학생 및 신고·고발 학생에 대한 접촉, 협박 및 보복행위의 금지
3. 학교에서의 봉사
4. 사회봉사
5. 학내외 전문가에 의한 특별 교육이수 또는 심리치료
6. 출석정지
7. 학급교체
8. 전학
9. 퇴학처분

② 제1항에 따라 자치위원회가 학교의 장에게 가해학생에 대한 조치를 요청할 때 그 이유가 피해학생이나 신고·고발 학생에 대한 협박 또는 보복 행위일 경우에는 같은 항 각 호의 조치를 병과하거나 조치 내용을 가중할 수 있다. <신설 2012.3.21.>

③ 제1항제2호부터 제4호까지 및 제6호부터 제8호까지의 처분을 받은 가해학생은 교육감이 정한 기관에서 특별교육을 이수하거나 심리치료를 받아야 하며, 그 기간은 자치위원회에서 정한다. <개정 2012.1.26., 2012.3.21.>

④ 학교의 장은 가해학생에 대한 선도가 긴급하다고 인정할 경우 우선 제1항제1호부터 제3호까지, 제5호 및 제6호의 조치를 할 수 있으며, 제5호와 제6호는 병과조치할 수 있다. 이 경우 자치위원회에 즉시 보고하여 추인을 받아야 한다. <개정 2012.1.26., 2012.3.21.>

⑤ 자치위원회는 제1항 또는 제2항에 따른 조치를 요청하기 전에 가해학생 및 보호자에게 의견진술의 기회를 부여하는 등 적정한 절차를 거쳐야 한다. <개정 2012.3.21.>

⑥ 제1항에 따른 요청이 있는 때에는 학교의 장은 14일 이내에 해당 조치를 하여야 한다. <개정 2012.1.26., 2012.3.21.>

⑦ 학교의 장이 제4항에 따른 조치를 한 때에는 가해학생과 그 보호자에게 이를 통지하여야 하며, 가해학생이 이를 거부하거나 회피하는 때에는 「초·중등교육법」 제18조에 따라 징계하여야 한다. <개정 2012.3.21.>

⑧ 가해학생이 제1항제3호부터 제5호까지의 규정에 따른 조치를 받은 경우 이와 관련된 결석은 학교의 장이 인정하는 때에는 이를 출석일수에 산입할 수 있다. <개정 2012.1.26., 2012.3.21.>

⑨ 자치위원회는 가해학생이 특별교육을 이수할 경우 해당 학생의 보호자도 함께 교육을 받게 하여야 한다. <개정 2012.3.21.>

⑩ 가해학생이 다른 학교로 전학을 간 이후에는 전학 전의 피해학생 소속 학교로 다시 전학올 수 없도록 하여야 한다. <신설 2012.1.26., 2012.3.21.>

⑪ 제1항제2호부터 제9호까지의 처분을 받은 학생이 해당 조치를 거부하거나 기피하는 경우 자치위원회는 제7항에도 불구하고 대통령령으로 정하는 바에 따라 추가로 다른 조치를 할 것을 학교의 장에게 요청할 수 있다. <신설 2012.3.21.>

⑫ 가해학생에 대한 조치 및 제11조제6항에 따른 재입학 등에 관하여 필요한 사항은 대통령령으로 정한다. <신설 2012.3.21.>

제17조의2(재심청구) ① 학교의 장이 제16조제1항 및 제17조제1항에 따라 내린 조치에 대하여 이의가 있는 피해학생 또는 그 보호자는 그 조치를 받은 날부터 15일 이내 또는 그 조치가 있음을 알게 된 날부터 10일 이내에 지역위원회에 재심을 청구할 수 있다. <신설 2012.3.21., 2017.11.28.>

② 학교의 장이 제17조제1항제8호와 제9호에 따라 내린 조치에 대하여 이의가 있는 학생 또는 그 보호자는 그 조치를 받은 날부터 15일 이내 또는 그 조치가 있음을 알게 된 날부터 10일 이내에 「초·중등교육법」 제18조의3에 따른 시·도학생징계조정위원회에 재심을 청구할 수 있다. <개정 2012.3.21., 2017.11.28.>

③ 지역위원회가 제1항에 따른 재심청구를 받은 때에는 30일 이내에 이를 심사·결정하여 청구인에게 통보하여야 한다. <신설 2012.3.21.>

④ 제3항의 결정에 이의가 있는 청구인은 그 통보를 받은 날부터 60일 이내에 행정심판을 제기할 수 있다. <신설 2012.3.21.>

⑤ 제1항에 따른 재심청구, 제3항에 따른 심사 절차 및 결정 통보 등에 필요한 사항은 대통령령으로 정한다. <신설 2012.3.21.>

⑥ 제2항에 따른 재심청구, 심사절차, 결정통보 등은 「초·중등교육법」 제18조의2제2항부터 제4항까지의 규정을 준용한다. <개정 2012.3.21.>

[본조신설 2012.1.26.]

제18조(분쟁조정) ① 자치위원회는 학교폭력과 관련하여 분쟁이 있는 경우에는 그 분쟁을 조정할 수 있다.

② 제1항에 따른 분쟁의 조정기간은 1개월을 넘지 못한다.

③ 학교폭력과 관련한 분쟁조정에는 다음 각 호의 사항을 포함한다.

1. 피해학생과 가해학생간 또는 그 보호자 간의 손해배상에 관련된 합의조정
2. 그 밖에 자치위원회가 필요하다고 인정하는 사항

④ 자치위원회는 분쟁조정을 위하여 필요하다고 인정하는 때에는 관계 기관의 협조를 얻어 학교폭력과 관련한 사항을 조사할 수 있다.

⑤ 자치위원회가 분쟁조정을 하고자 할 때에는 이를 피해학생·가해학생 및 그 보호자에게 통보하여야 한다.

⑥ 시·도교육청 관할 구역 안의 소속 학교가 다른 학생 간에 분쟁이 있는 경우에는

교육감이 해당 학교의 자치위원회위원장과의 협의를 거쳐 직접 분쟁을 조정한다. 이 경우 제2항부터 제5항까지의 규정을 준용한다.

⑦ 관할 구역을 달리하는 시·도교육청 소속 학교의 학생 간에 분쟁이 있는 경우에는 피해학생을 감독하는 교육감이 가해학생을 감독하는 교육감 및 관련 해당 학교의 자치위원회위원장과의 협의를 거쳐 직접 분쟁을 조정한다. 이 경우 제2항부터 제5항까지의 규정을 준용한다.

제19조(학교의 장의 의무) 학교의 장은 교육감에게 학교폭력이 발생한 사실 및 제16조, 제16조의2, 제17조, 제17조의2 및 제18조에 따른 조치 및 그 결과를 보고하고, 관계 기관과 협력하여 교내 학교폭력 단체의 결성예방 및 해체에 노력하여야 한다. <개정 2012.3.21.>

제20조(학교폭력의 신고의무) ① 학교폭력 현장을 보거나 그 사실을 알게 된 자는 학교 등 관계 기관에 이를 즉시 신고하여야 한다.

② 제1항에 따라 신고를 받은 기관은 이를 가해학생 및 피해학생의 보호자와 소속 학교의 장에게 통보하여야 한다. <개정 2009.5.8.>

③ 제2항에 따라 통보받은 소속 학교의 장은 이를 자치위원회에 지체 없이 통보하여야 한다. <신설 2009.5.8.>

④ 누구라도 학교폭력의 예비·음모 등을 알게 된 자는 이를 학교의 장 또는 자치위원회에 고발할 수 있다. 다만, 교원이 이를 알게 되었을 경우에는 학교의 장에게 보고하고 해당 학부모에게 알려야 한다. <개정 2009.5.8., 2012.1.26.>

⑤ 누구든지 제1항부터 제4항까지에 따라 학교폭력을 신고한 사람에게 그 신고행위를 이유로 불이익을 주어서는 아니 된다. <신설 2012.3.21.>

제20조의2(긴급전화의 설치 등) ① 국가 및 지방자치단체는 학교폭력을 수시로 신고받고 이에 대한 상담에 응할 수 있도록 긴급전화를 설치하여야 한다.

② 국가와 지방자치단체는 제1항에 따른 긴급전화의 설치·운영을 대통령령으로 정하는 기관 또는 단체에 위탁할 수 있다. <신설 2012.1.26.>

③ 제1항과 제2항에 따른 긴급전화의 설치·운영·위탁에 필요한 사항은 대통령령으로 정한다. <개정 2012.1.26.>

[본조신설 2009.5.8.]

제20조의3(정보통신망에 의한 학교폭력 등) 제2조제1호에 따른 정보통신망을 이용한 음란·폭력 정보 등에 의한 신체상·정신상 피해에 관하여 필요한 사항은 따로 법률로 정한다.

[본조신설 2012.3.21.]

제20조의4(정보통신망의 이용 등) ① 국가·지방자치단체 또는 교육감은 학교폭력 예방 업무 등을 효과적으로 수행하기 위하여 필요한 경우 정보통신망을 이용할 수 있다.

② 국가·지방자치단체 또는 교육감은 제1항에 따라 정보통신망을 이용하여 학교 또는 학생(학부모를 포함한다)이 학교폭력 예방 업무 등을 수행하는 경우 다음 각 호의 어느 하나에 해당하는 비용의 전부 또는 일부를 지원할 수 있다.

1. 학교 또는 학생(학부모를 포함한다)이 전기통신설비를 구입하거나 이용하는 데 소요되는 비용
2. 학교 또는 학생(학부모를 포함한다)에게 부과되는 전기통신역무 요금

③ 그 밖에 정보통신망의 이용 등에 관하여 필요한 사항은 대통령령으로 정한다.

[본조신설 2012.3.21.]

제20조의5(학생보호인력의 배치 등) ① 국가·지방자치단체 또는 학교의 장은 학교폭력을 예방하기 위하여 학교 내에 학생보호인력을 배치하여 활용할 수 있다.

② 다음 각 호의 어느 하나에 해당하는 사람은 학생보호인력이 될 수 없다. <신설 2013.7.30.>

1. 「국가공무원법」 제33조 각 호의 어느 하나에 해당하는 사람
2. 「아동·청소년의 성보호에 관한 법률」에 따른 아동·청소년대상 성범죄 또는 「성폭력범죄의 처벌 등에 관한 특례법」에 따른 성폭력범죄를 범하여 벌금형을 선고받고 그 형이 확정된 날부터 10년이 지나지 아니하였거나, 금고 이상의 형이나 치료감호를 선고받고 그 집행이 끝나거나 집행이 유예·면제된 날부터 10년이 지나지 아니한 사람
3. 「청소년 보호법」 제2조제5호가목3) 및 같은 목 7)부터 9)까지의 청소년 출입·고용금지업소의 업주나 종사자

③ 국가·지방자치단체 또는 학교의 장은 제1항에 따른 학생보호인력의 배치 및 활용 업무를 관련 전문기관 또는 단체에 위탁할 수 있다. <개정 2013.7.30.>

④ 제3항에 따라 학생보호인력의 배치 및 활용 업무를 위탁받은 전문기관 또는 단체는 그 업무를 수행함에 있어 학교의 장과 충분히 협의하여야 한다. <개정 2013.7.30.>

⑤ 국가·지방자치단체 또는 학교의 장은 학생보호인력으로 배치하고자 하는 사람의 동의를 받아 경찰청장에게 그 사람의 범죄경력을 조회할 수 있다. <신설 2013.7.30.>

⑥ 제3항에 따라 학생보호인력의 배치 및 활용 업무를 위탁받은 전문기관 또는 단체는 해당 업무를 위탁한 국가·지방자치단체 또는 학교의 장에게 학생보호인력으로 배치하고자 하는 사람의 범죄경력을 조회할 것을 신청할 수 있다. <신설 2013.7.30.>

⑦ 학생보호인력이 되려는 사람은 국가·지방자치단체 또는 학교의 장에게 제2항 각 호의 어느 하나에 해당하지 아니한다는 확인서를 제출하여야 한다. <신설 2013.7.30.>

[본조신설 2012.3.21.]

제20조의6(학교전담경찰관) ① 국가는 학교폭력 예방 및 근절을 위하여 학교폭력 업무 등을 전담하는 경찰관을 둘 수 있다.

② 제1항에 따른 학교전담경찰관의 운영에 필요한 사항은 대통령령으로 정한다.

[본조신설 2017.11.28.]

[종전 제20조의6은 제20조의7로 이동 <2017.11.28.>]

제20조의7(영상정보처리기기의 통합 관제) ① 국가 및 지방자치단체는 학교폭력 예방 업무를 효과적으로 수행하기 위하여 교육감과 협의하여 학교 내외에 설치된 영상정보처리기기(「개인정보 보호법」 제2조제7호에 따른 영상정보처리기기를 말한다. 이하 이 조에서 같다)를 통합하여 관제할 수 있다. 이 경우 국가 및 지방자치단체는 통합 관제 목적에 필요한 범위에서 최소한의 개인정보만을 처리하여야 하며, 그 목적 외의 용도로 활용하여서는 아니 된다.

② 제1항에 따라 영상정보처리기기를 통합 관제하려는 국가 및 지방자치단체는 공청회·설명회의 개최 등 대통령령으로 정하는 절차를 거쳐 관계 전문가 및 이해관계인의 의견을 수렴하여야 한다.

③ 제1항에 따라 학교 내외에 설치된 영상정보처리기기가 통합 관제되는 경우 해당 학교의 영상정보처리기기운영자는 「개인정보 보호법」 제25조제4항에 따른 조치를 통하여 그 사실을 정보주체에게 알려야 한다.

④ 통합 관제에 관하여 이 법에서 규정한 것을 제외하고는 「개인정보 보호법」을 적용한다.

⑤ 그 밖에 영상정보처리기기의 통합 관제에 필요한 사항은 대통령령으로 정한다.

[본조신설 2012.3.21.]

[제20조의6에서 이동 <2017.11.28.>]

제21조(비밀누설금지 등) ① 이 법에 따라 학교폭력의 예방 및 대책과 관련된 업무를 수행하거나 수행하였던 자는 그 직무로 인하여 알게 된 비밀 또는 가해학생·피해학생 및 제20조에 따른 신고자·고발자와 관련된 자료를 누설하여서는 아니 된다. <개정 2012.1.26.>

② 제1항에 따른 비밀의 구체적인 범위는 대통령령으로 정한다.

③ 제16조, 제16조의2, 제17조, 제17조의2, 제18조에 따른 자치위원회의 회의는 공개하지 아니한다. 다만, 피해학생·가해학생 또는 그 보호자가 회의록의 열람·복사 등 회의록 공개를 신청한 때에는 학생과 그 가족의 성명, 주민등록번호 및 주소, 위원의 성명 등 개인정보에 관한 사항을 제외하고 공개하여야 한다. <개정 2011.5.19., 2012.3.21.>

제22조(벌칙) 제21조제1항을 위반한 자는 1년 이하의 징역 또는 1천만원 이하의 벌금에 처한다.

[전문개정 2017.11.28.]

제23조(과태료) ① 제17조제9항에 따른 자치위원회의 교육 이수 조치를 따르지 아니한 보호자에게는 300만원 이하의 과태료를 부과한다.

② 제1항에 따른 과태료는 대통령령으로 정하는 바에 따라 교육감이 부과·징수한다.

[본조신설 2017.11.28.]

부칙 〈제15044호, 2017.11.28.〉

이 법은 공포한 날부터 시행한다.

부록 2

학교폭력예방 및 대책에 관한 법률 시행령

(약칭: 학교폭력예방법 시행령)

[시행 2017.7.26.] [대통령령 제28211호, 2017.7.26., 타법개정]

제1조(목적) 이 영은 「학교폭력예방 및 대책에 관한 법률」에서 위임된 사항과 그 시행에 필요한 사항을 규정함을 목적으로 한다.

제2조(성과 평가 및 공표) 「학교폭력예방 및 대책에 관한 법률」(이하 "법"이라 한다) 제6조제3항에 따른 학교폭력 예방 및 대책에 대한 성과는 「초·중등교육법」 제9조제2항에 따른 지방교육행정기관에 대한 평가에 포함하여 평가하고, 이를 공표하여야 한다.

제3조(학교폭력대책위원회의 운영) ① 법 제7조에 따른 학교폭력대책위원회(이하 "대책위원회"라 한다)의 위원장은 회의를 소집하고, 그 의장이 된다.

② 대책위원회의 회의는 반기별로 1회 소집한다. 다만, 재적위원 3분의 1 이상이 요구하거나 위원장이 필요하다고 인정하는 경우에는 수시로 소집할 수 있다.

③ 대책위원회의 위원장이 회의를 소집할 때에는 회의 개최 5일 전까지 회의 일시·장소 및 안건을 각 위원에게 알려야 한다. 다만, 긴급히 소집하여야 할 때에는 그러하지 아니하다.

④ 대책위원회의 회의는 재적위원 과반수의 출석으로 개의(開議)하고, 출석위원 과반수의 찬성으로 의결한다.

⑤ 대책위원회의 위원장은 필요하다고 인정할 때에는 학교폭력 예방 및 대책과 관련하여 전문가 등을 회의에 출석하여 발언하게 할 수 있다.

⑥ 회의에 출석한 위원과 전문가 등에게는 예산의 범위에서 수당과 여비를 지급할 수 있다. 다만, 공무원인 위원이 그 소관 업무와 직접적으로 관련하여 회의에 출석하는 경우에는 그러하지 아니하다.

제3조의2(대책위원회 위원의 해촉) 대통령은 법 제8조제3항제2호부터 제8호까지의 규정에 따른 대책위원회의 위원이 다음 각 호의 어느 하나에 해당하는 경우에는 해당 위원을 해촉(解囑)할 수 있다.

1. 심신장애로 인하여 직무를 수행할 수 없게 된 경우
2. 직무와 관련된 비위사실이 있는 경우

3. 직무태만, 품위손상이나 그 밖의 사유로 인하여 위원으로 적합하지 아니하다고 인정되는 경우
4. 위원 스스로 직무를 수행하는 것이 곤란하다고 의사를 밝히는 경우

[본조신설 2016.5.10.]

제4조(학교폭력대책실무위원회의 구성·운영) ① 법 제8조제6항에 따른 학교폭력대책실무위원회(이하 "실무위원회"라 한다)는 위원장(이하 "실무위원장"이라 한다) 1명을 포함한 12명 이내의 위원으로 구성한다. <개정 2013.3.23.>

② 실무위원장은 교육부차관이 되고, 위원은 기획재정부, 교육부, 과학기술정보통신부, 법무부, 행정안전부, 문화체육관광부, 보건복지부, 여성가족부, 국무조정실 및 방송통신위원회의 고위공무원단에 속하는 공무원과 경찰청의 치안감 또는 경무관 중에서 소속 기관의 장이 지명하는 사람 각 1명이 된다. <개정 2013.3.23., 2014.11.19., 2017.7.26.>

③ 제2항에 따라 실무위원회의 위원을 지명한 자는 해당 위원이 제3조의2 각 호의 어느 하나에 해당하는 경우에는 그 지명을 철회할 수 있다. <신설 2016.5.10.>

④ 실무위원회의 사무를 처리하기 위하여 간사 1명을 두며, 간사는 교육부 소속 공무원 중에서 실무위원장이 지명하는 사람으로 한다. <개정 2013.3.23., 2016.5.10.>

⑤ 실무위원장이 부득이한 사유로 직무를 수행할 수 없을 때에는 실무위원장이 미리 지명하는 위원이 그 직무를 대행한다. <개정 2016.5.10.>

⑥ 회의는 대책위원회 개최 전 또는 실무위원장이 필요하다고 인정할 때 소집한다. <개정 2016.5.10.>

⑦ 실무위원회는 대책위원회의 회의에 부칠 안건 검토와 심의 지원 및 그 밖의 업무 수행을 위하여 필요한 경우에는 이해관계인 또는 관련 전문가를 출석하게 하여 의견을 듣거나 의견 제출을 요청할 수 있다. <개정 2016.5.10.>

⑧ 실무위원장은 회의를 소집할 때에는 회의 개최 7일 전까지 회의 일시·장소 및 안건을 각 위원에게 알려야 한다. 다만, 긴급히 소집하여야 할 때에는 그러하지 아니하다. <개정 2016.5.10.>

제5조(학교폭력대책지역위원회의 구성·운영) ① 법 제9조제1항에 따른 학교폭력대책지역위원회(이하 "지역위원회"라 한다)의 위원장은 특별시·광역시·특별자치시·도·특별자치도(이하 "시·도"라 한다)의 부단체장(특별시의 경우에는 행정(1)부시장, 광역시 및 도의 경우에는 행정부시장 및 행정부지사를 말한다)으로 한다.

② 지역위원회의 위원장은 회의를 소집하고, 그 의장이 된다.

③ 지역위원회의 위원장이 부득이한 사유로 직무를 수행할 수 없을 때에는 지역위원회 위원장이 미리 지명하는 위원이 그 직무를 대행한다.

④ 지역위원회의 위원은 학식과 경험이 풍부하고 청소년보호에 투철한 사명감이 있는 사람으로서 다음 각 호의 어느 하나에 해당하는 사람 중에서 특별시장·광역시장·특별자치시장·도지사·특별자치도지사(이하 "시·도지사"라 한다)가 교육감과 협의하여 임명하거나 위촉한다.

1. 해당 시·도의 청소년보호 업무 담당 국장 및 시·도교육청 생활지도 담당 국장
2. 해당 시·도의회 의원 또는 교육위원회 위원
3. 시·도 지방경찰청 소속 경찰공무원
4. 학생생활지도 경력이 5년 이상인 교원
5. 판사·검사·변호사
6. 「고등교육법」 제2조에 따른 학교의 조교수 이상 또는 청소년 관련 연구기관에서 이에 상당하는 직위에 재직하고 있거나 재직하였던 사람으로서 학교폭력 문제에 대한 전문지식이 있는 사람
7. 청소년 선도 및 보호 단체에서 청소년보호활동을 5년 이상 전문적으로 담당한 사람
8. 「초·중등교육법」 제31조제1항에 따른 학교운영위원회(이하 "학교운영위원회"라 한다)의 위원 또는 법 제12조제1항에 따른 학교폭력대책자치위원회(이하 "자치위원회"라 한다) 위원으로 활동하고 있거나 활동한 경험이 있는 학부모 대표
9. 그 밖에 학교폭력 예방 및 청소년 보호에 대한 지식과 경험이 있는 사람

⑤ 지역위원회 위원의 임기는 2년으로 한다. 다만, 지역위원회 위원의 사임 등으로 새로 위촉되는 위원의 임기는 전임위원 임기의 남은 기간으로 한다.

⑥ 시·도지사는 제4항제2호부터 제9호까지의 규정에 따른 지역위원회의 위원이 제3조의2 각 호의 어느 하나에 해당하는 경우에는 해당 위원을 해임하거나 해촉할 수 있다. <신설 2016.5.10.>

⑦ 지역위원회의 사무를 처리하기 위하여 간사 1명을 두며, 지역위원회의 위원장과 교육감이 시·도 또는 시·도교육청 소속 공무원 중에서 협의하여 정하는 사람으로 한다. <개정 2016.5.10.>

⑧ 지역위원회 회의의 운영에 관하여는 제3조제2항부터 제6항까지의 규정을 준용한다. 이 경우 "대책위원회"는 "지역위원회"로 본다. <개정 2016.5.10.>

제6조(학교폭력대책지역실무위원회의 구성·운영) 법 제9조제2항에 따른 실무위원회는 7명 이내의 학교폭력 예방 및 대책에 관한 실무자 및 민간 전문가로 구성한다.

제7조(학교폭력대책지역협의회의 구성·운영) ① 법 제10조의2에 따른 학교폭력대책지역협의회(이하 "지역협의회"라 한다)의 위원장은 시·군·구의 부단체장이 된다.

② 지역협의회의 위원장은 회의를 소집하고, 그 의장이 된다.

③ 지역협의회의 위원장이 부득이한 사유로 직무를 수행할 수 없을 때에는 위원장이

미리 지정하는 위원이 그 직무를 대행한다.

④ 지역협의회의 위원은 학식과 경험이 풍부하고 청소년보호에 투철한 사명감이 있는 사람으로서 다음 각 호의 어느 하나에 해당하는 사람 중에서 시장·군수·구청장이 해당 교육지원청의 교육장과 협의하여 임명하거나 위촉한다. <개정 2014.6.11.>

1. 해당 시·군·구의 청소년보호 업무 담당 국장(국장이 없는 시·군·구는 과장을 말한다) 및 교육지원청의 생활지도 담당 국장(국장이 없는 교육지원청은 과장을 말한다)
2. 해당 시·군·구의회 의원
3. 해당 시·군·구를 관할하는 경찰서 소속 경찰공무원
4. 학생생활지도 경력이 5년 이상인 교원
5. 판사·검사·변호사
6. 「고등교육법」 제2조에 따른 학교의 조교수 이상 또는 청소년 관련 연구기관에서 이에 상당하는 직위에 재직하고 있거나 재직하였던 사람으로서 학교폭력 문제에 대하여 전문지식이 있는 사람
7. 청소년 선도 및 보호 단체에서 청소년보호활동을 5년 이상 전문적으로 담당한 사람
8. 학교운영위원회 위원 또는 자치위원회 위원으로 활동하거나 활동한 경험이 있는 학부모 대표
9. 그 밖에 학교폭력 예방 및 청소년보호에 대한 지식과 경험을 가진 사람

⑤ 지역협의회 위원의 임기는 2년으로 한다. 다만, 지역위원회 위원의 사임 등으로 새로 위촉되는 위원의 임기는 전임위원 임기의 남은 기간으로 한다.

⑥ 시장·군수·구청장은 제4항제2호부터 제9호까지의 규정에 따른 지역협의회의 위원이 제3조의2 각 호의 어느 하나에 해당하는 경우에는 해당 위원을 해임하거나 해촉할 수 있다. <신설 2016.5.10.>

⑦ 지역협의회에는 사무를 처리하기 위해 간사 1명을 두며, 간사는 지역협의회의 위원장과 교육장이 시·군·구 또는 교육지원청 소속 공무원 중에서 협의하여 정하는 사람으로 한다. <개정 2014.6.11., 2016.5.10.>

제8조(전담부서의 구성 등) 법 제11조제1항에 따라 다음 각 호의 업무를 수행하기 위하여 시·도교육청 및 교육지원청에 과·담당관 또는 팀을 둔다. <개정 2014.6.11.>

1. 학교폭력 예방과 근절을 위한 대책의 수립과 추진에 관한 사항
2. 학교폭력 피해학생의 치료 및 가해학생에 대한 조치에 관한 사항
3. 그 밖에 학교폭력의 예방 및 대책과 관련하여 교육감이 정하는 사항

제9조(실태조사) ① 법 제11조제8항에 따라 교육감이 실시하는 학교폭력 실태조사는 교육부장관과 협의하여 다른 교육감과 공동으로 실시할 수 있다. <개정 2013.3.23.>

② 교육감은 학교폭력 실태조사를 교육 관련 연구·조사기관에 위탁할 수 있다.

제10조(전문기관의 설치 등) ① 교육감은 법 제11조제9항에 따라 시·도교육청 또는 교육지원청에 다음 각 호의 업무를 수행하는 전문기관을 설치·운영할 수 있다. <개정 2014.6.11.>

1. 법 제11조의2제1항에 따른 조사·상담 등의 업무
2. 학교폭력 피해학생·가해학생에 대한 치유프로그램 운영 업무

② 교육감은 제1항제2호에 따른 치유프로그램 운영 업무를 다음 각 호의 어느 하나에 해당하는 기관·단체·시설에 위탁하여 수행하게 할 수 있다. <개정 2012.7.31., 2012.9.14.>

1. 「청소년복지 지원법」 제31조제1호에 따른 청소년쉼터, 「청소년 보호법」 제35조제1항에 따른 청소년 보호·재활센터 등 청소년을 보호하기 위하여 국가·지방자치단체가 운영하는 시설
2. 「청소년활동진흥법」 제10조에 따른 청소년활동시설
3. 학교폭력의 예방과 피해학생 및 가해학생의 치료·교육을 수행하는 청소년 관련 단체
4. 청소년 정신치료 전문인력이 배치된 병원
5. 학교폭력 피해학생·가해학생 및 학부모를 위한 프로그램을 운영 하는 종교기관 등의 기관
6. 그 밖에 교육감이 치유프로그램의 운영에 적합하다고 인정하는 기관

③ 제1항에 따른 전문기관의 설치·운영에 관한 세부사항은 교육감이 정한다.

제11조(학교폭력 조사·상담 업무의 위탁 등) 교육감은 법 제11조의2제2항에 따라 학교폭력 예방에 관한 사업을 3년 이상 수행한 기관 또는 단체 중에서 학교폭력의 예방 및 사후조치 등을 수행하는 데 적합하다고 인정하는 기관 또는 단체에 법 제11조의2제1항의 업무를 위탁할 수 있다.

제12조(관계 기관과의 협조 사항 등) 법 제11조의3에 따라 학교폭력과 관련한 개인정보 등을 협조를 요청할 때에는 문서로 하여야 한다.

제13조(자치위원회의 설치 및 심의사항) ① 법 제12조제1항 단서에서 "대통령령으로 정하는 사유가 있는 경우"란 학교폭력 피해학생과 가해학생이 각각 다른 학교에 재학 중인 경우를 말한다.

② 법 제12조제2항제5호에서 "대통령령으로 정하는 사항"이란 학교폭력의 예방 및 대책과 관련하여 법 제14조제3항에 따른 책임교사 또는 학생회의 대표가 건의하는 사항을 말한다.

제14조(자치위원회의 구성·운영) ① 법 제13조제1항에 따른 자치위원회의 위원은 다음 각 호의 어느 하나에 해당하는 사람 중에서 해당 학교의 장이 임명하거나 위촉한다.

1. 해당 학교의 교감
2. 해당 학교의 교사 중 학생생활지도 경력이 있는 교사
3. 법 제13조제1항에 따라 선출된 학부모대표
4. 판사·검사·변호사
5. 해당 학교를 관할하는 경찰서 소속 경찰공무원
6. 의사 자격이 있는 사람
7. 그 밖에 학교폭력 예방 및 청소년보호에 대한 지식과 경험이 풍부한 사람

② 자치위원회의 위원장은 위원 중에서 호선(互選)하며, 위원장이 부득이한 사유로 직무를 수행할 수 없을 때에는 위원장이 미리 지정하는 위원이 그 직무를 대행한다.

③ 자치위원회의 위원의 임기는 2년으로 한다. 다만, 자치위원회 위원의 사임 등으로 새로 위촉되는 위원의 임기는 전임위원 임기의 남은 기간으로 한다.

④ 학교의 장은 제1항제2호부터 제7호까지의 규정에 따른 자치위원회의 위원이 제3조의2 각 호의 어느 하나에 해당하는 경우에는 해당 위원을 해임하거나 해촉할 수 있다. <신설 2016.5.10.>

⑤ 자치위원회의 회의는 재적위원 과반수의 출석으로 개의하고, 출석위원 과반수의 찬성으로 의결한다. <개정 2016.5.10.>

⑥ 자치위원회의 위원장은 해당 학교의 교직원에서 자치위원회의 사무를 처리할 간사 1명을 지명한다. <개정 2016.5.10.>

⑦ 자치위원회의 회의에 출석한 위원에게는 예산의 범위에서 수당과 여비를 지급할 수 있다. 다만, 공무원인 위원이 그 소관 업무와 직접적으로 관련하여 회의에 출석한 경우에는 그러하지 아니하다. <개정 2016.5.10.>

⑧ 자치위원회의 위원장은 회의 일시를 정할 때에는 일과 후, 주말 등 위원들이 참석하기 편리한 시간으로 정하여야 한다. <개정 2016.5.10.>

제15조(상담실 설치) 법 제14조제1항에 따른 상담실은 다음 각 호의 시설·장비를 갖추어 상담활동이 편리한 장소에 설치하여야 한다.

1. 인터넷 이용시설, 전화 등 상담에 필요한 시설 및 장비
2. 상담을 받는 사람의 사생활 노출 방지를 위한 칸막이 및 방음시설

제16조(전담기구 운영 등) 법 제14조제3항에 따른 전담기구는 가해 및 피해 사실 여부에 관하여 확인한 사항을 학교의 장 및 자치위원회(자치위원회의 요청이 있는 경우만을 말한다)에 보고하여야 한다.

제17조(학교폭력 예방교육) 학교의 장은 법 제15조제5항에 따라 학생과 교직원 및 학부모에 대한 학교폭력 예방교육을 다음 각 호의 기준에 따라 실시한다.

1. 학기별로 1회 이상 실시하고, 교육 횟수·시간 및 강사 등 세부적인 사항은 학교 여건에 따라 학교의 장이 정한다.
2. 학생에 대한 학교폭력 예방교육은 학급 단위로 실시함을 원칙으로 하되, 학교 여건에 따라 전체 학생을 대상으로 한 장소에서 동시에 실시할 수 있다.
3. 학생과 교직원, 학부모를 따로 교육하는 것을 원칙으로 하되, 내용에 따라 함께 교육할 수 있다.
4. 강의, 토론 및 역할연기 등 다양한 방법으로 하고, 다양한 자료나 프로그램 등을 활용하여야 한다.
5. 교직원에 대한 학교폭력 예방교육은 학교폭력 관련 법령에 대한 내용, 학교폭력 발생 시 대응요령, 학생 대상 학교폭력예방 프로그램 운영 방법 등을 포함하여야 한다.
6. 학부모에 대한 학교폭력 예방교육은 학교폭력 징후 판별, 학교폭력 발생 시 대응요령, 가정에서의 인성교육에 관한 사항을 포함하여야 한다.

제18조(피해학생의 지원범위 등) ① 법 제16조제6항 단서에 따른 학교안전공제회 또는 시·도교육청이 부담하는 피해학생의 지원범위는 다음 각 호와 같다.

1. 교육감이 정한 전문심리상담기관에서 심리상담 및 조언을 받는 데 드는 비용
2. 교육감이 정한 기관에서 일시보호를 받는 데 드는 비용
3. 「의료법」에 따라 개설된 의료기관, 「지역보건법」에 따라 설치된 보건소·보건의료원 및 보건지소, 「농어촌 등 보건의료를 위한 특별조치법」에 따라 설치된 보건진료소, 「약사법」에 따라 등록된 약국 및 같은 법 제91조에 따라 설립된 한국희귀의약품센터에서 치료 및 치료를 위한 요양을 받거나 의약품을 공급받는데 드는 비용

② 제1항의 비용을 지원 받으려는 피해학생 및 보호자가 학교안전공제회 또는 시·도교육청에 비용을 청구하는 절차와 학교안전공제회 또는 시·도교육청이 비용을 지급하는 절차는 「학교안전사고 예방 및 보상에 관한 법률」 제41조를 준용한다.

③ 학교안전공제회 또는 시·도교육청이 법 제16조제6항에 따라 가해학생의 보호자에게 구상(求償)하는 범위는 제2항에 따라 피해학생에게 지급하는 모든 비용으로 한다.

제19조(가해학생에 대한 조치별 적용 기준) 법 제17조제1항의 조치별 적용 기준은 다음 각 호의 사항을 고려하여 결정하고, 그 세부적인 기준은 교육부장관이 정하여 고시한다. <개정 2013.3.23.>

1. 가해학생이 행사한 학교폭력의 심각성·지속성·고의성
2. 가해학생의 반성 정도

3. 해당 조치로 인한 가해학생의 선도 가능성
4. 가해학생 및 보호자와 피해학생 및 보호자 간의 화해의 정도
5. 피해학생이 장애학생인지 여부

제20조(가해학생에 대한 전학 조치) ① 초등학교·중학교·고등학교의 장은 자치위원회가 법 제17조제1항에 따라 가해학생에 대한 전학 조치를 요청하는 경우에는 초등학교·중학교의 장은 교육장에게, 고등학교의 장은 교육감에게 해당 학생이 전학할 학교의 배정을 지체 없이 요청하여야 한다.

② 교육감 또는 교육장은 가해학생이 전학할 학교를 배정할 때 피해학생의 보호에 충분한 거리 등을 고려하여야 하며, 관할구역 외의 학교를 배정하려는 경우에는 해당 교육감 또는 교육장에게 이를 통보하여야 한다.

③ 제2항에 따른 통보를 받은 교육감 또는 교육장은 해당 가해학생이 전학할 학교를 배정하여야 한다.

④ 교육감 또는 교육장은 제2항과 제3항에 따라 전학 조치된 가해학생과 피해학생이 상급학교에 진학할 때에는 각각 다른 학교를 배정하여야 한다. 이 경우 피해학생이 입학할 학교를 우선적으로 배정한다.

제21조(가해학생에 대한 우선 출석정지 등) ① 법 제17조제4항에 따라 학교의 장이 출석정지 조치를 할 수 있는 경우는 다음 각 호와 같다.

1. 2명 이상의 학생이 고의적·지속적으로 폭력을 행사한 경우
2. 학교폭력을 행사하여 전치 2주 이상의 상해를 입힌 경우
3. 학교폭력에 대한 신고, 진술, 자료제공 등에 대한 보복을 목적으로 폭력을 행사한 경우
4. 학교의 장이 피해학생을 가해학생으로부터 긴급하게 보호할 필요가 있다고 판단하는 경우

② 학교의 장은 제1항에 따라 출석정지 조치를 하려는 경우에는 해당 학생 또는 보호자의 의견을 들어야 한다. 다만, 학교의 장이 해당 학생 또는 보호자의 의견을 들으려 하였으나 이에 따르지 아니한 경우에는 그러하지 아니하다.

제22조(가해학생의 조치 거부·기피에 대한 추가 조치) 자치위원회는 법 제17조제1항제2호부터 제9호까지의 조치를 받은 학생이 해당 조치를 거부하거나 기피하는 경우에는 법 제17조제11항에 따라 학교의 장으로부터 그 사실을 통보받은 날부터 7일 이내에 추가로 다른 조치를 할 것을 학교의 장에게 요청할 수 있다.

제23조(퇴학학생의 재입학 등) ① 교육감은 법 제17조제1항제9호에 따라 퇴학 처분을 받은 학생에 대하여 법 제17조제12항에 따라 해당 학생의 선도의 정도, 교육 가능성 등을

종합적으로 고려하여 「초·중등교육법」 제60조의3에 따른 대안학교로의 입학 등 해당 학생의 건전한 성장에 적합한 대책을 마련하여야 한다.

② 제1항에서 규정한 사항 외에 가해학생에 대한 조치 및 재입학 등에 필요한 세부사항은 교육감이 정한다.

제24조(피해학생 재심청구 및 심사 절차 및 결정 통보 등) ① 법 제17조의2제5항에 따라 피해학생 또는 보호자가 지역위원회에 재심을 청구할 때에는 다음 각 호의 사항을 적어 서면으로 하여야 한다.

1. 청구인의 이름, 주소 및 연락처
2. 가해학생
3. 청구의 대상이 되는 조치를 받은 날 및 조치가 있음을 안 날
4. 청구의 취지 및 이유

② 지역위원회는 청구인, 가해학생 및 보호자 또는 해당 학교에 심사에 필요한 자료 또는 정보의 제출을 요구할 수 있고, 청구인, 가해학생 또는 해당 학교는 특별한 사유가 없으면 이를 즉시 제출하여야 한다.

③ 지역위원회는 직권으로 또는 신청에 따라 청구인, 가해학생 및 보호자 또는 관련 교원 등을 지역위원회에 출석하여 진술하게 할 수 있다.

④ 지역위원회는 필요하다고 인정할 때에는 전문가 등 참고인을 출석하게 하거나 서면으로 의견을 들을 수 있다.

⑤ 지역위원회의 회의는 비공개를 원칙으로 한다.

⑥ 지역위원회는 재심사 결정 시 법 제16조제1항 각 호와 제17조제1항 각 호의 어느 하나에 해당하는 조치(수 개의 조치를 병과하는 경우를 포함한다)를 할 것을 해당 학교의 장에게 요청할 수 있다.

⑦ 지역위원회의 재심 결과는 결정의 취지와 내용을 적어 청구인과 가해학생에게 서면으로 통보한다.

제25조(분쟁조정의 신청) 피해학생, 가해학생 또는 그 보호자(이하 "분쟁당사자"라 한다) 중 어느 한 쪽은 법 제18조에 따라 해당 분쟁사건에 대한 조정권한이 있는 자치위원회 또는 교육감에게 다음 각 호의 사항을 적은 문서로 분쟁조정을 신청할 수 있다.

1. 분쟁조정 신청인의 성명 및 주소
2. 보호자의 성명 및 주소
3. 분쟁조정 신청의 사유

제26조(자치위원회 위원의 제척·기피 및 회피) ① 자치위원회의 위원은 법 제16조, 제17조 및 제18조에 따라 피해학생과 가해학생에 대한 조치를 요청하는 경우와 분쟁을 조정하는 경우 다음 각 호의 어느 하나에 해당하면 해당 사건에서 제척된다.

1. 위원이나 그 배우자 또는 그 배우자였던 사람이 해당 사건의 피해학생 또는 가해학생의 보호자인 경우 또는 보호자였던 경우
2. 위원이 해당 사건의 피해학생 또는 가해학생과 친족이거나 친족이었던 경우
3. 그 밖에 위원이 해당 사건의 피해학생 또는 가해학생과 친분이 있거나 관련이 있다고 인정하는 경우

② 학교폭력과 관련하여 자치위원회를 개최하는 경우 또는 분쟁이 발생한 경우 자치위원회의 위원에게 공정한 심의를 기대하기 어려운 사정이 있다고 인정할 만한 상당한 사유가 있을 때에는 분쟁당사자는 자치위원회에 그 사실을 서면으로 소명하고 기피신청을 할 수 있다.

③ 자치위원회는 제2항에 따른 기피신청을 받으면 의결로써 해당 위원의 기피 여부를 결정하여야 한다. 이 경우 기피신청 대상이 된 위원은 그 의결에 참여하지 못한다.

④ 자치위원회의 위원이 제1항 또는 제2항의 사유에 해당하는 경우에는 스스로 해당 사건을 회피할 수 있다.

제27조(분쟁조정의 개시) ① 자치위원회 또는 교육감은 제25조에 따라 분쟁조정의 신청을 받으면 그 신청을 받은 날부터 5일 이내에 분쟁조정을 시작하여야 한다.

② 자치위원회 또는 교육감은 분쟁당사자에게 분쟁조정의 일시 및 장소를 통보하여야 한다.

③ 제2항에 따라 통지를 받은 분쟁당사자 중 어느 한 쪽이 불가피한 사유로 출석할 수 없는 경우에는 자치위원회 또는 교육감에게 분쟁조정의 연기를 요청할 수 있다. 이 경우 자치위원회 또는 교육감은 분쟁조정의 기일을 다시 정하여야 한다.

④ 자치위원회 또는 교육감은 자치위원회 위원 또는 지역위원회 위원 중에서 분쟁조정 담당자를 지정하거나, 외부 전문기관에 분쟁과 관련한 사항에 대한 자문 등을 할 수 있다.

제28조(분쟁조정의 거부·중지 및 종료) ① 자치위원회 또는 교육감은 다음 각 호의 어느 하나에 해당하는 사유가 발생한 경우에는 분쟁조정의 개시를 거부하거나 분쟁조정을 중지할 수 있다.

1. 분쟁당사자 중 어느 한 쪽이 분쟁조정을 거부한 경우
2. 피해학생 등이 관련된 학교폭력에 대하여 가해학생을 고소·고발하거나 민사상 소송을 제기한 경우
3. 분쟁조정의 신청내용이 거짓임이 명백하거나 정당한 이유가 없다고 인정되는 경우

② 자치위원회 또는 교육감은 다음 각 호의 어느 하나에 해당하는 사유가 발생한 경우에는 분쟁조정을 끝내야 한다.

1. 분쟁당사자 간에 합의가 이루어지거나 자치위원회 또는 교육감이 제시한 조정안을

분쟁당사자가 수락하는 등 분쟁조정이 성립한 경우

2. 분쟁조정 개시일부터 1개월이 지나도록 분쟁조정이 성립하지 아니한 경우

③ 자치위원회 또는 교육감은 제1항에 따라 분쟁조정의 개시를 거부하거나 분쟁조정을 중지한 경우 또는 제2항제2호에 따라 분쟁조정을 끝낸 경우에는 그 사유를 분쟁당사자에게 각각 통보하여야 한다.

제29조(분쟁조정의 결과 처리) ① 자치위원회 또는 교육감은 분쟁조정이 성립하면 다음 각 호의 사항을 적은 합의서를 작성하여 자치위원회는 분쟁당사자에게, 교육감은 피해학생 및 가해학생 소속 학교 자치위원회와 분쟁당사자에게 각각 통보하여야 한다.

1. 분쟁당사자의 주소와 성명
2. 조정 대상 분쟁의 내용
   가. 분쟁의 경위
   나. 조정의 쟁점(분쟁당사자의 의견을 포함한다)
3. 조정의 결과

② 제1항에 따른 합의서에는 자치위원회가 조정한 경우에는 분쟁당사자와 조정에 참가한 위원이, 교육감이 조정한 경우에는 분쟁당사자와 교육감이 각각 서명날인하여야 한다.

③ 자치위원회의 위원장은 분쟁조정의 결과를 교육감에게 보고하여야 한다.

제30조(긴급전화의 설치·운영) 법 제20조의2에 따른 긴급전화는 경찰청장과 지방경찰청장이 운영하는 학교폭력 관련 기구에 설치한다.

제31조(정보통신망의 이용 등) 법 제20조의4제3항에 따라 국가·지방자치단체 또는 교육감은 정보통신망을 이용한 학교폭력 예방 업무를 다음 각 호의 기관 및 단체에 위탁할 수 있다.

1. 「한국교육학술정보원법」에 따라 설립된 한국교육학술정보원
2. 공공기관의 위탁을 받아 정보통신망을 이용하여 교육사업을 수행한 실적이 있는 기업
3. 학교폭력 예방에 관한 사업을 3년 이상 수행한 기관 또는 단체

제32조(영상정보처리기기의 통합 관제) 법 제20조의6제1항에 따라 영상정보처리기기를 통합하여 관제하려는 국가 및 지방자치단체는 다음 각 호의 절차를 거쳐 관계 전문가와 이해관계인의 의견을 수렴하여야 한다.

1. 「행정절차법」에 따른 행정예고의 실시 또는 의견 청취
2. 학교운영위원회의 심의

제33조(비밀의 범위) 법 제21조제1항에 따른 비밀의 범위는 다음 각 호와 같다.

1. 학교폭력 피해학생과 가해학생 개인 및 가족의 성명, 주민등록번호 및 주소 등 개인정보에 관한 사항
2. 학교폭력 피해학생과 가해학생에 대한 심의·의결과 관련된 개인별 발언 내용
3. 그 밖에 외부로 누설될 경우 분쟁당사자 간에 논란을 일으킬 우려가 있음이 명백한 사항

제33조의2(고유식별정보의 처리) ① 국가·지방자치단체 또는 학교의 장은 다음 각 호의 사무를 수행하기 위하여 불가피한 경우 「개인정보 보호법 시행령」 제19조에 따른 주민등록번호 또는 외국인등록번호가 포함된 자료를 처리할 수 있다.

1. 법 제20조의5제2항에 따른 학생보호인력의 결격사유 유무 확인에 관한 사무
2. 법 제20조의5제5항에 따른 학생보호인력의 범죄경력조회에 관한 사무

② 법 제20조의5제3항에 따라 학생보호인력의 배치 및 활용 업무를 위탁받은 전문기관 또는 단체는 다음 각 호의 사무를 수행하기 위하여 불가피한 경우 「개인정보 보호법 시행령」 제19조에 따른 주민등록번호 또는 외국인등록번호가 포함된 자료를 처리할 수 있다.

1. 법 제20조의5제2항에 따른 학생보호인력의 결격사유 유무 확인에 관한 사무
2. 법 제20조의5제6항에 따른 학생보호인력의 범죄경력조회 신청에 관한 사무

[본조신설 2017.6.20.]

제34조(규제의 재검토) 교육부장관은 제15조에 따른 상담실 설치기준에 대하여 2015년 1월 1일을 기준으로 2년마다(매 2년이 되는 해의 1월 1일 전까지를 말한다) 그 타당성을 검토하여 개선 등의 조치를 하여야 한다.

[본조신설 2014.12.9.]

부칙 〈제28211호, 2017.7.26.〉 (행정안전부와 그 소속기관 직제)

제1조(시행일) 이 영은 공포한 날부터 시행한다. 다만, 부칙 제8조에 따라 개정되는 대통령령 중 이 영 시행 전에 공포되었으나 시행일이 도래하지 아니한 대통령령을 개정한 부분은 각각 해당 대통령령의 시행일부터 시행한다.

제2조부터 제7조까지 생략

제8조(다른 법령의 개정) ①부터 <52>까지 생략

<53> 학교폭력예방 및 대책에 관한 법률 시행령 일부를 다음과 같이 개정한다.

제4조제2항 중 "미래창조과학부"를 "과학기술정보통신부"로, "행정자치부"를 "행정안전부"로, "여성가족부, 국민안전처"를 "여성가족부"로 한다.

<54>부터 <388>까지 생략

부록 3

인성교육진흥법

[시행 2015.7.21.] [법률 제13004호, 2015.1.20., 제정]

제1조(목적) 이 법은 「대한민국헌법」에 따른 인간으로서의 존엄과 가치를 보장하고 「교육기본법」에 따른 교육이념을 바탕으로 건전하고 올바른 인성(人性)을 갖춘 국민을 육성하여 국가사회의 발전에 이바지함을 목적으로 한다.

제2조(정의) 이 법에서 사용하는 용어의 뜻은 다음과 같다.

1. "인성교육"이란 자신의 내면을 바르고 건전하게 가꾸고 타인·공동체·자연과 더불어 살아가는 데 필요한 인간다운 성품과 역량을 기르는 것을 목적으로 하는 교육을 말한다.
2. "핵심 가치·덕목"이란 인성교육의 목표가 되는 것으로 예(禮), 효(孝), 정직, 책임, 존중, 배려, 소통, 협동 등의 마음가짐이나 사람됨과 관련되는 핵심적인 가치 또는 덕목을 말한다.
3. "핵심 역량"이란 핵심 가치·덕목을 적극적이고 능동적으로 실천 또는 실행하는 데 필요한 지식과 공감·소통하는 의사소통능력이나 갈등해결능력 등이 통합된 능력을 말한다.
4. "학교"란 「유아교육법」 제2조제2호에 따른 유치원 및 「초·중등교육법」 제2조에 따른 학교를 말한다.

제3조(다른 법률과의 관계) 인성교육에 관하여 다른 법률에 특별한 규정이 있는 경우를 제외하고는 이 법에서 정하는 바에 따른다.

제4조(국가 등의 책무) ① 국가와 지방자치단체는 인성을 갖춘 국민을 육성하기 위하여 인성교육에 관한 장기적이고 체계적인 정책을 수립하여 시행하여야 한다.

② 국가와 지방자치단체는 학생의 발달 단계 및 단위학교의 상황과 여건에 적합한 인성교육 진흥에 필요한 시책을 마련하여야 한다.

③ 국가와 지방자치단체는 학교를 중심으로 인성교육 활동을 전개하고, 인성 친화적인 교육환경을 조성할 수 있도록 가정과 지역사회의 유기적인 연계망을 구축하도록 노력하여야 한다.

④ 국가와 지방자치단체는 학교 인성교육의 진흥을 위하여 범국민적 참여의 필요성을 홍보하도록 노력하여야 한다.

⑤ 국민은 국가 및 지방자치단체가 추진하는 인성교육에 관한 정책에 적극적으로 협력하여야 한다.

제5조(인성교육의 기본방향) ① 인성교육은 가정 및 학교와 사회에서 모두 장려되어야 한다.

② 인성교육은 인간의 전인적 발달을 고려하면서 장기적 차원에서 계획되고 실시되어야 한다.

③ 인성교육은 학교와 가정, 지역사회의 참여와 연대 하에 다양한 사회적 기반을 활용하여 전국적으로 실시되어야 한다.

제6조(인성교육종합계획의 수립 등) ① 교육부장관은 인성교육의 효율적인 추진을 위하여 대통령령으로 정하는 관계 중앙행정기관의 장과의 협의와 제9조에 따른 인성교육진흥위원회의 심의를 거쳐 인성교육종합계획(이하 "종합계획"이라 한다)을 5년마다 수립하여야 한다.

② 종합계획에는 다음 각 호의 사항이 포함되어야 한다.

1. 인성교육의 추진 목표 및 계획
2. 인성교육의 홍보
3. 인성교육을 위한 재원조달 및 관리방안
4. 인성교육 핵심 가치·덕목 및 핵심 역량 선정에 관한 사항
5. 그 밖에 인성교육에 관하여 필요한 사항으로 대통령령으로 정하는 사항

③ 교육부장관은 종합계획의 중요사항을 변경하는 경우 제1항에 따른 관계 중앙행정기관의 장과의 협의와 제9조에 따른 인성교육진흥위원회의 심의를 거쳐야 한다. 다만, 법령의 개정이나 관계 중앙행정기관의 관련 사업계획 변경 등 경미한 사항을 변경하는 경우에는 그러하지 아니하다.

④ 교육부장관은 제1항 또는 제3항에 따라 종합계획을 수립하거나 변경하였을 때에는 지체 없이 이를 관계 중앙행정기관의 장에게 통보하여야 한다.

⑤ 특별시·광역시·특별자치 시·도 및 특별자치도 교육감(이하 "교육감"이라 한다)은 종합계획에 따라 해당 지방자치단체의 연도별 인성교육시행계획(이하 "시행계획"이라 한다)을 수립·시행하여야 한다.

⑥ 교육감은 제5항에 따라 시행계획을 수립하거나 변경하였을 때에는 이를 지체 없이 교육부장관에게 통보하여야 한다.

⑦ 종합계획 및 시행계획의 수립·시행 등에 필요한 사항은 대통령령으로 정한다.

제7조(계획수립 등의 협조) ① 교육부장관과 교육감은 종합계획 또는 시행계획의 수립·시행 및 평가를 위하여 필요한 경우 관계 중앙행정기관의 장, 지방자치단체의 장 및 교

육감 등에게 협조를 요청할 수 있다.

② 제1항에 따른 협조를 요청받은 자는 특별한 사유가 없으면 이에 따라야 한다.

제8조(공청회의 개최) ① 교육부장관과 교육감은 종합계획 및 시행계획을 수립하려는 때에는 공청회를 열어 국민 및 관계 전문가 등으로부터 의견을 청취하여야 하며, 공청회에서 제시된 의견이 타당하다고 인정되는 때에는 이를 종합계획 및 시행계획 수립에 반영하여야 한다.

② 제1항에 따른 공청회 개최에 필요한 사항은 대통령령으로 정한다.

제9조(인성교육진흥위원회) ① 인성교육에 관한 다음 각 호의 사항을 심의하기 위하여 교육부장관 소속으로 인성교육진흥위원회(이하 "위원회"라 한다)를 둔다.

1. 인성교육정책의 목표와 추진방향에 관한 사항
2. 종합계획 수립에 관한 사항
3. 인성교육 추진실적 점검 및 평가에 관한 사항
4. 인성교육 지원의 협력 및 조정에 관한 사항
5. 그 밖에 인성교육 지원을 위하여 대통령령으로 정하는 사항

② 위원회는 위원장을 포함한 20명 이내의 위원으로 구성한다.

③ 위원회의 위원장은 위원 중에서 호선하되, 공무원이 아닌 사람으로 한다.

④ 위원회의 위원은 다음 각 호의 어느 하나에 해당하는 사람 중에서 대통령령으로 정하는 바에 따라 교육부장관이 임명 또는 위촉한다. 이 경우 위원은 공무원이 아닌 사람이 과반수가 되도록 한다.

1. 교육부차관, 문화체육관광부차관(문화체육관광부장관이 지명하는 차관), 보건복지부차관 및 여성가족부차관
2. 국회의장이 추천하는 사람 3명
3. 인성교육에 관한 학식과 경험이 풍부한 사람 중에서 대통령령으로 정하는 사람

⑤ 위원회가 심의한 사항을 집행하기 위하여 인성교육 진흥과 관련된 조직·인력·업무 등에 필요한 사항은 교육부령으로 정한다.

⑥ 그 밖에 위원회의 구성·운영에 필요한 사항은 대통령령으로 정한다.

제10조(학교의 인성교육 기준과 운영) ① 교육부장관은 대통령령으로 정하는 바에 따라 학교에 대한 인성교육 목표와 성취 기준을 정한다.

② 학교의 장은 제1항에 따른 인성교육의 목표 및 성취 기준과 교육대상의 연령 등을 고려하여 대통령령으로 정하는 바에 따라 매년 인성에 관한 교육계획을 수립하여 교육을 실시하여야 한다.

③ 학교의 장은 인성교육의 핵심 가치·덕목을 중심으로 학생의 인성 핵심 역량을 함양하는 학교 교육과정을 편성·운영하여야 한다.

④ 학교의 장은 인성교육 진흥을 위하여 학교·가정·지역사회와의 연계 방안을 강구하여야 한다.

제11조(인성교육 지원 등) ① 국가 및 지방자치단체는 가정, 학교 및 지역사회에서의 인성교육을 지원하기 위한 교육 프로그램(이하 "인성교육프로그램"이라 한다)을 개발하여 보급하여야 한다.

② 국가와 지방자치단체는 인성교육프로그램의 구성 및 운용 등을 전문단체 또는 전문가에게 위탁할 수 있다.

③ 교육감은 인성교육프로그램의 구성 및 운용 계획을 해당 학교 인터넷 홈페이지에 게시하는 등의 방법으로 학부모에게 알릴 수 있도록 하여야 한다.

④ 학부모는 국가, 지방자치단체 및 학교의 인성교육 진흥 시책에 협조하여야 하고, 인성교육을 위하여 필요한 사항을 해당 기관의 장에게 건의할 수 있다.

⑤ 그 밖에 가정, 학교 및 지역사회에서의 인성교육 진흥 등에 필요한 사항은 대통령령으로 정한다.

제12조(인성교육프로그램의 인증) ① 교육부장관은 인성교육 진흥을 위하여 인성교육프로그램을 개발·보급하거나 인성교육과정을 개설(開設)·운영하려는 자(이하 "인성교육프로그램개발자등"이라 한다)에 대하여 인성교육프로그램과 인성교육과정의 인증(이하 "인증"이라 한다)을 할 수 있다.

② 인증을 받고자 하는 인성교육프로그램개발자등은 교육부장관에게 신청하여야 한다.

③ 교육부장관은 제2항에 따라 인증을 신청한 인성교육프로그램 또는 인성교육과정이 교육내용·교육시간·교육과목·교육시설 등 교육부령으로 정하는 인증기준에 적합한 경우에는 이를 인증할 수 있다.

④ 제3항에 따른 인증을 받은 자는 해당 인성교육프로그램 또는 인성교육과정에 대하여 교육부령으로 정하는 바에 따라 인증표시를 할 수 있다.

⑤ 제3항에 따른 인증을 받지 아니한 인성교육프로그램 또는 인성교육과정에 대하여 제4항의 인증표시를 하거나 이와 유사한 표시를 하여서는 아니 된다.

⑥ 제1항부터 제3항까지에 따른 인증의 절차 및 방법 등에 필요한 사항은 교육부령으로 정한다.

⑦ 교육부장관은 제1항부터 제3항까지에 따른 인증 업무를 교육부령으로 정하는 바에 따라 전문기관 또는 단체 등에 위탁할 수 있다.

제13조(인증의 유효기간) ① 제12조제3항에 따른 인증의 유효기간은 인증을 받은 날부터 3년으로 한다.

② 제1항에 따른 유효기간은 1회에 한하여 2년 이내에서 연장할 수 있다.

③ 제2항에 따른 인증의 연장신청, 그 밖에 필요한 사항은 교육부령으로 정한다.

제14조(인증의 취소) 교육부장관은 제12조제3항에 따라 인증한 인성교육프로그램 또는 인성교육과정이 다음 각 호의 어느 하나에 해당하는 경우에는 그 인증을 취소할 수 있다. 다만, 제1호에 해당하는 경우에는 취소하여야 한다.

1. 거짓, 그 밖의 부정한 방법으로 인증받은 경우
2. 제12조제3항에 따른 인증기준에 적합하지 아니하게 된 경우

제15조(인성교육 예산 지원) 국가 및 지방자치단체는 인성교육 지원, 인성교육프로그램 개발·보급 등 인성교육 진흥에 필요한 비용을 예산의 범위에서 지원하여야 한다.

제16조(인성교육의 평가 등) ① 교육부장관 및 교육감은 종합계획 및 시행계획에 따른 인성교육의 추진성과 및 활동에 관한 평가를 1년마다 실시하여야 한다.

② 교육부장관과 교육감은 인성교육 평가결과를 종합계획 및 시행계획에 반영할 수 있다.

③ 그 밖에 인성교육의 추진성과 및 활동 평가에 필요한 사항은 대통령령으로 정한다.

제17조(교원의 연수 등) ① 교육감은 학교의 교원(이하 "교원"이라 한다)이 대통령령으로 정하는 바에 따라 일정시간 이상 인성교육 관련 연수를 이수하도록 하여야 한다.

② 「고등교육법」 제41조에 따른 교육대학·사범대학(교육과 및 교직과정을 포함한다) 등 이에 준하는 기관으로서 교육부령으로 정하는 교원 양성기관은 예비교원의 인성교육 지도 역량을 강화하기 위하여 관련 과목을 필수로 개설하여 운영하여야 한다.

제18조(학교의 인성교육 참여 장려) 학교의 장은 학생의 제11조제1항에 따른 지역사회 등의 인성교육 참여를 권장하고 지도·관리하기 위하여 노력하여야 한다.

제19조(언론의 인성교육 지원) 국가 및 지방자치단체는 범국민적 차원에서 인성교육의 중요성에 대한 인식을 공유하고 이들의 참여의지를 촉진시키기 위하여 필요한 경우 언론(「언론중재 및 피해구제 등에 관한 법률」 제2조에 따른 방송, 신문, 잡지 등 정기간행물, 뉴스통신 및 인터넷신문 등을 포함한다)을 이용하여 캠페인 활동을 전개하도록 노력하여야 한다.

제20조(전문인력의 양성) ① 국가 및 지방자치단체는 인성교육의 확대를 위하여 필요한 분야의 전문인력을 양성하여야 한다.

② 교육부장관 및 교육감은 제1항에 따른 전문인력을 양성하기 위하여 교육 관련 기관 또는 단체 등을 인성교육 전문인력 양성기관으로 지정하고, 해당 전문인력 양성기관에 대하여 필요한 경비의 전부 또는 일부를 지원할 수 있다.

③ 제2항에 따른 인성교육 전문인력 양성기관의 지정기준은 대통령령으로 정한다.

제21조(권한의 위임) 교육부장관은 이 법에 따른 권한의 일부를 대통령령으로 정하는 바에 따라 교육감에게 위임할 수 있다.

제22조(과태료) ① 다음 각 호의 어느 하나에 해당하는 자에게는 500만원 이하의 과태료를 부과한다.

1. 거짓이나 그 밖의 부정한 방법으로 제12조에 따른 인증을 받은 자
2. 제12조제5항을 위반하여 인증표시를 한 자

② 제1항에 따른 과태료는 대통령령으로 정하는 바에 따라 교육부장관이 부과·징수한다.

부칙 〈제13004호, 2015.1.20.〉

이 법은 공포 후 6개월이 경과한 날부터 시행한다.

부록 4

학교폭력 예방 및 대책에 관한 법률 Q/A

(법령 1)

「학교폭력예방 및 대책에 관한 법률」과 「형법」 등과의 관계는?

「학교폭력예방 및 대책에 관한 법률」 제1조

- 「학교폭력예방 및 대책에 관한 법률(이하 "법률"이라 함)」은 학생의 인권을 보호하고 학생을 건전한 사회구성원으로 육성하기 위해 교육적인 목적에서 제정되었음.
  - 따라서, 범죄 행위에 대한 처벌을 목적으로 하는 형법 등과는 입법 목적에서 차이가 있고, 형법 등에 적용되는 법 원칙이 일부 적용되지 않을 수 있으며,
  - 사법(司法) 절차에 의한 피해자·가해자의 조치와 학교폭력대책자치위원회(이하 "자치위원회"라 함)에서 결정된 피해학생·가해학생에 대한 조치 수준이 명확히 일치되지 않을 수 있음.
- 사법 절차에 의해 훈방, 구류 등의 조치를 한 경우에도 자치위원회 심의·의결을 통해 선도·교육 목적의 가해학생 조치는 별도로 진행되어야 함.

(법령 2)

법률 제5조 제2항은 "성폭력은 다른 법률의 규정이 있는 경우 이 법을 적용하지 않는다"고 규정하고 있는데 이에 대한 해석은?

「학교폭력예방 및 대책에 관한 법률」 제5조

- 제5조 제2항은 성폭력을 학교폭력의 범주에 포함시키면서, 성폭력 피해자의 프라이버시 보호를 강화하고, 성폭력 사안에 대한 엄정하고 전문적 대응을 위해 2008년 3월 14일 법률 제8887호로 신설되었음.
  - 법률 개정 취지에 따라, 성폭력 사안에 대해서는 우선 「아동·청소년의 성보호에 관한 법률」 등 성폭력 관련 법률을 적용하여 수사기관의 수사를 통해 엄정하게 대처하되,

– 「학교폭력예방 및 대책에 관한 법률」 제2조의 학교폭력의 종류에서 성폭력을 배제한 것이 아니라는 점을 고려, 성폭력과 성폭력이 아닌 학교폭력에 대한 균형 있는 조치가 필요함.

- 성폭력 피해자가 자치위원회 개최에 동의하고, 피해자 프라이버시를 침해하지 않는 범위에서 법률 제16조(피해학생 보호) 및 제17조(가해학생에 대한 조치) 조치를 취할 수 있음.

※ 성폭력 피해학생(또는 보호자)이 피해학생의 신변·사생활 보호를 위해 자치위원회 참석을 원하지 않는 경우, 피해학생(또는 보호자)이 자치위원회 참석을 하지 않을 수 있음.

※ 다만, 피해학생(또는 보호자)이 자치위원회 참석을 원하지 않더라도, 자치위원회는 비공개로 가해학생에 대한 조치를 심의·의결해야 하며, 학생징계조정위원회 징계로 법률 제17조에 따른 가해학생에 대한 조치를 갈음할 수 없음.

(법령 5)

법률 제15조 제2항에서 학부모 교육은 학기별로 1회 이상 실시하도록 하고 있는데 모든 학부모를 대상으로 해야 하는지?

「학교폭력예방 및 대책에 관한 법률」 제15조 제2항

- 학부모에 대한 학교폭력 예방교육은 학기별 1회 이상 원칙적으로 모든 학부모를 대상으로 실시하도록 하고 있음.
- 다만, 맞벌이 부부, 취약계층 학부모가 학부모 교육에 참여하기 곤란한 점을 고려하여 학교에서는 다양한 방법으로 학부모 교육을 실시해야 함.
  - 단위학교는 가능한 한 학부모 교육의 개최 횟수를 늘리고, 개최 시기도 일과 후, 주말 등 다양하게 운영하여 다수의 학부모가 참여할 수 있도록 노력해야 함.
  - 또한, 학교로 찾아오기 힘든 학부모를 위해 학교 홈페이지에 동영상 교육자료 탑재, 가정통신문 또는 이메일 발송 등 다양한 방안을 강구해야 함.

(법령 6)

폭력의 주체가 교사, 학부모, 학생이 아닌 자 등의 폭력에 대한 처리방안은?

「학교폭력예방 및 대책에 관한 법률」 제2조 제1호

- 법률 개정('12.4.1 시행)을 통해 '학생 간에 발생한 폭력'에서 '학생을 대상으로 발생하는 폭력'으로 학교폭력의 개념을 확대한 이유는 가해자가 학생이 아닌 경우에도 피해학생에 대하여 보호조치를 하기 위해서임.
  - 따라서, 가해자에 대한 조치와 관계없이 법률 제16조에 의한 피해학생 보호조치를 할 수 있으며,
  - 피해학생 보호를 위하여 필요한 경우, 해당 사안을 경찰에 신고하여 수사의뢰하여야 함.

(법령 7)

교사가 다른 학교 학생의 학교폭력 사안을 인지한 경우, 반드시 해당 학교로 통보하여야 하는지?

「학교폭력예방 및 대책에 관한 법률」 제20조 제2항

- 학교폭력 실태 조사, 상담, 목격 등을 통해 타학교 학생의 학교폭력을 인지한 경우 즉시 해당 학교로 통보하여야 함.

<학교폭력예방 및 대책에 관한 법률>

제20조(학교폭력의 신고의무) ① 학교폭력 현장을 보거나 그 사실을 알게 된 자는 학교 등 관계 기관에 이를 즉시 신고하여야 한다.

② 제1항에 따라 신고를 받은 기관은 이를 가해학생 및 피해학생의 보호자와 소속 학교의 장에게 통보하여야 한다.

③ 제2항에 따라 통보받은 소속 학교의 장은 이를 자치위원회에 지체 없이 통보하여야 한다.

※ 법률 제20조 제3항에 따라 "지체 없이" 통보하여야 하며 "지체 없이"는 시간적 즉시성*이 강하게 요구되지만 정당하거나 합리적인 이유에 따른 지체는 허용되는 것으로 해석되며, 사정이 허락하는 한 가장 신속하게 해야 한다는 뜻으로 사용됨.

* "즉시"는 시간적 즉시성이 좀 더 강한 것을 의미함.

(법령 8-관련 사례 4)

담임교사가 자체 종결 처리하는 사안의 경우에도 학교생활기록부에 기재해야 하는지?

「학교생활기록 작성 및 관리지침」 제16조 제2항

- 「학교생활기록 작성 및 관리지침」 제16조 제1항에서 '행동특성 및 종합의견은 수시로 관찰하여 누가 기록된 행동특성을 바탕으로 총체적으로 학생을 이해할 수 있는 종합의견을 문장으로 입력한다.'라고 규정하고 있으며,
  - 「학교생활기록 작성 및 관리지침」 제16조 제2항은 '행동특성 중 학교폭력과 관련된 사항은 「학교폭력예방 및 대책에 관한 법률」 제17조에 규정된 가해학생에 대한 조치사항을 입력한다'라고 규정됨.
- 법률 제17조에 규정된 가해학생에 대한 조치사항이 아닌 담임교사가 자체 종결한 사안인 경우에는, 학교생활기록부에 기록할 사항은 아님.
  - 다만, 생활지도 등 학생 이해를 위해 담임이 필요하다고 판단되면 학교생활기록부에 입력할 수 있을 것임.

(법령 10)

법률 제17조 제4항에 따라 선도가 긴급하다고 인정할 경우 학교의 장이 우선 조치할 수 있는데, 이 경우 처리 절차는?

「학교폭력예방 및 대책에 관한 법률」 제17조 제4항

- 사안을 보고 받은 학교의 장은 사안의 경중을 판단하여 가해학생에 대한 선도가 긴급하다고 인정되는 경우,
  - 법률 제17조 제4항에 따라 선도 조치를 실시하고, 자치위원회에 즉시 보고하여 추인을 받아야 함.
  - 사전 선도 조치는 학교폭력 전담기구와 협의를 거쳐 결정하되, 학교폭력사안의 심각성, 가해학생의 태도, 가해행위의 지속성 등을 고려해야 함.

<선도가 긴급한 경우의 先조치 내용>

- 피해학생에 대한 서면 사과
- 피해학생 및 신고·고발학생에 대한 접촉, 협박 및 보복행위의 금지
- 학교에서의 봉사
- 학내외 전문가에 의한 특별교육 이수 또는 심리치료
- 출석정지(기간 제한 없음)

- 다음의 학교폭력 사안에 대해서는 특별한 사유가 없는 한 가해학생에 대한 '출석정지' 조치를 실시하여야 함(법률 시행령 제21조).
  - 사전 선도 조치 중 '출석정지' 조치를 하려는 경우에는 사전에 해당 학생 또는 보호자의 의견을 들어야 함.
  - 다만, 학생 또는 보호자가 거부할 경우에는 의견을 듣지 않아도 됨.

<학교장이 우선 출석정지를 할 수 있는 경우>

- 2명 이상의 학생이 고의적·지속적인 폭력을 행사한 경우
- 폭력을 행사하여 전치 2주 이상의 상해를 입힌 경우
- 학교폭력에 대한 신고, 진술, 자료 제공 등에 대한 보복을 목적으로 폭력을 행사한 경우
- 학교의 장이 피해학생을 가해학생으로부터 긴급하게 보호할 필요가 있다고 판단하는 경우

(법령 12)

학력인정 평생교육시설이나 국내에 있는 외국인학교, 외국교육기관, 국제학교에서 폭력이 발생한 경우 「학교폭력 예방 및 대책에 관한 법률」이 적용되는지?

「학교폭력예방법」 제2조, 초·중등교육법 60조의 2

- 「학교폭력 예방 및 대책에 관한 법률」 제2조 제2호에 따르면, "학교"란 "「초·중등교육법」 제2조에 따른 초·중·고등학교·특수학교 및 각종학교와 같은 법 제61조에 따라 운영하는 학교를 말한다."라고 되어 있음.
  - 학력인정 평생교육시설은 「평생교육법」 제37조에 따라 설립·운영되는 학교형태

의 평생교육시설이므로 초·중등교육법에 따른 학교로 볼 수 없어 「학교폭력 예방 및 대책에 관한 법률」의 적용이 어려움.

- 외국인학교는 「초·중등교육법」제60조의2(외국인학교) 제1항의 규정에 따라 각종학교에 해당하는 학교에 해당하므로 「학교폭력 예방 및 대책에 관한 법률」이 적용된다고 볼 수 있음.

  다만, 국내에 설립된 외국교육기관과 국제학교는 개별법으로 별도 설립근거를 두고 있으나, 「초·중등교육법」에 의하여 설립된 학교로 볼 수 없어 「학교폭력 예방 및 대책에 관한 법률」이 적용되지 않음. 다만, 이들 학교는 학교규칙, 학생생활규칙, 기숙사 규정 등 내부규정을 통하여 폭력사안을 처리할 수 있음.

(법령 13)

쌍방 간 학교폭력이 발생한 경우, 양쪽 부모의 원만한 합의가 되어도 반드시 자치위원회에서 처리해야 하는지?

「학교폭력예방 및 대책에 관한 법률」 제13조 제2항

- 양쪽 부모가 합의한 경우라도 담임교사가 자체 종결할 수 있는 사안이 아니라면 자치위원회를 개최하는 등 일반적인 학교폭력사안 처리절차에 따라야 함.
  - 다만, 조치수준을 적용할 때 양쪽 부모가 합의한 점을 참작할 수는 있으나, 양쪽 부모의 합의보다는 가해학생의 반성 정도와 피해학생의 수용 정도를 더 중요하게 고려해야 함.

<담임교사가 자체 종결처리 할 수 있는 경우>

- 신체·정신 또는 재산상의 피해가 있었다고 볼 객관적인 증거가 없고
- 가해학생이 피해학생에게 즉시 화해를 요청하고 피해학생이 그 화해에 응하는 경우에 해당

- 자치위원회에서 심의한 결과 쌍방간 학교폭력으로 결정된 경우 각각의 학생에게 가해학생의 선도 조치 및 피해학생의 보호 조치를 모두 실시하여야 함.

(법령 14)

둘 이상의 학교에 소속된 학생이 관련된 자치위원회 개최 방안은?

「학교폭력예방 및 대책에 관한 법률」 제12조 제1항

- 학교폭력 피해학생과 가해학생이 각각 다른 학교에 재학 중인 경우 둘 이상의 학교가 공동으로 자치위원회를 개최할 수 있음.

  ※ 근거: 법률 제12조(학교폭력대책자치위원회의 설치·기능) 및 시행령 제13조

  – 또한, 공동 자치위원회를 구성하는 경우에도 법률 제13조 제1항에 따라 위원을 구성하여야 하며, 피해학생과 가해학생이 속한 학교에서 공동의 위원을 구성하여야 함.

  – 이 경우 피해학생에 대한 보호조치가 적극적으로 행사될 수 있도록 공동의 위원을 구성하여야 하며, 교육감 보고 과정에서 조정될 수 있음.
- 만약 각각의 학교에서 자치위원회를 개최할 경우 학교 간 협의를 통해서 형평성에 적합한 조치를 취하도록 노력해야 함.

(법령 16)

자치위원회가 1차적으로 조치를 결정한 후, 경찰 조사 결과를 참고하여 2차적으로 자치위원회에서 다시 재심사하여 조치를 결정할 수 있는지?

「학교폭력예방 및 대책에 관한 법률」 제16조, 제17조

- 재심청구를 별도로 규정한 입법 취지에 비추어 동일한 사안에 대하여 2차적으로 조치를 요청하는 것은 사실상 재심과 동일한 효과를 내는 것이므로 허용되지 않는다고 보아야 함.

  – 다만, 경찰 조사 결과 새로운 학교폭력 사안*이 발견된 경우에는 새로운 자치위원회의 안건이 발생하였다고 보는 것이 타당하므로 기존 조치와 별개의 조치를 요청하는 자치위원회를 개최할 수 있음.

  * 새로운 학교폭력 사안: 자치위원회에서 학교폭력 사안으로 논의되거나 판단되지 않은 사안을 의미함. 단, 동일한 학교폭력 사안일 경우 폭언, 폭행 횟수 등 경미한 학교폭력의 양적인 변화는 새로운 사안에 해당되지 않음.

(법령 17)

117신고센터에서 원스톱지원센터 등으로 이송되어 피해학생에 대한 치유 등 보호조치가 이루어진 경우에도 자치위원회로 통보해야 하는지? 이 경우 이중 혜택은 아닌지? 또한, 이런 경우 자치위원회에서는 해당 조치를 참작하여 아무런 조치를 하지 않을 수 있는지?

「학교폭력예방 및 대책에 관한 법률」 제16조

- 원스톱지원센터 등에서 피해학생에 대한 조치를 실시한 경우에도, 학교의 장에 통보하여 자치위원회를 개최하도록 하여야 함.
  - 이는 피해학생의 소속된 학교에서 학교폭력 사안에 대해 파악하고 피해학생이 학교에 잘 적응할 수 있도록 지원하고자 하는 데에 그 목적이 있음.
  - 또한 피해학생이 학교안전공제회에 치료비 등을 청구해야 하는 경우 자치위원회의 조치가 근거가 될 수 있는 바, 자치위원회의 조치는 필요함.
- 따라서, 이와 같은 자치위원회의 조치는 이중혜택이라 볼 수 없음.
  - 다만, 자치위원회에서 사전에 이루어진 조치를 참작하여 피해자에 대한 보호조치의 수준을 결정해야 할 것임.

(법령 18)

117신고센터에서 경찰청으로 이송되어 가해학생에 대한 조치가 경찰에서 이루어진 경우에도 자치위원회로 통보해야 하는지? 이 경우 이중조치가 아닌지? 또한, 이런 경우 자치위원회에서는 경찰의 조치를 참작하여 아무런 조치를 하지 않을 수 있는지?

「학교폭력예방 및 대책에 관한 법률」 제17조 제1항

- 경찰에서 가해학생에 대한 조치를 실시한 경우에도, 학교의 장에 통보하여 자치위원회를 개최하여야 함.
  - 경찰의 조치와 자치위원회의 조치는 별개의 법적 근거에 기반한 것으로 이중조치가 아님.

  ※ 경찰 조치: 범죄의 처벌을 위한 사법 조치

  ※ 자치위원회 조치: 가해학생의 선도·교육을 위한 교육적 조치
- 따라서, 경찰 조치와 별도로 자치위원회는 가해학생에 대한 조치를 결정하여야 함.

■ 학교폭력 사안처리 절차

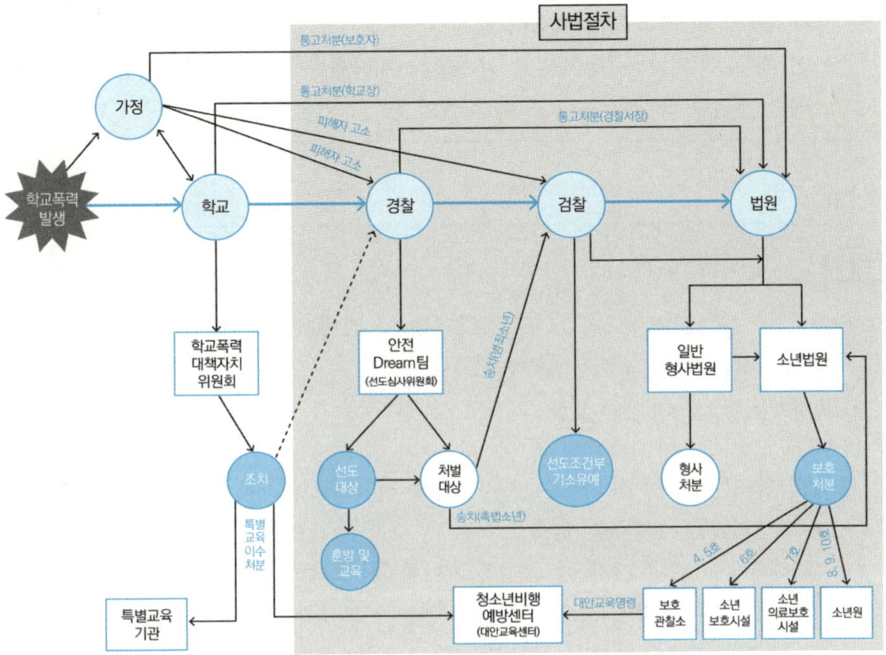

(법령 19)

자치위원회는 자치위원회에 회부된 모든 사안에 대하여 법률 제17조 제1항에 의한 조치를 반드시 결정하여야 하는지?

「학교폭력예방 및 대책에 관한 법률」 제17조 제1항

- 법률 제17조 개정('12. 3. 21.)으로 인하여 가해학생에 대한 조치는 반드시 이루어져야 하는 것이 원칙이며,
  - 이는 학교폭력 사안에 대하여 가해학생에 대한 선도·교육이 적절히 조치되도록 하기 위함임.
- 법률 제13조 제2항 각호에 따라 신고된 모든 학교폭력 사안에 대해 자치위원회를 소집하여 심의를 해야 하는 것이 원칙임.
- 다만, 가해학생에 대한 조치는 학교폭력이 발생한 경우 피해학생의 보호와 가해학생의 선도·교육을 위하여 이루어지는 것이므로,

- 허위신고나 학교폭력에 해당하지 않는다고 판단한 사항 등 피해학생 보호나 가해학생의 선도·교육을 요하지 않는 경우에는 조치하지 않을 수 있음.
- 이 경우, 회의록 등에 명확한 근거를 기재하여 누가 보더라도 보편타당하고 명백한 결과를 도출할 수 있도록 하여야 함.

(법령 20)

가해학생이 자치위원회 개최 또는 학교장의 조치가 시행되기 전에 다른 학교로 전학을 가는 경우 조치 방안은?

「학교폭력예방 및 대책에 관한 법률」 제12조 제1항

- 가해학생(또는 가해추정학생)이 자치위원회 개최 이전에 다른 학교로의 전학절차(거주지 이전 등)를 진행하는 경우,
  - 가해학생이 전학 가기 전 소속학교(이하 '원 소속교')에서는 재학증명서, 학교생활기록부 등 전학에 필요한 서류의 발급을 보류하고 자치위원회를 개최하여 가해학생에 대한 조치를 실시하여야 함.
    원 소속교에서는 반드시 가해학생에 대한 조치 및 특별교육(법률 제17조 제3항)과 학생생활기록부 기재를 완료한 후 재학증명서 발급 등 전학에 필요한 절차를 진행해야 함.
  - 아울러 교육지원청(또는 시도교육청)에서도 학교폭력 관련 조치를 회피하기 위한 전학신청을 인지한 경우에는,
    가해학생에 대한 원 소속교의 조치가 완료되는 시점까지 서류 검토, 학교 배정 등 전학관련 절차의 진행을 보류하여야 함.

  ※ 가해학생(또는 보호자)가 원 소속교에서 특별교육을 이수하지 않고 전학을 가는 경우, 전입교에서 특별교육을 이수하도록 해야 함.
- 원 소속교에서 학교폭력 사안을 인지하기 이전에 가해학생이 이미 전학을 간 경우에는,
  - 학교폭력 피해학생과 가해학생이 각각 다른 학교에 재학 중인 경우에 해당하므로 법률 제12조에 따라 교육감의 보고를 거쳐 둘 이상의 학교가 공동으로 자치위원회를 개최할 수 있음.

(법령 21)

중도 탈락학생이나 휴학생, 유예생이 가해자일 경우에 자치위원회에서 조치할 수 있는지? 추후 재입학·복학할 경우 학교생활기록부에 기재해야 하는지의 여부?

「학교폭력예방 및 대책에 관한 법률」 제17조 제1항

- 제적 및 퇴학 조치된 학생은 해당 학교의 학생이 아니므로 경찰에 신고하여 처리하고, 자치위원회의 조치는 불필요함.
- 휴학생(또는 유예생)의 경우에는 제적되거나 퇴학 조치된 학생이 아닌 이상 여전히 학생 신분을 유지하므로, 자치위원회를 열어 조치하고 학교생활기록부에 관련 내용을 기재하여야 함.
- 그러나, 유예생의 경우에는 학교생활기록부 기록이 불가능하고 유예 전에 기록된 학교폭력 사안도 이듬해 복학하게 되면 기록된 학교생활기록부 기재 내용이 갱신되므로 별도의 생활기록카드를 활용하여 관리, 복교후 '행동특성 및 종합의견'란에 관련 사항을 반드시 기재하여야 함.
- 학교는 휴학생(또는 유예생)과 그 보호자가 자치위원회에 참석할 수 있도록 출석요청서를 등기우편으로 보내는 등 충분한 안내를 하고 자치위원회의 조치 결과가 잘 이행될 수 있도록 지속적인 노력이 필요함.
- 가해학생이 휴학생 또는 유예생인 경우는 피해학생의 보호 조치에 주안점을 두어 학교폭력 사안처리를 하도록 함.

(법령 27)

수사기관, 국가인권위원회 등 국가기관이 학교에 자치위원회 관련 자료 제출을 요구하는 경우 제출해야 하는지 여부 및 제출해야 하는 자료의 범위는?

「학교폭력예방 및 대책에 관한 법률」 제5조

- 관계 기관의 적법한 요구가 있어 관련 자료를 제출하는 경우, 이는 법률 제21조가 금지하고 있는 비밀의 누설에 해당된다거나, 위법한 행위로 볼 수 없음.
- 자료 제출을 요구 시 법령상 의무적으로 제출해야 하는 경우(국회, 영장, 감사원 등)에는 제출하여야 함.
- 자료 제출을 요구 시 법령상 의무적으로 제출해야 하는 경우가 아닌 경우 학교는 자료 제출을 거부할 수 있음.

- 예를 들어 수사기관이 범죄의 수사를 위해 필요한 경우(영장 미발부 시) 「형사소송법」 제199조 제2항에 따라 수사 협조를 구할 수 있으나, 자료 제출을 강제할 수는 없음.
- 또한 국가인권위원회의 경우 「국가인권위원회법」 제22조, 제36조 제1항에 근거하여 '당사자, 관계인 또는 관계 기관 등에 대하여 조사 사항과 관련이 있다고 인정되는 자료 등의 제출을 요구'할 수 있으나 「국가인권위원회법」 제36조 제7항의 예외적으로 제출을 거부할 '정당한 사유'가 있는 경우 제출에 응하지 않을 수 있음.

※ 예를 들면, 학교폭력 피해자(또는 학부모)가 국가인권위원회에 자료 제출을 원하지 않는 경우 '정당한 사유'가 있다고 볼 수 있음.

(법령 29)

자치위원회의 요청에 따라 가해학생에 대한 전학조치 시 학교배정 방법은?

「학교폭력예방 및 대책에 관한 법률」 제17조 및 동법 시행령 제20조

- 학교의 장은 자치위원회에서 '전학'조치를 받은 학생의 명단을 시·도교육감(고등학생) 또는 교육장(초·중학생)에게 통보하고,
- 시·도교육감 또는 교육장은 학교구 또는 행정구역과 관계없이 피해학생 보호에 충분한 거리를 두어 전학 조치를 실시함(가해학생 학부모 동의 불필요).
  - 이후, 가해학생이 피해학생이 있는 학교로 재전학을 할 수 없음.

  ※ 근거: 법률 제17조 제1항, 시행령 제20조
- 시·도교육청에서 지역여건 및 실정에 맞게 가해학생의 전학조치에 관한 기준을 마련하여 운영하는 것을 권장함.

(법령 30)

학교폭력 가해학생 전학 시 입학전형 실시권자가 학교의 장인 고교(비평준화 지역 일반계고, 특성화고·특목고)도 교육감이 배정할 수 있는지 여부?

「학교폭력예방 및 대책에 관한 법률」 제17조 및 동법 시행령 제20조

「초·중등교육법 시행령」 제89조

- 전학의 경우에는 피해학생 보호에 충분한 거리 등을 고려하여 교육감이 배정 가능
  - 고교간의 전학·편입학은 학교장이 허가권이 있으며, 평준화지역 일반고교로의 전학·편입학은 교육감이 배정하는 것이 원칙
    (초·중등교육법시행령 제89조 제1항 및 제2항)
  - 단, 학교장이 학생의 교육상 교육환경을 바꾸어 줄 필요가 있다고 인정하여 전학·편입학을 추천한 자는 교육감이 전학·편입학할 학교를 지정 배정할 수 있음
    (초·중등교육법시행령 제89조 제5항).

※ 「학교폭력 예방 및 대책에 관한 법률 시행령」(이하 "시행령"이라 함) 제20조 제1항의 규정에 따라 고교의 장은 교육감에게 가해학생이 전학할 학교의 배정을 요청하여야 하므로, 이는 포괄적으로 교육환경을 바꾸어 줄 필요가 인정되는 사항임.

(법령 32)

'12년 3월에 배포된 「학교폭력 사안대응지침」에 따르면 "학교장은 자치위원회에서 조치를 받은 사안과 관련하여 피해학생이 가해학생과 상급학교에 배정되지 않는 것을 희망하는 경우 시·도교육감 또는 교육장에게 통보하여야 한다"라고 되어 있는데, 희망하는 학생만을 대상으로 배정해도 되는지?

「학교폭력예방 및 대책에 관한 법률」 제17조의2 및 시행령

- 상급학교 진학시 분리 배치는 학교폭력 가해행위로 '전학 조치'된 학생만 해당되며 가해학생은 피해학생의 희망 여부와 관계없이 분리 배치하여야 함.

  ※ 시행령 제20조 제4항 교육감은 "전학조치된 가해학생과 피해학생이 상급학교에 진학할 때에는 각각 다른 학교를 배정하여야 한다. 이 경우 피해학생이 입학할 학교를 우선적으로 배정한다."
- 「학교폭력 예방 및 대책에 관한 법률 시행령」 개정에 따라 3월 배포된 「학교폭력 사안대응지침」에서 해당 내용의 수정이 필요함.

(법령 36)

학교폭력 조치 사항이 학적에 5년 동안 기록되는데 이후 자동 삭제되는지?

「학교생활기록 작성 및 관리지침」 제18조

- 학교폭력 조치사항이 기록되는 학교생활기록부Ⅱ는 5년 동안 학교에서 보존·관리하고 이후 자동 삭제됨.
- 다만, 경미한 조치의 경우 가해학생의 반성 및 개선 가능성이 높고,
  - 조치의 경중에 따라 보존 기간을 차등 적용할 필요성이 있다는 현장의 의견을 반영하여, 경미한 조치에 한해 현재 졸업 후 5년간 기록을 보존하는 것을 졸업 직후 삭제되는 것으로 개선될 예정임.
  - 경미한 조치를 삭제하는 처리 절차, 방식 등 구체적인 내용은 추후 별도로 안내할 예정임.

<가해학생 조치 사항 학생부 기재 개선(안)>

- (졸업 직후 삭제 대상) 경미한 조치 사항인 1, 2, 3, 7호

<학교폭력 가해학생 조치별 유형 구분>

	교내 선도	외부기관 연계선도	교육환경 변화
기본유형	1호 (서면사과) 3호 (학교내 봉사)	4호 (사회봉사) 5호 (특별교육등)	6호 (출석정지) 8호 (전학) 9호 (퇴학)
부가유형	2호 (접촉, 협박 및 보복행위의 금지), 7호 (학급교체)		

※ 조치별 유형 구분은 「학교폭력 가해학생 조치 기준」에 반영하여 고시 예정

- (삭제 시기) 졸업생이 졸업하는 당해 학년도 2월
- (삭제 방식) 학생부 기재 및 관리를 담당하는 학업성적관리위원회의 확인을 거쳐 삭제하며, 반드시 학교장의 결제를 받도록 함
- (적용 시기) 2013년 2월 초·중·고 졸업생부터 적용
- (보완 사항) 현재 가해학생 조치사항을 학기말·학년말에 기재토록 하고 있으나, 앞으로는 자치위원회 심의 결과를 즉시 학생부에 기재

(법령 41)

학교폭력예방 및 대책에 관한 법률 제17조 제7항에 가해학생이 조치를 거부할 경우 초중등교육법 제18조에 따라 징계하여야 한다고 되어 있는데 출석정지를 하고자 하는 경우 처분기간은?

「학교폭력예방 및 대책에 관한 법률」 제17조 제7항

- 법률 제7항에서 따라 동법 제4항의 조치를 거부하거나 회피하는 때에는 「초·중등교육법」 제18조에 따라 선도위원회에서 징계할 수 있으며,
  - 이 경우 「초중등교육법 시행령」 제31조에 따라 1회 10일 이내, 연간 30일 이내의 범위 내에서 출석정지가 가능함.

(법령 43)

법률 제17조의2(재심청구)제1항에 근거한 가해학생에 대한 조치에 대하여 피해학생(또는 그 보호자)이 이의가 있을 때 재심청구가 가능한 시기는?

「학교폭력예방 및 대책에 관한 법률」 제17조의2제1항

- 제17조의2(재심청구)제1항은 피해학생 또는 그 보호자가 그 조치를 받은 날로부터 15일 이내, 그 조치가 있음을 안 날로부터 10일 이내에 청구할 수 있음.
  - "조치를 받은 날"은 학교의 장이 자치위원회의 요청에 따른 조치를 시행하는 문서가 해당 학생 또는 그 보호자에게 도달된 날부터 기산하며,

* 기간의 초일은 불산입(민법 제157조)하며, 예컨대 6월 7일에 조치를 받은 경우, 6월 22일까지 재심청구 가능

<행정업무의 효율적 운영에 관한 규정(대통령령)>

제6조(문서의 성립 및 효력 발생) ① 문서는 결재권자가 해당 문서에 서명(전자이미지서명, 전자문자서명 및 행정전자서명을 포함한다. 이하 같다)의 방식으로 결재함으로써 성립한다.

② 문서는 수신자에게 도달(전자문서의 경우는 수신자가 관리하거나 지정한 전자적 시스템 등에 입력되는 것을 말한다)됨으로써 효력을 발생한다.

- "조치가 있음을 안 날"은 관련 학생 또는 그 보호자가 현실적으로 처분이 있었음을 안 날을 의미함.

(법령 44)

자치위원회 조치 결정이 학교폭력에 해당하지 않는다고 판단하여 자치위원회에서 아무런 조치도 하지 않은 경우, 지역위원회에 재심청구를 할 수 있는지?

「학교폭력예방 및 대책에 관한 법률」 제17조의2

- 법률 제17조의2가 보장하고 있는 재심청구권 원칙적으로 자치위원회의 결정에 대하여 이의가 있는 당사자가 시·도에 설치되어 있는 지역위원회에 사건을 다시 검토하여 필요한 조치를 취하여 줄 것을 요청할 수 있는 청구권임.
  - 한편 자치위원회의 결정에 대해서는 피해자는 재심청구를 할 수 있고 이러한 재심청구권을 가해자 아닌 피해학생과 보호자에게만 부여하고 있는 점을 감안한다면,
  - 재심청구는 제17조 제1항 각 호의 조치가 이루어진 경우 이보다 무거운 조치를 해달라는 취지가 포함된다고 보아야 하고,
  - 그렇다면 학교폭력에 해당하지 않는다고 판단하여 미조치에 대해서도 재심을 청구할 수 있다고 판단하는 것이 타당함.

(법령 46)

피해학생이 가해학생 조치에 대한 이의가 있어 재심청구를 한 경우, 재심청구 기관인 지역위원회는 자치위원회의 심의 결과보다 가벼운 조치를 할 수 있는지?

「학교폭력예방 및 대책에 관한 법률」 제17조의2제1항

- 지역위원회는 재심사 결정 시 법 제16조 제1항 각 호와 제17조 제1항 각 호의 어느 하나에 해당하는 조치(수 개의 조치를 병과하는 경우를 포함)를 할 것을 해당 학교의 장에게 요청할 수 있음.
  - 다만, 재심은 원칙적으로 피해학생이 청구한 범위 내에서 심사가 이루어져야 하며, 자치위원회의 결정을 존중해야 하므로,
  - 지역위원회는 피해학생이 재심청구를 한 경우, 자치위원회의 심의 결과보다 가벼운 조치를 할 수 없고,
  - 피해학생의 청구한 바와 같이 보다 가중된 조치를 할 수 있는지 여부만을 심사하여, 가중 사유가 있는 경우에 그에 해당하는 조치를 학교장에게 요청하여야 함.

※ (예) 피해학생이 출석정지 조치를 받은 가해학생에게 전학 조치를 해줄 것을 재심을 청구한 경우에,

1) 전학 조치를 요청할 사유가 있는 경우 전학을 요청하고,
2) 출석정지 조치보다 가벼운 조치가 필요하다고 판단되는 경우에라도, 출석정지보다 가벼운 조치를 요청할 수는 없음.

(법령 49)

가해학생이 전학 또는 퇴학 이외의 자치위원회의 결정에 대하여 재심을 청구하고자 할 때의 방법과 절차는?

「학교폭력예방 및 대책에 관한 법률」 제17조의2제2항

- 가해학생에 대해 전학 또는 퇴학 이외의 조치가 부과된 경우, 관계 법령에 재심 청구에 관한 명시적 규정이 없으므로 재심청구를 할 수 없음. 단, 행정심판이나 행정소송은 가능함.
  - 전학 또는 퇴학 조치에 대해 재심청구를 보장한 취지는 가해학생의 전학 또는 퇴학 조치가 가해학생의 신분 변동에 영향을 크게 미치기 때문에 조치에 신중을 기한다는 의미임.
- 단, 사립학교에 설치된 자치위원회의 결정사항에 대해 이의가 있는 경우
  - 사립학교가 '행정청'으로서 지위에 있지 않기 때문에 행정심판이나 행정소송이 불가능하며 민사소송을 제기할 수 있음.

(법령 53)

가해학생에 대한 전학 또는 퇴학조치에 대하여 가해학생이 시·도학생징계조정위원회에 재심을 청구하였을 때, 결과가 나오기 전까지 가해학생은 어떻게 조치해야 하는지?

「학교폭력예방 및 대책에 관한 법률」 제17조의2제2항

- 가해학생에 대한 조치인 전학 또는 퇴학에 대하여 가해학생이 징계조정위원회에 재심을 청구하였을 때는,

- 징계조정위원회의 판단 결과가 나올 때까지 전학 또는 퇴학 조치 실행을 유보해야 함.
- 다만, 가해학생에 대한 조치 실행을 유보하는 것과 이를 학생부에 기재하는 것은 별개의 문제이므로 가해학생에 대한 조치 결과는 학생부에 기재 후, 재심 결과에 따라 처리해야 함.

• 이 경우에도 피해학생에 대한 보호조치는 철저히 하여야 하므로,
  - 결과가 나올 때까지 해당 가해학생을 대안교육 위탁기관에 위탁하는 등의 조치를 해야 할 것임.

(법령 60)

가해학생이 특별교육을 이수하는 경우, 가해학생 보호자에 대한 특별교육은 어떠한 절차에 따라 이루어지는지?

「학교폭력예방 및 대책에 관한 법률」 제17조 제9항

• 자치위원회에서 가해학생에 대하여 특별교육 이수 조치를 결정한 경우,
  - 학교의 장은 7일 이내에 가해학생 보호자에게 특별교육 실시를 서면으로 통보하고, 3개월 이내에 특별교육을 이수할 수 있도록 시간과 장소를 안내함(1차 안내)

  ※ 보호자란 친권자·후견인이나 그 밖에 법률에 따라 학생을 부양할 의무가 있는 자까지 포함하고 있음.

• 보호자가 통보를 받은 날로부터 3개월이 되는 날까지 특별교육에 불응할 경우, 학교장은 3개월의 다음날 동 보호자 명단을 시·도교육감에게 통보
  - 시·도교육감은 학교장의 통보를 받은 15일 이내에 가해학생 보호자에게 시·도교육감이 실시하는 특별교육에 1개월 이내에 참여토록 서면으로 재안내하고(2차 안내),
  - 미이수 시 과태료가 부과됨을 함께 안내

(법령 61)

가해학생이 특별교육을 이수할 경우 해당 학생의 보호자에 대한 교육 이수시간 및 교육 방법은?

「학교폭력예방 및 대책에 관한 법률」 제17조 제9항

- 학교폭력 피해 및 가해학생 학부모 교육지원 운영지침(안)을 참고 (학교폭력근절팀−2241, '12.3.14)

<가해학생 보호자(학부모) 특별교육 운영>

- 교육 원칙
  - 기관 특성·폭력사안의 유형 등을 고려하여 다양한 교육프로그램 마련
  - 보호자들의 특별교육 참가율 제고를 위하여 주말, 야간교육 개설 권장
- 교육 내용
  - 학교폭력 전반적 이해를 통한 예방 및 대처 방안
  - 가해행위를 하는 학생의 심리상태 파악
  - 바람직한 학부모상 등 자녀 이해교육법
- 특별교육 인정 기준

교육 대상 처분	이수시간	교육 운영	비고
보복행위 금지, 학교봉사, 사회봉사	4시간 이내	교육감 지정기관 프로그램 중 일반 학부모 교육과 통합 가능	이수증 제출 대체
특별교육, 출석정지, 학급교체, 전학	5시간 이상	교육감 지정기관 가해학생 학부모 별도 과정 이수	학부모·학생 공동교육 가능

* 학부모지원센터(교과부·평생교육진흥원), 청소년비행예방센터(법무부), 한국청소년상담원(여가부), 평생교육센터(지자체) 등 부처 산하기관, 대안 교육기관, 학교폭력 관련 시민단체(청소년폭력예방재단, 평화여성회 등) 등의 다양한 프로그램 활용

<참고: 법무부 보호자교육 운영 현황>

- 대상: 소년원 및 비행예방센터에서 수용·교육하고 있는 소년 보호자
- 실시기관('11년 이수자수): 소년원(5,815명), 비행예방센터(1,683명)
- 교육내용: 소년보호처분에 대한 안내, 부모교육(신뢰감 형성하기, 가족탐색, 갈등해결, 희망열기) 등 7시간 내외 교육 실시

(법령 62)

가해학생 보호자의 부재 또는 이수능력 부족 등으로 가해학생 보호자가 특별교육에 불응하거나 이수할 수 없을 때 과태료 부과 및 징수의 주체, 절차는?

「학교폭력예방 및 대책에 관한 법률」 제17조 제9항, 제22조 제2항

- 가해학생 보호자가 학교장(1차 안내, 3개월 이내) 및 시·도교육감(2차 안내, 1개월 이내)으로부터 특별교육 이수 안내를 받았음에도 불구하고 특별한 사유없이 특별교육에 불응할 경우
  - 시·도교육감은 법률 제22조 제2항에 따른 과태료 부과 예고를 가해학생 보호자에게 서면으로 통보하고,
  - 가해학생 보호자는 시·도교육감에게 과태료 부과 예고 통보를 받은 날로부터 15일 이내에 특별교육을 이수하고 이수증을 제출하거나, 특별교육에 불응한 타당한 사유를 제출해야 함.

  ※ 과태료 부과에 대한 자세한 사항은 '학교폭력 가해학생 보호자 특별교육 실시 및 과태료 부과에 관한 지침' 참고(학교폭력근절과-644, '12.09.03)
- 가해학생 보호자가 15일 이내에 이수증 또는 의견을 제출하지 않을 경우 시·도교육감은 과태료 부과 및 징수 절차를 개시함.

  ※ 과태료의 부과·징수, 재판 및 집행 등에 관한 절차에 대하여는 「질서위반행위규제법」에 의하여 처리함.
- 다만, 시·도교육청에서 가해학생 보호자가 거동이 불편한 경우 등 특별교육을 이수하기 어려운 상황이 명백한 경우,
  - 담임교사·상담교사 등 학교장이 지정하는 교사나 Wee센터의 전문상담사 등이 보호자를 방문하여 상담하는 것도 특별교육 이수로 인정할 수 있도록 하는 등 적극적인 조치를 취할 것을 권장함.

부록 5

학교폭력 가해학생 조치별 적용 세부 기준

<table>
<tr><td colspan="5" rowspan="2"></td><td colspan="5">기본 판단 요소</td><td colspan="2">부가적 판단요소</td></tr>
<tr><td>학교 폭력의 심각성</td><td>학교 폭력의 지속성</td><td>학교 폭력의 고의성</td><td>가해 학생의 반성 정도</td><td>화해 정도</td><td>해당 조치로 인한 가해학생의 선도가능성</td><td>피해학생이 장애 학생인지 여부</td></tr>
<tr><td colspan="4" rowspan="5">판정 점수</td><td>4점</td><td>매우 높음</td><td>매우 높음</td><td>매우 높음</td><td>없음</td><td>없음</td><td rowspan="14">해당점수에 따른 조치에도 불구하고 가해학생의 선도가능성을 고려하여 시행령 제14조 제4항에 따라 학교폭력대책자치위원회 출석위원 과반수의 찬성으로 가해학생에 대한 조치를 가중 또는 경감할 수 있음</td><td rowspan="14">피해학생이 장애학생인 경우 가해학생에 대한 조치를 가중할 수 있음</td></tr>
<tr><td>3점</td><td>높음</td><td>높음</td><td>높음</td><td>낮음</td><td>낮음</td></tr>
<tr><td>2점</td><td>보통</td><td>보통</td><td>보통</td><td>보통</td><td>보통</td></tr>
<tr><td>1점</td><td>낮음</td><td>낮음</td><td>낮음</td><td>높음</td><td>높음</td></tr>
<tr><td>0점</td><td>없음</td><td>없음</td><td>없음</td><td>매우 높음</td><td>매우 높음</td></tr>
<tr><td rowspan="9">가해학생에 대한 조치</td><td colspan="2" rowspan="3">교내 선도</td><td>1호</td><td>피해학생에 대한 서면사과</td><td colspan="5">1~3점</td></tr>
<tr><td>2호</td><td>피해학생 및 신고·고발 학생에 대한 접촉, 협박 및 보복행위의 금지</td><td colspan="5">피해학생 보호에 필요하다고 자치위원회가 의결할 경우</td></tr>
<tr><td>3호</td><td>학교에서의 봉사</td><td colspan="5">4~6점</td></tr>
<tr><td colspan="2" rowspan="2">외부 기관 연계 선도</td><td>4호</td><td>사회봉사</td><td colspan="5">7~9점</td></tr>
<tr><td>5호</td><td>학내외 전문가에 의한 특별 교육이수 또는 심리치료</td><td colspan="5">가해학생 선도에 필요하다고 자치위원회가 의결할 경우</td></tr>
<tr><td rowspan="4">교육 환경 변화</td><td rowspan="2">교내</td><td>6호</td><td>출석정지</td><td colspan="5">10~12점</td></tr>
<tr><td>7호</td><td>학급교체</td><td colspan="5">13~15점</td></tr>
<tr><td rowspan="2">교외</td><td>8호</td><td>전학</td><td colspan="5">16~20점</td></tr>
<tr><td>9호</td><td>퇴학처분</td><td colspan="5">16~20점</td></tr>
</table>

본 QR코드를 스캔하시면, '학교폭력 예방 및 학생의 이해'의
참고문헌을 참고하실 수 있습니다.

참고문헌

찾아보기

ㄴ

ㄷ

ㅁ

찾아보기

찾아보기

ㅈ

찾아보기

ㅊ

찾아보기

찾아보기

공저자 약력

최 호 성(choe2307@kyungnam.ac.kr)

현재 경남대학교 교육학과 교수로서 상위 성취 학습자를 위한 맞춤형 차별화 교육과정 및 수업에 대해 꾸준히 연구해 왔으며, 특히 한국영재학회 회장으로서 영재아 발굴 및 육성을 위한 정책 개발과 실천에 앞장서 왔다. 1998년 이후 수행평가(performance assessment)의 개념과 다양한 기법들을 소개하면서 기존 학습 평가 방식에 대한 대안적 접근 방식을 모색하는 노력을 계속해 오고 있다. 「학교중심 교육과정 개발론」, 「교육과정 및 평가: 이해와 적용」 등의 저서가 잘 알려져 있다.

장 사 형(chadangi@kyungnam.ac.kr)

현재 경남대학교 교육학과 교수로서 교육의 역사와 철학에 대한 탐구를 지속하면서 내러티브 교육과 다문화교육, 그리고 학교폭력 문제 등에도 관심을 가지고 있다. 「교육의 역사와 철학 탐구」, 「교육과 지식론」 등을 저술하였으며, 최근에는 다문화교육에 대한 교육철학적 탐구와 함께 「학교폭력 가해학생의 전학학교 재적응 경험에 대한 내러티브 탐구」 등 학교현장에서 일어나는 학교폭력과 관련된 문제들을 내러티브적 탐구(narrative inquiry) 방법으로 해석하는 연구들을 계속하고 있다.

김 광 수(kaskym@gmail.com)

현재 대신대학교 사회복지학과 교수 및 평생교육원장으로 근무하고 있으며, 경북교육청의 위탁형대안교육기관인 청자연학교의 교장도 겸직하고 있다. 푸른나무 청예단 대구경북지부장으로서 「한국 청소년의 사회심리와 일탈행위」에 대한 연구 관심을 지속하여 「학교폭력 기구와 조치 과정의 문제해결」이나 「학교폭력 문제를 둘러싼 가해교사의 교직 경험에 대한 내러티브 탐구」 등 학교폭력을 둘러싼 현장 실천적 문제에 대해 많은 연구 성과들을 내놓고 있다.

이 진 희(jeen01@kyungnam.ac.kr)

현재 경남대학교 교육학과 교수로서 미성취(under-achieving) 학습자의 현황과 제 특성에 관한 연구에 관심을 가져 왔으며, 최근에는 「유아와 청소년들의 정서발달과 학교 부적응 문제」를 해결하기 위한 각종 심리 측정 검사와 「효과적인 학부모 교육 프로그램 운영」에 대해 노력하고 있다. 특히, 예비교원들에게 「학교 폭력 예방과 대책」에 대해 강의하면서 학교 현장의 다양한 실화를 중심으로 청소년 특성을 바르게 이해하고 효과적으로 예방활동을 전개할 수 있는 역량을 길러 주는 데 노력하고 있다.

학교폭력 예방 및 학생의 이해

초판 발행　2018년 9월 28일

지은이　최호성 · 장사형 · 김광수 · 이진희
펴낸이　안상준

편　집　배근하
기획/마케팅　박세기
표지디자인　김연서
제　작　우인도 · 고철민

펴낸곳　㈜ 피와이메이트
서울특별시 마포구 월드컵북로 400, 5층 2호(상암동, 문화콘텐츠센터)
등록　2014. 2. 12. 제2015-000165호
전　화　02)733-6771
f a x　02)736-4818
e-mail　pys@pybook.co.kr
homepage　www.pybook.co.kr
ISBN　979-11-89005-38-2　93370

copyright©최호성 · 장사형 · 김광수 · 이진희, 2018, Printed in Korea

* 잘못된 책은 바꿔드립니다. 본서의 무단복제행위를 금합니다.
* 저자와 협의하여 인지첩부를 생략합니다.

정　가　18,000원

박영스토리는 박영사와 함께하는 브랜드입니다.